新编政治学系列教材

政治学前沿

俞可平 ◎ 主编

图书在版编目(CIP)数据

政治学前沿 / 俞可平主编. -- 北京：北京大学出版社, 2025.8. -- (新编政治学系列教材). -- ISBN 978-7-301-36560-1

I. D0

中国国家版本馆CIP数据核字第2025UJ0434号

书　　　名	政治学前沿 ZHENGZHIXUE QIANYAN
著作责任者	俞可平　主编
责 任 编 辑	陈相宜
标 准 书 号	ISBN 978-7-301-36560-1
出 版 发 行	北京大学出版社
地　　　址	北京市海淀区成府路205号　100871
网　　　址	http://www.pup.cn
新 浪 微 博	@北京大学出版社　　@未名社科-北大图书
微信公众号	北京大学出版社　　北大出版社社科图书
电 子 邮 箱	编辑部 ss@pup.cn　　总编室 zpup@pup.cn
电　　　话	邮购部 010-62752015　　发行部 010-62750672 编辑部 010-62753121
印 刷 者	天津中印联印务有限公司
经 销 者	新华书店
	730毫米×980毫米　16开本　26.5印张　416千字 2025年8月第1版　2025年8月第1次印刷
定　　　价	72.00元

未经许可，不得以任何方式复制或抄袭本书之部分或全部内容。
版权所有，侵权必究
举报电话：010-62752024　电子邮箱：fd@pup.cn
图书如有印装质量问题，请与出版部联系，电话：010-62756370

编者说明

重视前沿议题、前沿理论和前沿方法,是一门学科成熟和进步的重要标志。作为一门独立学科的中国现代政治学肇端于1899年京师大学堂的"政治门",至今已有120多年历史。20世纪50年代初,它曾被视为伪科学而取消,直到改革开放后的1979年才又重新恢复。经过40多年的学科建设,中国的政治学在改革开放后获得了迅速发展,成为国内社会科学体系中不可或缺的基础学科之一。其中一个重要的进展就是学科的视野日益开阔、新的研究问题层出不穷、新兴的分支学科和研究方法不断出现,许多新的研究成果也开始在国内外学术界产生广泛影响。与此相一致,政治学的前沿研究也越来越受到国内政治学界的高度重视。

2016年,我在北京大学率先开设"政治学前沿"课程,当时被列为政治学和公共管理学本科生的基础必修课,现在已被列为北大全校公选课。开设该课程的主要目的,就是让学生了解国内外政治学研究的最新进展,掌握政治学科最新的专业知识,从而提高学生的政治分析能力。课程开设后,受到了同学们的普遍欢迎,但该课程一直没有通行的教科书。为此,我于2019年承担并主持北京大学本科教学改革项目"政治学前沿教材研究"。结合我当时主持的另一项课题"中国政治学发展四十年",我们课题组分别对中国、美国、俄罗斯、德国、日本、英国和法国等国的政治学课程体系和政治学前沿课教学现状做了调研,形成了七份国别性的政治学前沿调研报告和一份最终研究报告。该项目于2020年获得了北京大学本科教学改革项目优秀成果奖。

在完成了上述"政治学前沿教材研究"项目后,我有了一个新的想法,即联合国内高校从事政治学教学的主要单位,共同编写一本通行的政治学前沿教材,借此推进中国政治学的课程体系建设。这一想法获得了国内政治学界广大同仁的热烈响应,中青年政治学者尤其积极参与。2020年我们正式组建了教材编写小组,并确定了具体分工,2021年完成了初稿。初稿完成后,我们分别在深圳大学和山西大学召集了两次全国性的研讨会,听取国内政治学知名专家学者对政治学前沿初稿的意见。此后,本书的各位作者根据专家和出版社的意见,先后三次进行了较大的修改。可以说,政治学前沿教材从组建编写团队到正式出版,历经整整5年时间。

本书分为两个部分,即"前沿议题"和"前沿学科",共二十七章。以下是各章的标题和作者:

绪论"政治和政治学"、第一章"权力与权威"、第三章"民主与法治"(北京大学俞可平);

第二章"公平与正义"(吉林大学晋运锋);

第四章"自由与平等"(天津师范大学高景柱);

第五章"公民与官员"(中国政法大学庞金友);

第六章"国家建构"(吉林大学殷冬水);

第七章"政治发展"(南开大学吴晓林和谭晓琴);

第八章"政党政治"(华东政法大学严海兵);

第九章"身份政治"、第十四章"文化政治学"(安徽大学吴理财);

第十章"选举政治"(复旦大学王中原);

第十一章"基层政治"(华中师范大学袁方成);

第十二章"民粹主义"、第二十六章"政治传播学"(中国人民大学韩冬临);

第十三章"民族主义"(北京大学费海汀和中国社会科学院美国研究所王俊);

第十五章"宗教政治学"(中共中央党校李少文);

第十六章"科技政治学"(北京大学顾超);

第十七章"环境政治学"(中国人民大学冉冉);

第十八章"城市政治学"(深圳大学陈文);

第十九章"乡村政治学"(曲阜师范大学李增元);

第二十章"空间政治学"(华中科技大学王锐);

第二十一章"分配政治学"(清华大学孟天广);

第二十二章"计算政治学"(中国社会科学院美国研究所王俊);

第二十三章"政治伦理学"(外交学院张禹);

第二十四章"政治社会学"(中国矿业大学郑旭涛);

第二十五章"政治心理学"(武汉大学陈刚)。

任何学科的前沿问题和前沿理论始终变动不居,本书不可能穷尽政治学的所有前沿知识,缺失和错漏在所难免。我们热忱欢迎同学们和读者随时提出批评和建议,以便我们在再版时不断修订完善。

俞可平

2023 年 4 月 27 日初稿于美国费城

2025 年 1 月 24 日修定于海南三亚

目 录

绪 论 政治和政治学 1
    第一节 什么是政治和政治学 1
    第二节 政治学的历史演革 4
    第三节 政治学的基本内容 9
    第四节 政治学的功用和中国政治学的发展 12

第一章 权力与权威 16
    第一节 权力与权威的概念 16
    第二节 霸道与王道：中国历史上的权力与权威 24
    第三节 现代民主政治条件下的权力与权威 27

第二章 公平与正义 31
    第一节 分配正义的通货 31
    第二节 功利主义的分配正义观 33
    第三节 平等主义的分配正义观 35
    第四节 极端自由主义的分配正义观 38
    第五节 优先主义的分配正义观 40
    第六节 充足主义的分配正义观 42

第三章 民主与法治 45
    第一节 流行的民主理论 45

第二节　民主与法治的关系 ………………………………………… 53
　　第三节　增量民主 …………………………………………………… 56

第四章　自由与平等 ……………………………………………………… 61
　　第一节　自由与平等的内涵 ………………………………………… 61
　　第二节　自由优先于平等 …………………………………………… 64
　　第三节　自由的至上性 ……………………………………………… 67
　　第四节　自由与平等的相容 ………………………………………… 69
　　第五节　结论 ………………………………………………………… 73

第五章　公民与官员 ……………………………………………………… 76
　　第一节　公民 ………………………………………………………… 76
　　第二节　官员 ………………………………………………………… 81
　　第三节　公民与官员的关系 ………………………………………… 86

第六章　国家建构 ………………………………………………………… 91
　　第一节　国家建构的概念 …………………………………………… 91
　　第二节　国家建构的价值 …………………………………………… 98
　　第三节　国家建构的动力 …………………………………………… 101

第七章　政治发展 ………………………………………………………… 108
　　第一节　政治发展的意涵 …………………………………………… 108
　　第二节　政治发展的理论范式 ……………………………………… 111
　　第三节　政治发展理论的现实挑战 ………………………………… 117
　　第四节　结论与展望 ………………………………………………… 122

第八章　政党政治 ………………………………………………………… 126
　　第一节　政党的概念和类型 ………………………………………… 126

第二节　政党政治的经典理论 ……………………………… 130
　　第三节　政党政治的热点议题 ……………………………… 134
　　第四节　政党政治的数据集 ………………………………… 140

第九章　身份政治 …………………………………………………… 143
　　第一节　身份政治的意涵 …………………………………… 143
　　第二节　纷繁复杂的身份政治 ……………………………… 149
　　第三节　身份政治的反思与发展 …………………………… 151

第十章　选举政治 …………………………………………………… 155
　　第一节　选举制度 …………………………………………… 155
　　第二节　选举行为 …………………………………………… 159
　　第三节　选举结果 …………………………………………… 163
　　第四节　选举研究的趋势 …………………………………… 167

第十一章　基层政治 ………………………………………………… 171
　　第一节　基层政治与政府 …………………………………… 171
　　第二节　城市基层 …………………………………………… 175
　　第三节　农村基层 …………………………………………… 178
　　第四节　社区政治 …………………………………………… 181

第十二章　民粹主义 ………………………………………………… 186
　　第一节　民粹主义的概念 …………………………………… 186
　　第二节　民粹主义的演变 …………………………………… 189
　　第三节　民粹主义兴起的原因 ……………………………… 192
　　第四节　民粹主义的影响 …………………………………… 196

第十三章　民族主义 ………………………………………………… 199
　　第一节　民族主义的概念 …………………………………… 199

第二节　民族主义的演变 ·· 204
　　第三节　现当代民族主义主要理论范式 ······························ 210
　　第四节　民族主义的影响 ·· 213

第十四章　文化政治学 ·· 216
　　第一节　文化政治学的兴起 ·· 216
　　第二节　文化政治学的研究内容 ·· 220
　　第三节　文化政治学的批评 ·· 224

第十五章　宗教政治学 ·· 228
　　第一节　宗教政治学的概念与方法 ····································· 228
　　第二节　宗教与政治 ··· 232
　　第三节　宗教与治理 ··· 238

第十六章　科技政治学 ·· 242
　　第一节　科技政治学的兴起与范式建构 ······························ 242
　　第二节　科技的政治哲学 ··· 245
　　第三节　科技的政治科学 ··· 251

第十七章　环境政治学 ·· 257
　　第一节　环境政治学的界定 ·· 257
　　第二节　环境政治学的理论 ·· 262
　　第三节　环境治理中的政府与公民 ····································· 267

第十八章　城市政治学 ·· 272
　　第一节　城市政治学的学理争论 ·· 272
　　第二节　城市政治学的主要理论 ·· 275
　　第三节　城市政治学的研究内容 ·· 280
　　第四节　结论与讨论 ··· 285

第十九章　乡村政治学 ······ 288
第一节　乡村政治学的演变和学派 ······ 288
第二节　乡村政治学的研究内容 ······ 292
第三节　乡村政治学的研究方法 ······ 296
第四节　乡村政治学的功能 ······ 300

第二十章　空间政治学 ······ 305
第一节　空间政治学产生的背景 ······ 305
第二节　空间政治学的发展 ······ 307
第三节　空间政治学的基本内容 ······ 309
第四节　结语 ······ 316

第二十一章　分配政治学 ······ 321
第一节　分配政治学的议题 ······ 321
第二节　初次分配的政治 ······ 323
第三节　再分配的政治 ······ 329
第四节　总结与讨论 ······ 335

第二十二章　计算政治学 ······ 338
第一节　计算政治学的缘起 ······ 338
第二节　计算政治学的研究范畴 ······ 342
第三节　计算政治学的研究方法 ······ 345
第四节　评论与思考 ······ 349

第二十三章　政治伦理学 ······ 352
第一节　政治伦理学的历史演变 ······ 352
第二节　政治伦理学的重要概念 ······ 354
第三节　政治伦理学的研究方法 ······ 360

第二十四章	政治社会学	367
第一节	政治社会学的产生与发展	367
第二节	政治社会学的基本问题与代表性理论	370
第三节	新社会运动研究	372
第四节	政治极化研究	375

第二十五章	政治心理学	381
第一节	政治心理学的概念与演变	381
第二节	政治心理学的主要议题	384
第三节	政治心理学的主要理论	389
第四节	政治心理学的研究方法	392

第二十六章	政治传播学	396
第一节	政治传播的概念与方法	396
第二节	政治传播的过程	399
第三节	传播渠道和内容	402
第四节	政治传播的效果	405

绪　论　政治和政治学

人天生就是政治动物,政治生活是人类自身进化的必然结果。相应地,政治现象和政治活动是人类文明发展到一定程度的产物,诸如国家、政府、军队、法律、制度、阶级、政党等都是人类文明的伟大创造。人类的政治生活以及规范人类政治行为的各种政治制度,既对人类的进步有着极其重要的推动作用,也可能产生严重的阻碍作用。什么样的政治制度有助于保障公民的自由幸福生活,并实现国家公共利益的最大化？如何防止国家机器、公共权力和政治制度成为阻止社会历史进步、损害人类自身利益的破坏力量？这些问题便成为人类自身首先需要关注的重大问题。因此,关于政治的学问,是人类最早的实用知识之一。

第一节　什么是政治和政治学

"政治"是社会科学和日常语言中使用频率最高的术语,人们几乎每天都接触政治,经常谈论政治,但很难对政治下一个统一的定义。一些学者统计,关于政治的定义,竟有数百种之多。

"政治"一词在2000多年前的中国古籍中就已经出现,它由"政"与"治"两字构成。"政"含有正确、整理、教化、征伐、政策等意思。孔子说,"政者,正也"(《论语·颜渊》);还说,"不在其位,不谋其政"(《论语·泰伯》)。"治"则有管理、控制、秩序和安定的意思。吕不韦说,"治国无法则乱"(《吕氏春秋·察今》);庄子说,"伯乐善治马"(《庄子·马蹄》)。在先秦文献中,"政治"常指"政之治"[①]。《晏子春秋》中有"君顺怀之,政治归之";《尚书·毕命》

[①] 关于先秦的"政治"概念,可参阅张铉根所著《观念的变迁:中国古代政治思想的演变》中"政治观念的诞生"一节(叶梦怡译,浙江人民出版社2022年版,第4—10页)。

中有"道洽政治,泽润生民"。由此可见,"政治"在中国传统语境中的含义,就是事关国家的治理和政府的活动。近代以后,政治的这一意义基本上得以延续。例如,孙中山先生说:"浅而言之,政就是众人之事,治就是管理,管理众人之事就是政治。"①

在西方传统政治思想史上,政治主要指公共管理活动,如亚里士多德说,政治指的是"公共的善"或"群体的善",是有关城邦公共利益的管理活动。"政治家和立法家的一切活动或行为显然全都同城邦有关,而一个政治制度原来是全城邦居民由以分配政治权利的体系。"②近代以后,多数西方政治学家把政治界定为国家的管理活动和管理制度,政治的范围与国家的范围大体相同。现当代以来,西方学者着重从权力和利益的角度对政治重新定义,其中最有影响的是美国政治学家戴维·伊斯顿和罗伯特·达尔的观点。伊斯顿认为,所谓政治,就是社会价值的权威性分配。③ 达尔则认可传统流行的政治定义,指出"政治与政治关系总会以某种方式涉及权威、统治、影响力"④。

马克思主义关于政治的定义,不同于历史上一切政治观。列宁说,"政治是经济的集中表现"⑤;政治作为社会的上层建筑,归根结底是由社会的经济关系决定的,但政治及政治制度也对经济生活产生巨大的反作用。他还认为,从根本上说,政治关系是由建立于经济关系之上的阶级关系决定的。政治现象是阶级社会特有的现象,它像阶级范畴一样,也是一个历史的范畴。政治事关各个阶级为夺取利益而进行的争斗,因此,列宁又说:"政治就是各阶级之间的斗争。"⑥马克思主义关于政治的定义,揭示了政治活动的本质。

概括地说,政治就是关于重要公共利益的决策和分配活动。与其他人类行为和社会活动相比,政治行为和政治活动具有根本性、公共性、全局性和权威性四个显著特征。首先,政治活动具有根本性。马克思说,人们奋斗所争取

---

① 《孙中山全集》第9卷,中华书局1981年版,第254—255页。
② 亚里士多德:《政治学》,吴寿彭译,商务印书馆1996年版,第109页。
③ 戴维·伊斯顿:《政治生活的系统分析》,王浦劬等译,华夏出版社1999年版,第167页。
④ 罗伯特·A.达尔、布鲁斯·斯泰恩布里克纳:《现代政治分析》,吴勇译,中国人民大学出版社2012年版,第30页。
⑤ 《列宁选集》第4卷,人民出版社2012年版,第407页。
⑥ 同上书,第308页。

的一切,都同他们的利益有关。政治事关人类的根本性利益,涉及重要利益关系的调整和分配,特别是阶级、阶层、集团、国家、民族、政党、派别等群体利益的分配。其次,政治具有公共性。政治所涉及的利益是社会的公共利益,与此相适应,政治活动是一种公共管理活动,政治空间属于社会的公共空间。任何政治行为者,在其履行法定职能时,代表的都应当是公共权力和公共利益。再次,政治具有全局性。由于政治活动涉及根本性的公共利益,所以其活动范围具有最大的广泛性。规范政治行为和政治关系的政治制度,其效力所及的范围也比其他制度更为广泛,其他制度只有上升到政治制度时,才具有最大的效力。最后,政治具有权威性。政治活动必然与权力和权威相关,政治活动最终是为了夺取权力或巩固权力。任何其他人类活动,要拥有最大的权力和权威,都必然直接或间接与政治相关。

政治学有广义和狭义之分。广义的政治学(politics)泛指关于人类社会政治现象和政治发展规律的一般知识,它是人类最古老和最重要的学问之一。人类自从有了国家,有了政治生活,就有了相应的政治理论或政治思想。在历史上,它总是与法学、哲学、伦理学、文学等交织在一起,并且一直受到统治阶级的高度重视。历史上伟大的思想家几乎都涉及政治学理论问题,绝大多数思想家本身就是杰出的政治学家或政治思想家。狭义的政治科学(political science),系指近代以后发展起来的一门独立学科,它着重借助科学的方法,以经验事实材料为基础探究政治发展规律,有严密的逻辑结构和独特的概念体系。

由于政治学研究重大公共利益的分配,因此亚里士多德反复强调,在所有科学中政治学是最重要的科学。亚里士多德说,伦理学研究的是个人的善,政治学研究的是群体的善,或者说是公共的善和公共利益。群体的善和群体的利益是最高的善和最高的利益,所以他把政治学当作"主要的科学"。他说:"政治学术本来是一切学术中最重要的学术,其终极(目的)正是为大家所最重视的善德,也就是人间的至善。政治学上的善就是'正义',正义以公共利益为依归。"[①]法国政治思想家博丹也持类似的观点,把政治学看作"科学之王子"。关于经济学、政治学和伦理学的区分,有这样一个形象的比喻:经济学主

---

① 亚里士多德:《政治学》,吴寿彭译,商务印书馆1996年版,第148页。

要关注如何以最小的成本取得最大的利益,其支点是价值的生产;政治学关注如何分配那些业已由经济活动生产出来的利益,其支点是价值的分配;伦理学则关心所分配的利益是否公正,其支点是价值的评估。这种区分不一定十分准确,但它确实道出了一个基本事实:政治事关重大利益的分配,对社会价值在不同的个人和不同的群体中的配置起着关键性的作用。

由于国家及其政治制度对人类社会的存在与发展,以及对人类本身的生活状况具有如此至关重要的意义,所以人类很早就开始对它进行系统的研究。长期以来,人们把系统地研究国家及其政治制度的学问,叫作政治学。政治学是人类最古老的学问之一。距今2300多年前,古希腊最伟大的思想家亚里士多德就写了一部题为《政治学》的名著。《政治学》的基本内容就是对当时希腊城邦国家的各种政治制度进行比较研究,试图发现最理想的国家制度。其实,比亚里士多德更早一点的另一位古希腊大哲学家柏拉图也系统地研究了"什么是最好的国家政治制度"这个问题,并在一本叫作《理想国》的著作中试图对此做出回答。到了近现代,许多著名的政治学家仍然不约而同地以"国家制度的研究"来定义政治学,认为政治学就是关于国家政治制度的学问。美国著名政治学家詹姆斯·迦纳说,"政治学始于国家,终于国家"[①]。中国现代政治学主要奠基人之一张慰慈也说:"所谓政治学就是科学的国家智识,是一种公民的常识。"[②]政治学在社会科学中占有重要地位,在漫长的历史发展过程中,它一直与哲学、伦理学、法学等交织在一起,经久不衰,曾经产生过众多的名著。

第二节 政治学的历史演革

政治学在历史上有着极其重要的地位。由于政治现象在社会现象中最引人瞩目,以此为对象的政治学也就成为最重要的人类知识领域之一。政治学与现实政治休戚相关,随着政治现实的变迁,政治学也一直处于变动发展之

---

① James W. Garner, *Political Science and Government*, American Book Company, 1928, p. 1.
② 张慰慈:《政治学大纲》,北京出版社2019年版,第6页。

中。西方政治学在不同的历史时期发生了许多实质性的重大变迁,先后经历了几个明显不同的发展阶段。

古希腊、古罗马时期是西方政治学的第一个发展阶段,是政治学的始创阶段,它为整个西方政治学的发展奠定了基础。这个阶段最著名的政治学家是古希腊的柏拉图、亚里士多德和古罗马的西塞罗、奥古斯丁。在柏拉图的《理想国》、亚里士多德的《政治学》和西塞罗的《论共和国》等著作中,作者们把贵族政治当作理想的政治制度,把基于分工的等级秩序当作最高的政治价值,把不平等的政治秩序看作"正义""自然理性"的体现。在古希腊、古罗马的政治学中,世俗性和神学性奇特地混合在一起,几乎在每一个政治学家身上都可以看到这种双重性。不过,随着时间的推移,世俗性日益让位于神学性,到了古罗马的奥古斯丁那里,政治学中的世俗因素几乎荡然无存,代之而起的是神学的政治学,他的《上帝之城》向人们展示了一条通向天国的"至善至德"之路。

中世纪是西方政治学的第二个发展阶段,其显著特征是神学性,因而这一阶段的政治学又被称为"神学政治理论",它的集大成者是阿奎那。在《神学大全》中,阿奎那把封建的等级秩序和君主政治加以神化,把它当作神圣的政治制度和政治价值。与他的基督教神学思想一致,他把国家的统一与和平看作最高的"善",把维护国家统一和保障社会福利的政治行为当作"正义",把心甘情愿服从既定等级秩序和法律制度的行为看作"德行"。阿奎那的政治学是对亚里士多德和奥古斯丁思想的调和与发展。他不但把奥古斯丁的神学政治观推到了极致,而且大大推进了亚里士多德的许多政治学观点,对近代西方政治学产生了重大的影响。例如,他关于"自然理性"和"自然法"的思想实际上构成了近代西方自然权利说的重要理论来源。

宗教改革和文艺复兴时期是西方政治学的第三个发展阶段,标志着西方政治学从封建主义向资本主义的过渡,其主要代表人物是意大利的马基雅维利、英国的莫尔和法国的博丹。这一阶段政治学的根本特征是世俗性,西方政治学在这个阶段基本上走完了从天国到尘世的历程。在马基雅维利的《君主论》和博丹的《国家六论》中,我们可以清楚地看到:人,第一次成了政治学的出发点和核心。君主握有至高无上主权的专制制度成了大多数政治学家心目中完美的国家制度,国家主权的完整性和绝对性开始成为政治学家进行政治评价的重要标准。但是另一方面,少数敏锐的思想家已经预感到资本主义制度的内在矛盾,开始探索超越资本主义的理想社会,莫尔的《乌托邦》是这一思想的最杰出代表。

近代资本主义的政治学是西方政治学的极盛阶段。多数西方政治学名著涌现于这一时期,其中有格劳秀斯的《战争与和平法》、斯宾诺莎的《神学政治论》、霍布斯的《利维坦》、洛克的《政府论》、哈林顿的《大洋国》、孟德斯鸠的《论法的精神》、卢梭的《社会契约论》、伯克的《法国革命论》、杰斐逊等人的《独立宣言》、潘恩的《人权论》、汉密尔顿等人的《联邦党人文集》、托克维尔的《论美国的民主》、黑格尔的《法哲学原理》、边沁的《道德与立法原理导论》、密尔的《代议制政府》、葛德文的《政治正义论》、巴枯宁的《国家制度与无政府状态》、尼采的《查拉图斯特拉如是说》等。绝大多数政治学家高举"主权在民"或"民主"的旗帜,把"自由""平等""人权"当作天赋的"自然权利",把尊重和保护这些自然权利看作统治者和政府的"理性"或"自然法",是否具有这种"理性"或"自然法"成了判断政治家和政府善恶的基本标准。在绝大多数政治学家看来,只有推行三权分立和代议民主的共和政治,才能真正实现主权在民的根本宗旨。因此,民主共和国几乎是当时政治学家的共同理想,而自由、平等、博爱、正义则是他们追求的最高政治价值。这些近代政治学家把资产阶级的阶级权利当作全人类普遍的自然权利,把代议民主当作全人类最好的政治制度,他们自觉地或不自觉地用超阶级的、抽象的形式表达了资产阶级的政治要求。但是,由于他们各自所处的时代背景、个人经历和具体的阶级利益不同,他们当中的一些人强调自由的价值而被称为自由主义者,一些人强调秩序的价值而被称为保守主义者,一些人强调国家的权威而被称为国家主义者,一些人强调国家的罪恶而被称为无政府主义者,一些人强调未来"乌托邦"理想社会的价值而被称为空想社会主义者。所有这些政治学流派不仅对当时的现实政治产生了巨大的影响,而且它们的影响至今仍然存在。

马克思主义政治学也是19世纪中叶资本主义发展的产物。在《黑格尔法哲学批判》《德意志意识形态》《共产党宣言》等著作中,马克思、恩格斯用历史唯物主义方法分析社会政治生活,实现了政治学说史上的革命性变革。马克思主义政治学的革命性主要表现在两个方面。首先是它把政治与经济紧密地联系起来,认为政治是经济的产物,最终是为经济服务的。任何政治权力和政治制度都是建立在一定经济基础之上的上层建筑,它们归根结底取决于统治阶级的利益。在经济最终决定政治的前提下,政治也对经济产生反作用,极大地影响经济的发展。其次是它的阶级性。马克思、恩格斯认为,从来就不存在抽象的民主、自由、平等。国家是统治阶级的工具,代议民主不过是资产阶级最好的政治外壳,而自由平等则是资产阶级的阶级特权。资本主义的民主、自由、平等是极少数人的民主、自由、平等,是以绝大多数人民群众被压迫、被奴役为代价的。要实现真正的自由、民主、平等,就必须推翻资产阶级的统治,建立无阶级、无剥削、无压迫的社会主义制度和共产主义制度。在马克思、恩格斯看来,社会主义战胜资本主义是历史发展的必然规律;劳动人民的民主、自由、平等、人权是最高的政治价值;实现共产主义则是他们的最高政治理想。在马克思、恩格斯心目中,共产主义社会就是一个"自由人联合体":"在那里,每个人的自由发展是一切人的自由发展的条件"[①]。

政治学的命运在现当代西方世界经历了戏剧性的变化。19世纪末20世纪初,西方政治学开始作为一门独立学科出现。不过,直到第二次世界大战,传统的研究方法和研究对象在政治学中一直占据着主导地位。韦伯的《新教伦理与资本主义精神》、布莱斯的《现代民主政治》、帕累托的《精神与社会》、莫斯卡的《统治阶级》、米歇尔斯的《政治党派》、拉斯基的《国家的理论与实践》等著作在当时风靡一时,而且至今仍深有影响。然而,在第二次世界大战后,特别是在20世纪六七十年代后,西方政治学界发起了一场"行为主义革命"。政治行为主义的实质,是试图用现代科学方法和实证方法研究现实政治问题,使政治研究科学化、定量化。行为主义政治学家注重经验性的证实,反对规范性的推演;主张研究事实,反对谈论价值;倡导研究者的"中立性",反对价值偏向。由于传统政治学主要是进行价值研究的规范理论,因而受到了行为主义政治学家的猛烈抨击。在他们看来,以政治哲学为核心内容、以国家制度为主要对象的传统政治学作为一种空洞理论几乎一钱不值。一时间,到处

[①] 《马克思恩格斯选集》第1卷,人民出版社2012年版,第422页。

都可以听到"政治理论寿终了"和"政治哲学衰亡了"的哀叹。① 伊斯顿的《政治生活的系统分析》等著作就是尝试用自然科学方法和实证方法分析政治体系和政治过程的代表性著作。

但是,政治哲学是政治意识形态的核心内容,对意识形态从而对政治哲学的需要是任何政治社会所不可或缺的,否定或取消政治哲学其实是不可能的;把国家及其制度从政治学的主要研究对象中排除出去,不仅会使政治学研究失去其应有的理论价值,还会使其失去实践价值,最终变得毫无意义。所以,即使在行为主义风行的时期,西方政治学中影响最大的作品也多半是政治哲学方面的著作,如熊彼特的《资本主义、社会主义和民主主义》、奥克肖特的《政治中的理性主义》、波普尔的《开放社会及其敌人》、达尔的《民主理论的前言》、阿伦特的《人类状态》、哈耶克的《自由宪章》、伯林的《自由四论》等。20世纪70年代后,西方政治学界出现了一场旨在复兴传统政治哲学的所谓"后行为主义运动"。包括政治行为主义者在内的许多西方政治学家认识到,政治学研究要真正做到"价值中立"事实上是不可能的,对事实的观察、对经验的分析、对数据材料的整理加工都难免受到研究者价值观的影响。退一步说,纵使有一种"价值中立"的政治学研究,这种研究对社会的意义肯定也不会太大。基于这种认识,20世纪70年代后,政治哲学在西方政治学中得以复兴,从而形成了传统政治学与现代政治学并存的局面。在当今西方世界,影响较大的政治学流派有新自由主义、新保守主义、新马克思主义、精英主义、多元主义、社群主义等,罗尔斯的《正义论》、麦金太尔的《追寻美德》、哈贝马斯的《合法性危机》萨托利的《民主新论》、布坎南的《自由、市场与国家》等著作分别从不同的角度反映了上述各流派的主要观点。

如果说广义的政治学是一门古老的学科,那么狭义的政治学则是一门新兴的学科。在各门主要社会科学中,政治学相对来说发展较晚、独立较迟。从世界范围看,政治学作为一门独立学科,开始于19世纪末20世纪初,发展于20世纪初至20世纪中叶,繁荣于20世纪中叶以后。从政治学的历史发展来看,现代政治学事实上是市场经济的产物。市场经济产生出新的政治文化和

---

① 参见俞可平:《政治行为主义论纲》,《社会科学战线》1987年第1期。

政治价值,如强烈的权利意识、自主意识、平等意识,这些与市场经济相伴随的政治价值需要新的政治机制。市场经济也需要新的政治制度环境,如法治国家、服务国家、福利国家,这些制度环境需要由政治家和公民去创造。市场经济还赋予许多旧的政治现象新的政治意义。例如,市场经济条件下的政治稳定就是一种动态的稳定,而不是传统的静态稳定;市场经济下的政治合法性来源主要就是民主和效率,而不再是个人崇拜和君主专制等。所以,市场经济条件下,政治学的主要作用就是探索一套与市场经济相应的政治机制,以使上述政治价值、制度环境和政治发展目标得以尽快实现。

作为一个独立的知识体系的政治科学,不仅是近代市场经济的产物,而且也只有在近代民主政治的条件下才能产生和发展。由于政治学要从独立的学术研究角度对现实政治进行评判,没有充分的学术自由是绝不可能的,所以,哪里有真正的政治科学,那里就一定有或多或少的民主政治。从古今中外的历史经验来看,一个国家或政府可以完全没有政治学,但一个国家如果推行真正的民主政治,那就绝不能没有政治科学。道理很简单,民主政治需要言论和学术的自由,政府的优劣好坏需要由独立的学者来评判,政治制度的改善有赖于专业学者的专门研究,民主的合法性需要由政治学者来参与建立,政府的运行需要由政治学者来指导。没有政治科学指导的政治,一定是一种十分落后的传统政治。在这里,政治学的情况很像医学。正如德国著名病理学家菲尔绍所说,医生给个人诊疗,政治学者为社会诊疗。[①] 人类在很长时间里有医学知识,但没有医学科学,独立的医学科学是近代的产物。一个社会可以只有医学知识而没有医学科学,但没有医学科学的社会,其医疗水平一定是非常落后的。

第三节　政治学的基本内容

在目前各国的人文社会科学中,政治学是一门基础性的一级学科。它的主要研究对象是国家、政府、公民、政党、民间组织等政治主体及其政治行为和

[①] Johan P. Mackenbach, "Politics Is Nothing But Medicine at a Larger Scale: Reflections on Public Health's Biggest Idea", *Journal of Epidemiology & Community Health*, Vol. 63, No. 3, 2009, pp. 181–184.

政治权力。它所研究的基本问题包括政治社群或政治共同体、政治组织、政党政治、民族国家、政府机构、国家治理、政治文化、政治心理、政治活动、政治行为、政治关系、政治利益、政治制度、政治机制、权力和权威、政治过程和程序、政治社会化、政治决策、政治正义、公民权利、政治参与、国际关系。政治学有众多的分支学科和交叉学科,其中主要有政治哲学或政治学理论、政治制度、政治学方法论、公共管理、公共政策、比较政治、国际政治或国际关系、政治思想史、政治制度史、政治社会学、政治心理学、政治人类学、政治传播学等。

现代政治学始终关注三大核心问题,这些问题其实就是政治发展的三大根本目标:一是绩效,二是和平,三是民主。这里的绩效不是生产效率,而是指行政效率和效能,它涉及政府机构的设置和政府职能的界定、行政管理的机制和程序、公共政策和决策科学、管理成本与效益等。这里的和平主要是指安定的公共秩序,包括国际和平与国内和平,它涉及国际政治方面的国际冲突与合作、国际组织、国际政治经济学、国家主权、全球治理和国内政治方面的社会政治稳定、政治认同、政治文化、政治结构、政治安排、利益表达与利益分配、社会公正、治理与善治、廉政与善政等。民主则是指保证主权在民的一系列平等、自由的政治制度,特别是与权力制衡、权力监督、官员选举、政治透明、公民权利、公民参政等相关的一系列制度与机制。可以说,其他政治问题大都是从这三大问题派生出来的,如现在人们普遍关心的社会政治稳定、政治文明、法治国家、腐败与廉政、集权与分权、国家治理、社会治理、政务公开、公民参与、合法性、行政效率、国际秩序和规制、自由、平等、人权等。

在不同的历史时期,以及不同的政治经济和文化背景下,政治学家所关注的问题有所不同,对政治问题的认识也不尽相同。不同时期的政治学,各有不同的关注热点和研究重点,从而各有自己的前沿理论,可谓各领风骚数十年。20世纪80年代末90年代初以来,冷战的结束、新经济的产生、信息社会的来临、全球化趋势的加剧和公民社会的复兴,表征着一个新时代的到来,它正在极大地改变人类历史的发展进程。政治学作为与现实联系最为密切的社会科学之一,对这些时代的巨变适时地在理论上和方法上作出了自己的反应,形成了新的讨论场或问题场,即所谓新的"话语"(discourse)。近些年来,政治学家在全球化背景下所关注的前沿问题主要有:政治公理、政治合法性、全球化与全球治理、民族国家与国家主权、民主与人权、公民社会、认同政治、空间政治、算法政治、治理与善治、程序民主与实质民主、公益政治与权利政治、政府创新或政治改革等。除了上述这些问题,中国的政治学者还普遍关注政府的职能、政治体制改革、政治稳定、权力监督、腐败和廉政、基层民主、民主选举、政党研究、党内民主、舆论监督、法治与德治、干部的选拔与任免、党政关系、政企关系、国家与社会、中央与地方、市场经济与政治发展、生态政治和网络政治等。①

迄今为止,政治学家发明了许多解析社会政治现象和政治生活的理论框架,如阶级分析、经济分析、制度分析、政治系统分析、政治决策分析、政治沟通分析、政治文化分析、政治心理分析等。目前,在分析改革开放后的中国政治发展方面,国内外政治学者比较喜欢使用的政治分析途径主要有经济分析、制度分析、文化分析、国家-社会分析、比较政治分析、比较历史分析,以及基于大数据分析的计算政治学等。这些分析方法各有特点,对帮助人们全面和深入地认识中国政治发展的规律有着重要的意义,是深刻理解现实政治生活不可或缺的分析工具。但这些分析途径也有其自身的不足,需要不断完善,更需要探索新的分析途径,以克服已有分析框架的不足。

20世纪90年代以来,在西方政治学界,一种新的政治分析框架,即治理和善治理论,日益引人瞩目。作为一种新的政治分析框架,比起传统政治分析方法,治理和善治的理论具有明显的优点。首先,它提供了新的分析视角和范畴。例如,它将"社会资本"引入治理分析,着眼于政府与公民的合作。其次,在分析政治发展时,它比其他方法更加全面。它包含了制度分析、经济分析和文化分析的许多内容,同时又在相当程度上克服了其他方法的缺陷。再次,它体现了政治发展的方向。它特别强调国家与公民社会的合作,强调公民自治和非政府的公共权威,这些都深刻地反映了全球化时代的民主要求。进而言之,治理和善治理论打破了社会科学中长期存在的两分法传统思维方式,即市场与计划、公共部门与私人部门、政治国家与公民社会、民族国家与国际社会,

---

① 参见张长东:《中国政治学研究的重点领域》,俞可平主编:《中国政治学四十年》,商务印书馆2019年版,第122—173页。

它把有效的管理看作两者的合作过程；它力图发展出一套管理公共事务的全新技术；它强调管理就是合作；它认为政府不是合法权力的唯一源泉，公民社会同样是合法权力的来源；它把治理看作当代民主的一种新的现实形式；等等。所有这些都是对政治学研究的新探索，具有积极的意义。但是，治理和善治的分析框架绝不是万能的，不能以它去否定或贬低其他有价值的政治分析理论。治理理论还很不成熟，它的基本概念还十分模糊，学者们对治理和善治的看法还有着不少分歧甚至误解。治理和善治理论最初是由西方学者根据西方的社会政治现实提出的，在像中国这样的发展中国家中应用这一理论时，我们必须从本国的实际情况出发，切不能机械地照抄照搬。国内学术界对这种理论总体上还比较陌生，存在着不少误解和误译，必须避免在一知半解的情况下急于应用。

第四节　政治学的功用和中国政治学的发展

作为人类社会的一门基础社会科学，政治学之所以历经数千年而绵延不绝地向前发展，根本原因在于它对人类知识体系的完善和社会政治的进步有着不可替代的作用。

第一，政治学有助于确立人类社会的基本政治价值。人类基本政治价值的作用在于为人类社会政治发展明确方向。我们通常说，人类社会是在不断进步的，进步要有目标，政治的进步要有政治目标，这些核心政治价值就是人类社会的政治目标。可以说，提供人类社会的政治目标，奠定人类的基本政治价值，是政治学的首要功用。第二，政治学有助于探索人类社会政治发展的规律。人类社会政治发展是有规律的，例如从专制走向民主，从人治走向法治，从管制走向服务。从现实政治生活中发现规律性的政治现象，是政治学的重要任务。第三，政治学有助于确立政治评价标准，推动人类政治进步。政治进步、政治评价是有标准的。政治学要努力提供政治评价的标准，使得政治进步有一个相对客观的衡量尺度。第四，政治学有助于解释社会政治现象，揭示社会现象背后的政治本质。政治的进步是最深刻的进步，政治分析可以帮助人们发现社会现象背后深刻的政治动因。第五，政治学有助于总结人类政治的游戏规则,影响人类的政治制度设计。制度可以塑造人的行为,对于个体的人来讲,制度就是环境。制度可以塑造人性,也会扭曲人性。政治学家说,坏的制度可以使人变成魔鬼,好的制度可以使魔鬼变成人。政治学的一个功用,就是为人类社会发展提供合理的、科学的制度设计。

鉴于政治学对于人类文明的进步具有如此的重要性,政治学者应当主动承担起知识、政治和教育三重责任。首先是知识的责任。政治学是人类的一种知识体系,政治学者首先要从知识的角度去承担学者的责任。这就是要提出新的思想、理论、概念、方法,丰富政治学的知识系统,促进人类对政治现象的认知。换言之,政治学者的首要责任是做好基础的政治学研究,要做"天国的学问"。其次是政治的责任。政治学者还要承担现实的政治责任,这就是要针砭时弊,分析现实,倡导先进的理念,引领社会政治思想。政治学者要关心现实,对现实好的要肯定,对现实不好的要批判。政治学者还有一项重要的现实责任,就是提供政治咨询,影响决策过程,推动社会政治进步。最后是教育的责任。政治学者要承担教育的责任,就是教书育人,传播政治知识,培育合格的公民,特别是培育合格的官员。"公民"是政治学的基本概念,公民既有权利也有责任。但是在现实生活中,公民的权利和责任经常是不对等的。通过课堂教学、公开演讲和著书立说,政治学者应当担负起正确地培育公民的权利意识和责任意识的重要责任。

作为一门独立学科的政治学,在中国是近代以后的产物。1899年,京师大学堂正式设立了仕学馆,它事实上是现在大学里政治学系或行政管理系的前身。在其首次开列的25门课程中,有2门是政治学的。1903年,京师大学堂首次开设了"政治科",这是中国大学设立的第一门政治学课程。[①] 民国初年是中国政治学的活跃时期,作为一门独立学科的中国政治学在这个时期基本形成。抗日战争爆发后直到1949年国民党政权垮台,由于时局的影响,政治学在中国一直处于时断时续的不正常状态。

1949年新中国成立后,我们开始照搬苏联模式,用马列主义理论代替政治

---

① 参见金安平、李硕:《中国现代政治学的发端与拓展:北京大学政治学(1899—1929)》,北京大学出版社2019年版,第27—38页。

学,政治学作为一门独立的社会科学日渐式微。1952年,高等院校进行院系调整,大学中的政治学系被正式取消。20世纪50年代初到70年代末,少数大学虽短暂有过"政治学系"或"国际政治系"的设置,但作为一门独立学科的政治学在中国学术领域中消失了近30年。

改革开放后,邓小平明确表示,政治学、法学、社会学、国际政治要尽快补课。① 1978年,湖北省率先成立了改革开放后的第一个地方政治学会,1979年黑龙江省社会科学院建立了改革开放后第一个政治学研究所。1980年12月中国政治学会的正式成立,标志着政治学作为一门独立的学科再度在中国得到官方和社会的认可。1984年北京大学正式招收首届政治学博士研究生,这标志着从本科生、硕士研究生到博士研究生的完整学科培养体系已经形成。1985年中国政治学会首次作为国际政治学会的正式会员参加第13届世界大会,标志着中国的政治学开始得到国际学术界的承认。

在全球化、信息化和民主化的时代背景下,要继续推进中国政治学的发展,尤其要处理好以下四个关系。首先,必须处理好现实性与学术性的关系,使政治学研究既能为中国的社会政治发展提供理论指导,又能为繁荣中国的社会科学作出贡献。其次,必须处理好本土化与国际化的关系,使政治学扎根于中国特殊的土壤,同时不背离人类社会共同的政治学普遍原理。再次,必须处理好定量分析与定性分析的关系。政治学研究既需要定性分析,也需要定量分析。定性分析与定量分析并不相互排斥,它们应当相互补充。最后,必须处理好政治学与其他社会科学的关系,使政治学具有自己的学科特色,又共享其他社会科学的知识。②

思 考 题

1. 什么是政治?其主要特征是什么?
2. 政治学是一门科学吗?它有何功用?
3. 政治学的主要分析框架有哪些?

---

① 《邓小平文选》第2卷,人民出版社1994年版,第180—181页。
② 参见俞可平主编:《政治学通论》,当代世界出版社2002年版,第29—30页。

4. 西方政治学的发展经历了哪些重要阶段?
5. 如何促进中国政治学的发展?

参考文献

郭苏建主编:《政治学与中国政治研究》,上海人民出版社2018年版。

金安平、李硕:《中国现代政治学的发端与拓展:北京大学政治学(1899—1929)》,北京大学出版社2019年版。

罗伯特·古丁、汉斯-迪特尔·克林格曼主编:《政治科学新手册》,钟开斌等译,生活·读书·新知三联书店2006年版,第1—3章。

俞可平主编:《中国政治学四十年》,商务印书馆2019年版。

Bernard R. Crick, *In Defense of Politics*, Continuum, 2005.

第一章　权力与权威

权力与权威是政治学的核心范畴,这两个范畴之于政治学的意义,犹如货币和资本这两个范畴之于经济学的意义。然而,国内政治学界对这两个核心范畴,至今仍然缺乏系统而深入的研究。权力与权威有许多相似之处,而且两者确实密不可分,因此,现实生活中人们通常不加区分地使用这两个术语,但实质上它们有着重大的区别。进而言之,不仅传统与现代的权力权威观有着实质性的不同,而且中西方不同语境中对权力和权威的理解也有着重大区别。本章将从政治哲学的角度,对权力与权威的概念进行系统的阐述,在此基础上对中国传统的权力权威观,即"王道"与"霸道",以及民主化和网络化条件下的权力权威观,作一简要的分析。

第一节　权力与权威的概念

一、权力与权威的语义

古代汉语中的"权力"一词,大体有两种意义:一是权位,如唐柳宗元《唐故安州刺史兼侍御史贬柳州司马孟公墓志铭》中有:"法制明具,权力无能移。"一是权势,如《汉书·游侠传·万章》中有:"(万章)与中书令石显相善,亦得显权力,门车常接毂。"古汉语中的"权威"一词,主要是指权势。如《吕氏春秋·审分》中有:"若此则百官恫扰,少长相越,万邪并起,权威分移。"《北史·周纪上论》中有:"昔者水运将终,群凶放命,或权威震主,或衅逆滔天。"现代汉语中的"权力",完全不同于古代汉语,它有两种语义:(1)政治上的强制力量;(2)职责范围内的支配力量。"权威"的语义也在相当程度上不同于古代汉语:(1)使人信服的力量和威望;(2)在某种范围内最有威望和地位的人和事物。

"权力"的英文是 power,直接来源于法语的 pouvoir,后者则起源于拉丁文的 potestas 或 potentia,意指一个人或物影响另一个人或物的"能力"。[①] 但英文的 power 一词有众多的词义,《牛津英语大词典》总共列了 16 条语义,维基百科分别在数学、物理、计算机、社会科学等名下列了 20 多条语义。其中与本章有关的语义主要有:(1)能力(the ability to do);(2)身体的机能或才智(a particular faculty of body or mind);(3)支配、影响或权威(government, influence or authority);(4)职权或权力(official or legal authority);(5)有影响力的个人或团体(an influential person or group);(6)军事力量(a military strength);(7)大国或强国(a state having international influence);(8)力量(a physical force or strength)。

"权威"的英文是 authority,最初是从拉丁文 autoritas 派生出来的。它的原义是指威信、作者、创始人、财产权或所有权。"权威"一词的常用语义有:(1)某个领域的专家(someone who is considered an expert in a particular subject);(2)当局或官方(official organizations with legal power);(3)管理机构(an organization or institution that controls something);(4)权力(the power to make decisions);(5)影响力(an influence exerted on opinion);(6)官方许可或权限(official permission)。

二、权力的概念

作为政治学的一个核心概念,"权力"通常有以下几种含义。

首先,权力是一种可以改变对方行为的强制力量。这是最有代表性的权力观,在西方思想史上源远流长,也是近代西方权力观的主流,从卢梭、洛克、霍布斯、马克斯·韦伯、伯特兰·罗素,到当代的汉斯·摩根索(Hans Morgenthau)、罗伯特·达尔(Robert Dahl)、斯蒂芬·卢克斯(Steven Lukes)等,都持这种观点。这种权力观强调的是,主体对客体的强制性作用力。卢梭认为"国家

[①] 戴维·米勒、韦农·波格丹诺主编:《布莱克维尔政治学百科全书》,邓正来等译,中国政法大学出版社 1992 年版,第 595 页。

权力"是"一切个人力量的联合",是"一种普遍的强制性的力量"。① 在当代政治学家中,罗伯特·达尔和斯蒂芬·卢克斯是持这种观点的代表性学者。他们认为,"在下述意义上,A 对 B 拥有权力,即 A 能让 B 做某些 B 可能不愿做的事情"②。进而言之,这种强制性作用力体现在三个方面:一是纠正对方已经产生的行为结果;二是阻止对方正在发生的行为;三是防止对方尚未发生但可能发生的行为。

其次,权力是一种达到特定目标和获取利益的能力和资源。这也是一种相当流行的权力观,它强调的是权力的合目的性和趋利性,认为权力就是占有社会资源的能力。著名社会学家塔尔科特·帕森斯就是这种权力观的典型代表,他在评论 C. 赖特·米尔斯《权力精英》一书时说:"对米尔斯来说,权力不是在作为一个系统的社会中并为了作为系统的社会而发挥功能的工具,而是被一无例外地解释为:一个团体——权力占有者通过防止另一个团体——'在野党'得到其所要的东西。"③

再次,权力就是国家政权,是维持统治阶级利益的国家强制力量。这种权力观的主要代表是马克思主义,其主要特点是强调权力的阶级性和强制性。根据马克思主义的权力观,权力是社会中统治阶级意志的集中体现,其本质是一个阶级对另一个阶级的统治。权力既是阶级斗争的工具,也是阶级斗争或政治斗争的目标和结果。权力的载体是国家的暴力机器,它由政府官僚机关、警察、法院和常备军组成,权力的实质是统治阶级的经济利益。用暴力夺取权力,首先就是夺取国家政权,这是包括无产阶级革命在内的所有社会政治革命的根本目标。

最后,权力是一种约束和规制人的复杂网络和微观社会结构。这是一种后现代的权力观,它强调权力的微观性和结构性特征,是对传统权力和主流权力的一种消解,其代表人物是福柯。福柯认为,现代社会是由各种规制和关系造成的一个"全景监狱"(Panopticon)。在这个"全景监狱"中,每个人犹如马

---

① 卢梭:《社会契约论》,何兆武译,商务印书馆1980年版,第41页。
② 参见杰弗里·托马斯:《政治哲学导论》,顾肃、刘雪梅译,中国人民大学出版社2006年版,第80页。
③ 参见 L. 科塞尔:《权力概念:理论的发展》,顾晓鸣译,《社会》1985年第5期,第16页。

戏团中的驯兽,都受到了"约束""规戒""惩戒""规训""监视",实际上就是被无处不在的权力所"支配"和"控制"。他说,"规训'造就'个人。这是一种把人既视为操练对象又视为操练工具的权力的特殊技术。……与君权的威严仪式或国家的重大机构相比,它的模式、程序都微不足道。然而,它们正在逐渐侵蚀那些重大形式,改变后者的机制,实施自己的程序"①。

这些权力观从不同的角度揭示了权力的主要属性。权力本质上是一种强制力量,而且首先是国家的强制力量。行使这种强制力量的直接目的,是迫使对方服从掌权者的意志,但其最终目的是夺取或维护掌权者的利益。然而,并非所有强制力量都是权力,没有制度授权的强制,是暴力;也并非所有获取利益的能力都是权力,通过交换获取利益的行为通常并不表现为权力。迄今为止,权力的最高形态是国家权力,但除了国家权力之外,社会上还存在大量非国家形式的权力。从政治学的角度看,质而言之,权力是迫使对方服从的制度性强制力量。

三、权威的概念

作为与权力紧密相连的政治学核心概念,权威也有三种基本意义。

其一,权威是使对象自愿服从的能力。这是政治学关于权威的经典定义,它强调权威是个人或组织所拥有的一种使他人服从的能力,而且这种服从是出于对象的自愿。与权力一样,权威也是一个关系概念,其直接后果也是对方的服从。正如恩格斯所说,"一方面是一定的权威,不管它是怎样形成的,另一方面是一定的服从,这两者都是我们不得不接受的,而不管社会组织以及生产和产品流通赖以进行的物质条件是怎样的"②。所不同的是,权力导致的结果是对象的被迫服从,但权威带来的结果是对象的自愿服从。

其二,权威是具有合法性的权力。这也是西方政治学中极为流行的概念。这一定义强调权威与权力不可分割的联系,正如卡尔·施密特所说,"在每个

---

① 米歇尔·福柯:《规训与惩罚:监狱的诞生》,杨远婴、刘北成译,生活·读书·新知三联书店1999年版,第193页。
② 恩格斯:《论权威》,《马克思恩格斯选集》第3卷,人民出版社2012年版,第276页。

国家中,权力与权威两者都是同时起作用的"①。权威基于权力,是对权力的自愿服从和接受。根据这一定义,权力可以分为两类:一类是在权力对象眼中不具备合法性从而不是自愿接受的力量;另一类是在权力对象眼中是合法的从而认可的权力。从这个意义上说,"权威是权力的一种形式或实施方式",可以"把权威定义为合法的权力"。② A 要使 B 自愿服从,最重要的是 A 对于 B 来说必须拥有正当性或合法性。因此,权威的概念既与权力概念密不可分,也与政治学意义上的合法性(legitimacy)概念密不可分,只有被对象视为正当的、具有充分理由的力量,才拥有权威。"当 A 要求 B 做某事 X,只有在事实上符合下列条件时:i)给 B 一个这样做的规范性理由;ii)排除 B 不做 X 的某些理由,A 对 B 才拥有政治权威。"③

其三,权威是使对方信从的影响力。它也强调对象的自愿服从,但这种服从更多的是基于服从者对理性力量的认同,而不是基于他对权力的接受。换言之,作为一种信从的影响力,权威的基础不是权力,与权力不存在一种必然联系。这种权威的基础可能是非权力的其他力量,如宗教和科学的力量。这方面的代表人物是汉娜·阿伦特,她有句名言,"现代世界已经没有权威"。她说:"由于权威总要求服从,因此总被误解为某种形式的权力或暴力。然而,权威排斥使用外在的强制。强力所在,权威便失效。"④

四、权力与权威的异同

权威与权力均属于关系性概念,涉及主体与客体的相互作用。权威与权力的共同特征是使人服从,但权威是对方的自愿服从,自愿服从是权威的本质属性。权威的主要基础是权力,把权威界定为具有合法性的权力,确实抓住了权威的实质。然而,在现实政治生活中,一方面,毕竟还有大量的权威来自合

---

① 卡尔·施密特:《宪法学说》,刘锋译,上海人民出版社 2005 年版,第 83 页。
② 参见俞可平主编:《政治学教程》,高等教育出版社 2010 年版,第 45 页。
③ 参见杰弗里·托马斯:《政治哲学导论》,顾肃、刘雪梅译,中国人民大学出版社 2006 年版,第 87 页。
④ Hannah Arendt, "What Is Authority?", in Hannah Arendt, *Between Past and Future*, Viking Press, 1962, p. 92.

法化的权力之外;另一方面,离开权力或强力的权威,毕竟不是政治权威的主流。"强力所在,权威便失效"还只是一种政治理想。权威也与权力一样,均是使人顺从的力量,但权威导致的顺从还须经过对象的理性判断,它不像权力那样直接。如果说权力是一种直接的强制力,那么权威则是一种间接的影响力。从这个意义上说,权威是一种使对象因信服而顺从的影响力。

与建立在强制之上的权力不同,权威乃建立在服从者的理性之上。这一思想无论在西方,还是在中国,有着惊人的相似性,而且由来已久。早在公元前5世纪,孔子就明确指出,只有仁义道德,才能使民众心甘情愿地接受君主的统治:"上好礼,则民莫敢不敬;上好义,则民莫敢不服;上好信,则民莫敢不用情。"(《论语·子路》)与此极其相近,公元前4世纪的古希腊思想家柏拉图也认为,国家的宗旨是实现正义,为了实现正义的目标,国家的统治权应当授予极少数"哲学王"。这些"哲学王"拥有理性的力量,"他们掌握真理,以行善事"[1]。古罗马杰出的政治家和思想家西塞罗同样认为,当统治者同时具备德性和智慧时,民众便乐于听从他们,这是"自然本身"作出的安排。他说:"如果自由的人民选举一些人,把他们自己托付给那些人,并且如果考虑到自身的安全利益,只选择那些最优秀的人,那么市民社会的利益无疑会被委托给最优秀的人的智慧,特别是当自然本身便作出了这样的安排,即不仅让德性和智慧超群的人统治较为软弱的人,而且让较为软弱的人乐意听命于最优秀的人。"[2]

强制服从和自愿服从是权力与权威的实质性区别,这一区别进一步决定了权力与权威一系列其他方面的重大差别。

权威能使权力的作用和效果倍增。没有权威性的权力,其实际作用会受到极大的限制,不仅会把权力的正向作用降到最低点,有时甚至会导致负面的作用。当权力不被对象服从时,权力的正面作用就会消失。如果权力对象对施加其上的权力采取抵制的行为,那么权力就将产生负面的作用。例如,当一项政府政策或掌权者的某个决策遭到相关民众的集体抵制和反抗时,这一政

---

[1] 参见理查德·E.苏里文等:《西方文明史》,赵宇峰、赵伯炜译,海南出版社2009年版,第95页。
[2] 西塞罗:《论共和国》,《西塞罗文集·政治学卷》,王焕生译,中央编译出版社2010年版,第36页。

策或决策必然会给当局和掌权者的合法性和威信带来严重的负面影响,甚至破坏既定的社会政治秩序。反之,如果权力转变成权威,从而得到对象的自愿服从,权力的正向作用会大大增强。拥有崇高权威的人,常常可以做到一呼百应。同样一项政策或决策,如果出自拥有权威的当局或掌权者,在执行过程中不仅没有负面作用,而且其正面效果会明显增加。政策的实施过程,会成为增强政府合法性和提升掌权者威信的过程。

权威可以明显地降低权力行使的成本。任何权力的行使都需要一定的成本。当权力不具备权威性时,其成本会到达最高;而当权力转变成权威时,权力行使的成本会降至最低点。权力需要对象的服从和执行。如果权力对象不认可权力的合法性,那么他在执行过程中就不会配合,要么跟掌权者或决策者讨价还价,要么出现"上有政策,下有对策"的现象,从而大大增加权力运行的成本;反之,如果掌权者具有令人信服的权威,那么民众就会自觉配合政策的实施,不仅会不折不扣地执行政策和服从决定,而且常常会不计利益得失地去执行政令。权威越大,权力行使的成本就越低;反之,权威越小,权力行使的成本就越高。当政府当局的行政成本过高时,通常意味着其权威的严重流失。当政府失去足够的权威时,从掌权者到执行者都会在权力行使过程中谋求自己的私利。

权力受限于职位,权威则可以超越职位而发挥作用。"不在其位,不谋其政",不仅是一种人生哲学,更是一条从政戒律。没有正式的制度性授权,权力就无从谈起。权力发挥作用的前提,就是制度性的权位和职务。俗言讲的"有权不用,过期作废""人走茶凉"等,实际上说的就是"权力依赖于职位"这种政治现象:没有相应的职务,就没有相应的权力;一旦失去职位,权力也就随之失去。与此极不相同,权威则可以不受职位的限制,一个拥有权威的人,没有职位同样可以发挥影响和改变他人行为的作用。一些具有崇高政治权威的人物,即使已经离开正式权位,也可"垂帘听政";甚至去世后还会继续对政治生活产生影响,出现"死人统治活人"的独特现象。一些国家中的精神领袖,可以没有任何官方的职务,但却对民众拥有许多政府高官无法企及的崇高权威和极大的影响力。

权威的空间范围明显大于权力的空间范围。有研究表明,"权力与空间大小之间存在隐喻关系"。权力强的被知觉为空间上大的,而权力弱的则被知觉为空间上小的。① 然而,一个只拥有权力而不拥有权威的人,其行为的作用空间范围通常仅局限于权力所及的对象;而一个既拥有权力同时也拥有权威的人,其行为的作用空间通常会超出其职权所及的范围。一个人的权威越大,其发挥作用的空间范围也越大。当掌权者不被权力对象认可时,其作用范围只能局限于对象本身;而当掌权者因为拥有权威而得到对象的内心认可和自愿服从时,对象会把这种对权威的顺从自觉地传播给其周围的同事、家人和朋友,从而扩大权威的作用范围。

权威的作用力和影响力要比权力的作用力和影响力更加持久。权力的作用力和影响力通常受限于职位的高低和任期的长短。与此不同,一方面,权威可以不受职位的限制而发挥其影响;另一方面,权威的作用会在对象的自愿服从过程中得以倍增和延续。因此,权威的影响力明显要比权力的影响力延续的时间更长。权威越大,其影响力便越持久。每一个伟大的民族,几乎都会有本民族的伟大权威人物,其影响力可以超越千百年而持续存在。像中国的孔子、西方的柏拉图和亚里士多德等思想权威,至今仍在发挥着巨大的影响。相反,历史上也有众多位高权重但却令人厌恶的独裁人物,其在位时不可一世,但一旦失去权力,其影响力顷刻便烟消云散。

比起权力来,权威有这么多明显的优势,而且所有这些优势都可以转换成掌权者的实际利益,例如,拥有广泛的支持者,使政策产生更多的效益,降低执政的成本,有效消解敌对力量,延长执政的时间,博取良好的社会声誉,等等。因此,获取和增加当权者的权威,便自然成为从古到今所有政治人物的头等事情。各式各样的政治符号、象征、礼仪、神话、修辞、说教等,几乎都围绕着这一目标而展开。不过,获取权威的方式和途径,在不同的历史条件和不同的文化背景下,常常是极不相同的。由此便提出了另外一个命题:传统的权威与现代的权威。

---

① 唐佩佩等:《权力概念与空间大小:具身隐喻的视角》,《心理学报》2015年第4期,第514页。

第二节 霸道与王道：中国历史上的权力与权威

中国传统政治理论中虽然没有现代政治学的"权威"和"权力"概念,却有与现代政治学中"权力"与"权威"概念极为相似的思想。这一思想集中体现在中国传统政治哲学中的两个重要范畴上,即"王道"与"霸道"。简而言之,"王道"就是圣人治理国家的理想模式,其实质是"以德服人";"霸道"就是常人治理国家的方式,其实质是"以力服人"。以德服人,能够使人心悦诚服,最终获得对方的自愿顺从;以力服人,是对方基于恐惧的服从,是强制的而非自愿的服从。

春秋时期齐国的政治家和思想家管子已经对"王道"和"霸道"概念作出了明确的界定:行王道者,以道德使人服从;行霸道者,以强力使人服从:"明一者皇,察道者帝,通德者王,谋得兵胜者霸。"(《管子·兵法》)又说:"身仁行义,服忠用信则王;审谋章礼,选士利械则霸。"(《管子·幼官》)"王""霸"思想的集大成者是战国时期鲁国的思想家和教育家孟子。他不仅界定了"王道"与"霸道"的概念,而且对"王道"与"霸道"作了系统的论述。他认为,无论王道还是霸道,都是要使人服从,但王道使人心服,霸道只是征服。服从王道令人快乐,服从霸道令人厌恶:"以力假仁者霸,霸必有大国;以德行仁者王,王不待大。汤以七十里,文王以百里。以力服人者,非心服也,力不赡也;以德服人者,中心悦而诚服也。"(《孟子·公孙丑上》)

在贯穿中国传统社会数千年的"王霸"之争中,从总体上说,"王道"是统治者、学者和民众追求的理想政治模式,是中国传统的核心政治价值。王道之所以成为中国传统的理想政治模式,根本原因是相比霸道而言,王道更有利于统治阶级的整体利益。具体地说,王道能够使人心悦诚服,带来自愿的服从:"其身正,不令而行;其身不正,虽令不从。"(《论语·子路第十三》)王道能够屈人之兵,"以不敌之威,辅服人之道",可以"不战而胜,不攻而得,甲兵不劳而天下服"(《荀子·王制》)。王道能降低执行的成本,提高行政的效能:"昔舜欲旗古今而不成,既足以成帝矣;禹欲帝而不成,既是以正殊俗矣;汤欲继禹而不成,既足以服四荒矣;武王欲及汤而不成,既足以王道矣;五伯欲继三王而不成,既足以为诸侯长矣。"(《吕氏春秋·谕大》)最后,王道有利于政权的稳固和国家的长治久安。"王天下者有玄德……轻县国而重士,故国重而身安;贱财而贵有知,故功德而财生;贱身而贵有道,故身贵而令行。故王天下者,天下则之。霸王积甲士而征不备,诛禁当罪而不私其利,故令天下而莫敢不听。"(《黄帝四经·经法》)

行王道的要害是得民心。掌权者的行为和决策要得到民众的顺从,首先要让民众觉得这些行为和政策是"正当的"和"合理的",是代表着民众的利益或共同体的公共利益,这实际上就是现代政治学的"政治认同"。管子说:"夫争天下者,必先争人。明大数者得人,审小计者失人。得天下之众者王,得其半者霸。"(《管子·霸言》)孟子则说得更加明白,得道者得天下,失道者失天下。政权的丧失,从根本上说,就是因为失去了民心:"桀纣之失天下也,失其民也;失其民者,失其心也。得天下有道:得其民,斯得天下矣;得其民有道:得其心,斯得民矣。"(《孟子·离娄章句上》)孟子这里所说的"道",其实就是韦伯所说的作为政治权威主要来源之一的"合法性"。统治者一旦拥有这样一种"道",其权力便转变成权威,民众便会心甘情愿地顺从。

要得民心,统治者必须行"德政"、"仁政"或"善政"。孔子说,"为政以德,譬如北辰,居其所而众星共(拱)之"(《论语·为政》)。孟子说,"不以仁政,不能平治天下"(《孟子·离娄章句下》)。只要施行善政仁政,民众便会自觉服从你的统治。"德政"或"仁政"的实质性内容,是统治者心系民众的需求,关心民众的喜怒哀乐。"乐民之乐者,民亦乐其乐;忧民之忧者,民亦忧其忧。乐以天下,忧以天下,然而不王者,未之有也。"(《孟子·梁惠王下》)当然,"德政"或"仁政"最重要的还是要增加民众的物质利益,使他们从统治者的"王道"中获得好处。"尊贤使能,俊杰在位,则天下之士,皆悦而立于其朝矣;市廛而不征,法而不廛,则天下之商,皆悦而愿藏于其市矣;关讥而不征,则天下之旅,皆悦而愿出于其路矣;耕者助而不税,则天下之农,皆悦而愿耕于其野矣;廛无夫里之布,则天下之民,皆悦而愿为之氓矣。……然而不王者,未之有也。"(《孟子·公孙丑上》)

如何才能让掌权者自觉地为民谋利,施行"德政"或"仁政"呢?中国的理想主义先贤找到的共同答案是:让掌权者修身养性,以自己的高尚品质和模范表率来感化民众，威令天下。"内圣"，然后才能"外王"。孔子曰："其身正，不令而行；其身不正，虽令不从"，"上好礼，则民莫敢不敬；上好义，则民莫敢不服"。孟子说："君仁，莫不仁；君义，莫不义；君正，莫不正。一正君而国定矣。"（《孟子·离娄章句上》）统治者自身的崇高美德和圣人品格，来自自己的努力学习和刻苦修炼。《礼记·大学》的以下这段名言，提纲挈领地勾画出了从"内圣"到"外王"的理想途径："古之欲明明德于天下者，先治其国；欲治其国者，先齐其家；欲齐其家者，先修其身；欲修其身者，先正其心；欲正其心者，先诚其意；欲诚其意者，先致其知，致知在格物。物格而后知至，知至而后意诚，意诚而后心正，心正而后身修，身修而后家齐，家齐而后国治，国治而后天下平。"

关于中国传统的"王道"与"霸道"，鲁迅做过如此评析："在中国其实彻底的未曾有过王道。""在中国的王道，看去虽然好像是和霸道对立的东西，其实却是兄弟，在这之前和之后，一定有霸道跑来的。"[1]从现代政治学关于权力与权威的原理来看，鲁迅的分析极其深刻，也最接近中国传统政治的现实。首先，在传统政治中，权力与权威是不可分离的，正如强力是服从的基础一样，权力也是权威的基础。其次，在传统中国社会，正如民本主义只是理想，官本主义才是现实一样[2]，"王道"政治只是理想，"霸道"政治才是现实。

握有权力的统治者其实非常清楚，仅有"王道"远不足以维护统治，必须"王霸"并用。"国之所以重，主之所以尊者，力也。"（《商君书·慎法》）汉宣帝更是直言不讳："汉家自有制度，本以霸王道杂之。"（《汉书·元帝纪》）与理想主义的儒者不同，中国传统的统治者清醒地知道，要使手中的权力具有强大的权威，仅有"内圣"是远远不够的，还必须采取其他方法。"万乘之主，千乘之君，所以制天下而征诸侯者，以其威势也。威势者，人主之筋力也。"（《韩非子·人主》）"敬慎威仪，维民之则。"（《诗经·大雅·荡之什》）为了增强当权者的"威势"，传统中国发展出了一整套完备的礼仪、制度和方法。

首先是增强权威的礼仪体系。古人早已认识到，礼仪可以增强权威，形成

---

[1] 鲁迅：《且介亭杂文·关于中国的两三件事》，《鲁迅全集(6)》，人民文学出版社1981年版。
[2] 参见俞可平：《官本主义引论——对中国传统社会的一种政治学反思》，《人民论坛·学术前沿》2013年第9期。

威慑力量。"古训是式,威仪是力。"(《诗经·烝民》)西周时,就有"优优大哉,礼仪三百,威仪三千"(《中庸》)之说。礼仪是传统社会维系秩序的基本规范,"礼崩乐坏"通常用来形容社会秩序的失控。传统中国的官方礼仪,完全按照官爵本位而设立。什么样的官爵,就享有什么样的礼仪。从官邸的"几进几出"、官员的衣服穿戴和"鸣锣开道"的仪仗警卫,到朝会的班次序列、印信的尺寸规制、公文的行文格式、奏章的言语表述,直至官员死后的陵墓规格,均按照官员的品秩等级有严格的规定。《左传》中所说的"上下有服",指的就是不同等级的官员所穿衣服和所乘车子不同。①

其次是神化权威的荣誉体系。个人的荣誉分为生前与死后两种,在中国古代,这两种荣誉都与权力紧密相关,人们的官爵就是其最重要的社会"名分"。在传统社会,一个人生前最重要的荣誉是被朝廷封爵。人死后的官方荣誉,古代称"谥号"。在古代中国,针对达官贵人死后的名号,有一整套完备的制度,即"谥法"。"生无爵,死无谥",几乎是整个传统中国的定例。不同的官爵,人死去的称呼也不同,"天子死曰崩,诸侯死曰薨,大夫死曰卒,士曰不禄,庶人曰死"(《礼记·曲礼下》)。至高无上的荣誉,照例要给至高无上的皇帝。如清康熙皇帝爱新觉罗·玄烨的谥号是"合天弘运文武睿哲恭俭宽裕孝敬诚信功德大成仁皇帝"。

最后是美化权力的文化价值体系。在传统中国,权位的高低甚至成为评判知识文化水平和伦理道德水平的标尺,官阶越高,似乎掌握的知识和真理就越多,伦理道德水平也越高。在传统中国,作为最高统治者的皇帝,常常既是真理和知识的化身,也是美德和高尚的代表。对科举考试的成绩进行裁判的,不是教书先生,而是负责学政的高级官僚,最后确定"殿试"一甲三名的人则非皇帝莫属。皇帝不仅是民之"人主",也是思想的导师和道德的楷模。

第三节 现代民主政治条件下的权力与权威

权力与权威是政治生活的核心,权力与权威的主体、来源、关系、规范、功能、符号、形式和特征,决定着社会政治生活的形态,也是区别传统政治与现代

---

① 参见白钢主编:《中国政治制度通史》第一卷,人民出版社1996年版,第740页。

政治的重要标准。那么,在现代政治条件下,权力与权威是一种什么关系呢?从强制服从的权力转为自愿顺从的权威,需要什么样的条件呢?

现代政治区别于传统政治的本质特征,就是社会政治生活从官员的权力本位转向公民的权利本位。这一实质性的转变,从根本上改变了权力和权威的合法性来源和整个制度环境,从而也改变了权力成为权威的机制。民主而非专制,法治而非人治,善治而非善政,成为现代政治权威的主要合法性来源。与此相一致,只有沿着民主、法治和善治的道路,政治权威的增强才符合现代政治文明的要求和趋势。

首先是民主。"权为民所有"。在民主政治条件下,国家的一切权力属于人民,人民才是国家主权的掌握者,民意成为政治权威合法性最重要的来源。在中国传统的民本政治条件下,最高权力属于帝王或其他统治者;人民是臣民,而不是主人。在民本政治下,民意只是工具,统治者重视民意是为了维护自己的权益。只有在民主政治下,民意才成为价值,执政者重视民意,是为了维护公民的权益。"权为民所用"。现代国家的所有权力都是为了增进国民的公共利益,是政府服务人民的工具。权力本身不应当是官员的目标,公民的利益才是权力所要实现的最终价值。要实现这种价值,就必须了解民众有什么要求,有什么希望;想要什么,不想要什么;喜欢什么,痛恨什么。简言之,政府的政策必须建立在民意的基础上,必须反映民众的心声,满足公民的需求。"权为民所赋"。这一基本前提,就是掌握国家权力的党政官员应当是民意的代表。国家应当有一套公平公正的程序和制度,确保政府官员真正成为人民群众的利益代表,成为广大公民的民意代表。

其次是法治。法治不同于法制。法制强调的重点是严格依法治理,法治除了强调依法治理外,更强调宪法和法律是公共治理的最高权威。任何组织和个人必须在宪法和法律范围内活动,都不得有超越宪法和法律的权威。这也是法治的本质意义,是法治区别于人治的实质所在。在传统社会,可以有法制,但绝没有法治。因为在法律之上,总有一个更高的权威,即皇帝的权威。要确立现代民主政治条件下的政治权威,就必须建立现代的国家法治体系,它需要具备以下三个要素:第一,法律是人民意志的集中体现,其根本功能是保障人民的主体地位。国家的法律体制必须最大限度地体现和反映民意,这是现代国家法治体系的合法性基础。第二,国家必须拥有完备的法律体系,各类组织、各个群体和全体公民的经济行为、政治行为和社会行为均有基本的法律规范可遵循。特别是公共权力必须有法律的授权,法无授权不可为。第三,国家的法律体系不仅具有正当性和合法性,还具有合理性和科学性。换言之,国家的法律必须是良法,而非恶法,能够反映社会的客观需要,体现公平公正的根本原则,有效保障公民的正当权益。

最后是善治。在不同的语境中,人们对善治的意义有不同的理解。在中国的语境中,简单地说,善治就是好的治理。进一步说,善治就是使公共利益最大化的治理过程和治理活动。善治的本质特征,就在于它是政府与公民对公共生活的合作管理,是一种"官民共治"。换言之,善治是政治国家与公民社会的一种新颖关系,是两者的最佳状态。要实现这样一种理想的善治,需要政府与公民的共同努力,而且随着社会的发展和政治的进步,公民在公共事务管理中的作用将变得日益重要。善治不仅是政府要有好的治理,而且整个社会也要有好的治理。因此,一方面,善治首先需要一个良好的政府。善政是通向善治的关键;欲达到善治,首先必须实现善政。另一方面,光靠政府自身,是远不可能实现善治的。一个健康的公民社会(civil society)或称民间社会,是实现善治的前提。

在现代民主政治条件下,特别是在网络化和全球化时代,不仅公共权威的合法性来源完全改变了,而且政府官员个人权威的合法性来源也极大地改变了。官员要拥有足够的权威,当然还需要公正、清廉、尽职、守法、爱民等传统政治美德,但不再需要传统政治的那套神化、特权、等级和威仪体系,而更需要透明、平等、责任、民主和法治。随着网络化时代的来临和社会政治的进步,权力将逐渐回归社会,公民权利的重要性将不可逆转地压倒公共权力。"多一些治理,少一些统治"已经成为人类政治发展的普遍趋势;统治将变得更不重要,治理将变得更加重要。与此相适应,一方面,公共权力和政治领袖的重要性相对下降,而公民及公民权利将变得更加重要;另一方面,公共权威的来源将日益多样化,除了权力之外,知识、技能、财富、声誉,特别是网络将成为权威的重要来源。

思考题

1. 权力是什么？人们为什么要服从权力？
2. 权威是什么？权威与权力有何重要区别？
3. 权力如何转变成权威？
4. 如何从政治学的角度理解"王道"与"霸道"？
5. 在现代民主政治条件下，权威的主要来源是什么？

参考文献

理查德·拉克曼：《国家与权力》，郦菁、张昕译，上海人民出版社2013年版，第2章。

迈克尔·曼：《社会权力的来源》第二卷，陈海宏等译，上海人民出版社2015年版。

俞可平：《权力与权威：新的解释》，《中国人民大学学报》2016年第3期。

Hannah Arendt, "What Is Authority?", in Hannah Arendt, *Between Past and Future*, Viking Press, 1962.

第二章 公平与正义

公平与正义始终是政治学研究的核心议题,关于正义的各种理论也是当代政治学理论的重要内容。在当代关于公平正义的众多研究中,争论最激烈的前沿领域是分配正义。因此,本章将聚焦于分配正义的各种代表性理论。在当代的各种分配正义理论中,有两个问题最为重要:一是分配正义的通货(currency)问题,即基于哪些社会资源或善的核心指标来衡量人与人之间的差距;二是如何进行分配的问题,即通过哪些分配正义原则来消除这种差距。

第一节 分配正义的通货

分配正义理论的首要问题是,应该依据什么标准来衡量人与人之间的差距与不平等,即分配的通货是什么。在当代分配正义理论中,分配通货主要有福利、资源与能力。

首先,福利理论把幸福或偏好当作分配通货。福利理论把幸福或者偏好的满足当作分配的对象。边沁、密尔和布兰特(Richard B. Brandt)是这一理论的典型代表。在幸福论者看来,福利(也被功利主义者称为功利)是指愉快和快乐,"愉快的或者快乐的经验/行为/情感(或者它们的概况)是指那些对一个人来说是内在善的或者是基本的利益"[①]。幸福对人来说具有内在的价值,那种能够为人们带来快乐的事物才有价值。这种福利理论的主要问题是,把个人的主观心理状态当作衡量福利的唯一标准。然而,由于人们之间存在着重大差别,很难对他人主观的福利状态进行有效衡量。

---

① Richard B. Brandt, "Fairness to Happiness", *Social Theory and Practice*, Vol. 15, No. 1, 1989, p. 33.

在当代福利理论中,主要采用偏好满足的标准来对福利进行衡量。海萨尼(John C. Harsanyi)是这一理论的典型代表。偏好理论认为,当且仅当某种事物可以满足某人的欲求和偏好时,这种事物对此人来说才是有益的。如果一个人偏好 A 胜过偏好 B,就可以说 A 对此人产生了一种更大的福利。与单纯基于个人主观心理状态的福利理论不同,偏好是由人的外在行为表现出来的,通过对人的外在行为的观察,可以判断出他人偏好的大小。① 因此,基于福利理论能够对他人的偏好进行有效衡量。

这种基于偏好满足的福利理论也受到了诸多批评。第一,基于偏好的福利理论无法兼顾个人的选择对其福利状态的影响。福利理论只关注某个人当下的偏好是否得到了满足,但是,这种状态可能是由不同的选择引起的,有的人勤奋工作,有的人比较懒惰,在大多数人看来,个人应该为自身的选择负责,如果同样满足这些人的偏好,显然是不公平的。第二,基于偏好的福利理论无法区分昂贵的偏好与便宜的偏好。有些人的偏好满足所需成本较低,有些人的偏好满足所需成本较高,例如,有的人的偏好只是吃饱饭,有的人偏好购买昂贵的奢侈品,如果试图同样满足这些不同性质的偏好,既是不公平的,也是不可能的。第三,福利本身未必是最重要的通货。福利理论把福利当作分配的唯一标准,可能会忽视人们的客观生活中某些更重要的价值。有的人可能不把对某些偏好的满足当作最重要的价值,而是更看重某些其他价值,如帮助他人,福利理论无法恰当地容纳这些客观价值。

其次,资源理论把资源当作分配正义的通货。资源理论认为,分配的通货不是主观的福利,而应该是客观的资源。罗尔斯与德沃金是这一理论最有代表性的人物。罗尔斯把基本善,即自由与权利、机会与权力及收入与财富当作每一位公民的基本需要,认为在分配的过程中,每个人都必然追求更多的基本善。德沃金则提出,分配的通货是资源,每个人都应该得到与其他人相同份额的资源。② 在资源理论看来,个人在获得了公平份额的资源后,最后所能达到

---

① John C. Harsanyi, "Expectation Effects, Individual Utilities, and Rational Desires", in Brad Hooker, ed., *Rationality, Rules, and Utility: New Essays on the Moral Philosophy of Richard B. Brandt*, Westview Press, 1993, pp. 118-119.

② Ronald Dworkin, "Sovereign Virtue Revisited", *Ethics*, Vol. 113, No. 1, 2002, pp. 106-143.

的状态的好坏完全是个人自身的责任问题。

资源理论关注的重点是对客观资源的分配是否公平,这可能令其忽视一个重要的问题,即人与资源之间的关系,从而导致资源理论可能存在某种拜物教的成分。在人们只关注资源,而不关注各人对资源的利用能力的差异时,可能出现这样的状况:人们即使占有公平份额的资源,也不能实现同样公平的生活质量。特别是对于残障人群来说,"残障使他们将收入和资源转化为良好的生活品质变得更加困难"①。

最后,能力理论把人们实现某种功能的能力当作有待分配的通货。这一理论的代表人物是阿马蒂亚·森。在能力理论看来,最能衡量人们之间差别的通货是可行能力。② 这种可行能力表示一个人所具的各种功能。功能代表了个人状态的各个部分,即他在过某种生活时所实现的各种可能性。例如,对于一个双眼失明的残障者来说,他只有实现了与健全人同样的行动功能,才意味着他的这种可行能力与其他人相比是平等的。

能力理论要求所有人的可行能力是平等的,也会存在难以解决的问题。人们具有差异性,他们的各种功能也存在重大的差别,很难要求人们获得所有相关信息去对这些不同的差别进行完全有效的衡量,也就难以有效地鉴别出人们所具能力的差别,从而导致能力理论的不可行。

第二节 功利主义的分配正义观

关于如何进行分配,即依据哪种正义原则进行分配的问题,当代政治哲学主要有以下五种分配正义观:功利主义、平等主义、极端自由主义、优先主义和充足主义。

纵观政治哲学的分配正义理论,从边沁开始,一直到 20 世纪上半叶,功利主义在西方都占据着支配地位。在考虑政治哲学问题时,"功利主义在我们的社会里是一个不言而喻的背景,其他理论不得不在这个背景下出场和论证"③。

---

① 阿马蒂亚·森:《正义的理念》,王磊、李航译,中国人民大学出版社 2012 年版,第 241 页。
② 同上书,第 214—217 页。
③ 威尔·金里卡:《当代政治哲学》,刘莘译,上海三联书店 2004 年版,第 20 页。

20世纪下半叶,特别是在罗尔斯的《正义论》发表之后,功利主义正义理论遭到了一系列严重的批评,并渐渐丧失了支配地位。发生这种变化的主要原因是:在当代政治哲学中,正义是社会制度的首要德性。但是,功利主义的主要目标是功利最大化,这种最大化的要求与分配正义的要求相冲突。

当代功利主义最具代表性的学者是海萨尼和布兰特等人,他们试图调和功利最大化与分配正义之间的冲突。当代功利主义认为,分配正义应该关注的对象是收入,我们应当以收入代表功利(福利):一方面,这样做是出于方便,因为与分配其他东西相比,平等分配收入是比较容易的;另一方面,如果我们分配的是收入而不是别的什么物品,那么就更有效率,也更容易提高福利,因为只有每个人自己知道为了福利最大化应该买些什么。不能直接把收入分配给那些能够把这些收入更好地转化为功利的人,主要原因是:

第一,一个人不能证明自己可以因更多的收入而增加福利,因为人们之间存在着很大的差异,并没有一种公共的标准可以证明个人会因收入的提高而增加福利。

第二,在不能获得足够多的关于个人收入与福利的曲线变化的信息时,基于收入的边际功利递减原理来平等地分配收入是最大化功利的最有效方法。[①] 边际功利递减原理是指,某人原有的功利越小,其所获得的新增功利相对总功利的增加就越大,相反,某人原有的功利越大,其所获得的同样大小的新增功利相对总功利的增加就越小。所以,在对某种资源进行分配时,为了增加总的功利,应该把新增功利更多地分配给原有功利较小的人。因此,功利主义会要求更加平等的分配。

第三,不平等的存在可能会危害到功利最大化的实现。平等是现代社会的一种基本价值和人们的基本要求,严重的不平等的存在可能会引起嫉妒、不满等消极情感因素,从而损害人们工作的积极性,降低生产效率;长期且严重的不平等甚至可能催生一种严重的对社会的仇视心理,引起反抗社会的过激行为,危害社会稳定性,阻碍功利最大化的实现。

因此,对于功利主义来说,虽然功利最大化原则是分配正义的首要原则,

---

① Richard B. Brandt, *A Theory of the Good and the Right*, Clarendon Press, 1979, p. 312.

但是在一些具体的情况下,为了更好地促进功利最大化,也需要实现某种程度的平等。例如,功利主义会要求把有限的资源分配给最需要的底层民众,以产生更大的边际效用,也会要求进一步提高底层工人的工资,刺激他们工作的积极性,更大地提升生产效率。

但是,功利主义在经验层面上所依赖的上述两方面的论述缺乏应有的普遍性,有时它们并不一定成立。一方面,如果在实践中某些个体处于劣势(如残障人士),以至于他们很难有效地把分配所得的资源转化为功利,边际功利递减原理对他们来说并不成立,那么功利主义就不会要求平等对待他们,从而造成更加严重的不平等。另一方面,有时严重的不平等也会有利于总功利的增加,如大量廉价劳动力的存在可能对经济的发展有很大的促进作用,那么按照此种功利主义的观点,就不应该满足工人提高工资的要求,这明显与我们的道德直觉不相符合。因此,功利主义把功利最大化当作首要原则,无法提供一种更为有效的分配正义原则。

第三节　平等主义的分配正义观

自20世纪70年代以来,很多政治哲学家开始强调正义是社会的首要美德,认为平等是分配正义理论中最重要的价值,平等的人应该得到平等的对待。任何一种分配,如果没有特殊的理由,都应该是平等的。

在平等主义者看来,导致不平等的原因主要是:出身、天赋、现实中的一些偶然因素以及个人的奋斗。出身是指我们的家庭出身。有些人的家庭背景比较优越,从而可以享受到良好的教育,拥有较高的起点;有些人的家庭背景比较差,不能享受到良好的教育,以至于他们的起点比较低。天赋是指一个人先天所具有的某些资质,这些资质能够在后天转化为他的优势。有的人天赋比较高,比较容易取得成功;有些人天赋比较低,难以取得成功。现实中的一些偶然因素是指那些可能影响个人成功与否且超出个人控制范围的外在因素。这些因素可能是有利的,如某人可能偶中彩票大奖;也可能是不利的,如某人可能被疾病击倒或者遭遇车祸。个人的奋斗是指个人为追求事业所付出的努力对其地位的影响。一般来说,一个总是勤奋工作的人比一个懒惰的人更容易取得成功。前三种因素是偶然的,不能被个人控制,第四种因素不是偶然的,能够被个人控制。平等主义认为,应该调节的主要是由那些不能被个人控制的偶然因素导致的不平等。

消除不平等主要是出于以下理由:第一,缓解严重的痛苦;第二,防止社会中的一部分人支配其他人,严重的经济和社会的不平等可能造成社会和政治地位上的不平等,导致人们之间的支配和顺从关系;第三,不平等本身就是错误的,因为无法获得证明的不平等是不正义的;第四,在社会使用了公平程序的情况下,任何不平等本身就是错误的,例如公平的竞争性市场和公平的政治选举。① 另外两个消除不平等的理由是:不平等可能会侵蚀处境较差者的自尊,也可能会影响健康而友好的社会关系的形成。②

由于不平等可能导致以上种种问题,平等主义认为一种正义的分配应该是平等的分配,任何一种不平等都需要理由。其中最有代表性的是罗尔斯的两个正义原则:

第一个原则:

每一个人对最广泛的、平等的基本自由体系都拥有平等的权利,而这种最广泛的、平等的基本自由体系同所有人的相似自由体系是相容的。

第二个原则:

社会和经济的不平等应该这样加以安排,以使它们:

(1)适合最不利者的最大利益,并与正义的储蓄原则相一致;

(2)在公平的机会平等的条件下,使所有的职务和地位向所有的人开放。③

第一个正义原则被称为"平等的自由原则";第二个正义原则的第一部分被称为"差别原则",第二部分被称为"公平的机会平等原则"。正义原则的主题是社会基本结构,人们需要诉诸两个正义原则来分配他们由合作而获

---

① 约翰·罗尔斯:《作为公平的正义》,姚大志译,中国社会科学出版社2011年版,第158—160页。
② Martin O'Neill, "What Should Egalitarians Believe?", *Philosophy & Public Affairs*, Vol. 36, No. 2, 2008, pp. 125–129.
③ John Rawls, *A Theory of Justice*, Belknap Press of Harvard University Press, 1999, p. 266.

得的收益。

对罗尔斯来说,第一个正义原则主要适用于调节自由与权利等社会政治领域。第二个正义原则适用于社会经济领域的分配,它用以保证一种平等的分配,即平等地分配收入、财富和机会等。如果收入、财富和机会的完全平等分配是不可能的,那么它必须符合每一个人的利益,特别是应该有利于最不利者。因此,需要运用第二个正义原则来安排社会和经济的不平等,以改善最不利群体的处境,并使每个人都从中获益。

第二个正义原则,特别是差别原则,构成了罗尔斯式分配正义理论的核心。从平等的角度而言,差别原则体现了实质平等的观念,表明了罗尔斯为不平等提供证明的努力。任何一种不平等,获得证明的唯一理由是,能够提升最不利者的地位,那种不能提升最不利者地位的不平等是不正义的。

罗尔斯的这种平等主义容易遭到的批评是,为什么应该把提升最不利者的地位当作不平等的理由,这种理由可能不会被人们接受。反对者反对平等本身的重要性,认为任何人都没有义务提升其他人的地位,极端自由主义是这一反对理由的典型代表,本章第四节会讨论它。另外一种反对理由,即运气平等主义,认同罗尔斯赋予平等的重要性,但是强调个人的责任问题,德沃金是这一理论的典型代表。

在运气平等主义看来,人们之间的不平等并不都是不正义的,只有那种由运气导致的不平等才是不正义的,并且应该得到纠正。德沃金对运气做了一种区分,即"自然的运气"(brute luck)和"选择的运气"(option luck)。[①]"自然的运气"是指人们无法控制的运气,如天赋的好坏。"选择的运气"与人们的自主选择有关,如选择什么样的工作。人们对于自然的运气是没有责任的,而对于选择则是负有责任的。运气平等主义试图消除运气对人们的不利(或有利)影响,而由选择导致的不平等则被认为是可以接受的,分配正义应该是敏于抱负,而钝于天赋的。[②] 对抱负敏感是指分配正义必须反映人们的选择,而

[①] Ronald Dworkin, "What Is Equality? Part 2: Equality of Resources", *Philosophy & Public Affairs*, Vol. 10, No. 4, 1981, p. 293.

[②] Ibid., p. 311.

由选择产生的不平等是可以接受的;对天赋不敏感是指分配正义不应该取决于人们的环境,那些由环境造成的不利者应该得到补偿。

这种运气平等主义受到的主要批评是,在现实中,我们很难区分一个人的状态到底是由自然的运气造成的,还是由选择的运气造成的,从而很难利用运气平等理论来指导分配。而且,即使能够区分出不同种类的运气,也可能会对那些本来自然的运气就比较差的人造成二次伤害,因为在确定哪些人是由于自然天赋较差而应该得到帮助的过程中,需要明确这些人天赋较差的事实,这一确认过程可能会对这些人的自尊造成严重伤害。

第四节 极端自由主义的分配正义观

在极端自由主义者看来,分配正义的关键是再分配,而再分配的实质是国家通过各种手段将一部分资源转移给某一特殊群体。这是一种倾向于某一群体而非完全公正的理论,所以分配正义不是中立的,因为分配预示着按照某种原则进行分配,而这种原则实际上已经承诺了某种特定的价值观。极端自由主义者反对特定的价值观,认为国家和社会应该在价值上保持中立,诺齐克是这种理论的典型代表,他提出"持有的正义"来对抗罗尔斯的"分配的正义",并以"资格理论"来为自己的正义原则辩护。

诺齐克的"持有的正义"由以下三方面构成:首先,"获取的正义原则"规定了事物如何从无主的状态变为被人拥有的状态,以及通过什么方式来获得是合法的;其次,"转让的正义原则"规定人们已经合法拥有的财产如何可以转让给他人,诺齐克强调,只有当一种转让是自愿时,这种转让才是正当的;最后,并非所有的实际持有都符合上述两条原则,许多财产是以不正义的方式获得的,所以需要"矫正原则"来加以纠正。如果一个人持有的财产符合这三个正义原则,那么他的持有就是有资格的。诺齐克提出了关于"持有的正义"的一般纲领:"如果一个人根据获取和转让的正义原则或根据不正义的矫正原则(由头两个原则所规定的)对其持有是有资格的,那么他的持有就是正义的;如果每一个人的持有都是正义的,那么持有的总体(分配)就是正义的。"①

诺齐克的资格理论有两个特点:第一,资格理论是一种"历史原则";第二,资格理论是非模式化的。历史原则与即时原则相对。即时原则只注意分配的结果,对于分配的过程和历史漠不关心。在诺齐克看来,罗尔斯的正义原则就是即时原则,其正义标准是在结果上是否有利于社会最不利者。诺齐克认为,即时原则不关心正义原则本身是如何演变的,然而,恰恰是原则的演变历史决定了原则在当前社会的实践,在这种意义上,历史比结果更重要。

非模式化是与模式化相对的。模式化是指依据一定的自然维度(例如需要、贡献、努力等)来分配。正如同按( )分配,人们只是往括号里加入自己的标准。诺齐克认为,包括罗尔斯正义论在内的所有分配理论都是模式化理论,而自己的理论则是非模式化的。资格理论包容了各种各样的正义理论,涵盖诸如赌博所得、投资的回报、得到捐助等各种方式。在真实的生活中,没有一种模式化原则能支配所有的分配。人们要维持一种模式,例如罗尔斯的"差别原则"(按有利于最不利者的原则分配),就必须采取两种方式:一是不断进行干涉,不准人们自由转让财富;二是通过国家的强力介入,即利用再分配手段不断地把一部分人的财富向别人转移。从国家的功能来看,这两种手段在道德上都是不被允许的。

诺齐克的权利与资格理论相当有说服力,但他无法兼容平等的道德重要性,这与当代政治哲学的道德直觉相冲突。左翼极端自由主义者试图调和这一矛盾,他们意图在强调权利的重要性的同时,兼容平等的要求,这一理论的典型代表是斯坦纳(Hillel Steiner)。

在左翼极端自由主义者看来,诺齐克主张的资格理论的论证基础是,每一个人对自身都具有自我所有权,对无主的自然资源的占有按照先到先得的原则。这种对自然资源的占有的基础是洛克式的限制条款,即"有足够的和同样好的东西留给其他人"②。然而,在资源有限的情况下,我们无法确定人们对无主物的占有是否真的能够为其他人留下足够好的东西。

---

① 罗伯特·诺奇克:《无政府、国家和乌托邦》,姚大志译,中国社会科学出版社2008年版,第183—184页。
② 洛克:《政府论》下篇,叶启芳、瞿菊农译,商务印书馆1986年版,第19页。

左翼极端自由主义者认为,每一个人都有权占有自然资源,在某个人占有这种资源之后,其他人有理由向这个人收取一定的租金,这一租金来自这个人因对自然资源的占有而获得的收益。① 在每一个人都获得了由某些自然资源带来的一定租金后,才能说某些人对这些资源的占有是正义的。以这些租金为基础,可以为所有人提供一种基本收入,以保障所有人都有资格利用自然资源。因此,左翼极端自由主义既保证了个人所有权得到保护,又满足了其他人的平等要求。

在批评者看来,左翼极端自由主义的这种对资格(权利)与平等的关系的论证只能赋予平等以一定程度的重要性,但这还不够,也无法对处境不利群体给予足够的重视。道德直觉告诉我们,在分配正义理论中,弱势群体本身具有特别重要的地位,以上所论述的三种分配正义原则,即功利主义、平等主义与极端自由主义的理论,都无法提供足够强的理由为弱势群体的诉求辩护,而优先主义与充足主义为此做了大量努力,试图为分配正义关注弱势群体提供更强有力的论证。

第五节 优先主义的分配正义观

优先主义(prioritarianism)的分配正义理论建立在对平等主义的批驳基础上,最著名的代表是帕菲特。在优先主义看来,平等主义在面对人们之间差距较大的难题时,可能会诉诸一种拉平的考虑。② 对平等主义者而言,平等本身是一种值得追求的东西,消除不平等的方法可以是使所有人的处境变得与弱势群体一样差。例如:在 X 状态下,A 和 B 的福利水平分别是 100 和 50;在 Y 状态下,A 和 B 的福利水平分别是 50 和 50。那么,在平等主义者看来,应该拉低 X 状态下 A 的福利水平,因为 Y 状态比 X 状态更好。

优先主义的这种拉平反驳包括两方面的含义:一方面,某一事态比另一事

---

① Hillel Steiner, "Capitalism, Justice and Equal Starts", in Ellen Frankel Paul, Fred D. Miller, Jeffrey Paul and John Ahrens, eds., *Equal Opportunity*, Basil Blackwell, 1987, pp. 68—69.
② 德里克·帕菲特:《平等与优先主义》,葛四友编:《运气均等主义》,江苏人民出版社 2006 年版,第 203—204 页。

态更好的理由只是它对某一个人来说更好,即个人影响原则,例如,一个人看得见的事态就比一个盲人看不见的事态更好;另一方面,在某一事态当中,与另一事态相比,如果至少有一个人的处境变得更好,而没有使其他人的处境变差,这一状况就是更优的,即帕累托原则。平等主义把人际平等置于最重要的位置,可能会忽视个人的重要性。

优先主义认为,"当一些人越差的时候,给他们以利益就越重要"①。优先主义反对单纯基于平等的内在价值来追求平等,反对平等主义可能存在的拉平问题。在优先主义看来,应该赋予弱势群体以更大的重要性,赋予这种重要性的理由不是像平等主义那样认为弱势群体与其他群体相比地位较低,而是认为即使没有这种比较,个人的悲惨生活本身也具有道德重要性,个人的生活质量,而不是人与人之间的比较关系,才是分配正义理论应该考虑的最重要因素。

有些优先论者并没有赋予弱势群体以绝对优先的地位,而只是赋予他们相对优先的地位。在这些优先主义者看来,在大多情况下,我们应该优先增加弱势群体的利益。但是,在某些特殊情况下,我们应该帮助处境更好者,如果这种帮助能够使他们有更大的改善,而不是帮助处境更差者,如果这种帮助只能使他们有很小的改善。而且,这一做法还适用于与人数有关的分配问题,与较少人口的更大程度的改善相比,如果较多人口的更小程度的改善的总和特别巨大的话,就应该选择后者。②

在批评者看来,优先主义要求提升处境较差者的福利水平,这在本质上只是一种平等主义而已,优先主义缺乏独特的理论地位。而且,更严重的问题是,优先主义认为,福利的重要性是连续的,即对弱势群体来说,随着其福利水平的提升,其福利要求的道德分量在逐步减少,而不是陡然减少到极低的水平。对于这种赞同福利的连续性的优先主义者来说,即使某些人的地位已经相对较高,但仍然要赋予其相对较大的道德分量。问题是,如果地位较高的人

---

① 德里克·帕菲特:《平等与优先主义》,葛四友编:《运气均等主义》,江苏人民出版社 2006 年版,第 205 页。
② Thomas Nagel, "Equality", in Matthew Clayton and Andrew Williams, eds., *The Ideal of Equality*, St. Martin's Press, 2000, p. 76.

的数量足够多,他们福利要求的道德分量的总和就会大于人数较少的弱势群体利益要求的道德分量的总和,相信福利的连续性的优先主义者就可能会要求为了较多人的一丁点儿福利而牺牲某些弱势群体的福利,从而造成集合的暴政(tyranny of aggregation)。①

第六节 充足主义的分配正义观

充足主义(sufficientarianism)认为:"从道德的观点来看,重要的不是每一个人都应该拥有同样的东西,而是每一个人都应该拥有充足的东西。如果每一个人拥有的东西都是充足的,那么,一些人拥有的东西是否比另一些人多就不具有任何道德上的重要性。"②这一理论的典型代表是富兰克福(Harry Frankfurt)。

在充足主义者看来,平等主义的主要问题是,无法对分配正义为什么要关注弱势群体与其他人之间的差距,而不关注其他群体之间的差距给出合理的解释。假设有两组人,第一组由穷人 A 和最穷的人 B 组成,A 的福利水平是 11,B 的福利水平是 1;第二组由超级富豪 C 和富豪 D 组成,C 的福利水平是 100,D 的福利水平是 90。在这两组内部,福利水平的差距都是 10,按照道德直觉来判断,分配正义原则应该优先考虑第一组人之间的差别,特别是 B 的利益,而 C 和 D 之间的差别似乎就没有那么重要。但是,第一组和第二组人之间差别的程度是一样的,按照平等主义的理论,似乎无法解释为什么 C 和 D 之间的差距不是分配正义关注的焦点。因此,对单一的平等价值的追求使得平等主义自身很难处理种种非常复杂的难题,从而无法为认真对待弱势群体提供恰当的理由。

充足主义要求我们设定一个或几个门槛,低于门槛的人一生或者某一时刻的生活水平具有道德重要性。在设计分配正义原则时,应该优先考虑提升

---

① R. Arneson, "Distributive Justice and Basic Capability Equality: 'Good Enough' Is Not Good Enough", in Alexander Kaufman, ed., *Capabilities Equality: Basic Issues and Problems*, Routledge, 2006, pp. 17–43.

② Harry Frankfurt, "Equality as a Moral Ideal", in Peter Vallentyne, ed., *Equality and Justice*, Vol. 1, Routledge, 2003, p. 269.

那些达不到门槛的人的生活水准,也就是要优先考虑提升弱势群体的生活水准。那些超出门槛的人,不是分配正义应该优先关注的对象。

充足主义从被称为"公民"的每一个人的需要出发,论证门槛的理论基础。① 这种公民的需要包括三个层次:首先,每一个人都属于人类,他们需要维持生存所必需的东西,比如食物、住所、衣物和医疗等,还需要具备基本的反思和自由选择能力,这要求社会提供基本的教育资源和社会保障;其次,每一个人都需要参与到公共生产当中,这要求公民具备参与社会分工与合作的能力,并且能够从合作生产中获取个人所需;最后,作为公民的每一个人都需要在民主社会中参与政治生活,这要求个人的政治自由和权利得到保障。这三个层次的需要限定了一个人能被称为公民的条件。现代民主国家的一个最重要的前提是,每一个人都是平等的公民,那种阻碍人们获取公民资格的匮乏应该得到特别关注。这种公民的需要具有规范性,不管是哪个人,如果他缺乏这些东西,就很难被称为真正意义上的公民。

对个人的需要来说,充足主义可以设定一个或几个门槛来限定个人能被称为公民的基本条件。当个人的这些需要得到满足并超出某种门槛时,这个人才有资格被称为公民。在某个节点上,如果一个人恰好处在门槛之上,就获取了基本的公民资格,否则,即使是某种基本需要甚至只差些许的需要未被满足,也不能称其为真正意义上的公民。也就是说,如果一个人的需要被满足的程度低于某种边界值,那么这个人作为公民的生活就不值得过。基于这种对公民的基本标准的道德建构,弱势群体的利益具有非常大的道德重要性。

充足主义基于一种门槛理论,为提升弱势群体的地位提供了较强的道德理由。对充足主义的主要批评是,其只关注不及门槛的弱势群体的利益提升问题,而不关注超出门槛的人们的差别问题,这种差别也可能是不正义的,这会严重缩小分配正义的适用范围,也可能会损坏这种正义原则的可欲性。

基于以上对各种正义观的论述,我们可以发现,功利主义、平等主义、极端自由主义、优先主义与充足主义的正义观都只关注了公平与正义的一个方面,

---

① Eleni K. Manis, *Distributive Justice for Democracies: A Needs-Based Sufficientarian Approach*, ProQuest, Umi Dissertation Publishing, 2011, pp. 1-35; Elizabeth S. Anderson, "What Is the Point of Equality?", *Ethics*, Vol. 109, No. 2, 1999, pp. 287-337.

是偏颇的。一种恰当的分配正义原则,必须既关注人们生活状况的改善,又关注其各种诉求的不同。一个正义的社会应该在保护个人权利的基础上改善弱势群体的处境,满足其基本需要,同时,又要防止人们之间差距过大,帮助他们过上一种相对平等的美好生活。

思 考 题

1. 分配正义的通货有哪些?你认为哪种是更好的分配标准?
2. 你是否赞同平等主义正义理论对于平等的论述?请谈谈你的理由。
3. 请论述诺齐克的持有正义理论是否能够驳倒平等主义正义观。
4. 你是否赞同优先主义正义观对平等主义的拉平反驳?原因是什么?
5. 充足主义与优先主义都试图赋予弱势群体更重要的道德地位。你是否赞同这一点?请论述你的理由。

参考文献

阿马蒂亚·森、伯纳德·威廉姆斯编:《超越功利主义》,梁捷等译,复旦大学出版社2011年版。

罗伯特·诺奇克:《无政府、国家和乌托邦》,姚大志译,中国社会科学出版社2008年版。

罗纳德·德沃金:《至上的美德:平等的理论与实践》,冯克利译,江苏人民出版社2003年版。

威尔·金里卡:《当代政治哲学》,刘莘译,上海三联书店2004年版。

约翰·罗尔斯:《正义论》,何怀宏、何包钢、廖申白译,中国社会科学出版社2009年版。

第三章　民主与法治

进入现代社会后,民主与法治逐渐成为维护和保障自由、平等、尊严等人类基本政治价值和公民权利的最重要制度工具,民主政治也从西方国家的特殊制度演变成世界各国的普遍制度。当民主与法治从原初的西方文明提升为全人类的政治文明时,它们本身也从纯粹的工具理性转化成为价值理性。在当代世界,民主与法治已经远不止是人类实现自身权益的工具,而变成了人类政治发展的目标。兼具价值理性和工具理性的民主与法治,已经成为人类政治文明的基本要素。然而,当民主与法治成为人类政治发展的普遍目标时,围绕它们的争议和分歧也成了全球性的理论现象。

第一节　流行的民主理论

民主的本义就是人民的统治(government by people),它最早可追溯至公元前6世纪左右的古希腊。公元前594年到公元前593年梭伦改革后,作为早期城邦国家的雅典率先开始推行民主制。到伯里克利执政时期,雅典的民主制达到极盛。雅典的民主制是直接民主制,公民大会是城邦国家的最高权力机构。这种直接民主制很快就随着国家的发展而被历史淘汰,但民主政治的因素被保留了下来。中世纪古罗马共和国的元老院出现了早期的代议民主制,英格兰在1265年产生了历史上第一个民选的国会。1688年光荣革命后,英国产生了近现代意义上的第一个民主政体,它以人民选举、代议民主和权力制衡为基础。此后,这种民主逐渐向欧洲大陆、美洲、亚洲和拉丁美洲扩散,成为迄今最为普遍的政治制度。

一、经典自由民主理论(Liberal Democracy)

起源于英国的代议民主是经典的民主制度,其思想基础即是以洛克、卢梭、孟德斯鸠、潘恩等为代表的自由主义民主理论。这种经典民主理论认为,"人类天生都是自由、平等和独立的,如不得本人的同意,不能把任何人置于这种状态之外,使受制于另一个人的政治权力"①。人类要真正实现自由和平等的天然权利,就必须自己成为国家的主人,掌握国家的最高统治权力,即卢梭所称的"人民主权":当人们相互之间订立社会契约时,"对于个人,他就是主权者的一个成员;而对于主权者,他就是国家的一个成员"②。虽然人民的这种主权是不可分割和不可让渡的,但在现代国家人民不可能直接管理国家,他必须依靠选举等方式把权力委托给官员,以此实现对现代国家的管理。这样,自由而公正的选举,便成为代议民主的基础。早在1880年,英国工会领袖乔治·豪威尔就提出了"一人一票"的普选原则③,这一原则后来成为经典的自由民主制原则。除了这些原则外,经典的自由民主理论还包括立法权、行政权和司法权必须相互独立,作为公共权力机构的议会、政府和法院必须分设,并形成相互制衡;任何个人和政党都不得拥有军队等暴力机器,军队必须独立于任何党派组织而属于国家所有;国家的主权属于人民,但任何个人都必须服从法律,宪法是国家治理的最高权威,在法律面前人人平等,即所谓的"法治"原则。

随着代议民主政治从英国向欧洲其他国家以及美洲国家、亚洲国家、大洋洲国家和非洲国家逐渐扩展,由于各个国家民族历史文化传统和社会政治经济条件的不同,古典的民主制度发生了很大的变化。有些国家仍然保留君主制,有些国家则建立了共和制和总统制。即使在同一国家,由于科学技术、教育水平和社会经济的进步,民主政治的体制机制也有很大改变。与民主实践

---

① 洛克:《政府论》下篇,叶启芳、瞿菊农译,商务印书馆1982年版,第59页。
② 卢梭:《社会契约论》,何兆武译,商务印书馆1982年版,第26页。
③ George Howell, "One Man, One Vote", *Manchester Selected Pamphlets*, University of Manchester, 1880.

的变化相适应,民主的理论也发生了重大的变化,在坚守古典民主理论基本原则如"人民主权"或"人民统治"的前提下,许多新的民主理论开始产生并且流行,包括多元民主理论、宪政民主理论、精英民主理论、协商民主理论、激进民主理论和人民民主理论等。其中,尤以多元民主、精英民主和协商民主理论影响最大,它们分别体现了自由主义、保守主义和社会民主主义[①]的民主观。

二、多元民主理论(Pluralist Democracy)

政治多元主义是古典自由主义在20世纪初的新发展,它强调利益主体的多元化、意识形态的多样性,特别是国家主权的多元性。第一代政治多元主义产生于欧洲大陆,以梅特兰(F. Maitland)、费吉斯(J. Figgis)和拉斯基(H. Laski)为代表。他们首先从根本上否定作为政治一元论基础的传统国家主权观,无论是君主主权观还是人民主权观,进而也否定了国家利益的一元性。拉斯基指出,"从法律上说,没有人能否认在每一个国家中总存在着一个具有无限权力的主权机关,但是,这种法律仅仅是逻辑的虚构"[②]。他还在《国家主权的基础》等一系列著作中论证传统的政治一元论存在五大错误:不存在一个至高无上且权力无限的主权者;国家也并不总是代表全体国民的利益;政府行为未必总是正当的;一元国家的等级结构并不是民主的;用同样的方法对待不同的事物总是适得其反。传统多元主义政治观的重点是,强调对国家最高统治权力的分权制约以及社会利益的多元化。这种传统的多元主义思潮在20世纪下半叶得以进一步发展,形成了一整套关于自由民主的新多元主义理论。

多元民主理论承认,自由民主国家就是一种权力和利益多元化的国家,无论是政府机关,还是公司企业和利益团体,谁都无法垄断公共权力和社会利益。在这样一个多元的社会中,个人的权利和利益要得到切实的保护,仅靠个人自己是无能为力的,必须依靠政府、政党、工会、利益团体、社区组织、选举单位等各种各样的社会组织。按照多元民主的观点,民主不是简单的多数人统

---

① "社会民主主义"(Social Democracy)亦称"民主社会主义"(Democratic Socialism),关于两者的联系与区别,详见殷叙彝:《社会民主主义概论》,中央编译出版社2011年版,第1—11页。

② Harold J. Laski, *The Foundations of Sovereignty, and Other Essays*, Yale University Press, 1931, pp. 384-385.

治,而是少数人通过各种利益团体对国家的控制。现存的自由民主国家在制度设计上违背了多元社会的规律,因而使自由民主陷入了困境。要摆脱自由民主的困境,就必须充分发挥利益团体的作用,进而扩大社会自治和维护公民权利。因此,多元民主理论的三大核心议题是:公民权利、社会自治和多元组织(利益团体)。

多元民主理论公认的主要代表是美国政治学家罗伯特·达尔(Robert Dahl),他在1953年出版的《政治、经济与福利》(Politics, Economics, and Welfare)一书中首次提出了"多元民主"的概念,然后在《谁统治? 一个美国城市的民主和权力》(Who Governs? Democracy and Power in an American City)、《多头政体:参与和反对》(Polyarchy: Participation and Opposition)和《多元民主的困境:自治与控制》(Dilemmas of Pluralist Democracy: Autonomy vs. Control)等著作中系统地阐述了其多元民主观。达尔认为,西方自由民主政治有两大理论基础,詹姆斯·麦迪逊(James Madison)的经典自由主义和民粹主义(Populism,又译平民主义),但这两大理论均有内在的缺陷。麦迪逊式理论假定的最大化目标是一种"非暴政的共和制",民粹主义则假定"人民主权和政治平等是最大化目标"。[①] 这两种民主理论的实践后果,都不能达到最大化保护公民权利的理想目标。达尔研究美国城市民主的案例后得出结论说,唯有"多元政治"(polyarchy,又译"多头政治")才是最理想的民主政治,能够充分满足自由民主的八个具体条件。达尔甚至认为,应当将民主制(democracy)直接改称"多元制"(polyarchy),因为只有在这种多元政体中,民主治理才能真正实现。[②] 在晚年的《民主及其批评》一书中,他详细列举了理想的多元政体的七个特征:民选官员控制国家的决策和军队、自由公正的选举、一视同仁的普选权、平等的谋求公职权、言论自由、信息选择权与社团自治。[③]

---

① 罗伯特·达尔:《民主理论的前言》,顾昕、朱丹译,生活·读书·新知三联书店1999年版,第85页。

② Robert A. Dahl, "Polyarchy, Pluralism, and Scale", *Scandinavian Political Studies*, Vol. 7, No. 4, 1984, pp. 225–240.

③ Robert A. Dahl, *Democracy and Its Critics*, Yale University Press, 1989, p. 221.

三、精英民主理论(Elitist Democracy)

政治精英主义也是当代西方最有影响的政治思潮之一,古典的政治精英理论也产生于 19 世纪末 20 世纪初的欧洲大陆,其代表人物是三位声名显赫的意大利学者——加埃塔诺·莫斯卡(Gaetano Mosca)、维尔弗雷多·帕累托(Vilfredo Pareto)和罗伯特·米歇尔斯(Robert Michels)。政治精英理论认为,任何社会都存在着统治者和被统治者两大阶级。统治阶级是少数,但他们是社会的政治精英,垄断着核心的政治权力,履行着所有重大的政治职能。被统治阶级是绝大多数群众,他们是芸芸众生,是统治阶级的工具。一部人类历史,无论冠以君主制、贵族制、民主制还是共和制,都不过是少数统治寡头的兴衰史。莫斯卡说:"在所有社会中——从极不发达的和几乎尚未到达文明开端的社会,到最发达的和最强大的社会——都出现两个人类阶级:一个统治阶级和一个被统治阶级。第一个阶级的人数始终很少,他们履行着所有政治职能,垄断着权力,享受权力所带来的利益。相反,第二个阶级的人数极多,它受第一个阶级的领导和控制。"[①]这些政治精英依靠政党等组织,牢牢掌握着政治权力,控制着社会政治生活的方向,决定着国家和人民的命运。人类历史不过是这些政治权贵的表演舞台,所有政治系统均由少数政治寡头控制,这是不可变易的"基本社会规律",亦即著名的米歇尔斯"寡头统治铁律"(iron law of oligarchy)。

民主政治基于多数统治原则,而精英主义则主张少数权贵的统治,因而其本质上是反民主的理论。反对自由民主或代议民主,也正是传统精英主义的重要内容。古典的精英理论家认为,人民群众当家作主或主权在民的观点,从来就是一个虚构的神话,代议民主不过是专制政治的现代翻版。帕累托说:"人民表达其意愿的政治体制仅仅是理论家的幻想,在古往今来的东方和西方现实世界中从未出现过。"[②]按照这种精英主义的政治逻辑,寡头政治与民主政治是正相对立的,两者之间无法嫁接。然而,从某种意义上说,"它们却并非截

---

① Gaetano Mosca, *The Ruling Class*, McGraw-Hill, 1939, p. 50.
② Vilfredo Pareto, *Sociological Writings*, Frederick A. Praeger, 1966, p. 266.

然对立,实际上是相互依存的"①。在20世纪下半叶民主政治已经成为人类普遍的政治价值和基本的合法性来源的时代背景下,当代的精英主义者成功地将两者连接了起来,实现了从传统精英主义向当代民主精英主义(Democratic Elitism)的转型。精英民主论者首先承认,现代国家是由少数政治精英统治的,绝大多数民众被排除在核心权力之外。统治精英虽然是极少数人,却是一个集团或阶层,完全可以将选举、分权、制衡、透明、协商和法治等民主要素引入精英政治过程。因此,他们便接着重新界定了民主:"民主不是像人们所说的那样是'主权在民'或实现'人民的意愿',也不是自由、平等或满足所有的人民,民主是一种个人通过竞选而取得政治决策权的政治制度。作为一种政治制度,民主不是目的。"②

当代精英民主理论的公认代表人物是熊彼特,他在《资本主义、社会主义和民主主义》一书中系统地论述了其精英民主政治的主张。熊彼特首先是一位精英主义者,他非常清醒地看到,无论在资本主义、社会主义还是民主主义的形式下,真正决定国家命运的始终是少数精英。因此,古典的自由民主理论存在着内在的局限性,从根本上说与现实政治是脱节的。然而,熊彼特认为,只要对古典民主理论作出重大的修正,民主的价值与寡头政治的现实便可以合成一种新的政治模式,即精英民主政治。他指出,就现代国家不可能实行直接民主而言,寡头统治铁律依然适用;就主权在民而言,民主是不可能的;但就民主是精英多元主义的政治输入方式而言,民主则是可能的。他说,在古典民主理论中,"代表的选择,对民主制度的首要目的而言就是第二位的,民主制度的首要目的则是把决定政治问题的权力授予选民。假定我们把这二个要素的作用倒转过来,使选民对问题的决定退居第二位,而把选举出应该做决定的人作为它的首要的意义。……由此规定:民主方法是为达到政治决定的一种制度上的安排,在这种安排中,某些人通过竞取人民选票而得到作出决定的权

---

① 莫里斯·费诺切罗:《莫斯卡的政治科学:民主精英主义与平衡的多元主义》,加埃塔诺·莫斯卡:《政治科学要义》,任军锋等译,上海人民出版社2005年版,第1页。
② 参见俞可平:《对民主政治的幻灭:政治精英主义述评》,《天津社会科学》1990年第1期,第91页。

力"①。显而易见,在精英民主理论看来,民主实质上只是一种选择政治精英的工具和精英决策的制度安排。

四、协商民主理论(Deliberative Democracy)

民主在雅典的最古老形式是公民大会,这是一种典型的对话式直接民主。公民通过宣讲、劝说、辩论、交流和表决等方式,决定城邦官员的任用和重大政策的推行,这种直接民主只适用于小规模的城邦国家。近代的代议民主较好地解决了规模较大国家推行民主的问题,但却带来了其他一系列的问题。例如,选民与当选官员之间缺乏沟通和了解,后者并不能真正代表民意;官员一经当选便掌握核心的决策权力,普通选民实际上对官员权力缺乏有效制约;特别是在大众传媒时代,政客可以通过对媒体的控制轻易操纵舆论和民意;民众由于无法实际影响决策进程,对政治参与变得日益冷漠。因此,经典的自由民主政治不仅遭到了来自右翼的精英主义的猛烈抨击,也遭到了来自自由主义左翼阵营的激烈批评。例如,詹姆斯·菲什金(James Fishkin)"作为协商民主的先锋人物,痛斥了今天围绕选民、政党精英主义和统治集团而普遍存在的对公共生活的冷漠和毫无兴趣"②。他们虽然也批评代议民主日益被利益集团控制,民众对于国家政治议程越来越无关紧要,但他们不否认现代民主的根本价值,而主张通过扩大交流、对话、审议和协商,来克服代议民主的不足,改善自由民主的质量,这些主张被称为协商民主理论。

一般认为,美国政治学者约瑟夫·贝塞特(Joseph Bessette)在20世纪80年代初最早提出了"协商民主"的概念。③ 贝塞特提出的"协商民主"概念很快得到了广泛的响应,美国和欧洲的许多著名学者和知识分子开始倡导协商民主,这种民主成为一种在发达国家中影响很大的政治思潮和政治实践,并被视为西方民主理论和实践的最新发展。西方语境中的"deliberation"拥有丰富的

---

① 熊彼特:《资本主义、社会主义和民主主义》,绛枫译,商务印书馆1979年版,第336—337页。
② 戴维·赫尔德:《民主的模式》,燕继荣译,中央编译出版社2008年版,第268页。
③ Joseph Bessette, "Deliberative Democracy: The Majority Principle in Republican Government", in Robert Goldwin and William Schambra, eds., *How Democratic Is the Constitution?*, American Enterprise Institute, 1980.

含义,包括理性的审慎、考虑、商议、对话、交流、讨论等,它一直被视为西方文明的重要价值。把英文的 Deliberative Democracy 译为汉语的"协商民主",实际上远不足以反映其真实的意义。无论是作为一种民主的制度设计,还是作为一种公众的政策倡导,协商民主理论尤为强调人类理性的作用,以及建立在理性之上的广泛共识。协商民主论者特别希望公共政策和公共议题的讨论审议能够吸引最广泛的公众参与,通过广泛的对话、讨论、协商和反思,最大限度地增加公共权力和政治过程的合法性。在协商民主论者看来,公共政策和政治过程之所以具有合法性,"不仅仅是因为它碰巧符合多数公民未经审视的偏好,还因为它已然经过正当性的考验"[①]。

协商民主论者重视程序性民主或过程性民主,尤其倡导建立在理性和共识基础上的公共参与、对话协商和决策民主等价值,从这个意义上说,协商民主很大程度上体现了社会民主主义或民主社会主义的价值和理念。因此,虽然协商民主理论产生于美国,但它在欧洲社会民主主义者中间获得了更为热烈的响应。安东尼·吉登斯、戴维·米勒和尤尔根·哈贝马斯等社会民主主义的主要代表人物,几乎清一色都是协商民主理论的坚定倡导者。例如,吉登斯希望通过协商民主来增强政治合法性,"政治合法性不会仅仅因为民主选举机构就容易得到和保持。为了建立和保护这种合法性,协商民主的原则有可能变得越来越重要"。他自己倡导一种"对话民主"(dialogue democracy),"对话民主指的是这样一种情况:那里有发达的交往自主权,这种交往构成对话,并通过对话形成政策和行为"。[②] 另一位社会民主主义者戴维·米勒同样是协商民主的坚定支持者,他在详细比较自由民主与协商民主后指出,协商民主可以弥补自由民主的不足,从而成为目前替代自由民主的最佳选择。[③]

[①] Christian Hunold, "Corporatism, Pluralism and Democracy: Toward a Deliberative Theory of Bureaucratic Accountability", *Governance*, Vol. 14, No. 2, 2001.

[②] 安东尼·吉登斯:《超越左与右——激进政治的未来》,李惠斌、杨雪冬译,社会科学文献出版社 2000 年版,第 118—119 页。

[③] 参见戴维·米勒:《协商民主和社会选择》,詹姆斯·菲什金、彼得·拉斯莱特主编:《协商民主论争》,张晓敏译,中央编译出版社 2009 年版,第 195—213 页。

第二节　民主与法治的关系

一、民主的发展

纵观民主政治在人类历史中的整个发展历程,从古希腊的城邦民主,到英国的代议民主,再到当代世界各地形形色色的民主制度,我们可以看到民主发展的五个一般趋势。其一是从城邦国家到民族国家。自从17世纪的威斯特伐利亚体系后,人类就进入了主权国家或民族国家的时代。至少从当今每个主权国家的自我政治标榜而言,大都自称是民主国家。其二是从直接民主到间接民主。古希腊的民主是直接民主,而在现代大规模的民族国家,直接民主早已失去其现实的可行性,改为普遍推行建立在代议制基础上的间接民主。其三是从少数人的民主变为多数人的民主。古希腊的民主将广大的奴隶排除在公共管理之外,甚至在近代民主产生后的相当长的时间内,民主的权利也只有少数男性公民享受,但在当代世界,没有多数人参与的政治就不能称为民主制度。其四是从特殊政体到常规政体。民主曾经是少数西方国家推行的特殊政体,而在第二次世界大战后,民主体制逐渐成为常规体制,非民主体制反而成为不正常的畸形体制。其五是民主从西方的文明形态上升为全人类的文明形态。为建立民主体制而奋斗,成为世界各民族国家普遍的政治发展目标。

民主从西方少数国家的特殊政体演变为世界各国的常规政体后,由于各国历史文化传统和政治经济条件的不同,其表现形式和实现途径千差万别,出现了各种各样的民主理论和实践。例如,既有"资本主义民主",也有"社会主义民主";既有"东方民主",也有"西方民主";既有"多党民主",也有"一党民主";既有"选举民主",也有"协商民主";既有"精英民主",也有"人民民主";既有"美国式民主",也有"中国式民主";等等。然而,不管民主的外在形式有多少差异,也不论称其为何种类型的民主,当民主演化成为人类的普遍政治形态之后,人们便能从各种不同的民主体制中抽象出民主的共同要素。换言之,不论有何种称谓,只要是一种民主,它就必须具备以下这样一些共同要素,否则就只是徒有虚名。这些民主政治的共同要素,其实也是评价一种民主体制真实性的主要标准。

二、民主的要素

选举。这是民主的第一要素,它主要解决授权的问题。民主国家必须拥有一套完整的选举制度和其他授权制度,保证各级政府的主要官员,特别是国家的最高政治领导,是通过直接或间接的自由而公正的选举产生。选举既包括直接选举,也包括间接选举,在现代国家更多体现为间接选举。但无论是直接选举还是间接选举,必须让每一个公民都拥有平等的机会参与选举和被选举。没有真实的自由选举,人民就无法授权给自己的代表,从而人民当家作主或人民主权便无从谈起。从这个意义上说,民主政治是一种选举政治。

协商。选举针对官员的授权,是代议民主的基础;而协商则针对官员的限权,是决策民主的基础。作为民主要素的协商不同于一般的咨询,它是以法律制度的形式加以规定的决策程序。协商主要是政府与公民之间就公共政策和重要政治议题进行对话、沟通、讨论、辩论、审议、听证,从而使国家的公共政策最大限度地体现民意。除了决策民主之外,协商也是对公共权力的一种动态制约,它能有效防止公共政策被利益集团俘获。从这个意义上说,所有的民主政治也应当是一种协商政治。

参与。民主政治实际上也是一种程序政治,只有当民主的各种程序运转起来时,它才有实质性的意义。公众的政治参与,正是民主机制得以运转的关键所在。因此,在民主政治下,国家要鼓励和保证公民的政治参与,让广大公民最大限度地参与政府的决策,参与国家的政治生活,参与公共事务的管理,参与公职的选举与被选举。没有广泛的公民参与,就没有多数人的民主。从这个意义上说,民主政治是一种参与政治。

透明。民主政治是一种权利政治,公民的知情权是公民其他权利的前提。在民主国家,每一个公民都有权获得与自己的利益相关的政府决策信息,包括立法活动、政策制定、财政预算、公共开支和官员财产。政府的重大决策信息应当尽量公开,以便让公民对之进行监督。国家要保护公民的知情权、自由权、选择权、参与权、监督权,其前提条件之一就是政治透明或政务公开。在信息化和网络化的时代,公民没有充分的知情权,其民主权利便无法充分实现。

从这个意义上说,民主政治也是一种透明政治。

分权。绝对的权力导致绝对的腐败,这是政治学的一条基本公理。民主的历史经验充分证明,包括政治精英在内的任何人,其理性和德性都有内在的局限,如果没有对其权力的有效制约,即使有高尚情怀的政治领袖也可能给国家和人民带来巨大的劫难。因此,政府及其官员的权力需要制约,而唯有分权才能实现权力的最有效制衡,包括行政权、立法权、司法权、预算权、军事权等之间的相互制衡。无数惨痛的历史教训表明,任何国家只要出现一个拥有绝对权力的独裁者,这个国家的人民就必然失去其主人的地位。从这个意义上说,民主政治也是一种有限权力的政治。

法治。在现代民主政治条件下,既然不允许存在凌驾于法律之上的个人和团体,那么国家的最高统治权威便只能是法律。一个健全的法制体系,是民主政治赖以正常运转的基本保障。作为民主要素的法治(rule of law),不同于法制(rule by law)。"法制"主要强调严格按照法律办事;"法治"除了强调依法办事之外,更强调国家的宪法和法律是公共治理的最高权威,法律面前人人平等,包括执政党和国家领导人都必须在宪法和法律的框架内活动。只要国家治理的最高权威不是宪法和法律,民主政治就缺乏坚实的制度基础。从这个意义上说,民主政治是一种法治的政治。

三、法治

民主作为一种国家制度,就像一张桌子,必须有几条腿柱才能平稳立定。上述这些要素,就是民主政治的腿柱。其中,法治这条腿柱对于民主政治的有效运转尤其重要,人们因此便常常将民主与法治相提并论。民主与法治两者确实不可分离,"离开民主,法治就成了无本之源;没有法治,民主便得不到切实保障"[①]。在民主与法治的关系问题上,民主作为保障主权在民或人民主体的国家制度,是政治发展的根本目标,而法治的根本作用是保障公民的权利,它最终是为民主服务的。正如中国近代著名政治学家萧公权所深刻看到的那样,民主与法治的关系,实质上是体和用的关系。"民治之精义在以民决政,宪

---

① 俞可平:《依法治国的政治学意蕴》,《探索与争鸣》2015年第2期。

政之精义在以法治国。民治为体,宪政为用。二者相辅以行而现代民主国家之实质乃具。"[1]民主与法治的关系,就像市场经济与自由贸易的关系。离开市场经济谈论自由贸易,就不可能是真正的自由贸易;同样,离开民主谈论法治,也不可能是真正的法治。

国家的所有法律中,最重要的无疑是宪法。法治的权威首先体现为宪法的权威,依法治国也首先体现为依宪治国。国家的民主体制常常由该国的宪法予以确认,特别是公民的政治权利和政府的政治权力,以及公民权利与政府权力的边界,均由宪法条文加以明确规定。没有宪法的强有力保障,民主政治不仅十分脆弱,而且常常适得其反。由是之故,许多政治学者和法学者倡导所谓的"宪政民主"(Constitutional Democracy),并把当代西方民主的代表美国当作宪政民主的典范。"对宪法政府的信仰是美国传统的核心。当美国人宣誓忠于民主时,他们指的是宪政的民主,即一种根据成文宪法分配政治权力且权力行使受制于法治的政体。在他们看来,民主与宪政之间并不存在内在的冲突,后者只不过是用来保证前者的运行既安全、理智而又可以预测。"[2]正如宪政民主论者所强调的,国家的宪法首先是用以维护公民权利和制约政府权力的。这一点从法治国家的两条通行原则中即可窥见:法治对政府的要求是"法无授权不可为";而对民众的要求是"法无禁止则可为"。

第三节 增量民主

"增量民主"(Incremental Democracy)是一种中国特色的民主理论,用来概括改革开放以后中国民主政治的发展道路。改革开放后,中国的政治发展走上了一条既明显不同于传统苏联式无产阶级专政又不同于西方式代议民主的独特道路,形成了一种别具特色的政治模式。一方面,中国拒绝多党竞争,坚持"一党领导,多党合作",也不搞立法、行政、司法"三权分立"和国家领导人

---

[1] 萧公权:《宪政卑论》,张允起编:《中国近代思想家文库·萧公权卷》,中国人民大学出版社2015年版,第133页。
[2] 爱德华·S.考文:《美国宪法的"高级法"背景》,强世功译,生活·读书·新知三联书店1996年版,第1页。

的普遍直选;另一方面,中国日益重视民主与法治,将"人民民主"视作社会主义的生命,正式把建设法治国家作为政治发展的基本目标,"尊重和保障人权"的条款也载入宪法。这种政治模式最明显的特征,就是通过增量改革来逐渐推进中国的民主治理,扩大公民的政治权益,故称为"增量民主"。[①]

一、增量民主的概念

所谓"增量",是相对于"存量"来说的;而民主中的"存量"是指已经取得的政治民主的成就和经验。改革开放40多年来,中国的民主政治已积累了可观的存量,其主要内容可归纳为三个方面:首先是基本民主制度的确立,包括人民代表大会制度、政治协商制度、党内民主制度、基层民主制度、区域和居民自治制度;其次是民主政治的进展,特别是在公民社会、基层选举、居民自治、依法治国、权力监督、政府决策、政务公开、公共服务等方面所取得的成就;最后是以自由、平等、公正、人权、法治等为核心理念的新型政治文化的形成。

这些文化、制度和实践都属于"存量"的范畴,它们为民主政治的进一步发展奠定了必要的基础。与此相对照,所谓"增量"就是新增的政治权益,而所谓"增量民主"就是在不损害人民群众原有政治利益的前提下,最大限度地增加新的政治权益。根据增量民主的思路,所有政治改革都必须在不损害公民已有合法权益的前提下,尽可能地增加原来所没有的政治利益。通过逐渐放大新增的利益,让人民群众实实在在地感受到政治改革的好处。简而言之,增量民主期望通过持续不断的政治改革,达到政治生活中的"帕累托最优",即最大限度地增加人民群众的政治权益。

"增量民主"不同于"渐进民主"。"渐进民主"主要是一个时间性和过程性的概念,而"增量民主"则主要是一个空间性和结果性的概念。具体而言,"渐进民主"是指在时间上逐渐推进,在层次上渐次递延,在实现方式上反对任何激进的改革。"增量民主"着眼于民主的结果,它强调社会政治利益总量的增加。"增量民主"指的是,在不损害公民原有政治利益(存量)的前提下,通

[①] 参见俞可平:《增量民主》,景跃进等主编:《理解中国政治——关键词的方法》,中国社会科学出版社2012年版,第74—82页。

过推动改革,创造新的政治增量来全面推进民主进程,从整体上增加人民群众的政治权益。虽然在时间上和方式上,"增量民主"也反对休克式的改革,但"增量民主"的实质在于改革中确保实现"帕累托最优"的连续过程。相对于民主的过程而言,"增量民主"更加强调民主的效益。

从程序上说,"渐进民主"强调过程的渐进性,但在推动民主进程的方式、方向、层次等方面缺乏明确的程序性策略。因此,从哪里入手,向哪里推进,在"渐进民主"中并无内在的规定性。"增量民主"则明确地提出了推进中国民主进程的重点步骤,以及推进中国民主治理的合理路径。它主张优先发展党内民主和基层民主,以此带动社会民主和高层民主。党内民主意味着民主从权力核心向外延的扩展;基层民主意味着民主从下层向高层的演进。根据"增量民主"的逻辑,中国既要适时进行突破性的政治改革,又要维护社会政治的稳定有序,从而增大公民的权益。

从方式上说,"增量民主"强调"点"和"面"的同时突破,强调"以点带面"的制度创新,试图通过政府创新所新增的政治利益,来确保改革过程中的"帕累托最优"。而渐进改革则主要关注"点"的改革,很少涉及"面"的突破。"增量民主"除了强调"以点带面"的试点改革外,还特别强调地方的政治改革,竭力倡导扩大地方改革的空间,增大地方的改革自主性,呼吁中央政府要善于将地方的先进改革实践上升为国家的正式制度,从而及时地在更大的范围内加以推广。

二、增量民主的要点

从某种意义上说,增量民主并不是一种政治制度的框架,而是通往民主政治的一种发展模式,其重点不在制度和结构,而在于过程和路径。增量民主特别强调以下几点。

第一,以最小的政治成本取得最大的政治效益。正在或者将要进行的政治改革和民主建设,必须有足够的"存量"。即必须具备充分的经济和政治基础,必须与既定的政治经济体制和社会经济发展水平相一致,尤其是,必须拥有现实的政治力量,必须符合现存的政治法律框架,具有法学意义上的合法性

(legality),不能违背现有的宪法及其他基本法律。

第二,政治发展要突破而不要突变。政治改革和民主建设,必须在原有的基础上有新的突破,形成一种新的增长,是相对"存量"的增加。这种新的"增量",不是相对于"存量"的简单数量增长,而是性质上的突破。不仅要具有法学意义上的合法性,也要有政治学意义上的合法性(legitimacy),即对于社会进步和公共利益而言具有正当性,并为绝大多数公民自觉认同。当这种政治学意义上的合法性与法学意义上的合法性发生明显冲突时,有关的法律就应当作相应的修正。

第三,这种改革具有"路径依赖"的特征,其发展进程表现为不时地有所突破,但不是政治过程的突变。虽然这种突破可能意味着质变的开始,但质变的过程通常是缓慢的,并且不能离开先前的历史轨道,是历史发展的某种延伸。现实政治改革中的所谓"老人老办法,新人新办法",即是这种"路径依赖"的生动体现。

第四,根据增量民主或增量政治改革的思路,深化党内民主和基层民主应当成为目前我国政治体制改革的重点突破口。深化党内民主,首先要完善和切实执行党内的各种民主选举制度和民主监督制度,要使党的各级领导真正由党员或党员代表选举产生,并对自己所领导的党员和人民群众负责。深化基层民主,不仅要把重点放在已经推行的村民自治、居民自治或其他社会自治上,而且要不断探索和扩大新的基层民主形式,如乡镇领导和县市领导的选举方式和决策方式的改革等。

增量民主实质上是在中国目前的政治、经济和文化条件下,推进中国民主治理的一种战略选择。无论是与西方的自由民主理论相比,还是与传统的社会主义民主理论相比,它都有自己的明显特点。

思考题

1. 经典自由民主理论的要点是什么?
2. 比较分析多元民主、精英民主和协商民主理论的主要区别。
3. 民主政治有哪些共同的要素?

4. 如何理解民主与法治的关系?
5. 为何说增量民主是中国特色的民主理论?

参考文献

戴维·赫尔德:《民主的模式》,燕继荣译,中央编译出版社 2008 年版。

刘军宁编:《民主与民主化》,商务印书馆 1999 年版。

闫健编:《民主是个好东西——俞可平访谈录》,社会科学文献出版社 2006 年版。

詹姆斯·菲什金、彼得·拉斯莱特主编:《协商民主论争》,张晓敏译,中央编译出版社 2009 年版。

W. I. 詹宁斯:《法与宪法》,龚祥瑞译,生活·读书·新知三联书店 1997 年版。

第四章　自由与平等

自由与平等既是人类社会的两大基本政治价值,也是当代政治哲学研究的基本问题。由此还引出当代政治哲学中的另一个核心问题,即自由与平等之间的关系问题。换句话说,自由与平等是相互冲突,还是相互兼容?实际上,在19世纪以前,自由与平等之间并不存在明显的冲突,主要原因在于,在19世纪以前平等主要被理解为法律平等、道德平等等形式平等。然而,自19世纪以降,一些自由主义者和社会主义者开始将平等理解为经济平等和社会平等等实质平等,自此之后,自由和平等之间的冲突变得愈发明显。当代政治哲学界围绕着自由与平等之间的关系问题展开了激烈的辩论,并形成了关于自由与平等的各种代表性观点。

第一节　自由与平等的内涵

自由与平等的含义非常复杂,人们在讨论自由与平等时所言说的对象可能千差万别:"自由与平等已经被大量的学者反复讨论,但他们对此尚无定论。这真的并不令人感到奇怪。其中的原因之一在于讨论者对其要讨论的主题并不是非常清楚,从中得出不同的结论也是在所难免的。"① 从总体上而言,自由通常是指个人依照自己的意志进行思考或者行动的能力。西方的自由传统多种多样,米勒(David Miller)曾将其分为三个方面:一是共和主义的自由传统,强调一个人要成为自由的人,就是要成为一个自由政治共同体中的公民;二是自由主义的自由传统,自由意味着他人的强制或干涉不存在;三是唯心主义的

---

① Jan Narveson, "Liberty and Equality—A Question of Balance?", in Tibor R. Machan, ed., *Liberty and Equality*, Hoover Institution Press, 2002, p. 35.

自由观,关注那些决定个人行为的内在力量。① 伯林(Isaiah Berlin)将自由分为"消极自由"与"积极自由":消极自由是"'免于……'的自由,就是在虽变动不居但永远清晰可辨的那个疆界内不受干涉",强调的是不受到别人的任意干涉,而积极自由是"'去做……'的自由,……'自由'这个词的'积极'含义源于个体成为他自己的主人的愿望"。② 消极自由和积极自由都关注个人的权利:消极自由强调一个人所享有的免受他人的外在干涉和强制的权利,该权利主要与"政府干涉我到何种程度"相关;积极自由的侧重点是行为主体的自主性,较为强调行为主体是否有能力获取资源与拥有从事某种活动的权利等。

与自由一样,平等也是一个非常复杂的理念。《布莱克维尔政治学百科全书》强调:"在政治思想中,平等的概念有两种基本的用法:第一是指本质上的平等,即人是平等的动物;第二是指分配上的平等,即人与人之间应在财产分配、社会机会和(或)政治权力的分配上较为平等。在平等主义的理论中,本质上的平等常被用来证明分配上的较为平等。"③《西方哲学英汉对照辞典》认为:"人人平等是基本的民主原则,但这并不是一个对事实的陈述,因为人们的智能和体能实际上都是不同的。更确切地讲,平等原则主张所有的人都有权受到平等的对待。在康德看来,这种平等是以我们人类的理性为基础的,并使人具有作为道德目的的尊严,即人不仅仅是实现他人目的的手段。……在民主社会中,所有成员都可保证平等地获得自由和参与政治的基本权利,而不受其种族、性别或宗教因素的影响。"④由上可见,平等有两张面孔,它包括"描述意义上的平等"和"规范意义上的平等"。虽然不同的人对平等有不同的界定,但是基本上都认为平等包括伦理判断和事实陈述两个方面的含义。一方面,就伦理判断而言,平等是指虽然人们在家庭出身、教育程度、富裕程度和社会地位等方面存在差异,这些差异是一种客观存在的事实,但它们不应该妨碍

---

① 参见戴维·米勒:《〈自由读本〉导言》,刘训练编:《后伯林的自由观》,江苏人民出版社 2007 年版,第 24—25 页。
② 参见以赛亚·伯林:《自由论(修订本)》,胡传胜译,译林出版社 2011 年版,第 167—221 页。
③ 戴维·米勒等主编:《布莱克维尔政治学百科全书(修订版)》,邓正来等译,中国政法大学出版社 2002 年版,第 244 页。
④ 尼古拉斯·布宁等编著:《西方哲学英汉对照辞典》,王柯平等译,人民出版社 2001 年版,第 315—316 页。

到每个人有资格在法律和道德等方面拥有平等的地位,我们可以称之为"规范层面上的平等";另一方面,就事实陈述来说,平等指人们在富裕程度和社会地位等方面是非常相似的,我们可以称之为"事实层面上的平等"。

在19世纪以前,规范层面上的平等在西方政治思想中占据主导地位。比如斯多亚学派持有一种人际平等的理念,认为就自然赋予人的理性而言,所有人都是平等的。通过西塞罗和塞涅卡等的著作,斯多亚学派的人际平等理念得以影响到罗马及其后的政治思想家。在基督教的教义中,所有人在上帝面前都是平等的,每个人所拥有的平等地位与个人属于哪个民族和国家等共同体是毫无关系的。霍布斯、洛克、孟德斯鸠和卢梭等现代政治思想家就认同每个人都拥有平等的自然权利,他们还以此为起点,述说每个人都拥有平等的权利。可见,规范层面上的平等主要表现为一种道德诉求、宗教诉求或法律诉求,侧重对平等进行一种形而上学的论证,实践性略显不足。自19世纪以来,经济平等和社会平等等事实层面上的平等在平等理论中愈发获得重要的地位,很多思想家开始关注分配正义问题,尤其自罗尔斯的《正义论》复兴政治哲学以来,分配正义问题就越来越引起人们的关注。

以上我们分别论述了自由与平等的概念,自由与规范层面上的平等之间并不存在冲突,即使我们接下来会论及的哈耶克等自由至上主义者也不会否认规范层面上的平等。上文曾经提及,消极自由和积极自由都关注个人所拥有的权利,权利也可以被分为消极权利和积极权利。消极权利确立了一个不受他人任意干涉的领域,诸如思想自由和迁徙自由等自由就属于消极权利,而积极权利的行使恰恰需要他者提供外在的支持。消极权利被认为是公民所享有的基本权利,自由主义者对其推崇备至,但是某些积极权利是否属于公民的基本权利,在自由主义内部有很大的分歧。譬如,哈耶克和诺齐克等自由至上主义者认为积极权利会削弱公民的自主能力,造成公民对国家的福利依赖,而罗尔斯和德沃金等自由平等主义者恰恰持相反的态度。在自由平等主义者和分析马克思主义者看来,为了真正实现平等,仅仅强调规范层面上的平等是远远不够的,倘若事实层面上的平等不能成为有力的支撑,规范层面上的平等终究会变成一种虚无缥缈的东西。为了实现经济平等,对某些财富进行再分配将成为一种必然的选择,这会触及人们的财产权,而财产权通常被视为自由的根基,这样的话,自由与平等之间的冲突将应运而生。可见,自由与平等之间存在冲突的根源在于,何种权利应当被视为基本权利,以及为了实现基本权利,政府需要做些什么。

第二节　自由优先于平等

罗尔斯的《正义论》扭转了自19世纪中期至20世纪中期政治哲学曾经出现的颓废之势,平等替代自由成为政治哲学的重心,然而,这并不意味着自由与平等之间已经相安无事。罗尔斯仍然着力处理自由与平等之间有可能出现的冲突问题,针对该问题,罗尔斯的总体观点是:一方面,通过对"自由之优先性"的阐述,提出自由优先于平等;另一方面,通过"作为公平的正义理论"来调和自由与平等之间可能存在的张力。

罗尔斯主要用契约论的论证方式,辅之以道德直觉的论证方式,论证了作为公平的正义理论,并试图以作为公平的正义理论替代功利主义理论。罗尔斯的两个正义原则为:"第一个原则:每个人对与所有人所拥有的最广泛平等的基本自由体系相容的类似自由体系都应有一种平等的权利。第二个原则:社会和经济的不平等应这样安排,使它们:(1)在与正义的储存原则一致的情况下,适合于最少受惠者的最大利益;并且,(2)依系于在机会公平平等的条件下职务和地位向所有人开放。"[①]在罗尔斯那里,上述两个正义原则有先后之分,第一个正义原则优先于第二个正义原则,只有当第一个正义原则获得满足时,第二个正义原则才能被考虑到,即基本自由具有优先性。

我们可以将罗尔斯的第一个正义原则简称为"平等的自由原则",其主要内涵在于每个人都拥有平等的基本权利和基本自由,每个人所拥有的基本自由都是不容褫夺的。思想自由、良心自由、政治自由、结社自由以及法律规则所包括的各种权利都处于其基本自由的清单上。为什么与其他自由相比,良心自由等自由是一些更加"基本的"自由?罗尔斯认为基本自由是"开发和充

---

① 约翰·罗尔斯:《正义论(修订版)》,何怀宏等译,中国社会科学出版社2009年版,第237页。

分而明智地实践两种道德能力所必要的背景性制度条件;对于保护具有决定性意义的善观念之广泛范围(在正义的界限之内)来说,这些自由也是不可缺少的"①。罗尔斯在此言及的两种不同的道德能力是个人作为自由和平等之人所拥有的正义感和善观念的能力,前者是一种理解、应用和践行政治正义的原则的能力,后者是一种拥有、修正和合理地追求善观念的能力。上述两种能力是自由和平等的人享有平等的道德价值的基础,自由和平等的人拥有从事终身社会合作所需的道德能力。基本自由对充分发展人们的两种道德能力(以及参与社会合作)来说都是必不可少的。

罗尔斯认为思想自由、良心自由等基本自由具有优先性,这意味着:第一,这些自由比非基本自由更加重要,各种基本自由之间也不会相安无事,因此,必须有一些化解基本自由之间可能存在的冲突的规则。然而,基本自由的优先性强调的是,思想自由等基本自由只能因其他基本自由而在某些方面受到限制甚至被否定,不能像功利主义者不断申述的那样为了社会整体福利水平的提高而剥夺某些人的基本自由,"甚至不会为了在第二个正义原则下向穷人提供更多的机会和资源,而使基本自由受到限制"②。第二,这些基本自由既不能被转让,也不能被以民主的名义剥夺,一旦公民的基本自由获得了保护,公民就拥有了平等的社会条件。第三,各种基本自由并不是对所有人来说都拥有同等的价值或同等的重要性,为了某种基本自由,其他基本自由可以被限制,然而,自由只能因自由本身而受到限制。

虽然罗尔斯在其整个正义理论体系中强调自由优先于平等,但是这并不意味着平等在罗尔斯的正义理论中处于一种可有可无的位置,罗尔斯尤其通过第二个正义原则,赋予了平等一种重要位置。第二个正义原则主要涵盖公平的机会平等原则和差别原则,同时,前者优先于后者。机会平等强调每个人应当拥有平等的人生起点以及用于发展自己才能的平等机会。事实上,这种机会平等只是一种形式上的机会平等,因为人们把握机会的能力是不同的,这种能力要受到其身体健康程度和家庭背景等因素的深刻影响。对罗尔斯来

---

① 约翰·罗尔斯:《政治自由主义(增订版)》,万俊人译,译林出版社2011年版,第285页。
② Samuel Freeman, *Rawls*, Routledge, 2007, p.66.

说,人们还应当追求公平的机会平等,公平的机会平等意味着各种职位不仅要在形式上向所有人开放,而且应当确保所有人都有平等的机会使用它们,那些才干和能力处在同一水平上、有着使用它们的同样愿望的人,应当有同样的成功前景,不管他们在社会体系中的最初地位是什么。依罗尔斯之见,国家应当提供更多的教育机会,以便那些生而处于不利社会地位之人能够同那些生而处于有利社会地位之人进行公平的竞争,然而,个人的家庭背景确实会影响其把握机会的能力,"公平机会的原则在此只能不完全地实现,至少在某种家庭形式存在的情况下是这样。自然能力发展和取得成果的范围受到各种社会条件和阶级态度的影响。甚至努力和尝试的意愿、在通常意义上成为值得奖赏的人的意愿都依赖于幸福的家庭和社会环境"[1]。差别原则是第二个正义原则的要件,在罗尔斯那里,如果人们要把每个人作为平等的道德主体来对待,作为一个平等者来对待,那么人们绝不应当根据运气之好坏来衡量其在社会合作中的负担和利益的份额,应该减少运气因素对分配所产生的影响。罗尔斯认为,差别原则能够减少运气因素对分配份额的影响,意味着那些先天处于有利地位的人,无论他们是谁,只有在改善那些处境最差者的状况的条件下,他们才能从他们的好运气中获得利益。对罗尔斯来说,正如没有人应得较差的禀赋和较差的人生起点一样,同样也没有人应得较好的禀赋以及较好的人生起点,我们没有任何理由可以忽视个人生而拥有的诸如智商、身体状况和家庭背景等方面的差异。差别原则的核心理念在于,只有当那些生而处于较有利境地之人有利于处境最差者的最大利益时,他们从自身较为有利的境地中获取更多益处才能被许可。

可见,罗尔斯对自由与平等之间的关系的处理方式较为独特:一方面,作为自由主义者,罗尔斯通过第一个正义原则明晰了每个人都拥有平等的自由和权利以及基本自由的优先性,赋予了自由相对平等的优先性;另一方面,作为自由平等主义者,罗尔斯通过第二个正义原则确保每个人能够拥有基本的社会保障和平等的基本自由。

---

[1] 约翰·罗尔斯:《正义论(修订版)》,何怀宏等译,中国社会科学出版社2009年版,第57页。

第三节 自由的至上性

面对自由与平等之间可能存在的冲突,哈耶克和诺齐克等自由至上主义者的立场非常鲜明,即强调自由的至上性。自由在哈耶克的整个思想体系中处于一种关键位置,他一生都在维护自由并致力于在现代社会复兴古典自由主义。那么,哈耶克维护的到底是何种自由?哈耶克认为,他的著作《自由秩序原理》是"对一种人的状态(condition)的探究;在此状态中,一些人对另一些人所施以的强制(coercion),在社会中被减至最小可能之限度。……我们将把此一状态称之为自由(liberty or freedom)的状态"①。哈耶克所使用的原始意义上的自由概念的主要内涵在于,一个人不受制于他人的专断意志的强制,类似于消极自由。哈耶克指出自由对人类社会的发展有着不容忽视的重要性,然而,自19世纪以降人们对物质平等的不断追求及相应的各种实践,已经严重侵蚀了这种自由传统。依哈耶克之见,人们对物质平等等事实层面上的平等的追求漠视了人与人之间事实上的不平等,人与人之间的差异性是一种不容否认的生物事实,个人生来就极为不同。哈耶克认为虽然人人生而平等这种观点与基本的事实相悖,但是这并未妨碍到人们把该理念用于道德和法律层面。

哈耶克对平等的理解只限于法律平等和道德平等等形式平等,反对物质平等等实质平等,认为在现实生活中,那些与自由相容的法律平等和道德平等会导致物质分配的不平等,原因主要在于人们在身体状况、智商、家庭环境和努力程度等方面有着较大的差异。法律平等与承认人们之间事实上的差异并不相悖,相反,倘若追求物质平等,专制政府就不可避免会出现,因此,"一般性法律规则和一般性行为规则的平等,乃是有助于自由的唯一一种平等,也是我们能够在不摧毁自由的同时所确保的唯一一种平等"②。哈耶克对那些追求物质平等的理念即"社会正义"进行了不遗余力的批判,强调社会正义只是一种

---

① 弗里德利希·冯·哈耶克:《自由秩序原理》上册,邓正来译,生活·读书·新知三联书店1997年版,第3—4页。

② 同上书,第102页。

虚幻的东西。哈耶克认为,在现代社会,社会正义观念已经俘获了人们的想象力,绝大部分要求政府为了特定群体之利益而采取行动的主张,往往都是以社会正义之名提出来的。在哈耶克那里,对社会正义的追求已经诱使人们放弃了很多有益价值,会侵犯个人自由,将产生很多不可欲的后果,"尤其需要指出的是,这种努力还趋于把传统道德价值赖以演化扩展的不可或缺的环境给摧毁掉;而这个不可或缺的环境便是人身自由"[①]。依哈耶克之见,社会正义预设了人们是受到具体命令的指导这一前提,也就是说,社会正义只有在一个由中央指导计划的制度中才得以实现,然而,在自由社会中,不同个人和群体的地位是自发形成的,社会正义只是一种幻象。可见,哈耶克将自由理解为消极意义上的自由,将平等理解为法律平等和道德平等等形式平等,面对自由与平等之间的冲突这一问题,哈耶克认为自由市场本质上是正义的,明确主张自由至上,反对社会正义。

诺齐克也为自由的至上性进行了不遗余力的辩护,在其政治哲学体系中赋予了"权利"至高无上的地位,认为"个人拥有权利,而且有一些事情是任何人或任何群体都不能对他们做的(否则就会侵犯他们的权利)。这些权利是如此重要和广泛,以致它们提出了国家及其官员能够做什么的问题,如果有这类问题的话"[②]。诺齐克所捍卫的权利是洛克式的权利,大体上包括生命权、自由权和财产权等权利。诺齐克所捍卫的洛克式的权利属于我们在上文曾提及的消极意义上的权利。在诺齐克那里,赤贫者之所以无权强行要求富人或国家为其提供免费食物,与诺齐克所认可的"自我所有权"理念紧密相关,该理念认为一个人既然拥有自己的身体及劳动,他就拥有自己的劳动所创造的一切东西。对诺齐克来说,赤贫者和国家都无权剥夺富人的财富,人们拥有的自我所有权决定了人们享有的自由的类型及其范围。

诺齐克将权利置于一种极其重要的位置,认为无论功利主义,抑或罗尔斯式的分配正义理论,都将侵害这种权利。与罗尔斯和德沃金一样,诺齐克通过

---

① 弗里德利希·冯·哈耶克:《法律、立法与自由(第二、三卷)》,邓正来等译,中国大百科全书出版社 2000 年版,第 124 页。
② 罗伯特·诺奇克:《无政府、国家和乌托邦》,姚大志译,中国社会科学出版社 2008 年版,前言,第 1 页。

诉诸康德传统,拒斥功利主义,认为某个人极有可能为了自身的远期利益而牺牲其眼前利益,但是国家不能这么做,"为了获得更大的整体社会利益,我们中间任何人的生命的道德分量都不能被压倒。为了别人而牺牲我们中间的一些人,这种做法的正当性无法得到证明。也就是说,有具有不同生命的个人,所以没有人可以为了他人而被牺牲,这是一个根本的理念"①。对诺齐克来说,个人的权利是神圣不可侵犯的。虽然诺齐克同罗尔斯和德沃金一样都认可"正当优先于善"这一义务论原则,但是他们在国家是否应当从事再分配等问题上有着截然不同的看法。诺齐克一方面通过批判无政府主义,证明了最低限度之国家的存在具有正当性;另一方面通过对差别原则的诘难,论说了比最低限度之国家履行功能更多的国家的正当性恰恰得不到证明。与哈耶克一样,诺齐克对"分配正义"这一术语也极为不满,并以"持有正义"(justice in holdings)取而代之。诺齐克认为持有正义原则涵盖"获取的正义原则""转让的正义原则"和"矫正的正义原则","如果一个人根据获取和转让的正义原则或者根据对不正义的矫正原则(由前两个原则所规定的)对其持有物是有资格的,那么他的持有就是正义的。如果每一个人的持有都是正义的,那么总体的持有(分配)就是正义的"②。就国家应该承担何种职能而言,诺齐克的核心主张是,最低限度的国家是唯一能够得到证明的国家,其职能应当仅限于亚当·斯密所言说的确保契约得到履行、保护人们免受暴力和欺诈等的侵害等职能,那些践行罗尔斯式的分配正义理念的国家都将不可避免地侵犯人们的权利。总之,针对自由与平等之间的冲突这一问题,自由至上主义者旗帜鲜明地主张自由至上,当自由与平等发生冲突时,应当以自由为第一要义,即使牺牲平等也在所不惜。

第四节 自由与平等的相容

作为自由平等主义的另一位重要代表人物,德沃金认为平等是一种"至上的美德",自由与平等之间不存在冲突,自由与平等是相容的,倘若自由与平等

---

① Robert Nozick, *Anarchy, State, and Utopia*, Basic Books, 1974, p. 33.

② Ibid., p. 153.

之间真的出现了冲突,那也将是一场自由必败无疑的冲突。

在讨论自由与平等之间的关系这一问题时,德沃金认为他所述说的自由是消极自由,平等是分配平等,更具体地说,是"资源平等"(equality of resources)。该平等观"主张一种分配方案在人们中间分配或转移资源,直到进一步的资源转移再也无法使他们在总体资源份额上更加平等,这时这种方案就把人作为平等者来对待"①。该分配正义理论主要强调:在分配资源时,个人应当承受由个人的选择因素(如懒惰)带来的不平等,这种不平等不应当获得任何补偿;然而,个人不应当承受由环境因素(如泥石流或先天残障)带来的不平等,这种不平等应该获得某种程度的补偿。可见,德沃金在探讨自由与平等之间的关联性时,主要探讨的是消极自由和名为"资源平等"的分配平等之间的关系。自由与平等是冲突的,还是相容的?德沃金认为,在自由和平等之间任何真正的冲突都是一场自由必定会失败的冲突。为何德沃金会持有上述观点?这与德沃金认可的"抽象的平等原则"有密切关联,这种抽象的平等原则是指每个公民都应当获得政府的平等关心和尊重;同时,德沃金把政府对每个公民的平等关心和尊重与政府的合法性联系起来,"一个具有合法性的政府,必须对其管辖下的人民给予某种程度的关心,而且是平等的关心"②。正是基于政府平等关心和尊重每个公民这一抽象的平等原则的重要意义,在德沃金那里,如果自由与这一具有根本地位的抽象的平等原则之间出现了冲突,那么自由必然会失败。

虽然德沃金认为倘若自由与平等之间出现冲突,自由一定会失败,但是德沃金还是探讨了如何调和自由与平等之间的关系这一问题。在德沃金看来,调和自由与平等之间的关系可以采取两种战略。一种战略是"分两步走的以利益为基础的战略"(two-step interest-based strategy):首先解释如何确定人们的利益以及利益的作用何在,然后主张自由是满足人们的利益要求的一种工具。另一种战略是"一步到位的构成性战略"(one-step constitutive strategy),在该战略中,自由被纳入作为资源平等理论目标的实现机制之一的拍卖的自由/

---

① Ronald Dworkin, *Sovereign Virtue: The Theory and Practice of Equality*, Harvard University Press, 2000, p. 12.

② Ronald Dworkin, *Is Democracy Possible Here?*, Princeton University Press, 2006, p. 97.

限制体系,这时就不存在调和自由与平等的问题,因为自由已成为平等的一部分。德沃金拒斥利益战略,认为利益战略会威胁到人们享有的基本的政治自由。同时,德沃金赞成构成性战略,并从中发展出一种"架桥版本"(the bridge version),试图在"政府给予所有公民平等的关心和尊重"这一抽象的平等原则同资源平等之间架起一座桥梁。依德沃金之见,通过构成性战略,我们就可以调和平等与自由。德沃金论证说,"如果我们接受资源平等理论是分配平等的最佳观点,那么自由就变成了平等的一个方面,而不是像人们通常所认为的那样,是一个与平等有着潜在冲突的、独立的政治理想"①。易言之,在德沃金那里,自由是平等的一个组成部分,自由与平等是相容的。

与德沃金一样,柯亨也认为自由与平等是相容的,然而,柯亨比德沃金持有更为激进的平等观。柯亨并不像诺齐克那样认为世界最初是无主的,而是像洛克那样设想世界归大家所共有,在此前提之下探讨自我所有权和资源归大家共有的情况下会出现什么结果。柯亨设想了一个由 A 和 B 两个人构成的世界,A 的天赋高,B 的天赋低,A 和 B 都拥有自身,除此之外,别的一切都归两人共有。A 能够生产出维持和改善生活的必需品,而 B 没有任何生产能力,然而,由于一切外部资源都是 A 和 B 共同所有的,倘若 A 打算利用土地从事生产活动,他必须征得 B 的同意。柯亨设想会出现两种情况:一是如果 A 生产,那么他生产多少由他自己决定。他生产出来的量超过他与 B 维持生活所需的量,就面临如何对剩余物进行分配的问题,他们必须进行协商,倘若协商失败,生产就不能持续,A 和 B 都会被饿死。二是 A 不但能生产出一定的剩余,而且还可以调节这个量,此时 A 和 B 进行协商确定 A 生产多少以及每个人应当得到多少。协商的结果是 A 和 B 得到同样多的东西,原因在于虽然 B 无法进行生产,但是 B 拥有能够控制生产的必要条件,即对土地使用的否决权。虽然 A 可能对平均分配财富不满意,但是为了不被饿死,他不得不接受这一建议。柯亨总结道:"世界共有制能够防止平等主义者所反对的不平等的产生。虽然能人和傻瓜的故事从几个方面来看是一个非常特殊的故事,但是,在

---

① Ronald Dworkin, *Sovereign Virtue: The Theory and Practice of Equality*, Harvard University Press, 2000, p. 121.

自我所有和外部资源共有的情况下,才能并没有带来额外的回报,这一点我认为是可以推而广之的。"①在柯亨那里,诺齐克的自我所有权一定会导致不平等的产生这一观点取决于自我所有权与外部资源的不平等分配相结合,一旦用世界资源共有原则替代世界资源的不平等分配,不平等不会像诺齐克设想的那样一定会出现,因此,柯亨认为平等与自由之间可能会存在左翼人士所担心的冲突,但是平等和自由至上主义者所说的自由之间不存在冲突。这是因为,在世界资源共有制的条件下,每个人都具有构成自我所有权的那些权利,而这同时又不会危及条件平等。可见,柯亨通过上述思想实验论述自由与平等是相容的。

柯亨还批判了德沃金等人的自由平等主义观念,认为德沃金只是非常笼统地强调人们应当对自己的昂贵嗜好承担责任,但是德沃金未曾注意到以人们是否能对自身的昂贵嗜好负责为标准,昂贵嗜好可以被分为自愿的昂贵嗜好和非自愿的昂贵嗜好,柯亨主张非自愿的昂贵嗜好应该获得某种程度的补偿,而不能像德沃金那样拒绝补偿非自愿的昂贵嗜好。② 柯亨提出了"可获得的利益的平等"(equal access to advantage),认为"可获得的"是指当且仅当一个人确实有获得某物的机遇和能力时,他对他所没有的那个东西才享有可获得性。"利益"的内涵到底是什么,柯亨没有给予明确澄清。在柯亨那里,可获得的利益的平等关注个人能力的缺失,因为它降低了人们对有价值东西的可获得性。柯亨后来又提出了社会主义的机会平等观,该平等观"试图纠正所有非选择的不利条件,即当事人本身不能被合理地认为对其负有责任的不利条件,无论它们是反映社会不幸的不利条件还是反映自然不幸的不利条件"③。柯亨将生产资料私有制、社会关系以及阶级结构视为不平等的根源,为了实现平等,柯亨主张建构一种正义制度,改造社会风尚。

---

① G. A. 柯亨:《自我所有、自由和平等》,李朝晖译,东方出版社2008年版,第112页。
② G. A. Cohen, "Expensive Taste Rides Again", in Justine Burley, ed., *Dworkin and His Critics*, Blackwell, 2004, pp. 8–12.
③ G. A. 科恩:《为什么不要社会主义?》,段忠桥译,人民出版社2011年版,第27页。

第五节 结 论

　　以上我们分析了当代政治哲学界围绕自由与平等之间的关系展开的思考,可以发现:第一,针对自由与平等之间的关系问题,当代政治哲学界大体上有两种观点——"冲突论"和"相容论",前者的代表人物有罗尔斯、哈耶克和诺齐克等人,后者主要以德沃金和柯亨等人为代表。无论是冲突论,还是相容论,罗尔斯的折中立场都处于论辩的中心,正是基于对罗尔斯立场的不满,右翼和左翼才围绕自由与平等是相容的抑或冲突的展开了激烈的争论。无论冲突论,抑或相容论,都既追求自由,又追求平等,只不过对自由和平等的内涵有着不同的理解,对自由和平等的地位有着不同的定位。

　　第二,"冲突论"基本上强调与平等相较而言,自由具有优先性或者至上性。虽然罗尔斯确实为基本自由的优先性进行了不懈的辩护,但是罗尔斯试图以一种折中的立场来处理自由和平等之间的关系问题,在其作为公平的正义理论中,平等也有着非常的重要位置,这主要体现在其差别原则中。然而,哈耶克和诺齐克等人并不同意罗尔斯的观点,在他们的自由至上主义理论中,自由处于一种至上的地位,平等仅仅限于道德平等和法律平等等形式上的平等。因篇幅所限,我们在此对哈耶克的"冲突论"进行简要评析。如上所述,哈耶克对社会正义的一个重要批评是对社会正义的追求会侵犯自由。实际上,该观点值得商榷,因为福利国家的实践表明,在追求社会正义的过程中,自由不一定遭到损害,同时,对社会正义的追求,不一定导致极权主义制度的出现。如果一个社会的政治权利是平等的,那么该社会的民主就会取得进步,自由也会获得保障。例如,二战后,一些国家在进行战后重建时,经济取得了迅速的发展,这些国家构建了福利国家模式,这种模式也正是哈耶克批判的分配正义模式。此后,福利国家模式获得了广泛认可,被认为有利于缓和社会冲突,减少社会矛盾,这也使自由在某种程度上得以维系。虽然哈耶克在理论上不认可福利国家模式,但是他曾明确承认福利国家在实践上对维护自由发挥了不少作用:"也的确存在着一些只有通过集体行动才能满足的公共需求,而且通过这样的方式来满足公共需求,也不会限制个人自由。"①无论如何,哈耶克都反对从社会正义的角度为福利政策的实践进行辩护,按照哈耶克的观点,这种做法是通往奴役之路。然而,自从70多年前哈耶克强烈谴责分配正义理念以来,那些实行福利政策的国家并没有滑向极权主义深渊,这似乎表明哈耶克的担心是多余的。

第三,"相容论"强调自由与平等之间基本上不存在冲突。德沃金和柯亨等左翼思想家不同意罗尔斯的自由优先于平等这一立场,坚持自由与平等是相容的,认为与自由相比,平等处于一种更加根本的和重要的地位。然而,我们需要注意的是,即使在相容论中,德沃金和柯亨等人也是在认可自由的前提之下,思考如何安顿平等的问题。我们可以对德沃金的"相容论"进行简要评析。上文曾提及,德沃金试图通过他所说的"构成性战略"来调和自由与平等之间的冲突,认为该战略既能赋予自由一种根本地位,又不会像利益战略那样使基本的政治自由受到伤害。在资源平等中,自由处于什么位置呢?德沃金认为,"假如我的论证基本正确,这一地位便是根本性的和安全的。……虽然资源平等所设想的类似于拍卖的方法,其结果显然能反映人们参与拍卖时的设想和信念,自由却不是这种结果的一部分,而是被固定在资源平等所接受的任何拍卖的底线之中"②。对德沃金而言,构成性战略在调和自由与平等之间的关系时,并没有像利益战略那样使自由成为一种可有可无的东西,而是一开始就赋予自由一种重要位置,这样就可以使自由与平等和谐并存。德沃金对自由与平等的调和方式有说服力吗?我们认为,德沃金的观点有循环论证之嫌。既然德沃金致力于说明自由与平等能够和谐并存,德沃金在设定资源平等所要满足的前提条件时就已经将自由纳入其中,将自由固定在任何拍卖(德沃金试图通过假想的拍卖来实现资源平等)的底线之中,这样既有可能使得自由成为平等的一个工具,又使得德沃金的论证具有循环论证的色彩。

总之,自由和平等是两个非常复杂的概念和政治价值,人们不能宽泛地论

---

① 弗里德利希·冯·哈耶克:《自由秩序原理》下册,邓正来译,生活·读书·新知三联书店1997年版,第9页。
② 罗纳德·德沃金:《至上的美德:平等的理论与实践》,冯克利译,江苏人民出版社2003年版,第198页。

说自由和平等之间的关系,很难笼统地说自由与平等是冲突的还是相容的。人们在探讨自由与平等之间的关系之前,必须明晰其在探讨何种自由与何种平等之间的关联性。实际上,在现代社会,自由和平等都是重要的价值,人们不能纯粹追求某种价值,既不能为了平等而放弃自由,又不能为了自由而放弃平等。当自由和平等之间真的出现冲突时,自由和平等这架天平应该更倾向于哪一端呢? 自由更重要,还是平等更重要? 这主要取决于当人们在追求自由时,人们愿意容忍由此带来的不平等的程度,或者取决于当人们在追求平等时,人们愿意对自己的自由作出多大程度的限制。

思考题

1. 自由与平等的基本含义是什么?
2. 自由与平等之间可能存在冲突的根源是什么?
3. 关于自由与平等之间的关系有哪两种代表性的观点?
4. 罗尔斯的"差别原则"的主要内容是什么? 谈谈你对差别原则的看法。
5. 你如何看待自由与平等之间的关系?

参考文献

弗里德利希·冯·哈耶克:《自由秩序原理》,邓正来译,生活·读书·新知三联书店1997年版。

高景柱:《当代政治哲学视域中的平等理论》,天津人民出版社2015年版。

罗伯特·诺奇克:《无政府、国家和乌托邦》,姚大志译,中国社会科学出版社2008年版。

罗纳德·德沃金:《至上的美德:平等的理论与实践》,冯克利译,江苏人民出版社2003年版。

约翰·罗尔斯:《正义论(修订版)》,何怀宏等译,中国社会科学出版社2009年版。

G. A. 柯亨:《自我所有、自由和平等》,李朝晖译,东方出版社2008年版。

第五章　公民与官员

公民与官员既是政治学研究的基本对象,也是政治生活中最基本的政治单元,两者是相互关联但内涵不同的社会角色概念。公民和官员在政治生活中具有不同属性,承担不同政治职责,须区别讨论。公民是政治文明的产物,公民概念随着国家形态的不断演变在不同时期具有不同内涵。现代意义上的公民依法享有公民权利,亦须履行公民义务,在此过程中公民与国家的关系也日益密切。官员是维持国家机器正常运转、实现统治集团利益的骨干力量,其核心职能是对社会进行管理。官员概念在不同的国家形态中也具有不同的内涵和外延,主要包括封建专制下的官僚和现代民主国家中的公职人员。民主制度下的官员是公民中的特定群体,其身份来源于公民的授权(如选举或任命),但角色上承担更集中的公共责任。随着民主政治进一步深化发展,如何保障公民权利更好地实现,如何划定公民社会与国家的边界,如何建设廉洁高效的官员队伍,如何构建新型官民关系,既是政治实践不得不面对的现实问题,也是政治理论思考的前沿课题。

第一节　公民

公民是普遍适用于全体民众的概念,因而它是现代民主政治生活中最普遍、人数最多的政治主体。从古希腊城邦到近现代民族国家的建立,公民概念的内涵在不断丰富,其外延也得以扩展,公民权利的确立和发展成为政治文明的重要标识。

一、公民的内涵与特点

公民是指具有一国国籍,并依据该国宪法和法律规定享有权利且应承担义务的人。国籍、权利与义务是公民概念的核心要素,缺一不可。

公民和国民不同。国民是具有一国国籍的自然人,国籍是判断国民的唯一标准。一般而言,一国人口中的绝大多数国民就是该国的公民,有权参与相关政治活动。但也存在少数由于政治或法律原因被剥夺政治权利的国民,这些人不是或暂时不是该国公民。所以说,公民一定是该国国民,但国民并不一定都是该国公民。

公民与人民也有本质区别。其区别在于:首先,内涵不同。人民是一个政治概念,它是指顺应历史潮流,推动社会发展的进步群体,其对立面是敌人;公民不仅具有政治属性,它还具有法律属性,它是指具有一国国籍并依该国法律享有权利且要承担义务的本国国民,其对立面是没有该国国籍或国民中被剥夺了政治权利的人。其次,外延不同。公民比人民的外延广泛,公民既包括人民,也包括人民的敌人,换言之,公民与人民在范围上有重合,人民包含于公民之中。最后,概念性质不同。人民是整体性概念,只有作为整体或一个集合存在时才具有意义;而公民是个体性概念,因而不论是作为整体还是个体存在,公民都具有相关政治法律意义。

纵观古今中外,公民具有如下基本特点:

第一,历史性。公民概念的形成和发展表明公民是个历史范畴。公民并不是自古就有,也不会永远存在,它是特定历史阶段的产物,是政治文明进步的结果。公民概念从古希腊城邦中特指能够参与公共事务的成年男性群体,扩展到现代国家中普遍适用于绝大多数国民,其内涵和外延都发生了历史性变化。

第二,平等性。公民是现代国家的产物,现代国家最大的特点就是民主和法治。民主的基本原则是自由和平等,因而每个人都可以平等地享有公民资格,不论财产、性别、种族、职业、信仰等的差别。现代国家中,"法律面前人人平等"的观念深入人心,宪法和法律规定每个公民享有同等权利,承担同等义务,不存在享有特权的公民。

第三,独立性。现代公民与古代臣民最重要的区别就是现代公民具有独立人格和独立意识。城邦时代,公民投身公共事务,与城邦融为一体,两者几乎可以等同,不存在独立的私人空间。封建专制下,社会等级森严,臣民的命运紧紧掌握在君主手中,只有臣服和顺从才能自保,畸形的社会关系造就了奴性十足的臣民,他们不敢也不可能有独立人格和个人意志。只有在民主政体下,公民的生命、财产等权利受法律保护,开放包容的民主环境才能培养出公民的自由精神和独立意识。

二、公民的权利和义务

公民的权利和义务是宪法和法律所规定的内容。公民权利(civil rights)特指个体作为一国公民而非其他身份为实现自身利益而享有的法定资格,公民义务是个体因公民身份在享有公民权利时所应承担的责任。公民的权利和义务相伴而生,两者不能单独存在。

1948年联合国通过的《世界人权宣言》将人权分为公民权利和政治权利与经济、社会和文化权利两大类;1966年通过的《公民权利和政治权利国际公约》进一步将公民权利细化、完善。各国的宪法和法律中有关公民权的内容基本上也与此相适应。依据《国际人权宪章》(包括《世界人权宣言》《公民权利和政治权利国际公约》《经济、社会、文化权利国际公约》)和各国的宪法与法律,公民权利主要分为三类:

第一,法律政治权利。法律政治权利是公民在法律地位方面和政治生活领域的基本诉求,具体包括:(1)平等权:主要指公民在法律上的平等,即公民平等地享有法律规定的权利并履行相应的义务。法律一经制定,在运用和执行过程中不会因人而异。公民平等地受法律保护,在触犯法律时,也平等地受法律制裁,任何人都没有法律规定之外的特权。(2)参政权:指公民参与国家政治生活的权利,主要包括选举权与被选举权、投票权、创制权、否决权、罢免权和监督国家公职人员等权利。

第二,社会经济权利。社会经济权利是指公民对物质生活、社会福利以及日常生活安全的基本诉求,具体包括:(1)自由权:主要是人身自由不受侵犯,在法律允许的范围内能够按照个人意志自由行动;人格尊严不受侵害,公民的姓名、肖像、名誉不容侵犯;公民有迁徙自由,公民的住宅不得随意侵入;公民有权享受国家提供的各种社会福利等。(2)财产权:公民对自己的合法收入有占有、使用、收益和处分的权利,公民的私有财产神圣不可侵犯。

第三,思想文化权利。思想文化权利是公民对精神生活的基本诉求,具体包括:(1)受教育权:公民享有通过正式教育或其他方式学习科学文化知识的权利。(2)言论自由权:宪法和法律保护公民通过各种方式发表个人意见的权利,但言论自由不是毫无约束的自由,个人的言论不能诽谤他人、危害社会。此外,公民还有出版、通信自由等权利。(3)宗教信仰自由:法律保护公民有信教或不信教的自由,有信仰这种或那种宗教的自由,有以前不信教以后信教的自由等。总之,只要不危及社会,宗教信仰原则上属于私人事务。

一般来说,公民权利具有以下基本特征:(1)法律规定性,即不论公民个人是否有行使公民权利的能力和想法,只要具有公民资格,法律便平等地赋予每个公民这种追求自身利益的可能性,未经法律允许,不能侵犯和剥夺。(2)个人主体性,公民权利针对的是每个具体的人,个人是享有并行使权利的主体。(3)实践延展性,公民权利不是抽象的概念,它是在历史发展和具体实践中形成和不断完善的。

现代国家宪法和法律规定的公民义务有:热爱祖国,维护国家统一和安全;遵守宪法和法律;依法纳税;遵守社会秩序和社会公德;接受义务教育;依法服兵役等。公民义务具有以下特征:(1)法定性,公民义务是国家权力通过法律形式作出的规定,表示公民对国家、社会和他人应当承担的责任。(2)强制性,即公民义务一经法律规定,公民个人不能放弃或更改,公民必须履行公民义务,否则要承担相应的法律后果。(3)约束性,公民义务一般以禁止性或授权性的形式予以规定,不仅表现为对公民行为的限制,也表现为公民追求其权利的手段。

公民权利与公民义务内在统一。没有只享有权利而不履行义务的公民,也没有只履行义务而不享有权利的公民,权利和义务是公民概念的重要构成要素,缺少两者中的任何一个都不能称之为公民。公民权利和义务统一于公民身份之中,两者在内容上相互平衡。

三、公民与国家之间的关系

如何理解公民与国家、个人权利和国家权力之间的关系,如何划定个人私域和公共领域的边界,是政治学一直思考的问题。针对这一问题,自由主义与共和主义给出了两种不同的关系模式。

自由主义是近现代西方国家产生和发展的理论基石,也是历史悠久、最具影响力的世界政治思潮之一。自由主义思想建立在古老的自然法传统基础之上,强调个人权利的至上性和国家对个人权利的保护。自由主义认为公民个人的生命权、自由权和财产权神圣不可侵犯,国家的主要目的就是保护公民的这些权利。[1] 自由主义的理论核心是个人自由,但它秉持"消极自由"观,即"免于干涉的自由"。[2] 对公民而言,"消极自由"意味着个人不用积极主动地去争取权利,因为在自由主义理论体系内,"天赋人权""人生而自由";对国家而言,"消极自由"意味着国家不仅不能随意干涉私人领域,还要通过制度、法律保护公民权利并创造更大的空间确保公民能够自由地行使权利。基于此,自由主义认为公民与国家之间要保持一定距离,公民应该有更多的自主空间和私人领域,国家不能随意去干涉个人生活,公共权力不能侵害私人权利。需要注意的是,自由主义强调公民与国家之间的距离,但不是让公民完全从公共领域中抽离,因为自由主义也注重公民通过参与公共事务来行使自己的权利。因此,在自由主义视域下,国家的职责在于保护并促进公民权利,公民的义务则在于遵守国家法律,依法纳税,为国家提供物质和精神支持。

共和主义比自由主义的历史更为悠久,它起源于古希腊城邦民主政治时代,在罗马共和国时期得以弘扬,后随罗马灭亡逐渐衰落,但在当代又开始复兴。与自由主义强调公私领域的明确边界不同的是,共和主义强调公私领域的融合。共和主义传统也追求个人自由,但它秉持"积极自由"观,认为公民只有参与到公共事务中才能实现真正的自由。换言之,自由的条件就是公民参与政治生活并接受政治德性的培育。[3] 共和主义所强调的这种参与,是基于公民和国家之间情感上的连接。共和主义强调公共善,重视公民美德、公民责任和公民参与,因为它认为公民与国家之间是共生关系,公民自由与国家利益并行不悖。基于此,共和主义提出:公民应该与国家保持亲密联系,公民要积极投身公共事务来促进共同体的利益;国家则要通过公民教育、宗教教化以及军

---

[1] 洛克:《政府论》下篇,叶启芳、瞿菊农译,商务印书馆2005年版,第2页。
[2] 以赛亚·伯林:《自由四论》,胡传胜译,译林出版社2003年版,第195页。
[3] 刘训练:《共和主义:从古典到当代》,人民出版社2013年版,第147页。

事手段来培育公民美德和公民责任。

不过,自由主义和共和主义在看待公民与国家关系这一问题上都存在缺陷。因为过于强调公民个人权利会损害共同体的利益,但如果像共和主义所主张的那样,公民要积极、直接参与到公共事务中,在现实中显得不切实际。因此,合理把握公民与国家之间的界限,不仅要在政治理论上有所突破,更要在政治实践中不断探索。

第二节　官员

官员在政治生活中扮演着重要角色,国家的正常运转以及统治集团利益的实现主要依靠的是官员队伍。政治实践的需要推动了官员制度的形成和发展,有关官员的理论和学说也是政治理论中最具实践性的部分。

一、官员的内涵与特点

官员是指在各类国家机关中担任公职,从事国家或社会事务管理,掌握并行使相关权力的人员。官僚、干部都可用来指代官员,但官僚在我国民众心中是贬义词,常和官僚作风、官僚主义联系在一起,往往用来称呼古代封建制度下的官员。整体来看,官员具有如下特点:

第一,等级制。古今中外,官员队伍都具有严格的上下等级设置,如魏晋南北朝时期官分九品,现代的公务员也是先分类再定级。设置官员级别,一是确定官员的职位和职权,明确分工和责任,各司其职,有助于高效管理国家和社会;二是便于官员队伍内部的运作和管理。

第二,非人格化。官员是一种职业,并非一种固定不变的"身份"。[1] 在现代民主社会中,官员作为国家公职人员行使公共权力,因而要排除个人因素对公权力的影响。同时,官员的任期、职权及行为都受相关法律制度的严格约束。官员队伍是高度机械化运转的组织,对官员的要求在于专业、高效。

第三,延续性。通常来讲,官员职位的设置依据的是现实政治需要,因而

---

[1] 朱光磊编著:《政治学概要》,高等教育出版社2016年版,第231页。

只要政治实践中需要从事这方面工作的人,这一职位就会长期存在。尽管履行这一职责的人在不断更替,但该职位不会轻易变动。官员职位的延续性保证了政府部门正常有序运作。

第四,专业化。国家公职人员需要具备一定的专业知识和能力,官员的选拔和任用具有很高的要求和标准。公共事务多而繁杂,为了社会有序运转,政府部门中汇集了各学科的专业人才,组成了专业化的官员队伍。

二、官员的类型与职能

依据不同的标准,官员有不同的分类。比较常见的分类如下:

第一,依据官员在管理活动中扮演的主要角色,可以将官员分为决策者和执行者。前者主要负责设计、制定国家大政方针政策,决定国家重大事项;后者则主要负责具体执行以保证政策得以落实。

第二,依据官员产生的方式,可以将官员分为世袭的官员、委任的官员、考试录用的官员和选举产生的官员四类。世袭的官员主要存在于古代君主专制制度之下,其官位的获取依据的是家族血统和继承;委任的官员一般是在通过相关考核的基础上,由上级直接任命,向上级负责;考试录用的官员指参加国家公职人员选拔考试,择优录用,这是公务员制度的重要内容;选举的官员是指按法定程序由选民直接投票选举产生担任公职的人,选举的官员须对选民负责。

第三,依据官员的任期,官员可分为终身制、常任制和任期制三类。终身制官员主要是指君主制下的世袭君主和贵族官僚,他们一经掌权就可以终身为官;常任制官员也没有任期限制,只要不违法犯罪,没有重大过失,就可以在该职位上干到退休,美国联邦大法官就属于此类官员;任期制官员的任职时间和届数都受到严格限制,任期一到就要按照法律规定进行换届。

第四,依据官员所处的政治体制和历史阶段,可以将官员分为古代封建专制下的官僚和现代民主国家中的公职人员。古代的官僚以皇权为中心,等级森严,唯命是从,人身依附关系很强,古代官吏也常以"父母官"自居,具有浓厚的官贵民贱思想。现代官员人格独立,虽然职位有上下等级之别,但人格和地位没有高低贵贱之分,而且现代官员都具有较强的公共意识和服务精神。

官员的职能是指官员队伍在政治活动中主要承担的工作和发挥的作用。官员制度强调"权"要配"位",即不同职位的官员有不同的职权,因而各自承担的具体工作和任务也有所不同。处于领导层的官员的主要职能是决策、进行顶层设计以及把握国家大的发展方向,其决策通常会推动法律的立改废和社会改革。处于执行层的官员主要负责具体执行,包括落实上级的决策、执行法律、对社会进行全面管理等。实际上,无论是古代官僚还是现代官员,他们履行的主要职能都包括决策、立法、管理和改革四大方面;只不过他们追求的目的、服务的对象有本质差异。古代官僚服务的对象是专制君主和封建地主,他们作出的决策、颁布的法律、推行的改革都是为了维护整个统治集团的利益。古代官僚对老百姓的管理主要是通过强权压迫、严法酷刑等方式。此外,官僚还需承担教化民众的职能。现代官员服务的对象是人民,人民利益至上,决策、立法、管理以及改革都是为了人民能够更好地生活。不过,随着社会结构的日益复杂化,现代官员要承担的职能也越来越广泛化、多样化。

三、现代官员制度的基本内容

现代官员制度普遍具有科学、高效、务实的运行机制相配套。官员队伍自身有序运行才能保证政府对社会进行规范化管理。为此,各国都制定了系统的法律、法规和规章,对官员的任用、职责、权益等作了详细规定,对官员进行制度化、常规化管理,确保政府能够有序、高效运行。中西国家的官员制度虽各有差异,但都包括基本的三大内容:官员的录退择优机制、激励协调机制以及维权保障机制。

第一,官员的录退择优机制。官员的录退择优机制具体包括官员的考录与任免、辞退、辞职和退休。不论是西方各国的文官还是社会主义国家的公务员,绝大多数都是经由全国性的公开竞争考试择优录取的。考试的形式和内容各国不尽相同,一般包括笔试和面试两部分,最后评定综合成绩,择优录用。官员的免职、辞退是指相关部门依据法律法规,通过合法性程序,在法定权限范围内免去或解除官员全部职务。免职或解除职务的原因必须合理得当,比如政治原因或在业务上不能胜任、滥用职权等。官员辞职是官员自主的行为,官员提出辞职申请需经过一系列的法定程序。退休是官员超过一定的年龄,不再适合担任公职的情况。官员退休后仍能享受一定的退休福利待遇。官员的录退择优机制能够有效保证官员队伍的活力,优化官员队伍结构,有利于机构正常管理。

第二,官员的激励协调机制。官员的激励协调机制包括官员的职权分类定级、培训考核、职务升降以及薪资奖惩。对官员职位进行分类定级是规范化管理的第一步,各国对官员的级别设置各具特色,比如英国主要根据个人条件来评定职称,美国则主要以职位来分类定级。官员的级别即所谓的官阶,与官员职务的升降直接挂钩。官员的培训考核旨在提高并检测官员的业务能力,只有通过考核的官员才能留任,且业务能力强的官员通常会受到表彰、奖励或提拔,而对于不称职的官员则会给予相应处罚或降职,情况严重者甚至会被免去职务。官员的激励协调机制能够有效调动官员的积极性与主动性,提高官员队伍的专业素质,提升其行政效率。

第三,官员的维权保障机制。官员的维权保障机制是在体制内部提供维权、救济途径,用以保护官员个人的合法权益不受组织或他人的侵犯。官员除了作为普通公民中的一员享有公民权利并承担公民义务之外,还因其官员身份享有法律规定的官员权利和承担要履行的官员义务。官员的权利主要有职业保障权、培训进修权、获得工资报酬以及享受福利、保险待遇等权利。法律规定,当官员的这些权益受到组织或他人侵犯时,官员可以通过法定程序提出申诉和控告。官员的维权保障机制有利于维护官员的合法权益不受侵害,同时也有助于监督组织及其领导者的行为,推进政府法治化进程。

四、官僚制理论

官僚制理论是学者研究、解读官员组织及其行为的学说。官僚制进入学术领域,起源于德国社会学家马克斯·韦伯,他对官僚制的思考和认识,引发了学界更深入的研究。在韦伯理论的基础上,拉梅什·阿罗拉和戴维·毕瑟姆进一步予以发展。

马克斯·韦伯关于官僚制的阐述主要体现在其作品《社会组织与经济组织理论》和《新政治秩序下的德国议会与政府》中,他构建的官僚制权威理论模型至今无人超越。韦伯在吸收、借鉴前人相关论述的基础上,提出了自己对官僚制的见解。韦伯认为,官僚组织是非人格化的组织,是理性化、组织化的典型体现。[1] 韦伯着眼于官僚队伍的等级制、专业化和理性化等结构要素,提出了近代官僚制度特有的功能模式。[2] 他认为"理性"是推动社会进步的重要力量,近代理性资本主义不仅需要生产的技术手段,而且需要可靠的法律制度以及按照规章办事的行政机关。[3] 因此,"理性"官僚制成为他心目中理想且纯粹的官僚制类型,法理权威型结构则是其官僚制理论的核心。韦伯对"理性"的强调也使官僚制具有了现代性意涵。需要注意的是,韦伯提出的"理性"官僚制模型并不是孤立的社会现象,它与宗教、文化以及政治观念密切相关。韦伯也非常关注官僚的权力问题,因为官僚权力的增长伴随着整个官僚化进程,所以他对如何抑制官僚积聚权力、限制官僚权威及其权力范围也作了大量思考。正是因为韦伯宽阔的视野和深刻的思考,其官僚制理论在世界各国都产生了深刻的影响。

拉梅什·阿罗拉是印度政治学和公共行政学家,他比较关注研究官僚制的方法和理论构建框架。阿罗拉从比较的视野研究官僚制,他认为现代社会中官僚与目标设定及目标实现过程之间联系非常紧密,这就使得官僚与其他政治制度之间也产生了密切关系。基于此,阿罗拉认为"功能性"研究方法关注行政后果,相比于韦伯的"结构性"方法,它更适合用来研究官僚制。[4] 阿罗拉对韦伯和弗雷德·W.里格斯的官僚制理论进行反思后,指出韦伯的官僚制模型是静态的,因而不能解释行政系统随环境改变而发生的变动。所以阿罗拉强调要注重行政系统与外部环境的相互作用以及由此引发的社会和行政变革,即要考察刺激官僚制发展的社会文化、经济因素,研究在传统和魅力两种权力背景下行政人员的类型,分析不同环境对行政结构产生的影响。

英国学者戴维·毕瑟姆是研究官僚制问题的著名专家,《官僚制》一书是其观点的集中呈现。毕瑟姆指出,"官僚制具有处理大规模工业社会复杂的行

---

[1] 马克斯·韦伯:《支配社会学》,康乐、简惠美译,广西师范大学出版社2010年版,第20页。
[2] 同上书,第21—23页。
[3] 马克斯·韦伯:《新教伦理与资本主义精神》,李修建、张云江译,中国社会科学出版社2009年版,第11页。
[4] 谭融:《西方国家官僚制比较研究》,中国社会科学出版社2013年版,第56页。

政管理任务的独特能力",所以官僚制的存在非常必要,但它又问题百出①,也正是这一悖论的存在使深入研究官僚制显得非常重要。毕瑟姆企图从不同角度来定义官僚制,从而对其形成系统性认识,最终构建起完备的官僚制理论。针对官僚制概念的混乱,毕瑟姆从研究对象和方法的选择入手,分析研究官僚制的不同视角并对各种研究路径进行梳理。他指出,"我们需要一种一般的官僚制概念,也需要一种官僚制的类型学。我们既要探讨一般的官僚制,又需要研究特定的官僚制类型",只有这样才能系统理解官僚制实际上是如何运作的。② 毕瑟姆用比较研究法对各国的官僚制进行了对比分析,他主张把官僚制放在宽泛的历史背景下和社会政治过程中去考察,从而理解官僚制的权力问题。毕瑟姆和阿罗拉一样,都是在反思、弥补韦伯等人的官僚制理论基础上提出自己的主张。

第三节　公民与官员的关系

官员与公民都是政治生活中的主体。官员通常代表着国家公权力,公民则更多地活跃在私人领域,行使个人权利。权力和权利在理论层面的契约关系,投射于现实政治便转化为官员和民众的互动。因此,讨论公民与官员问题不能仅仅停留在对现实政治的观察和思考层面,更重要的是须有助于理解各政治主体之间的关联及其背后隐含的重要政治概念。公民与官员之间的关系是政治关系中的一种,而且在不同时间和空间里,两者的关系也有所不同。

一、官员与公民的逻辑关系

第一,官员与公民都是政治人。亚里士多德认为,人天生就是政治动物③;马克思也指出,"人是最名副其实的政治动物"④。这表明,无论是公民还是官员,都是政治人,即参与政治生活,在政治活动中扮演一定角色,并且能够影响

---

① 戴维·毕瑟姆:《官僚制》,韩志明、张毅译,吉林人民出版社2005年版,导言,第1页。
② 同上书,第40、44页。
③ 亚里士多德:《政治学》,吴寿彭译,商务印书馆2023年版,第7页。
④ 《马克思恩格斯文集》第8卷,人民出版社2009年版,第6页。

政治过程。不过,官员和公民参与政治的方式不同。官员的主要职责之一就是对社会进行管理,他们身处政治权力中心,经常、直接参与政治活动;而公民只能通过特定的渠道进行直接或间接参与。由于两者参与政治的方式和途径不同,两者对政治过程的影响也不一样。官员由于工作能够参与到整个政治过程之中,如就某项政策而言,官员能亲身参与该政策的决策、制定、修改完善、执行、反馈等全过程,形成一个完整的闭环,所以官员的意见能够直接作用于该政策。而公民一般都是参与政策的某个阶段,比如政策制定前的听证会或政策落实后提出改进意见等,公民并不直接参与政策的制定,虽然政策体现着民意,但相比于官员,公民对政治过程的影响还是比较有限的。

第二,官员与公民具有从属关系。从官员的产生来看,官员来源于公民,官员也是公民中的一员,即公民包含官员,官员只是公民中的一小部分人。官员与公民之间的从属关系意味着官员除具有一般的公民权利和义务外,还有因自己的职权而产生的权利和义务。官员作为一种职业,一经任用就享有相关法律赋予他们的权利,同时法律也规定了其必须履行的义务。法律对官员的权利和义务作出明确规定,旨在保护官员的切身利益、保障公务员队伍的稳定和廉洁奉公,同时也有助于保证政府的行政效率。

官员所具有的这两种性质的权利和义务有很大不同:(1)在性质上,公民的权利和义务是因公民资格而被法律赋予的,只要是该国遵纪守法的公民,就终身具有公民权利和义务;但官员的权利和义务只是源于其职业身份,随着这一身份的丧失也就不再具有这些权利和义务,所以只是阶段性的。(2)在内容上,有些权利公民能够享有,但官员却不一定有,有些权利官员具有,但普通公民不能享有。比如,示威游行权只有公民可以行使,官员由于其政治约束则不享有此项权利;再比如,官员有培训进修、退休后享受福利保障等权利,普通公民则没有资格享有。(3)公民的权利和义务由一国的宪法和法律规定,由国家司法机关保障;而官员的权利和义务由一般的公务员法等行政法规规定,由一般的行政监察机构给予保障。(4)官员享有的特定权利包括职业保障、培训进修、合理的工资报酬等;官员必须履行的特定义务包括遵守职业道德、服从命令、保守国家机密、廉洁奉公等。

二、官员与公民的互动关系

官员和公民的互动是政治活力的重要体现。在实际政治中,各国公民和官员之间的互动关系千差万别,不仅类型不同,在程度上也存在差异。在各种类型的官民互动关系中,差别最大的莫过于传统封建国家和现代民主国家之间的对比。

第一,传统封建社会中官民互动呈单向性。在传统封建国家,官员作为统治阶层的代表和工具,在君主的庇佑下行使诸多重要的政治权力。统治阶层认为民众愚昧无知,因而只能受官员的支配、教化甚至奴役;民众则无法影响官员。因此,民众和官员的互动是单向的。同时,封建官僚集团具有很强的封闭性,官员职位也是非竞争性的,所以官员和民众之间几乎没有流动。除贵族之外,普通民众想要入朝为官难度极大。封建统治的合法性来自"君权神授"学说,它将人民排除在政治之外,为了保护统治根基不受动摇,国家绝对不允许存在对抗统治阶级的社会力量。基于此,官员不仅阻断了民意反馈路径,通过自上而下的政治宣传对社会舆论进行完全控制,而且还运用军队、刑罚等国家暴力机器对民众进行控制和镇压。官员作为统治阶级直接占有并分配社会资源,因而民众对官员具有高度依附性,而且在高压统治环境中,民众逐渐形成了顺从的人格。传统国家权力自上而下进行控制,加之官员的自我封闭使其逐渐疏远民众,增加隔阂,当两者的矛盾得不到解决时就会造成官员与民众的紧张对立,进而引发政治革命。

第二,现代民主国家中官民互动呈双向性。在现代民主国家,国家政权的合法性来自人民赋权,因而在制度设计、法律制定等方面无不体现人民意志。这表明,在民主国家中官员与民众之间是相互依赖的。官员制定政策必须与大众的利益诉求一致,才能获得民众的支持和信赖;同时民众也依赖官员,希望他们吸纳民众意见,并将其体现在国家法律、政策之中。因此,民主国家中能够形成良好的官民双向互动格局。这种互动主要体现在两方面:一是官员和民众互动方式的多元化,二是民众的政治参与意识提高。民主国家官员的产生要么通过选举,要么通过公开的竞争性考试,因而官员职位是向所有人开放的,不存在特权垄断。官员职位的开放性和竞争性带来官员与民众之间的频繁流动和身份转换,打破了传统国家单向互动的局面。在民主国家,公民可以通过投票、选举、听证会等多种渠道反映意见,同时大众传播媒介的发展让官员与公民之间的沟通更加便捷、高效。此外,现代公民的政治意识较强,并且法律保障公民行使其各种权利,加之多元、畅通的政治参与渠道,这些因素都极大地激发了民众的政治参与热情,从而有效地促进了官员与公民关系的良性发展。

三、构建新型官民关系

现代社会,官员与公民之间的良性互动是维持社会稳定、推动社会和谐发展的重要因素,民主政治的完善和深化也需要健康、良性的官民关系。然而,在现实政治活动中,多种因素导致官员与公民之间的紧张、对立甚至冲突,这给民主国家的政权合法性带来了很大伤害。时代在变,官员与公民之间的关系也应顺应时代要求作出相应调整,因而构建新型官民关系是我们不得不思考的时代课题。

构建新型官民关系具有重要意义。经济转型带来的政府职能转变让官员与公民之间的关系变得更加直接、敏感,互联网和自媒体的繁荣让一些热点事件迅速发酵,进而损害政府权威。民主政治的发展让公民对官员的评价标准进一步提高;同时,公民空前高涨的政治参与热情和多元化的利益诉求,也向政府提出了新挑战。由此可见,处理官员与民众之间的关系比以往任何时候都困难,而解决这些难题的关键就是打造一种新型的官民关系格局。更重要的是,构建新型官民关系,对促进社会和谐、建立服务型政府、发展政治文明、推进行政管理体制改革都具有十分重要的意义。

官员与公民之间的矛盾主要来源于双方信任的缺失。政府信息不透明、官员腐败、官员不能及时回应民众诉求、官员缺乏服务意识等,都会让民众对政府和官员的信任度大打折扣;对于官员而言,部分人总是认为民众是一群"乌合之众",缺乏专业知识,没有政治智慧和远见,也没有能力去处理相关事务,因而需要政府去管理。正是双方的这种不信任导致官员与民众之间的关系变得紧张、脆弱。所以,构建新型官民关系的关键就在于在官员与公民之间建立信任。具体措施包括:(1)加强法治建设,规范官员行为;(2)畅通沟通渠道,使信息公开透明;(3)加强廉政建设,治理官员腐败;(4)运用网络技术,提高官员办事效率;(5)加强思想教育,提高官员公共服务意识;(6)加强公民教育,提高公民政治参与能力等。

  总而言之,现代民主政治的建立和发展离不开公民与官员这两种政治角色。公民意识的觉醒是民主制度建立的直接动力,公民文化的培育进一步推动了民主政治的发展,高素质、专业化的官员队伍则有效保障了民主制度的平稳运行。尽管在长期的政治实践过程中,人类已经总结并形成了各种各样的政治智慧,然而,日新月异的世界、纷繁复杂的现实,都在不断刷新人类的认知边界,同样也在促动政治理论持续更新。因此,本章有关公民与官员内容的思考和总结仅是现阶段人类政治认知的呈现,也将是未来人们思考相关问题的基石。

思考题

1. 如何理解公民与国家的关系?两者的关系过近或过远会产生怎样的后果?
2. 古代封建制度下的官员与现代民主制度下的官员有何异同?
3. 简述马克斯·韦伯官僚制理论的核心观点并简要评价。
4. 构建良好的官民关系有何意义?如何去构建?

参考文献

陈雄:《国家权力与公民权利的规范理论》,法律出版社2012年版。
郭忠华:《公民身份的核心问题》,中央编译出版社2016年版。
庞金友:《政治学理论前沿十八讲》,中国社会科学出版社2019年版。
俞可平主编:《政治学教程》,高等教育出版社2010年版。
朱光磊编著:《政治学概要》,高等教育出版社2016年版。

第六章　国家建构

国家建构(state-building)是现代政治学的一个重要概念,也是二战后人文社会科学领域中一个前沿性的跨学科研究议题。无论是发达国家,还是广大发展中国家,都面临着国家建构的各种问题,承担着持续推进国家建构的重要任务。何为国家建构,为什么要致力于国家建构,哪些力量推动了国家建构,这是本章要阐释的三个问题。

第一节　国家建构的概念

国家建构概念是国家建构理论的一个重要组成部分,也是认识国家建构理论的前提和基础。整体而言,国家建构是一个内容丰富、维度多元、动态发展且与政治实践高度关联的复合概念。不同的学者赋予国家建构概念不同内涵。因此,"不可能从一个统一的视角来审视国家建构,也不可能将国家建构划归一个专门学科"[①]。

一、以政治共同体意识为核心的国家建构概念

国家建构概念以特定的国家概念为基础。以政治共同体意识为核心的国家建构概念从共同体的视角理解国家,将国家视为由自由平等的公民基于共同的需要联合起来组成的政治共同体。国家建构本质上是塑造政治共同体意识、维护国家政治团结、增强政治内聚力、降低政治共同体解体风险的政治行为和政治过程。从历史的视角看,"现代化不仅是由传统农业社会向现代工业

---

① Zoe Scott, "Literature Review on State-Building", Governance and Social Development Resource Centre, University of Birmingham, May 2007.

社会的转变过程,而且是由一个分散、互不联系的且以族群为基础的地方性社会走向一个整体、相互联系并以国族为基础的现代国家的过程"①。政治共同体意识的塑造是国家建构的核心。国家建构应集中研究的问题是:"为什么一些国家通常沿着族群断层线而分崩离析,而另一些国家虽然拥有多样化的人口,但几十年乃至几个世纪都仍然在一起?"②

国家有着其他共同体具有的共同属性。生活在同一个国家的国民享有共同的集体记忆,有义务对国家保持忠诚。因此,国家建构的重点是对臣民这样的社会身份进行改造,将传统国家的臣民塑造为现代国家的公民。国家凭借公民基于共同体意识所形成的精神纽带联系起来。然而,国家有着不同于其他共同体的一些特性。国家这一共同体不是建立在血缘、民族、种族等基础之上,它超越了血缘、民族、种族等因素,以地域为基础,实现了对超大规模地理空间的政治整合,扩大了群体合作的规模。国家是在固定领土空间范围内运用强制性政治权力和非强制性政治象征权力所构造和维系的一个政治共同体。缔造国民的政治共同体意识是国家建构的核心内容。培养国民对国家的认同感是国家建构的中心任务。国家建构的重点是将"一盘散沙"的社会组织起来,整合成具有共同意识的政治共同体。

政治共同体意识是将国家不同构成要素整合到一起的精神纽带和精神力量,既包括国民意识和国家意识,也包括国族意识。政治共同体意识是人们长期生活在一起自然演化的结果,也是国家政治权威动用各种资源建构的产物。"在简单的社会里,没有政治,或至少没有高度分化的政治机构,共同体也照样可以存在。然而,在复杂的社会里,只有政治行为才能造就共同体,也只有政治机构才能维系它。"③

政治权威有内在动力建构公民的政治共同体意识,这主要是因为政治共同体意识是国家整合的精神力量,可以提升国家的内聚力,降低国家分裂的风险;政治共同体意识是推动国家发展的精神力量,为国家发展提供精神动力;政治共同体意识是国家韧性的一个重要来源,能将社会成员团结起来应对国

---

① 参见徐勇:《"回归国家"与现代国家的构建》,《东南学术》2006 年第 4 期。
② 安德烈亚斯·威默:《国家建构:聚合与崩溃》,叶江译,上海人民出版社 2019 年版,第 1 页。
③ Samuel P. Huntington, *Political Order in Changing Societies*, Yale University Press, 2006, p. 11.

家可能面临的各种危机和挑战。

政治共同体意识是国家力量的一个重要源泉。"在同质人口中,普通百姓更可能认同他们的统治者,交流可以更有效率地进行,在局部地区行之有效的管理革新也可能在其他地方行之有效。"①公民对国家的认同超越了民族认同、地域认同以及超国家认同。在政治共同体意识建构过程中,国家是主导性的推动力量。这是因为,国家是权力资源的集中化组织,这种组织"促成了一种普遍化的意识"②。在政治共同体意识建构过程中,国家有责任缔造体系化的国家象征体系,建立健全国民教育体系,发展传播信息以引导政治社会化的大众传媒,促进交通、通信等基础设施的建设,推动国族建构,培养国民。然而,国家的超大规模、异质的社会、多样的族群、发展的不平衡,以及全球化过程中的外部因素等,都可能给政治共同体意识的建构带来挑战。

二、以国家能力为核心的国家建构概念

以国家能力为核心的国家建构概念将国家理解为实现特定目标的政治组织。为了实现特定目标,履行国家的各种职能,国家必须以强大的国家能力为支撑。

以国家能力为核心的国家建构概念将国家能力的提升视为国家建构的中心,强调国家能力建设在国家建构中处于中心位置,认为国家建构的过程实质上是国家不断提升国家能力、实现有效治理的过程。通过持续不断的努力,使国家有能力"保卫其边界,治理其公民,从公民那里汲取资源"③。

国家能力是国家将自己的意志、目标转化成现实的能力,主要是指国家在领土范围内实施控制和执行公共政策的能力。国家能力有不同维度,也有不同类型。一些学者认为国家能力主要包括汲取能力、调控能力、合法化能力、强制能力。一些学者把国家能力分解为政治能力、政策能力和行政能力三部分,提出可以从国家活动的范围和国家权力的强度两个维度来综合考量一国的国家能力。一些学者将国家能力分成三类:基本服务(主要是公共教育)的

---

① Charles Tilly, *Coercion, Capital and European States: AD 990-1990*, Basil Blackwell, 1990, p. 107.
② Anthony Giddens, *The Nation-state and Violence*, Polity Press, 1985, p. 198.
③ Mark Bevir, ed., *Encyclopedia of Governance*, Sage, 2007, p. 923.

管理、人力资源的动员,以及税收的汲取。还有一些学者认为国家能力主要包括:强制能力,即对外保卫政权和领土完整、对内维护社会秩序的能力;汲取能力,即政府从社会汲取一定财政资源的能力;濡化能力,即强化国家认同及培养核心价值观的能力;监管能力,即制止工业化、市场化、城市化所可能给市场竞争和社会带来的危害的能力;统领能力,即政府对自身的机构和工作人员行为的约束能力;再分配能力,即国家在不同社会集团间对稀缺资源进行权威性分配,从而保障社会中所有人的经济安全和缩小社会不平等的能力;吸纳能力,即政府对社会不同意见和利益诉求的吸收能力;整合能力,即政府通过制度建设使不同社会集团表达出来的各种政策偏好得以整合的能力。①

国家建构的过程,实质上是提升国家能力的过程,具体来说,就是创造、强化或者恢复国家能力的过程。国家能力是国家治理的重要基础,是国家履行其义务和实现国家职能的重要条件。国家能力建设是世界各国政治发展普遍面临的问题。从实践层面看,正是脆弱国家或失败国家的经历导致人们对国家能力的重要性的再认识。对于大多数国家而言,国家建构一是要提升国家能力,走出弱国家无能力提供充足公共产品和公共服务的陷阱;二是要破解国家能力发展的非均衡性问题,即国家在某些领域能力要弱化,而在其他领域则要强化;三是要加强对国家行为的规范、约束、控制,走出国家主义的陷阱,使国家权力造福于民,成为构建文明秩序的建设性力量。

三、以国家自主性为核心的国家建构概念

以国家自主性为核心的国家建构概念,将国家理解为社会众多行动者中的一个重要行动者。国家有其独立的偏好、意志和实现其目标的能力。虽然国家的偏好、意志和政策会受到社会环境和社会不同力量的影响,同时国家的偏好、意志和政策的最终目的是服务社会,但基于历史和现实的考量,国家建构所要实现的首要目标是国家必须具有独立于社会的意志和偏好而行动的可能性,即国家自主性。

从具体内涵和内容角度看,国家自主性既包括国家权力的独立性,即国家

---

① 参见王绍光《中国国家能力报告》等相关研究成果。

权力要独立于社会偏好而行动,要有塑造社会的意志和能力;也包括国家权力的公共性,即国家权力属于人民,要代表最广大人民的根本利益,与人民休戚与共、生死相依,没有任何自己特殊的利益,不代表任何利益集团、任何权势团体、任何特权阶层的利益;还包括国家权力的中立性,即国家权力要平等对待其治理下的所有成员,公平公正分配公共资源,权力行使遵循公共利益最大化原则。国家自主性并不是对国家的回应性的否定,而是对国家的回应性提出更高要求,即平等对待并回应不同社会群体的利益诉求。

以国家自主性为核心的国家建构概念的提出,有着深厚的历史基础和现实背景。作为社会领域的一个重要行动者,国家的权力来源于社会,服务于社会。然而,社会不是一元的,而是多元的,是由多种力量和多种要素构成的。多元的社会力量所掌握的资源是不均衡的,因而影响国家决策的能力也是不同的。这就意味着,在国家制定公共政策和分配公共资源的过程中,一些强势集团具有强大的能力影响国家公共政策的制定,使得国家公共资源的分配为集团利益服务;与之相对,一些社会弱势群体没有充足的资源和畅通的渠道影响国家公共政策的制定和公共资源分配,在国家公共政策制定和公共资源分配中意愿得不到表达、利益和权利得不到有效保护。在现实政治生活中,由于官员容易被一些特殊集团俘获,他们制定的政策旨在满足一些群体的特殊利益要求。这显然违背了公共利益的原则,国家失去应有的公平性和公正性,国家权力异化成服务少数强势集团利益的工具。

在社会资源分配不均衡的条件下,强势集团有更多资源、渠道和空间影响国家公共政策的制定和公共资源的分配。这种影响主要有三种形式:一是社会强势集团可以动用手中的资源,影响国家公共政策的制定和公共资源的分配,使国家公共政策的制定和公共资源的分配向集团倾斜;二是社会强势集团也可以动用手中的资源,让那些对自身不利的政策议题无法进入政策议程,使得国家无法制定与集团利益相悖的公共政策;三是社会强势集团可以动用手中的资源,借用意识形态的力量,使国家偏袒自己的行为合法化,使不利于集团利益的政策议程隐匿化。

应该看到,国家是不同于同一领土范围内运行的其他组织的,它是自主的,是权力集中的,其内部不同部分因分工而彼此合作。从经验上看,除了极端独裁的国家之外,没有国家是完全自主的。以国家自主性为核心的国家建构概念要超越社会中心论对国家的定位和认识,强调国家建构的核心目标是提升国家自主性,即国家独立于社会偏好而行动。社会要影响国家,国家更要塑造社会。国家在公共政策制定和公共资源分配的过程中,必须有自己独立的意志、态度和政策选择,基于社会整体的、长远的、共同的利益而行动,国家权力不应被少数强势集团所俘获。需要强调的是,虽然国家自主性与国家能力是相关的,但具有强大国家能力的国家并不一定具有自主性。国家自主性关注的是国家按照自己偏好行动的频率。

四、以国家权威为核心的国家建构概念

以国家权威为中心的国家建构概念,强调权威及合法性问题是现代国家建构的中心问题。国家建构的过程实质上是国家权威建构的过程,也就是法理型权威取代传统型权威和魅力型权威的过程,亦是国家进入有限国家性地区的过程。

以国家权威为核心的国家建构概念,将国家定义为既定领土范围内合法垄断并公开使用的组织化暴力,国家是集中化、组织化、垄断化的暴力机器,是一套权威的、合法的并发挥有效作用的制度体系,认为"政府的功能就是进行统治。一个缺乏权威的弱政府是不能履行其职能的,同时它还是一个不道德的政府"[①]。

以国家权威为核心的国家建构概念也有着深厚的历史和现实基础。一方面,国家权威在国家发展中发挥了十分重要的作用,凡是得到有效发展的国家,都不同程度地享有权威;另一方面,国家权威真空或国家权威不足是一些国家政治发展面临的一个棘手问题。实际上,国家一直都面临着两方面的挑战。国外的力量和国内的力量与国家在垄断权威的行使权方面展开了激烈的竞争。在国家领土范围内,不同地区的国家性(statehood)发展并不均衡。在国家性发展不足的地区,一些非国家的力量,诸如传统势力、黑恶势力、国际组织等,挤占了本应由国家发挥作用的空间,提供了本应由国家提供的公共产品

---

① Samuel P. Huntington, *Political Order in Changing Societies*, Yale University Press, 2006, p. 28.

和公共服务,同时也汲取了本应由国家汲取的资源。国家建构的过程,实质上是国家权威向国家性不足地区拓展的过程,是国家收回被其他行动者挤占的治理空间的过程。正是在这一意义上说,国家建构是国家中央权威向有限国家性空间拓展的行为。

国家是一个主权实体,"主权不仅意味着治理权威在国家领土范围内是至高无上的,而且意味着它独立于任何外部权威"①。国家是社会的一部分,在社会之中,与此同时,国家又在社会之上。国家权威创造了普遍化、持续化的政治秩序。与之相对,国家权威不足是社会政治动荡的根本原因。国家权威是国家整合不可或缺的力量,可将不同地区、不同要素、不同组织有效地整合起来,抵制地方主义、分裂主义等力量,降低国家分裂的风险。国家权威还是推动国家经济发展的重要力量。从国际政治角度看,国家权威还是一个国家有效履行国际义务的政治条件。

国家权威的建构,要改变国家权力分散化和碎片化的状态,实现国家权力的适度集中,由分散走向集中;要理顺中央和地方政府之间的关系,合理配置不同层级政府之间的权力,保持中央政府对地方政府的控制力;要提高中央政府的财政汲取能力、再分配能力。从国家与社会之间的关系角度看,国家建构体现在国家权威向社会延伸和渗透,国家权威对传统的分散落后的乡村社会和资源集中的城市社会进行改造和整合。国家权威要获得社会的支持与认可,需要为社会提供充足的、价廉物美的、便捷的公共产品和公共服务。

整体来说,可以将国家建构定义为国家通过强化国家权威、向社会延伸国家权力、完善国家治理机制、发展国家治理技术、提升国家内聚力、增强国家治理能力等途径,提升国家治理的合法性和有效性,以追求实现善治的动态政治过程。

由此可以看出:第一,国家是国家建构的实施主体;第二,实现善治是国家建构的主要目标;第三,强化国家权威、向社会延伸国家权力、完善国家治理机制、发展国家治理技术、提升国家内聚力、增强国家治理能力等是国家建构的

---

① Brian R. Nelson, *The Making of the Modern State: A Theoretical Evolution*, Palgrave Macmillan, 2006, p. 7.

主要内容。国家建构(state-building)与国族建构(nation-building)之间既相互联系,也相互区别。国家建构比国族建构有更丰富的内容。国族建构是国家建构的一个极为重要的组成部分,旨在强化国家整合,提升国家内聚力。国家是由领土、人口、政权、主权构成的政治实体。国家建构既包括领土空间的固定化、人口的国民化、国家政权机构的完善化,也包括国家主权的排他化占有。国族建构主要涉及国家建构的人口要素。从国民与国民之间的关系角度看,国族建构的主要任务是将差异化的人民塑造成同质的国民,将国家由一个多民族构成的松散实体形塑成由同一个国族构成的具有内聚力的共同体;从国民与国家之间的关系角度看,国族建构的主要任务是塑造国民对国家的认知和认同,将国民对地方共同体的认同转变成对国家政治共同体的认同;从国家与国家之间的关系角度看,国族建构的主要任务是在国家之间的比较中增强本国国民的国家意识和对国家的支持。

第二节　国家建构的价值

国家建构理论不仅要阐释国家建构是什么,即国家建构的概念,而且要解释为什么要进行国家建构,即国家建构的价值。

一、国家建构与政治发展

国家建构是推动政治发展的重要手段,也是政治发展的重要内容,甚至被视为一个国家政治发展的重要前提。国家建构旨在创造"更大程度的领土整合,在既定领土单元内建立文化的同质性,更高水平的税收,不断提高的军费开支和更强的军事实力,更为规范的制度和行政管理"[①]。

国族建构是国家建构的一项重要内容,国族建构的根本目的是提升国民的政治共同体意识,实现异质国民的同质化,提升国民的国家认同感、自豪感和忠诚感。国家的政治发展必须以国家这一政治共同体的存续为前提条件。

[①] James B. Collins, "State Building in Early-Modern Europe: The Case of France", *Modern Asian Studies*, Vol. 31, No. 3, 1997, p. 603.

维护国家这一政治共同体的存续是国家建构的一项重要内容。正是在这一意义上说，国家建构为国家政治发展提供了可能性和现实性。国家建构不仅包括政治共同体意识的建构，而且内含国家能力的提升。国家能力的提升也是国家政治发展的重要内容。国家建构的一项重要任务是国家权威的构建。国家权威的构建也是国家政治发展的重要内容，关涉中央对地方、国家对社会的控制力、动员力和政策贯彻力的发展，将国家机构及其权力延伸到国家主权范围的地域。从国家与社会关系角度看，国家建构要提升国家自主性，而国家自主性的提升也是政治发展的重要内容。除此之外，国家建构还包括国家政权建设、国家基本制度的完善等，这些都是政治发展的应有之义。

从国家建构与政治发展之间的关系角度看，国家建构之所以是重要的、有价值的，主要是因为国家建构为国家政治发展提供了前提条件，国家建构推动了国家的政治发展，国家建构所要实现的诸多目标也是国家政治发展的目标。通过国家建构能应对政治发展中的问题，化解国家政治发展中的认同危机、合法性危机、整合危机、渗透危机、贯彻危机、分配危机。

二、国家建构与善治

国家建构是善治的重要基础。国家建构所推动的善政为善治的实现提供了可能性和现实性。

"善治就是使公共利益最大化的社会管理过程。"[①]国内安全是善治的内在要求，也是衡量善治的一项重要标准。人类社会发展的"首要问题不是自由，而是建立一种合法的公共秩序。人类或许可以无自由而有秩序，但不能无秩序而有自由"[②]。人类社会对普遍化的、持续化的秩序有着内在追求。有了秩序和安全，才会有人类的文明生活。然而，人类社会的秩序并不是自发形成的，总是存在破坏秩序的力量。强有力的国家是人类社会秩序普遍化和持续化的一个重要条件。国家运用意识形态、强制性权力、法律等建构秩序，国家强制机关常常使用或者威胁使用武力以达到令人服从的目的。然而，并不是

---

① 参见俞可平：《治理和善治分析的比较优势》，《中国行政管理》2001年第9期。
② Samuel P. Huntington, *Political Order in Changing Societies*, Yale University Press, 2006, pp. 7-8.

所有国家都能承担起维护社会秩序的责任。在失败国家或脆弱国家,由于国家能力羸弱,国家缺乏维护社会秩序的能力,不能提供维护社会秩序的法律,没有足够的财力来发展强制性力量和意识形态的说服力量。人民不再相信他们的政府是合法的。对这些失败国家或脆弱国家而言,国家建构的重要价值在于它使这些国家有机会从无序走向有序。

善治需要充足的物质保障,一个善治的社会一定是一个丰裕的社会。国家建构带来和平,也促进经济发展,为人民安居乐业提供充足的物质条件。在现代社会,国家是经济增长最为重要的推动力量,在国家建构与经济增长之间存在密不可分的关系。国家建构促进了国家制度的发展,"提供支持市场的公共服务,制定法律,保护私有产权,为经济繁荣打下了基础"①。然而,并不是所有的国家都有能力推动经济增长,都能动用手中的政策工具促进经济发展。"失败国家创造了一个让自己深陷其中的腐败环境,与经济增长率呈现负相关,在那里,诚实的经济行为不可能发展蔓延。"②国家建构的一个重要价值在于它提升了国家能力,包括推动经济发展的能力,缔造了一个高效廉洁的有为政府,为"有效市场"和"有为政府"有机结合提供了政治保障。

发达的社会保障体系是善治的重要内容,也是衡量善治的一个重要标准。在现代国家,公民身份蕴含国家采用再分配政策的义务。国家是提供社会保障体系的主要力量,国家应为其公民提供基本的福利服务。国家建构提升增进大众福利的能力,国家通过向治理对象提供公共物品换取政治忠诚与合作,这些公共物品包括道路、学校、医疗服务、清洁用水、防止专横暴力等。

三、国家建构与国际秩序

从国际政治层面看,国家建构是国际社会安全风险管理的重要机制。国家建构的一个重要价值在于它为世界和平的形成与发展创造条件。通过国家建构,尤其是失败国家或脆弱国家的国家建构,可以在一定程度上解决恐怖主义、跨国犯罪、难民危机等问题。

---

① Avidit Acharya and Alexander Lee, "Path Dependence in European Development: Medieval Politics, Conflict, and State Building", *Comparative Political Studies*, Vol. 52, No. 13-14, 2019, p. 2175.

② Mark Bevir, ed., *Encyclopedia of Governance*, Sage, 2007, p. 307.

失败国家或脆弱国家是世界和平和国际秩序建构的重要威胁力量。所谓失败国家或脆弱国家，就是不能有效履行国内外义务和承担国家职能的国家，这样的国家无法为它的人民提供人身安全保障、促进经济发展的优良环境和稳定的政治制度。失败国家或脆弱国家的国家能力弱，丧失了对自己领土的控制能力，无力实施有效治理，政治失序，经济衰败，社会动荡，人民基本生活得不到保障。

从人类社会发展史角度看，国家是人类解决社会公共问题的一个伟大发明，是人类社会之中最有力量的组织形态。大量案例说明，国家是创造人类文明秩序的建设力量，但也可能是人类文明秩序的重要威胁。失败国家或脆弱国家是世界和平的巨大威胁。由于国家能力孱弱，失败国家内部暴力冲突不断升级，扩展到周边国家或更广地区。也由于国家能力孱弱，失败国家内部侵犯人权的事情时有发生。失败国家或者脆弱国家往往为恐怖主义的滋生蔓延提供了温床，亦是毒品的生产地。由于长期冲突战乱，失败国家或脆弱国家还是大量难民的输出国。

有效的国家建构不仅维护了国内秩序，而且对于世界和平具有重要价值。国家建构的一个重要功能在于，将失败国家或脆弱国家从无政府或弱政府状态中解放出来，通过提升国家能力、完善国家制度、健全国家治理技术等，使这些国家得以摆脱无法履行其基本职能的困境。这些基本职能包括保障内外安全、汲取和分配资源、提供社会服务。

第三节　国家建构的动力

国家建构理论不仅要阐释国家建构是什么，为什么要进行国家建构，即国家建构的概念和国家建构的价值，也要分析哪些力量引领和驱动了国家建构，即国家建构的动力。

一、政党驱动型

政党是现代政治的产物和现代政治的一个重要特征，也是实现国家现代转型的组织力量。众所周知，政党是代表一定阶级、阶层或社会集团的根本利益,由这些阶级、阶层或者集体中政治上最积极的分子组成,具有特定的政治纲领和政策主张,按照特定规则采取共同的行动,为获取、参与和维护政权而开展活动的有组织有纪律的政治组织。在现代政治中,政党在组织选举、控制政府、担任公职、制定政策、监督政府、利益表达、利益综合、政治录用和政治社会化、政治沟通等方面,扮演了重要角色。由于政党存在的主要目标是获取、参与和维护国家政权,政党的主要活动就是为了获取、参与和维护国家政权而开展的活动,政党成为公权力的行使主体,所以政党与国家建构之间存在密不可分的关系。

政党为国家建构提供理想蓝图。国家建构需要顶层设计,需要通过顶层设计来确定国家发展的目标、方向和蓝图。政党是国家建构理想蓝图的设计者。在设计国家建构理想蓝图的过程中,政党要客观分析国家发展的现状,认清国家发展存在的问题,借鉴不同国家发展所积累的经验,研究国家发展的规律,确定国家建构的目标、方向和蓝图。

政党为国家建构提供行动方案。在现代政治中,"不是政党反映国家意志,而是政党缔造国家,国家成为党的工具"[①]。在国家建构的过程中,政党的作用不仅在于为国家建构设计理想蓝图,还在于它要为国家建构提供切实可行的行动方案,将国家建构的理想转变成国家建构的现实。在国家建构过程中,政党要基于国家建构的理想蓝图,规划国家发展的中长期目标,分阶段、分步骤、分领域地实现国家发展的不同目标。在制订国家建构行动方案的过程中,政党要细化国家建构的目标,确定国家建构的指导思想、基本原则、基本步骤,制定与国家建构相关的政策,合理配置公共资源,保障国家建构的方案得到落实。

政党为国家建构培养政治精英。在国家建构过程中,政治精英起到了关键作用。政党在精英录用和塑造上承担重要功能,推动国家建构方案的贯彻落实。在国家建构中,政党的一个重要作用是为国家建构培养政治精英。一方面,政党通过形象塑造、广泛的政治动员、政党纲领和政党政策主张的宣传等手段,将社会中的优秀分子吸纳入政党组织;另一方面,政党在自身的活动

---

① Samuel P. Huntington, *Political Order in Changing Societies*, Yale University Press, 2006, p. 91.

中让这些优秀分子得到了锻炼。

政党为国家建构集聚社会力量。在国家建构中,政党作为联系国家与社会的一种沟通桥梁,起着为国家建构集聚社会力量的作用。一方面,政党具有体系化的组织网络和组织资源,依赖这些体系化的组织网络和组织资源,在国家与社会之间建立起制度化的联系,将国家建构的理想蓝图和行动方案传播到社会空间,组织动员社会力量支持和参与国家建构;另一方面,政党还能根据社会环境的变化和不同社会群体的要求,在广泛吸纳不同社会群体意见的基础上,调整和优化国家建构的理想蓝图和行动方案,提升国家建构方案的共识度。

二、工业化驱动型

工业化驱动模型主要从经济发展变迁的角度解释国家建构,认为工业化推动了现代国家的构建。工业化需要并孕育了现代国家。工业化指一个国家或地区的国民经济中,工业生产活动取得主导地位的发展过程。现代国家是工业文明在政治上的对应物。

工业化是催生现代国家的主要推动力量,"商业团体喜欢更为标准化的度量和货币制度,更大程度地减轻封建义务,更清晰地界定财产权,以及成文法典。由于王室的利益在于财政收入最大化,因此上述标准化、经济的货币化,以及王权的法制化(通过引进罗马法),无论对国王,还是对城市阶层都是值得欢迎的事情"[1]。

现代国家是工业化发展的内在要求,也是工业化发展的必然结果。工业化要得到发展,需要有效界定和保护产权,而要有效界定和保护产权,就要国家有意愿和有能力来提供法治。工业化要得到发展,不仅要有效界定和保护产权,而且需要促进人口、信息、资本、技术等在国内和国际市场范围内的流动,需要统一的市场环境。强有力的现代国家正是统一的市场环境的创造者。国家以政治一体化为后盾,推进经济一体化和文化一体化,为统一市场的形成

---

[1] 罗伯特·E.戈定主编:《牛津比较政治学手册(上)》,唐士其等译,人民出版社 2016 年版,第 217 页。

提供了政治保障。

正是在这一意义上说,现代国家是工业化背后的经济逻辑在政治领域的必然要求。国家不仅是将国内市场整合在一起的政治力量,而且是推动经济市场规范化和标准化的政治力量。工业化对市场的规范化和标准化有着内在需求,推动市场的规范化和标准化,可以减少交易成本,促进经济的发展。伴随工业化而来的是劳资矛盾、社会分化等社会问题,这些社会问题的存在要求拓展国家的功能,提升国家的能力。国家功能的拓展和国家能力的提升是国家建构的重要方向。

三、战争驱动型

除了政治经济因素之外,军事因素也为国家建构提供了重要动力。国家之间的战争是国家形成的关键原因,即"战争缔造国家,国家发动战争"[①]。

战争推动了国家权力的集中和国家形态的转型,而国家权力的集中和国家形态的转型是国家建构的一项重要内容。传统国家的权力是多元的、分散化的,中央政府的权力是孱弱的,国家权力向社会渗透的能力是有限的。战争推动国家建构的价值在于:一方面,战争摧毁了一些地方势力,形成了权力垄断独占的机制,实现了国家权力由分散转向集中。国王们成为最有效的保护者。于是一些相对孱弱的领主消亡了。另一方面,从中央和地方关系看,战争在摧毁地方势力的同时,带来了暴力手段和征税权力的集中化,强化了国家层面的权力,实现了权力由地方向中央的集中。战争提升了国家财政汲取能力,而国家财政汲取能力的提升是国家建构的一项重要主题。战争需要消耗大量资源,战争为行政资源的集中以及财政的重组提供了强有力的刺激。无论是在发动战争的准备过程中,还是在战争进行过程中,都要花费大量人力物力财力。战争要求国家机器具备强大的资源汲取能力。为了有效从社会中汲取资源,国家必须增强其合法性,发展经济,建立健全的财政汲取体制和高效的官

---

① Charles Tilly, "Reflections on the History of European State Making", in Charles Tilly, ed., *The Formation of National States in Western Europe*, Princeton University Press, 1975, p. 42.

僚队伍。正是在这一意义上说,战争为国家建构提供了重要动力。

战争推动了国家官僚机器与国家基本制度的发展,而国家官僚机器和国家基本制度的发展是国家建构的重要内容。战争的过程不仅是发展军事强制力的过程,而且是调动社会各种资源的资源集聚过程。为了有效调动社会各种资源,为了形成战争的各项决策,必须完善国家官僚机器,健全国家政权体系,理顺不同层级政权之间的关系,同时发展出一整套高效优质的决策机制、利益分享机制和风险分担机制。战争促进国家官僚机构向着更强、更大、更专业的方向发展。

历史地看,国家并不是一种永恒性的存在,既会有新的国家出现,也会有国家的解体消亡。国家建构是一个长期的过程,国家建构无止境,"国家建构可以不必用进化论和目的论术语来理解"①。国家建构"不是一个概念的演化过程,而是在不同的时空中展开的"②。从理论与经验之间的关系角度看,国家建构理论的经验基础不是一元的,而是多元的,既包括早期欧洲国家的国家建构,也包括亚洲、非洲、拉美以及东欧等地区的国家建构。

"经过百余年奋斗,中国共产党带领人民已经构建了一个既有治理效能,又得到人民广泛支持的现代国家。"③中国现代国家建构呈现出如下四个特征:第一,中国现代国家建构具有政党主导性。政党是中国现代国家建构的领导力量,中国共产党在领导现代国家建构上起着关键性作用,马克思列宁主义、毛泽东思想、邓小平理论、"三个代表"重要思想、科学发展观、习近平新时代中国特色社会主义思想是中国现代国家建构的指导思想。第二,中国现代国家建构具有暴力革命性。孙中山所代表的资产阶级领导的旧民主主义革命推翻了统治中国几千年的君主专制制度,开启了中国现代国家建构的进程。中国共产党领导人民进行的新民主主义革命,"实现民族独立、人民解放,彻底结束了旧中国半殖民地半封建社会的历史,彻底结束了极少数剥削者统治广大劳

---

① 安德烈亚斯·威默:《国家建构:聚合与崩溃》,叶江译,上海人民出版社2019年版,第6页。
② 周光辉、彭斌:《构建新型现代国家:中国共产党救国、兴国、强国的百年道路》,《社会科学战线》2021年第4期。
③ 周光辉、彭斌:《其命维新:中国构建新型现代国家的道路与经验》,吉林大学出版社2023年版,第5页。

动人民的历史,彻底结束了旧中国一盘散沙的局面,彻底废除了列强强加给中国的不平等条约和帝国主义在中国的一切特权,实现了中国从几千年封建专制政治向人民民主的伟大飞跃"[①]。第三,中国现代国家建构具有持续性。中国现代国家建构贯穿了辛亥革命以来中国的整个历史进程,中国共产党领导人民进行革命、建设、改革,为建设一个现代国家而不懈奋斗。中国现代国家建构任务并未完成,中国共产党将领导人民推进国家治理体系和治理能力现代化,为把我国建成富强民主文明和谐美丽的社会主义现代化强国而奋斗。第四,中国现代国家建构具有影响深远性。中国现代国家建构是中国式现代化的核心命题,是在古今之变和中西之别中发生的,从根本上扭转了近代以来国家衰败的局面。

从方法上看,无论是对国家建构概念的阐述,还是对国家建构价值的论证,以及对国家建构动力的分析,都要置于不同的社会情境和政治实践之中,将理论关切的目光聚焦于现实世界。正是这种理论与经验之间的关联,使得国家建构理论呈现出多样化的色彩;也正是这种理论与经验之间的关联,为国家建构理论的进一步发展提供了广阔空间。

思考题

1. 国家建构包括哪些主要内容?
2. 国家建构有哪些重要价值?
3. 政党在国家建构中的作用是什么?
4. 为什么说工业化是推动现代国家建构的重要力量?
5. 战争与国家建构之间的关系是什么?

参考文献

李怀印:《现代中国的形成:1600—1949》,广西师范大学出版社 2022 年版。
林尚立:《中国共产党与国家建设》,天津人民出版社 2017 年版。

---

① 《中共中央关于党的百年奋斗重大成就和历史经验的决议》,人民出版社 2021 年版,第 8 页。

周光辉、彭斌:《其命维新:中国构建新型现代国家的道路与经验》,吉林大学出版社 2023 年版。

Charles Tilly, ed., *The Formation of National States in Western Europe*, Princeton University Press, 1975.

F. Fukuyama, *State-building: Governance and World Order in the 21st Century*, Cornell University Press, 2004.

第七章　政治发展

政治发展(political development)的概念首创于西方学界。1966年,派伊从十个方面对"政治发展"作出了界定:政治发展是经济发展的前提,是工业社会的典型政治形态,是政治现代化,是民族国家的运转过程,是一个国家行政和法制的发展,是大众动员和大众参与,是民主制度的建立和完善,是一种稳定而有序的变迁,是政治动员和绝对权力的水平,是多元社会变迁的一个过程。① 1968年,亨廷顿将政治现代化最关键的方面总结为权威理性化、政治结构的分化和大众广泛的政治参与。② 此后,学者们对"政治发展"的界定大多集中于政治形态由简单到复杂、由低级到高级的演变过程。③ 总体来看,政治发展是指为实现既定政治目标而推行的所有政治变革,是一个走向善治的过程。④

第一节　政治发展的意涵

近年来,随着国内外政治社会的发展变化,人们对政治发展的理解有所调整。西方学者为其固有立场引入了一些新的要素,中国学者融合了马克思主义和中国的现实政治,建构了去"西方中心主义"的政治发展概念。

一、西方的政治发展观

在西方国家,自由主义支配的民主价值仍然是其政治发展概念的核心要

---

① 鲁恂·派伊:《政治发展面面观》,任晓、王元等译,天津人民出版社2009年版,第49—62页。
② 参见朱云汉:《百年变局与中国政治学的新征程》,《政治学研究》2021年第1期。
③ 参见加布里埃尔·A. 阿尔蒙德、小G. 宾厄姆·鲍威尔:《比较政治学:体系、过程和政策》,曹沛霖等译,上海译文出版社1987年版,第418—421页。
④ 俞可平:《中国政治发展30年》,《文汇报》2008年12月17日。

素。党派竞争、最高领导人选举和权力分立依旧是西方学者判断政治发展的主要标准。研究显示,意识形态依然是政党用来表明自己立场的工具,选民在获得信息有限的情况下,用意识形态作为自己投票的依据。① 尽管这种由西方人发明的政治发展理论正遭遇挑战——民粹主义、威权主义激增,导致令人担忧的民主断裂、民主解固(deconsolidation)②——,西方学者仍然认为多党选举制度非常强大,仍固守西式自由主义民主的政治发展概念。

与此同时,西方政治发展概念被注入了投票之外的政治参与等因素。一批西方学者延续20世纪80年代"协商民主"的研究热潮,推崇"协商式参与",强调公民公开交换想法,将决策前的协商审议质量(而非选票的聚集)视为民主的关键变量。③ 但是,引入参与式民主只是"拯救代议制民主,使其免于扭曲和被操纵"④的一种方法。

为捍卫自由民主的权威性,西方学者调整了政治发展的要素顺序。典型代表是福山,他摒弃了自己提出的"历史终结论",将国家能力、法治与负责制政府作为成功的政治制度的三大要素,提出"政治发展次序论"。⑤ 他认为,负责制政府等同于"民主",表现形式仍是多党选举⑥,但是这个要素明显被调后了。美国系统和平中心(Center for Systemic Peace)则以行政人员招聘、行政行动的限制和政治竞争为维度构建了POLITY分数,将世界上不同政体按照"-10(完全制度化的专制)到+10(完全制度化的民主)"进行打分。⑦ 世界银行推出的世界治理指标则以治理为切入点,通过民众要求与政府责任、政治稳定度与暴力控制、政府效率、监管质量、法治和反腐等六个维度对世界上不

---

① 安东尼·唐斯:《民主的经济理论》,姚洋等译,上海人民出版社2010年版,第84—85、105页。
② François Facchini and Mickael Melki, "Egalitarianism and the Democratic Deconsolidation: Is Democracy Compatible with Socialism?", *Public Choice*, Vol. 186, 2021, pp. 447-465.
③ Andrew Shorten, *Contemporary Political Theory*, Palgrave, 2016, pp. 109-110.
④ A. C. Grayling, *Democracy and Its Crisis*, Oneworld Publications, 2017, p. 186.
⑤ 弗朗西斯·福山:《政治秩序与政治衰败:从工业革命到民主全球化》,毛俊杰译,广西师范大学出版社2015年版,第56—57页。
⑥ 弗朗西斯·福山:《政治秩序的起源:从前人类时代到法国大革命》,毛俊杰译,广西师范大学出版社2014年版,第315—316页。
⑦ Global Report 2017: Conflict, Governance and State Fragility, http://www.systemicpeace.org/vlibrary/GlobalReport2017.pdf, 2024年8月25日访问。

同国家的治理绩效进行具体评估。①

二、中国的政治发展观

中国学者对政治发展的理解,不仅有宏观层面的概括,而且突出表现为"实绩导向"。

从一般意义上看,政治发展指的是国家政治体系的综合发展,既包括国家与政府体系的发展——权力的制度、结构和功能的完善,也包括非政府政治体系的发展——社会资本的发展和公民的塑造。② 从目标来看,政治发展的终极目的就是既要产生能有效推动发展目标实现的权力体系,又要使权力被约束在社会共识的边界之内。从过程来看,政治发展也可被视为一种政治系统在特定社会、经济条件下,按照某种政治价值共识向更加进步的政治系统变迁的过程③,旨在有效化解主要经济社会问题,促进生产力发展,实现国家政治权力关系的结构性变革④。

中国学者对政治发展的界定凸显了"有效化解主要经济社会问题"的实绩导向。党的十八届三中全会将"完善和发展中国特色社会主义制度、推进国家治理体系和治理能力现代化"确立为全面深化改革的总目标,这为中国学界的政治发展观赋予了新的内涵。中国学者在研究中进一步将国家治理现代化与政治发展相联系:一方面,治理改革和创新成为中国学者较为认可的政治发展解释,他们将国家治理现代化目标的确立看作"中国政治改革和政治发展的一个重要理论总结"⑤;另一方面,学者们主张,推进国家治理现代化的过程,本质上就是发展人民民主的过程⑥。

---

① Worldwide Governance Indicators (WGI), 2024, https://www.worldbank.org/en/publication/worldwide-governance-indicators#home, 2024 年 8 月 25 日访问。
② 褚松燕:《全球视野中的中国政治发展》,《上海行政学院学报》2015 年第 5 期。
③ 李良栋:《我国政治发展战略的几点思考》,《科学社会主义》2014 年第 6 期。
④ 郭静:《去"西方中心主义"政治发展概念的理论基础与内在规定性》,《科学社会主义》2020 年第 5 期。
⑤ 俞可平:《中国的治理改革(1978—2018)》,《武汉大学学报(哲学社会科学版)》2018 年第 3 期。
⑥ 王浦劬:《习近平新时代中国特色社会主义政治发展思想论析》,《政治学研究》2018 年第 3 期。

中国学者认为政治发展的目标是多重的,当代中国政治正"以全面发展的格局统合民主、秩序、效率",根据不同时期和不同战略目标的要求,力争"实现民主、秩序、效率等政治价值的统一"。[①] 党的十九届六中全会提出"积极发展全过程人民民主",在新时代背景下,全过程民主是人民民主的最新形态[②],是有效维护全体人民广泛真实权利、巩固和发展国家治理能力的民主,尤其强调民主政治中强势方的意愿必须受到社会群体权利的制约[③],这与西方以个体为本位的自由民主有着本质上的差异。

基于国家治理现代化的现实背景,中国学者构建了过程化、系统性的指标体系。俞可平指出,民主法治是实现国家治理体系和治理能力现代化的基础条件,人民主体应被视为政治发展评价的首要要素。[④] 他认为,公共权力运行的制度化和规范化、民主化、法治、效率、协调也是判定政治发展的重要因素。[⑤] 公民参与、人权与公民权、党内民主、法治、合法性、社会公正、社会稳定、政务公开、行政效益、政府责任、公共服务和廉洁是政治发展的12个维度。[⑥] "国家治理指数"(National Governance Index)颇具代表性,包括基础、价值、可持续三项一级指标,以及设施、秩序、服务、公开、公正、公平、效率、环保、创新等九项二级指标。[⑦]

第二节 政治发展的理论范式

中西学界基于不同的意识形态、政治实践形成了对政治发展的不同理解,演化出不同的政治发展理论范式。

---

① 张树华、王强:《中国特色社会主义政治发展道路越走越宽广》,《红旗文稿》2019年第4期。
② 张君:《全过程人民民主:新时代人民民主的新形态》,《政治学研究》2021年第4期。
③ 樊鹏:《全过程人民民主:具有显著制度优势的高质量民主》,《政治学研究》2021年第4期。
④ 俞可平:《国家治理现代化的若干问题(上)》,《福建日报》2014年6月8日,第7版。
⑤ 俞可平:《衡量国家治理体系现代化的基本标准——关于推进"国家治理体系和治理能力的现代化"的思考》,《党政干部参考》2014年第1期。
⑥ 俞可平:《关于国家治理评估的若干思考》,《华中科技大学学报(社会科学版)》2014年第3期。
⑦ 《2015"国家治理指数"发布:新加坡第一、中国第十九》,http://www.thepaper.cn/newsDetail_forward_1405466,2024年8月25日访问。

一、西方政治发展理论范式

近十年来,西方学者延续历史制度主义范式,形成了以"美国政治发展理论"为主导的范式,同时从"宏观叙事"转向微观范式。

1. 作为主流理论范式的美国政治发展理论

美国政治发展理论(American Political Development)起源于20世纪70年代哈佛大学和康奈尔大学的研究生院。经过发展,美国政治发展理论已是近年来西方政治发展理论的主要流派。美国政治发展理论通过运用不同的模式、机制与隐喻,考察处于不同分析层次的制度动态,重视历史制度主义对政治生活和权力关系的研究的意义,强调政治行为与宏观政体的显著变革之间存在的联系。[①] 一方面,历史制度主义正在为政党制度、利益团体的权力争夺、福利国家的合法性以及欧洲一体化进程的研究提供指引。因为每一个重大政治现象都鲜活地存在于历史之中,如果不依赖精细的历史分析,解释性的政治科学就很难取得进展。另一方面,历史制度主义提供了一些分析因果机制的概念——时序轴上的"前导事件"会对后来的制度变迁产生影响,行为者在制度过程中的行为机制和因果关系可被推演。例如,历史结果可以被用来确定法律制度对公民福利的影响。[②]

面对美国的"民主衰退"危机,基于比较视角的政治发展研究增多,但西方学者仍坚信美国民主的独特制度优势和相对弹性。他们强调民粹主义领导的风险(政治机构),研究民选领导者如何从内部破坏民主,并调查是什么制度、结构、文化和环境因素使民粹主义领导人能够在一些国家破坏民主,而在其他许多国家,这些因素的其他组合阻碍了民主倒退。[③] 一批推崇解释主义(Inter-

---

① A. Sheingate, "Institutional Dynamics and American Political Development", *Annual Review of Political Science*, Vol. 17, 2014, pp. 461–477.

② Anna Harvey, "Applying Regression Discontinuity Designs to American Political Development", *Public Choice*, Vol. 185, No. 3, 2020, pp. 377–399.

③ Kurt Weyland, "The Populist Challenge to U. S. Democracy: Renewing American Political Development's Comparative Perspective", *Studies in American Political Development*, Vol. 36, No. 2, 2022, pp. 141–143.

pretivism)和非实证主义的美国政治发展理论学者尝试将反事实推理等因果推断方法引入历史政治学和美国政治发展,即在一项因果解释的研究中,定性研究先被用于为定量模型提供初步变量和先验假设,定量研究再被用于检验定量模型的解释力,最后定性研究又被用以推演政治现象之间的多重因果路径。①

2. 微观的行为主义范式

21世纪初,研究者意识到此前的西方政治发展研究忽视了影响因素的作用过程而只关注机构和政策过程,部分学者的研究开始回归行为主义。他们把政治行为作为政治研究的出发点和基本分析单元,注重个体或团体的心理和行为在政治过程中的作用,特别关注影响政治的各种力量和外部压力共同塑造的政治发展过程、动态变化和结果。其中,信息化建设、社交媒体和青年政治参与对政治发展的作用机制等成为西方学者研究的热点。

其一,信息化建设影响了公民参与和各国的民主水平。利用信息通信技术(ICT)参与政治决策已成为公民政治参与的流行方式,选举权的扩大也与信息容量的增加有关。一项基于125个国家和地区的数据分析发现,在信息通信技术水平高但政治制度化欠缺的情况下,高度的线上参与可能对民主造成威胁。② 一项对1995—2014年的跨国时间序列数据的分析显示,信息通信技术加速了信息的传播,导致群众抗议等大规模行动,间接致使政治倒退或自由化。③

其二,社交媒体在改变政治参与方式的同时,也给政治发展带来困扰。一方面,社交媒体为公民积极参与政治活动提供了渠道,有助于改变政治不平等的现实。对一些西方国家的研究也发现,社交媒体的使用促进了线下和线上

---

① A. D. Sheingate, "How Institutions Unravel: Policy Regimes and the Process of Decay", Working paper, 2019; Daniel J. Galvin, "Labor's Legacy: The Construction of Subnational Work Regulation", *ILR Review*, Vol. 74, No. 5, 2021, pp. 1103-1131.

② Whasun Jho and Kyong Jae Song, "Institutional and Technological Determinants of Civil e-Participation: Solo or Duet?", *Government Information Quarterly*, Vol. 32, No. 4, 2015, pp. 488-495.

③ Elizabeth A. Stein, "Are ICTs Democratizing Dictatorships? New Media and Mass Mobilization", *Social Science Quarterly*, Vol. 98, No. 3, 2017, pp. 914-941.

的公民政治参与。① 另一方面,社交媒体不当运用也扰乱了政治发展秩序,常常会成为民众挑战、对抗主流媒体的强大平台。在奥地利、瑞士、意大利和英国,社交媒体也为民粹主义者表达其意识形态和传播信息提供了方便,威胁了政治发展。

其三,青年群体的政治参与推动了政治制度的创新与发展。西方学者注意到青年群体政治参与的现实意义:青少年群体不仅仅是一种创造性的力量和创新的动力来源,而且他们也是参与或推动政治制度、权力对抗和经济发展实现重要变化的不可忽视的力量。② 从当前的情况来看,青少年可通过投票以外的多种途径参与政治活动,展现其力量,如在线参与政治行动、加入社区组织、参加跨党派的政治对话等。

二、中国政治发展的理论范式

中国学者在批判西式政治发展范式的同时,尝试发展出以马克思主义为指导的政治发展理论范式,并用于指导、规范国家治理、政党政治、人民民主等政治实践过程。

1. 对西式政治发展理论的批判

中国学者从政治发展标准和过程两个维度,批判了西式政治发展的理论预设。

一方面,西式政治发展的标准受到批判。中国学者认为,政治发展是一个具有多重可能性的过程,其不仅在过程上可能是曲折的,而且在目标上也并不必然转向西式自由民主政体③;反之,标榜自由民主的"科学"研究充斥固有的

---

① Michael Xenos et al., "The Great Equalizer? Patterns of Social Media Use and Youth Political Engagement in Three Advanced Democracies", *Information, Communication & Society*, Vol. 17, No. 2, 2014, pp. 151–167.
② B. M. Uji, "Social Media and the Mobilization of Youths for Socio-Political Participation", *New Media and Mass Communication*, Vol. 42, 2015, pp. 27–34.
③ 郝诗楠、马振昊:《论政治发展的多重可能性:基于对"转型范式"的理论反思与经验解构》,《教学与研究》2021年第3期。

意识形态,竞争性选举无法给国家带来有效治理①。甚至有研究者判断,"街头政治"等非理性抗争行为将进一步加剧西方政治极化和政党格局碎片化趋势,西方代议制民主的弊端从而很容易显现。②

另一方面,西方过度模型化的研究过程被质疑。国内学者不但批评西方学者难以跳脱西方中心、个人主义等预设立场③,而且批评"西方研究大多唯定量论,架空实践或进行无理论支撑的假设,导致理论无法指导政治实践"④。政治发展一定要根据本国的国情、民情和党情有序、渐进地向前推进,只有这样才能走出一条既真正符合本国国情又能持续发展的政治发展之路。⑤

2. 马克思主义政治发展观的新发展

近年来,一批学者在发展"马克思主义政治发展理论"范式方面进行了尝试。基于"在生产者自由平等的联合体的基础上按新方式来组织生产的社会"⑥这一论述,指出"自由人联合体"是马克思主义关于政治发展的目标,同时基于马克思主义人民民主思想阐释了中国政治实践的必要性。

有学者回到马克思主义"经济基础与上层建筑关系"的源头,既反驳了西方学者所谓"马克思主义没有政治(发展)理论"的主张,又展现出一个包含目标与过程的马克思主义政治发展观:马克思主义超越西方政治发展观指向"自由人联合体"的目标,是一种"将经济社会的充分发展视为政治发展的历史条件,强调积极行动为先决条件,指出迈向未来共同体的过渡时期政权条件"的"条件论"⑦。在马克思主义指导下,一种"新结构主义"的政治分析模型被建构出来,它围绕马克思主义"人是关系中的人"的本质判断,批判既有政治社会发展分析的"去结构化""去经济结构基础化",以及力图将行动者隐匿到结构

---

① 杨光斌、释启鹏:《带有明显意识形态偏见的西方自由民主评价体系——以传播自由主义民主的几个指数为例》,《当代世界与社会主义》2017年第5期。
② 柴尚金:《西方国家政党政治新变化与发展趋势》,《社会科学文摘》2017年第2期。
③ 赵卫涛:《西方政治发展评估研究述评》,《国外社会科学》2016年第2期。
④ 杨光斌、释启鹏:《带有明显意识形态偏见的西方自由民主评价体系——以传播自由主义民主的几个指数为例》,《当代世界与社会主义》2017年第5期。
⑤ 张春满:《转型中国的政治发展与美国的政治衰败:基于政党中心主义的比较分析》,《学习与探索》2020年第10期。
⑥ 《马克思恩格斯选集》第4卷,人民出版社2012年版,第190页。
⑦ 吴晓林:《走向共同体:马克思主义政治发展观的"条件论"》,《政治学研究》2019年第4期。

之后;它强调"权力与资源互构""行动主体与结构互构"的过程,旨在通过对政治社会实践的运行逻辑以及主体关系的考察,观察政治社会运行的实际过程,从而把握政治社会运行的深层逻辑。[1] 在应用层面,由系统、动力、行动者、过程等维度构成"新结构政治学"的分析框架,不仅在宏观理论和微观理论之间构建多元平衡的价值理念,也致力于寻求实现国家治理平衡的整体性机制。[2]

3. 中国政治发展的三维判断

改革开放40周年、新中国成立70周年和中国共产党成立100周年是回顾和研究政治发展的重要节点,中国学者基于国家治理有效性、"人民为本"的实质性民主、政党中心主义三个维度对政治发展展开分析。

其一,突出"国家治理有效性"的导向。基于中国政治发展的"国家治理现代化"路径导向,"治理有效性"相关研究涌现,关于"国家治理能力反映国家治理水平和质量、影响着国家治理绩效"的基本判断增多,但是"国家治理能力"作用过程的相关研究不多,治理有效性测量的落脚点仍是静态、宏观的"体系"或"制度",如公共权力运行、主权在民、法治、效率和协调[3]的价值判断,抑或是政治、经济、文化、社会制度的完善[4]。据此,有学者根据资源等微观因素[5],基于中国历史文化和政治发展脉络,构建了由"体制吸纳力—制度整合力—政策执行力"构成的"国家治理能力"实践性理论范式[6],尝试以国家治理能力理论研究世界政治,解释各国政治发展差异。

其二,突出"全过程民主"的实质。自习近平总书记提出"人民民主是一

---

[1] 吴晓林:《新结构主义政治分析模型——马克思主义结构分析的回溯与发展》,《复旦学报(社会科学版)》2020年第2期;吴晓林:《结构依然有效:迈向政治社会研究的"结构—过程"分析范式》,《政治学研究》2017年第2期。

[2] 高奇琦:《新结构政治学的分析理路》,《学习与探索》2020年第7期;高奇琦:《中国的国家治理现代化何以发生——一种新结构政治学的分析》,《社会科学研究》2020年第5期。

[3] 俞可平:《推进国家治理体系和治理能力现代化》,《前线》2014年第1期。

[4] 杜飞进:《中国现代化的一个全新维度——论国家治理体系和治理能力现代化》,《社会科学研究》2014年第5期。

[5] 王浦劬、汤彬:《论国家治理能力生产机制的三重维度》,《学术月刊》2019年第4期。

[6] 杨光斌:《关于国家治理能力的一般理论——探索世界政治(比较政治)研究的新范式》,《教学与研究》2017年第1期。

种全过程的民主"之后,全过程民主成为中国政治学界重要的议题。学者们集中研讨了全过程民主的价值与意义,他们认为:一方面,全过程民主是"治理导向"的动态民主,需要中国共产党的领导作为根本政治保证,也有赖于人民代表大会制度主渠道作用的发挥;另一方面,全过程民主具有选举民主和协商民主协同的优势,将人民当家作主的价值理念根植于"选举、协商、决策、管理、监督"的人民政治生活和国家治理全过程的实践体系。①

其三,突出"政党中心主义"的实质。中国政治发展形成了以"政党"为自变量的独特实践路径和理论范式,即中国共产党是中国政治发展的核心要素。近年来,有中国学者提出了一种"政党中心论"②,成为分析中国政治发展的重要视角。从宏观来看,中国共产党作为一种跨越了国家与社会的整合性力量,以方向引领、政治保证和制度保障的组织优势,通过利益整合、主导政策制定和政策执行③、政治动员等方式确保了实质民主与国家治理能力的协调发展。

第三节 政治发展理论的现实挑战

近年来,中西方政治实践均有不同的变化,既有的政治发展理论在解释现实实践过程中面临挑战。

一、欧美国家政治发展的挑战

西式民主已经成为当今世界不安全、不稳定的主要根源,欧美国家相继陷入自由主义被否定、民粹主义崛起、极端主义泛滥等政治乱局④,这些对政治发展理论提出了挑战。

---

① 樊鹏:《全过程人民民主:具有显著制度优势的高质量民主》,《政治学研究》2021年第4期。
② 杨光斌:《政治变迁中的国家与制度》,中央编译出版社2011年版,第182—219页;郭定平:《政党中心的国家治理:中国的经验》,《政治学研究》2019年第3期。
③ 郭定平:《政党中心的国家治理:中国的经验》,《政治学研究》2019年第3期。
④ 弗朗西斯·福山:《美国政治制度的衰败》,《理论导报》2014年第6期。

1. 政治极化的美国

美国曾被誉为19世纪和20世纪成功国家的理想范本。[①] 但是,从近年总统大选的情况来看,美国的自由民主体制正在遭受政治衰退之苦,民众对美国民主制度的信心跌至20年来最低点,"为反对而反对"的典型极化特征和带党派色彩的选民投票模式凸显。《纽约时报》更是直言不讳地把"美利坚合众国"称为"美利坚分众国"。与此同时,种族主义不断加速政治极化。自2011年起,当非洲裔美国人史密斯被白人警官杀害,"黑人的命也是命"运动爆发。美国媒体对"美国之乱"评论称"暴力、混乱和破坏动摇了美国民主的核心",是"对美国民主灯塔形象的一记重击"。[②]

2. 政党体制碎片化的英国

自2011年伦敦骚乱等社会反对国家活动及2016年公投决定脱欧以来,英国政府能力衰弱、政党碎片化等潜藏在英国政治深处的分歧与裂痕凸显。有学者将英国民主失败归结为制度失灵,包括对精英权力的制约不足、法制漏洞、政党纷争、意识形态扭曲[③]、政党领导人和选民的疏离[④]等等。从2016年脱欧公投到2019年,英国原本两年的脱欧期限延期了2次,议会3次否决了政府与欧盟达成的脱欧协议。继未能在最后期限前退出欧盟,英国一度稳定的两党制爆为四党制竞争。英国独立党的脱欧立场,为选民提供了拒绝主流政党政策的另一种选择。

3. 稳定发展形态被打破的德国

从战后到21世纪初,德国被视为制度稳定的典范。但是,近十年来,德国政党体系在政党构成和意识形态维度上发生了剧烈变化。2005年,默克尔首次成为基督教民主联盟(基民盟)的领跑者,经济驱动的党内竞争模式仍在继续,基民盟和德国自由民主党进一步向经济右翼靠拢。2013年4月,德国绿党

---

① 彼得·D. 希夫:《国家为什么会崩溃》,刘寅龙译,中信出版社2013年版,第22页。
② 钟声:《失序之责谁来负——美式民主痼疾难除》,《人民日报》2021年5月17日,第3版。
③ A. C. Grayling, *Democracy and Its Crisis*, Oneworld Publications, 2017, pp. 87–127.
④ Michael Haas, *Why Democracies Flounder and Fail: Remedying Mass Society Politics*, Springer, 2018, pp. vii, 191.

发表了选举纲领,体现了绿党的左翼倾向。① 自由民主党和德国另类选择党在同年9月的联邦大选中分别获得4.8%和4.7%的选票,德国议会外形成了强大的反对势力。2017年,另类选择党成功地进入了德国议会,这是德国第一个在全国范围内取得成功的激进右翼民粹主义政党,这意味着"德国现在需要的是一个代表人民的单一、强大的政党"②。

4. 政党制度不平衡的法国

法国主流政党的政策失误,加之左右两大民粹主义势力的上升态势,加速了主流政党的出局。2017年法国选举的结果和2019年的"黄背心"抗议运动,可能意味着法国政治精英的复兴,以及法国公民与其政治代表之间的长期不安。2017年的法国总统选举,是法兰西第五共和国历史上第一次两个传统执政党的候选人在第一轮总统选举中被取消资格,中间派和激进右翼候选人在第二轮选举中的决斗构成了前所未有的格局。以独立候选人身份参加总统选举的马克龙,受益于法国两大政党的分裂、民众渴望政治复兴以及对老牌政党和精英反感的选举环境③,获得了选举的压倒性胜利。2017年,新国民议会选票和席位的不均衡程度似乎证明,法国是西方选举过程和结果最不均衡的国家之一。④

二、亚非拉发展中国家政治发展的不均衡

在西方学者的眼中,亚非拉常常因经济发展水平低、威权政权、党派恶斗和贪腐严重被诟病为劣质民主。

---

① Wolfgang Rüdig, "The Greens in the German Federal Elections of 2013", *Environmental Politics*, Vol. 23, No. 1, 2014, pp. 159–165.

② Oliver Decker et al., Hg., *Die enthemmte Mitte: Autoritäre und rechtsextreme Einstellung in Deutschland*, Psychosozial-Verlag, 2016, pp. 30, 52.

③ Jocelyn Evans and Gilles Ivaldi, "An Atypical 'Honeymoon' Election Contextual and Strategic Opportunities in the 2017 French Legislative Elections", *French Politics*, Vol. 15, No. 3, 2017, pp. 322–339; Yves Mény, "A Tale of Party Primaries and Outsider Candidates: The 2017 French Presidential Election", *French Politics*, Vol. 15, No. 3, 2017, pp. 265–278.

④ Bernard and Annie Laurent, "Des Voix aux Sièges: Les Élections Législatives de 2017", *Revue française de Science Politique*, Vol. 68, No. 5, 2018, pp. 803–819.

亚洲地区的政治发展被西方学者批评为"威权主义"。印度常常被西方学者称为"种族国家""不透明国家""反自由国家",近年来被认为正在滑向竞争性威权主义。① 有学者判断,如果民粹主义的执政党打破了"民主制度对权力施加约束"的骗局,使反对派难以重新掌权,那么民主倒退可能会以竞争性威权统治终结②,并且警告说,印度内部权力结构、政党制度必须作出改变,否则将面临彻底失败的风险③。新加坡一直被西方法学界认为是"非自由主义民主""专制""强权选拔式的威权政府"④,只不过西方学者看到新加坡并非简单地由国家驱动或自上而下,而是涉及民间社会组织分散的治理过程⑤,在民间社会联盟和互联网的作用下,威权主义的新加坡政治制度日益自由化⑥,也促使新加坡逐渐向竞争性威权政权发展。近年来,日本被指出其政府政策正转向右翼,日本政治精英之间存在着尖锐的意识形态冲突。与日本政府向更保守方向转变的政治实践相反,公民意识形态取向反而倾于"左派"。⑦

按照西方政治发展的标准,以多党制为特征的民主政体已在非洲国家普遍确立。西方学者赞许"那种永无止境地掌权的长期政权的数量已经减少"⑧,无暴力的权力更替得以实现;与此同时,他们却将非洲五分之四的国家

---

① Talmiz Ahmad, "Self-Absorbed, Uncaring, Incompetent: COVID Has Exposed Populist Leaders for What They Are", *The Wire*, 2020; Aurel Croissant, "Democracies with Preexisting Conditions and the Coronavirus in the Indo-Pacific", *The Asan Forum*, https://theasanforum.org/democracies-with-preexisting-conditions-and-the-coronavirus-in-the-indo-pacific/, 2024 年 8 月 25 日访问。

② Steven Levitsky and Daniel Ziblatt, *How Democracies Die*, Crown, 2018, pp. 152-153; Steven Levitsky and James Loxton, "Populism and Competitive Authoritarianism in the Andes", *Democratization*, Vol. 20, No. 1, 2013, pp. 107-136.

③ Larry Diamond, "Breaking Out of the Democratic Slump", *Journal of Democracy*, Vol. 31, No. 1, 2020, pp. 36-50; Sumit Ganguly, "An Illiberal India?", *Journal of Democracy*, Vol. 31, No. 1, 2020, pp. 193-202.

④ 约西·拉贾:《威权式法治:新加坡的立法、话语与正当性》,陈林林译,浙江大学出版社 2019 年版,第 6—8 页。

⑤ Nur Amali Ibrahim, "Everyday Authoritarianism: A Political Anthropology of Singapore", *Critical Asian Studies*, Vol. 50, No. 2, 2018, pp. 219-231.

⑥ Stephan Ortmann, "Political Change and Civil Society Coalitions in Singapore", *Government & Opposition*, Vol. 50, No. 1, 2015, pp. 119-139.

⑦ Willy Jou et al., "An Appraisal of Japan's 'Right Turn'", *Asian Survey*, Vol. 57, No. 5, 2017, pp. 910-932.

⑧ Nic Cheeseman and Brian Klaas, *How to Rig an Election*, Yale University Press, 2018, pp. 12, 31.

定义为介于民主与威权之间的"混合政体",其理由在于,大部分地区的政治结构依旧变化有限①,后殖民时代的非洲领导人没有作出有利于非洲大陆人民的权力平衡的根本性决定②,拟议的新议程在目前的思维和运作模式下无法顺利推进或完全实现。从现实来看,自 2010 年 12 月起,相继爆发于西亚、北非地区一些国家的所谓"阿拉伯之春"运动,引发了这些国家持续至今的政治动荡,也是这些国家政治秩序被瓦解、政治运行平稳状态被打破的重要转折点。

拉丁美洲地区的政治发展,更是从实践上打破了西方政治发展标准的神话。拉丁美洲的整体政治生态呈现浓厚的过渡色彩,正处于经济长期低迷、腐败丑闻严重、社会矛盾加大、政治波动加剧的不利形势。③ 20 世纪 70 年代以来,拉美地区各国的新政党如雨后春笋般涌现,党政关系的改变、新利益集团的出现在深刻影响着各国政治发展。自 20 世纪 90 年代以来,新自由主义一直是拉美地区政治体系持续动荡的主要来源。④ 近年来,新马克思主义对政治的解释主导了对拉美政治的研究。许多学者深信,影响拉丁美洲政治演变的是各种社会力量——国际资本家、跟从者和媒体精英,专制的个人主义将继续推动政治进程。⑤

三、西方学者无法解释的中国

伴随着中国国际影响力的持续提升,一些西方政客、学者和媒体对于中国政治发展的误读与偏见愈深。郑永年表示,西方对中国的错误认知已深刻表

---

① Nic Cheeseman, ed., *Institutions and Democracy in Africa: How the Rules of the Game Shape Political Developments*, Cambridge University Press, 2018, pp. 41-43, 72-74.

② Vusi Gumede, "Thought Leadership, Thought Liberation, and Critical Consciousness for Africa's Development and a Just World", Inaugural Professorial Lecture, Senate Hall, University of South Africa, Pretoria, 2014.

③ Reuters, "Polls Show Brazil's Bolsonaro Faces Record Disapproval, Pressure from Lula", 2021, https://www.reuters.com/article/us-brazil-politics-bolsonaro-idUSKBN2B9317,2024 年 8 月 25 日访问;International Monetary Fund, "World Economic Outlook Database", 2020, https://www.imf.org/en/Publications/WEO/weo-database/2020/October,2024 年 8 月 25 日访问。

④ Alberto Vergara and Daniel Encinas, "Continuity by Surprise: Explaining Institutional Stability in Contemporary Peru", *Latin American Research Review*, Vol. 51, No. 1, 2016, pp. 159-180.

⑤ Alison Post, "Political Competition, Partisanship, and Policy Making in Latin American Public Utilities by Maria Victoria Murillo", *Political Science Quarterly*, Vol. 126, No. 2, 2011, pp. 353-355.

明西方政治发展理论亟待更新。①

对西方学者而言,中国仍是一个特殊的存在。随着改革开放的深入,西方学者逐渐放弃了对计划经济时期中国的"极权主义"判断,但是一张"威权主义"(Authoritarianism)的标签又贴到了中国身上。自 1987 年至 2019 年,西方学者在"威权"前面添加的形容词已近 20 个,如协商、韧性、民粹等,相关研究的批判态度貌似有所缓和,实质上已进入一种学术"内卷"②,无法逃脱西方政治发展标准的制约与偏见。

还有一批人引入"韧性"这个词,力图调和之前过于苛刻的批评色彩,指出中国共产党政权"韧性有余"。③ 部分西方学者对"中国共产党政权"的前景保持乐观,他们意识到中国政治体制甚至比西方"民主国家"的更为优越。④

第四节 结论与展望

如何正视挑战、分析现实、面向未来,是政治发展研究者面对的重大课题。

从价值理念来看,中国学者更为强调过程与结果并重的政治发展理念:一方面,政治发展应具有"有效化解主要经济社会问题"的实绩导向;另一方面,政治发展应建立在去价值化的实质性"全过程民主"基础上,从民主选举到民主监督,贯穿国家政治与基层社会生活。西方学者受政治极化、种族主义等现实解释困境的影响,补充了政治参与等政治发展评价标准,但他们更多盯着议会选举,而非地方社会发生的种种变化。

从理论范式来看,中国学者立足中国现实政治,基于马克思主义政治发展观,更新"自由人联合体"的政治发展认知、规范政治实践路径、解释政治发展

---

① Yun-han Chu and Yongnian Zheng, *The Decline of the Western-Centric World and the Emerging New Global Order*, Routledge, 2020, pp. 46, 75-100.
② 景跃进:《中国政治学理论建构的若干议题——田野基础、历史脉络与创新维度》,《华中师范大学学报(人文社会科学版)》2021 年第 4 期。
③ Rogers Brubaker, "Religion and Nationalism: Four Approaches", *Nations and Nationalism*, Vol. 18, No. 1, 2012, pp. 2-20.
④ Martin Jacques, *When China Rules the World: The End of the Western World and the Birth of a New Global Order*, Penguin Books, 2012, pp. 277-287, 538, 565.

"过程塑造结构,结构制约过程"的关系,并以"治理有效—实质民主—政党保障"为线索诠释中国政治发展模式。西方政治发展则集中于信息化等现实经验的切片式研究,仍以美国政治发展为主流研究范式,延续历史制度论并结合因果推断等定量方法,尝试回归历史寻找治疗西方政治困局的"解药"。

表7-1 中西政治发展价值理念和理论范式比较

	中国	西方
价值理念	全过程民主 实绩导向	高层选举主导的西式民主
理论范式	中国化马克思主义政治发展观 国家治理能力 实质民主 政党中心主义	历史制度主义 制度变迁论 行为主义因素论

从现实来看,西方学者关于"发展中国家政治发展可不顾及历史,只对西式政治发展有要或不要的选择权"的基本假设已被推翻。西方国家自身面临的政治困境也为发展中国家探索、反思政治发展提供了契机,中国基于"尊重历史、追溯根源、理性对话"的立场建构政治理论体系恰逢其时。

一是在马克思主义指导下构建政治发展理论体系。中国化马克思主义的产生,既解释和引领了中国革命、建设和改革发展的伟大事业,又因为"高度重视实现无产阶级和全人类的解放的条件,强调政治发展根源于经济结构与上层建筑的关系"[①]而具有深刻的、超越国别的指导意义。中国政治发展理论体系,就是要在马克思主义指导下,从经济结构的根源,探寻符合马克思主义共同体论说、指向人类根本自由的政治发展概念、范式和路径。

二是贡献超越国别范畴的政治发展方法论。中国政治发展的所有研究,置身于中华民族现代化的百年征程,既包含中国学者对大国一统的历史关怀,也关联人民幸福的现实关怀和天下大同的未来关怀。任何政治发展模式都不是先验的、无条件的,中国学者对本国政治发展的理解,受传统价值体系、近代

---

① 徐勇:《强化中国政治学研究的主体性》,《政治学研究》2021年第1期。

救亡图存、现实强国富民的规定,这决定了必须从历史主义角度去理解并且创建中国政治发展理论体系,要从"历史的延续性①"理解政治发展的"中国性"。马克思主义指导下的中国政治发展理论体系,超越对本国"例外论"的经验判断,从个别化、西方化的经验论述转向更广阔的全球政治比较、长周期政治比较研究,提出立基于国别经验又超越国别经验的政治发展方法论。

三是坚持历史、现实和未来统一的逻辑,通过概念供给、模式提炼和方法创新等路径构建政治发展理论体系。一方面,须回归历史政治学、重视比较政治学,迈向未来的同时不断反思研究前设,生产、发现并重组政治发展理论体系②,回答现实政治发展的历史根源;另一方面,也要在实证研究的基础上更新政治发展的概念、模式和研究方法。

从历史走来的中国政治发展模式经历了"模式套嵌"到本土研究的转变③,一脉相承的中国经验为未来政治模式的构建提供了历史参照,故基于现阶段"满足人民日益增长的美好生活需要"的治理要求,中国学者要充分而清醒地认识到不同阶段中国政治发展模式的转变方向和影响因素,以"社会共享"的发展立场,为全球政治发展提供一种新的发展模式。从现实来看,在比较的视野中增强国家结构形式(党政关系、政治协商、央地关系)、全过程民主(党的领导、党内民主、人民当家作主、依法治国)和地方治理(基层民主、群众参与、人民获得感)等方面的全环节研究,既凸显中国政治发展的全方位要素,又在比较中析出政治发展的方法论;全球信息化的发展既为未来研究提供方法上创新与融合的可能,也推动了大样本、场景化、跨域国别的"新"研究,理论研究者可基于历史制度主义和行为主义的演绎说理,综合运用因果推断和实验主义等混合研究法,在更短的时间内,比较分析更多国家的政治发展情况及具体机制,促进政治模式的多样化发展和政治概念的共享。

---

① 杨光斌:《中华文明基体论:理解中国政治前途的认识论》,《人民论坛》2016 年第 5 期。
② 杨光斌:《历史政治学的知识主体性及其社会科学意涵》,《政治学研究》2021 年第 1 期。
③ 景跃进:《中国政治学的转型:分化与定位》,《政治学研究》2019 年第 2 期。

思考题

1. 西方政治发展意涵有何变化？为什么会发生这些变化？
2. 中国政治发展意涵有何发展？为什么会发生这些变化？
3. 中西政治发展评价标准有何差异？为何存在差异？
4. 中国和西方政治发展理论范式有何转变？在哪些方面有所体现？
5. 面对百年未有之大变局，中国政治发展理论体系应如何建构？

参考文献

弗朗西斯·福山：《政治秩序的起源：从前人类时代到法国大革命》，毛俊杰译，广西师范大学出版社2014年版。

加布里埃尔·A.阿尔蒙德、小G.宾厄姆·鲍威尔：《比较政治学：体系、过程和政策》，曹沛霖等译，东方出版社2007年版。

塞缪尔·P.亨廷顿：《变化社会中的政治秩序》，王冠华等译，上海人民出版社2021年版。

托克维尔：《论美国的民主》，董果良译，商务印书馆2017年版。

第八章　政党政治

政党是现代政治中最重要的主体之一，现代政治很大程度上表现为政党政治。政党政治是一个含义非常宽泛的概念，涉及与政党有关的各种政治现象。首先，本章将从政党的概念入手，分析何为政党以及如何划分政党的类型。其次，将回顾政党政治的经典理论及其意义，并呈现相关的批判性观点。再次，对政党政治研究相关的热点议题进行探讨，梳理其中的研究脉络和趋势。最后，介绍几个对政党政治的实证研究具有重要意义的典型数据集。

第一节　政党的概念和类型

一、政党的概念

认识政党的概念首先要了解政党自身所经历的变化。政党政治虽然是现代政治的独特现象，但政党却是在现代之前就存在的一种组织。政党融入现代政治经历了从被排斥到被默认再到被正式承认的过程。政党一词在西方直到17世纪以后才被频繁使用。伏尔泰、卢梭、博林布鲁克子爵（即亨利·圣约翰）等思想家都把政党看成有害之物。美国开国总统华盛顿对政党的看法也是负面的，他曾在告别演说中告诫美国人民，美国存在党派分立的危险和党派思想的恶劣影响。不过，与此同时，麦迪逊在《联邦党人文集》第十篇中为政党做了辩护，指出党争产生的原因是无法排除的，而采用代议制的共和政体则可以消除党争的不利影响。① 麦迪逊的观点成为人们从观念上对政党改变看法的关键转折。进入19世纪以后，随着英国和美国相继形成现代政党，人们逐

---

① 汉密尔顿、杰伊、麦迪逊：《联邦党人文集》，程逢如等译，商务印书馆2010年版，第44—51页。

渐接受政党参与甚至主导政治过程的事实。因此,政党获得认可而不是政党的存在,是政党政府形成的标志。① 如果说 19 世纪政党被认可还属于被默认的话,那么到了 19 世纪末 20 世纪初,随着政党开始被写入西方国家的法律条文,可以说政党获得了正式的承认。政党先是出现在一般的法律中,例如 1922 年德国的选举法中就有关于政党的条款。而后政党又出现在一些国家的宪法中,据统计,截至 2020 年,世界上共有 160 个国家在宪法中明确提及了政党。②

政党在获得认可之前,通常是作为一小撮人结成的派别和派系存在的,那时的政党实际上并不具有现代政党的本质特征,其含义也与现代政党截然不同。因此,我们所界定的政党概念一般是指现代政党的概念。最早定义现代政党的思想家是伯克(Edmund Burke)。他认为,"政党是人们依据某些一致认可的特定原则,为了实现通过共同努力以促进国家利益的目标而联合起来的团体"③。虽然该定义还没能刻画出现代政党的全部特征,但是已经把政党与只追求自身利益的派别、派系区分开来。20 世纪 50 年代以来,众多学者对政党的含义进行了界定,以下列出一些比较常见的定义。

政党是由这样一些人组成的团队,他们试图通过在定期举行的选举中获得官职来控制统治机器。④

当我们说起政党时,我们指的是一种在当地建立联系的组织,该组织与公众互动并寻求公众的选举支持,在政治录用中发挥直接和实质性的作用,并致力于夺取或维持权力,无论是单独还是联合其他组织。⑤

政党意味着在一个特定标签下竞选政府公职的任何群体,不管这些群体

---

① Harvey C. Mansfield, *Statesmanship and Party Government: A Study of Burke and Bolingbroke*, University of Chicago Press, 1965, p. 2.
② Tom Ginsburg and Mila Versteeg, "The Constitutionalization of Democracy", *Journal of Democracy*, Vol. 34, No. 4, 2023, pp. 36-50.
③ Edmund Burke, "Thoughts on the Cause of the Present Discontents", in Paul Langford, ed., *The Writings and Speeches of Edmund Burke*, Clarendon Press, 1981, p. 317.
④ Anthony Downs, *An Economic Theory of Democracy*, Harper, 1957, p. 25.
⑤ Joseph LaPalombara and Myron Weiner, "The Origin and Development of Political Parties", in Joseph LaPalombara and Myron Weiner, eds., *Political Parties and Political Development*, Princeton University Press, 1966, p. 29.

的组织多么松散。①

政党可以被视为谋取和利用政治职位的精英联盟。……政党不仅仅是一种联盟。一个主要的政党是一种具备了规则、规范和程序的制度化的联盟。②

政党是这样一种组织机构,它常常试图通过占有政府职位来寻求其在国家中的影响力,通常包含不止一种社会利益,而是在某种程度上试图"聚合不同的社会利益"。③

总体来看,这些定义涵盖了政党不同方面的特征:第一,政党的目的是掌握国家权力;第二,政党是组织化的团体;第三,政党具有特定的政治纲领和政策主张;第四,政党通常代表一定的社会利益。概念是对经验现象的抽象概括,好的政党概念应该能够包含不同政治场域中的政党。综合前文的各种定义,我们把政党理解为:根据特定的原则组织起来,试图通过谋取公共职位来执掌、参与或影响国家政权的团体。

二、政党的类型

对政党进行分类首先要确定分类的标准,按照不同的分类标准可以划分出不同的类型。比如,按照政党的意识形态,可以把政党分为激进左翼政党、左翼政党、中左翼政党、中间政党、中右翼政党、右翼政党、激进右翼政党七种类型。一般来说,激进左翼政党反对资本主义、要求绝对的经济平等,左翼政党倡导将主导产业国有化以消除阶级不平等,中左翼政党主张实行福利国家的政策,中间政党崇尚社会自由、经济保守,中右翼政党主张经济自由和有限福利,右翼政党主张经济自由放任、崇尚机会平等,而激进右翼政党排斥移民、反对全球化。另外,按照政党的阶级属性,可以把政党分为资产阶级政党和无产阶级政党;按照政党是否执掌政权,可以分为执政党和在野党;按照政党在国家建构中的任务,可以分为革命党和执政党;按照在议会中占有席位的多少,可以分为多数党和少数党;按照政党的影响范围,可以分为地区性政党、全

---

① Leon D. Epstein, *Political Parties in Western Democracies*, Transaction Publishers, 1980, p. 9.
② John H. Aldrich, *Why Parties? The Origin and Transformation of Political Parties in America*, University of Chicago Press, 1995, pp. 283-284.
③ Alan Ware, *Political Parties and Party Systems*, Oxford University Press, 1996, p. 5.

国性政党和国际性政党;按照政党所关注政策议题的性质,可以分为主流政党和利基政党(niche parties)。

上述对政党类型的划分是一种共时性的分类。还有一种常见的类型划分是对政党进行历时性分类,这种分类反映了政党的组织形态在不同历史时期的变化。迪韦尔热(Maurice Duverger)根据政党的成员构成划分了三种政党类型:干部型政党(cadre parties)、群众型政党(mass parties)和信徒型政党(devotee parties)。[①] 干部型政党是19世纪早期议会中的精英或贵族组成的政党,当时还没有实现普选,政党不需要联系大众,因此也就不存在普通党员的概念。群众型政党是19世纪晚期在立法机构之外产生的,它们代表特定社会群体的利益,大量招募在意识形态上忠于本党的成员,并向成员收取会费作为党的经费。信徒型政党主要是指20世纪出现的法西斯主义政党,它们是围绕对某个人的狂热崇拜而建立起来的政党。柯什海默(Otto Kirchheimer)认为,二战以后西方国家以阶级为基础的群众型政党开始寻求不同政治观点和意识形态的选民支持,转变为一种新的政党类型——全方位型政党(catch-all parties)。具体来说,全方位型政党的新特点表现在以下五个方面:第一,大幅减轻政党的意识形态包袱;第二,进一步加强高层领导团体建设,并根据他们对整个社会系统效率的贡献而不是对特定组织目标的认同来判断他们是否有所作为;第三,减少党员个体的作用;第四,不再强调阶级属性以及特定的社会阶级或教派出身,鼓励从民众中广泛地吸收选民;第五,确保与各种利益集团保持接触,以便通过利益集团的斡旋来获得选举支持。[②]

继柯什海默之后,最有影响力的新政党类型是由卡茨和梅尔提出的。他们认为,20世纪70年代以来出现了政党与国家相互渗透、政党共谋的卡特尔化现象,伴随着这种现象产生了卡特尔型政党(cartel party)。[③] 卡特尔型政党

---

① Maurice Duverger, *Political Parties: Their Organization and Activity in the Modern State*, Methuen, 1954.

② Otto Kirchheimer, "The Transformation of the Western European Party Systems", in Joseph LaPalombara and Myron Weiner, eds., *Political Parties and Political Development*, Princeton University Press, 1966, pp. 190-191.

③ Richard S. Katz and Peter Mair, "Changing Models of Party Organization and Party Democracy: The Emergence of the Cartel Party", *Party Politics*, Vol. 1, No. 1, 1995, pp. 5-28.

接受国家的补贴作为活动经费的主要来源,获得接入国家监管的沟通渠道的特权,从而使政党成为国家的组成部分。从党员特征来看,卡特尔型政党淡化党员的权利和义务(甚至党员与非党员之间的区别也变得模糊),强调作为个体而不是有组织的主体的党员,党员的价值在于其对合法化领导层地位的贡献。卡特尔型政党的提出是对政党衰落论调的反驳,卡茨和梅尔认为,虽然近几十年来党员数量和党派忠诚度都呈现下降趋势,但政党通过卡特尔化转型获得了新的优势来确保自身的存续。

第二节 政党政治的经典理论

一、寡头统治铁律

权力问题是政治学的核心问题,政党政治的第一个经典理论就是关于政党组织中权力分布的理论。该理论名为"寡头统治铁律",是由米歇尔斯(Robert Michels)在1911年出版的政治社会学名著《政党》一书中提出的。米歇尔斯通过对德国社会民主党的权力结构的分析,指出该党虽然是正式的民主组织,但权力仍然掌握在一小撮党的领导者手中,民主制度并不能阻止寡头化,从而得出组织天然具有寡头统治的倾向。米歇尔斯说道:"正是组织使当选者获得了对于选民、受委托者对于委托者、代表对于被代表者的统治地位。组织处处意味着寡头统治!"[①]米歇尔斯从三个方面对寡头统治铁律进行了论证:第一,组织以分工为基础,分工产生了专业化,而专业化导致组织成员的等级化,即分成少数上级和大多数下级;第二,大众对领袖的心理依赖,以及组织中的纪律和等级规则,使组织的普通成员倾向于接受从属关系;第三,组织的领导层会形成封闭的小圈子,以增加他们继续掌权的机会,使他们的地位永久化。

米歇尔斯的著作问世以后引起了强烈反响,包括韦伯、布赖斯(James Bryce)、迪韦尔热等在内的著名思想家都受到他的影响。寡头统治铁律不仅

[①] 罗伯特·米歇尔斯:《寡头统治铁律:现代民主制度中的政党社会学》,任军锋等译,天津人民出版社2003年版,第351页。

一直主导着对政党组织的研究,而且在一般的组织和官僚机构的研究领域引起了共鸣。不过,也有很多学者批评米歇尔斯的论断过于绝对化,质疑其主要基于特定时期德国社会民主党的案例分析所得出的结论能否推广到其他政党。因为不同时期、不同国家、不同类型的政党在组织结构方面存在着明显差异,例如,与德国社会民主党不同,美国的民主党和共和党既没有集中统一的组织结构,也没有对党员进行约束的严格纪律。迪芬巴赫(Thomas Diefenbach)最近的研究从理论和方法论的角度全面地批判和驳斥了米歇尔斯的寡头统治铁律,他认为米歇尔斯的理论在许多方面是不充分的,比如分工不一定意味着特定的人总是承担相同的特定任务,民主组织实际上拥有一系列避免寡头化的手段。①

二、迪韦尔热定律

按照政党数量,政党体制可以粗略地划分为一党制、两党制和多党制,其中两党制和多党制是西方国家最常见的两种体制类型。那么,为什么有的国家是两党制而另外一些国家是多党制? 为了解答这个问题,迪韦尔热在1951年出版的法文版著作中提出了两条规律:第一,简单多数单票制有利于形成两党体制;第二,两轮投票简单多数制和比例代表制有利于形成多党制。② 迪韦尔热认为,在可以观察到的案例中简单多数单票制和两党制之间几乎完全相关,因此,第一条规律接近于真正的社会学定律。学术界一般把第一条规律称为"迪韦尔热定律"(Duverger's Law),而把第二条规律称为"迪韦尔热假设"(Duverger's Hypothesis)。迪韦尔热还从"机制因素"(mechanical factor)和"心理因素"(psychological factor)两个方面,对第一条规律的成因作出了解释。所谓机制因素,主要体现为简单多数单票制的制度设计导致第三党或小党的"代表性不足"(under-representation)。简单多数单票制的关键特征是,每个选区只有一个代表名额,并且候选人获得简单多数的选票就可以当选。因此,除了最大的两个政党之外,小党很容易在每个选区都遭遇失败,从而无法获得与其

---

① Thomas Diefenbach, "Why Michels' 'Iron Law of Oligarchy' Is Not an Iron Law – and How Democratic Organisations Can Stay 'Oligarchy-Free'", *Organization Studies*, Vol. 40, No. 4, 2018, pp. 545–562.
② 英文版出版于1954年。Maurice Duverger, *Political Parties: Their Organization and Activity in the Modern State*, Methuen, 1954, pp. 217, 239.

选票相称的足额的代表。所谓心理因素,是指选民基于对选举形势的预期而作出理性选择。由于机制因素的效应,选民很快就会意识到,如果他们继续将选票投给第三党,他们的选票就会浪费掉,所以,他们自然倾向于将选票转投给两大党中相对不那么邪恶的政党。

实际上,迪韦尔热所述两条规律并非首创,洛厄尔(A. Lawrence Lowell)、霍尔科姆(Arthur Holcombe)、赫门斯(F. A. Hermens)、弗里德里希(C. J. Friedrich)、基伊(V. O. Key)等20世纪早期的学者都提出过相同或类似的观点,甚至相关的表述可以追溯到黑尔(Thomas Hare)、密尔(John Stuart Mill)、德鲁普(Henry Droop)、麦克唐纳(Ramsay MacDonald)等19世纪的思想家。不过,迪韦尔热是第一个将其观点称为"定律"的学者,这有效促进了其观点的传播;更为重要的是,迪韦尔热在对政党进行全面研究的背景下提供了大量的比较证据来支持自己的观点,并且他对选举体制塑造政党体制的因果机制的分析比以往任何研究都要深入得多。[①] 因此,迪韦尔热的理论一经提出,便成为政治学领域绕不开的研究命题,对政党政治和选举政治研究的发展产生了巨大影响。迪韦尔热的理论开拓了三个重要研究领域:一是关于选举体制与政党体制关系的研究;二是关于政党数量影响因素的研究;三是关于选举体制和选举法律的政治后果的研究。对迪韦尔热定律和迪韦尔热假设本身的批判和检验,也产生了数以百计的学术文献。大多数学者认为简单多数单票制与两党制之间确实存在着密切的相关性,近二十年来的一些实证研究也验证了这个规律。而对迪韦尔热假设的批评表明,比例代表制容易导致多党制的论断则存在较大的漏洞:一方面,多党制的形成具有多方面的复杂原因;另一方面,比利时、德国、丹麦、挪威等许多国家多党制的采用要先于比例代表制。

三、马克思主义的革命党理论

马克思、恩格斯、列宁等马克思主义经典作家关于无产阶级政党的性质、任务、组织形式、组织原则等方面的论述,构成了马克思主义的革命党理论。

---

① Kenneth Benoit, "Duverger's Law and the Study of Electoral Systems", *French Politics*, Vol. 4, 2006, pp. 69-83.

从政党性质来看,无产阶级政党具有阶级性和先进性。首先,马克思主义认为,政党是代表一定阶级利益的政治组织,也是阶级斗争发展到特定历史阶段的产物,因此,无产阶级政党就是代表无产阶级利益的组织,其成立的目的是领导无产阶级进行阶级斗争。其次,无产阶级政党是无产阶级的先锋队组织,其成员是无产阶级的优秀分子,是无产阶级当中"最坚决的、始终起推动作用的部分"[①]。从政党任务来看,政治斗争是马克思主义阶级斗争的核心内容,无产阶级政党的中心任务是通过暴力革命推翻资产阶级的统治,夺取国家政权。从组织形式上看,无产阶级政党要在革命斗争中保持战斗力,必须具有严密的组织体系和严格的组织纪律,列宁称之为"网状般的组织"和"铁的纪律"。从组织原则来看,无产阶级政党在党组织内部实行民主集中制,民主与集中是对立统一的两个方面:一方面,无产阶级政党的组织权威是集中统一的,党的上级组织与下级组织、各级领导和一般党员之间是命令和服从的关系;另一方面,无产阶级政党内部表达和汇集意见的方式是民主的,各级组织通过民主选举产生代表,定期召开代表会议,按照少数服从多数来作出决策。

马克思主义的革命党理论以马克思主义的革命理论为基础,是马克思主义政治理论体系的重要组成部分。马克思主义传到中国以后,其革命党理论深刻影响了中国革命和中国政党政治实践。中国共产党把马克思主义的革命党理论与中国革命的实际相结合,通过新民主主义革命,实现了无产阶级专政的目标。在取得国家政权以后,中国共产党学习苏联模式,把无产阶级政党的组织原则运用到国家治理当中,建立了一套党全面领导下的社会主义党政体制。在1966年到1976年的十年里,中国共产党仍然按照革命党的思维来治理国家,以阶级斗争为纲,结果造成了国家发展的重大挫折。1978年以后,中国共产党把工作重心转到经济建设上来,实现了执政党的自我革新,同时为了提高执政合法性,中国共产党逐步扩大了自己的阶级基础。改革开放过程中出现的民营企业家、社会组织工作人员、自由职业者、新媒体从业人员等新社会阶层人士,也被吸纳为中国共产党的党员。

---

① 《马克思恩格斯文集》第2卷,人民出版社2009年版,第44页。

第三节 政党政治的热点议题

一、政党极化

对特定意识形态的遵奉是政党的基本特征之一,也是不同政党保持自身特色最明显的标识。但是凡事过犹不及,如果不同政党所信奉的意识形态之间没有共识,各政党内部意识形态信仰高度同质化,党内精英、普通党员和党外支持者排斥甚至敌视其他政党的意识形态,那么就会陷入一种政党极化的境地。传统上人们一般认为,欧洲大陆政党的意识形态色彩比较浓烈,而英美等两党制国家政党的意识形态是温和或趋同的。但是许多强有力的证据显示,美国两大政党在意识形态和公共政策上的界线日益明确,冲突和分歧越来越大。自20世纪70年代中期以来,在国会投票中党派冲突持续加剧,大多数情况下总是出现一方投票反对另一方。美国众议院议员之间的跨党派合作从1949年到2012年总体上呈现下降趋势,20世纪90年代以后更是急剧减少。[①]美国两党的党派冲突在政策维度上所遵循的不是冲突置换的逻辑,而是冲突扩展的逻辑。如果是冲突置换的逻辑,后一个冲突问题的出现将导致前一个冲突问题的减少或消失。而美国党派冲突的内容是不断叠加的,最开始体现在社会福利问题上,后来又增加了种族和文化问题,不仅在国内问题上有所增长,而且在国防和外交政策问题上也有所增长。与此同时,近年来还出现了一种新型的政党极化——情感极化(affective polarization)。情感极化具体表现为普通美国人越来越不喜欢和不信任来自对立党派的人,民主党人和共和党人都指责对方虚伪、自私、思想封闭,双方都不愿意跨党派交往。

西方学界对政党极化的研究以实证研究为主,而实证研究的一个重要前提是对概念进行操作化的测量。就极化的主体来看,政党极化主要包括大众中的政党极化和精英中的政党极化。对于前者一般采用问卷调查的方式来测量大众的极化态度和意识形态,对于后者主要从精英的行为来测量他们的意

[①] Clio Andris et al., "The Rise of Partisanship and Super-Cooperators in the U.S. House of Representatives", *PLoS ONE*, Vol. 10, No. 4, 2015, pp. 1–14.

识形态。从精英行为测量政党极化最简单的方法,是利用国会的唱名表决(roll-call voting)记录来计算党派投票的百分比,即计算在国会特定任期内一个政党投票反对另一个政党的唱名投票百分比。此外,还有政党团结分数、议员表决记录的利益集团评级、DW-NOMINATE 分数等多种指标被运用到政党极化的测量之中。其中,DW-NOMINATE 分数是最常用的评估指标,该分数由普尔(Keith T. Poole)和罗森塔尔(Howard Rosenthal)共同开发,它是基于议员的唱名表决行为运用统计模型估计出来的意识形态立场,分值越大表明立场越偏向保守一端。① 这种估计方法认为议员的投票选择可以用投票的空间模型来解释,在空间模型中,假设每个议员在自由-保守维度上都有自己的位置,这个位置被称为理想点。在唱名投票记录中,那些以非常高的频率投相同票的议员被认为具有相似的理想点,而那些不那么频繁地投相同票的议员具有不同的理想点。通过迭代算法,可以将所有议员的理想点估计出来,最后计算民主党议员和共和党议员之间理想点的总体差异就能得到政党极化的水平。

对美国国会中两党极化的原因和后果的研究,一直以来都是政党极化研究的重点内容。首先来看政党极化的原因。虽然学术界对于过去五十多年美国政党极化为什么会不断加剧尚未达成共识,但现有文献对原因的分析主要可以分为两大类:一是基于国会外部环境变化的解释,主要强调社会、经济和选举环境的转变如何改变了民选官员表现温和或极端的选举动机;二是基于国会内部环境变化的解释,主要聚焦于国会的正式和非正式制度如何以加剧党派冲突的方式演变。② 具体而言,在外部原因方面,选民在政策偏好和意识形态认同方面的两极分化、20 世纪 70 年代以来美国南方的选举重组、基于党派利益而不公正地重划选区(gerrymandering)、封闭式的党派初选方式、经济不平等、私人竞选资金系统以及新闻媒体的党派偏见,都可能是加剧政党极化的因素;在内部原因方面,可能影响政党极化的因素包括国会规则和程序的变化、众议院多数党的议程控制、党派领袖对议员投票施加的压力、国会议员基

---

① voteview 网站公开了美国国会议员的 DW-NOMINATE 分数以及每届国会政党极化程度的数据,https://voteview.com/,2024 年 5 月 6 日访问。
② M. Barber and N. McCarty, "Causes and Consequences of Polarization", in N. Persily, ed., *Solutions to Political Polarization in America*, Cambridge University Press, 2015, pp. 15-58.

于党派的团队精神以及两党交往规范的破裂。再来看政党极化的后果。大多数相关文献都认为,政党极化对美国民主的运作产生了许多负面的影响。例如,政党极化会造成国会的立法僵局和立法效率的低下,在立法和行政部门分属不同党派掌管的分裂政府的情况下尤其如此。由于美国许多公共政策的调整需要通过立法来推动,极化导致的立法僵局就会削弱公共政策适应经济和人口环境变化的能力。极化情况下政党在立法活动中采取的延搁和边缘策略,往往会造成财政治理"危机"和政府停摆。政党极化还会导致国会辩论中不文明言论的增加,进而导致大众对政治的兴趣和对政府的信任降低。不过,学者们也发现了政党极化的一些积极影响。比如,政党极化可以让公民更好地区分候选人的议题立场,可能会提高公共政策的代表性;政党两极分化的加剧有助于巩固政党在选民心目中的地位,提高大众对政党的认同。[1]

二、政党和政党体制制度化

自20世纪中期以来,政党和政党体制制度化一直是政党政治文献中反复出现的主题,并在过去二三十年里成为热点议题。亨廷顿在1965年最早把制度化的概念引入政治学的分析[2],此后这个概念被学者们广泛用于分析政党和政党体制、立法机关、国际组织、非政府组织、政治参与等各种政治组织(制度)和政治现象。对于亨廷顿来说,"制度化是组织和程序获得价值和稳定性的过程"。虽然这是对广泛意义上的政治制度化的探讨,但亨廷顿认为这个含义同样适用于政党和政党体制。帕尼比昂科(Angelo Panebianco)是另一位界定了制度化概念的重要学者,他把制度化看作"组织'团结'的方式",认为制度化是组织体现创建者的价值和目标的过程,在这个过程中,组织本身有了价值,组织的维持与生存成了其大部分支持者的目标。[3] 可以看到,获得价值和维持稳定(或生存)是亨廷顿和帕尼比昂科赋予制度化概念的共同元素。至于如何

---

[1] Geoffrey C. Layman et al., "Party Polarization in American Politics: Characteristics, Causes, and Consequences", *Annual Review of Political Science*, Vol. 9, 2006, pp. 83–110.

[2] 参见 Samuel P. Huntington, "Political Development and Political Decay", *World Politics*, Vol. 17, No. 3, 1965, pp. 386–430。

[3] 安格鲁·帕尼比昂科:《政党:组织与权力》,周建勇译,上海人民出版社2013年版,第57、61—62页。原书出版于1982年。

衡量一个政党是否以及在何种程度上获得价值和维持稳定,亨廷顿和帕尼比昂科则提出了不同的衡量维度。亨廷顿提出了四个衡量制度化的维度:一是适应性,即适应环境挑战的能力和存活能力;二是复杂性,即组织具有数量庞大的下属组织以及下属组织高度专门化;三是自主性,即组织独立于其他社会团体和行为方式而生存的程度;四是内聚力,即组织内的活动分子达成一致意见的程度。帕尼比昂科在亨廷顿的基础上,提出了政党制度化的两个测量维度:其一是组织相对于其外部环境的自主程度(自主性),其二是组织内不同部门之间相互依赖的程度(系统性)。帕尼比昂科的系统性涵盖了亨廷顿所说的复杂性和内聚力,因此,除了适应性,二者的衡量维度大体上是相似的。后来的学者在研究政党制度化时,很多都借鉴了亨廷顿和帕尼比昂科的测量维度,并在他们的基础上增加了具象化(reification)、常规化(routinization)、植根性(rootedness)、价值注入(value infusion)等维度。[1] 总而言之,学者们主要从两个角度来衡量政党制度化:一是政党组织内部的角度,如复杂性、内聚力、系统性、常规化等维度;二是政党与外部环境关系的角度,如适应性、自主性、具象化、植根性等维度。

政党是政党体制的核心要素,政党体制制度化与政党制度化密切相关。对政党体制制度化的研究一般也会追溯到亨廷顿,因为他研究的制度化的对象包含了政党体制。贝尔托阿(Fernando Casal Bértoa)把亨廷顿以来的政党体制制度化研究划分为三个阶段:第一阶段(1965—1995)主要以描述性和发展性作品为特征,在概念化和操作化方面为多维路径辩护;第二阶段(1995—2007)不仅在全球范围内普及了这个概念,特别关注"第三波"新兴民主国家(主要是拉丁美洲和东欧国家),而且在操作化的主要维度和指标方面有某种形式的趋同;第三阶段(2007年以来)以世界不同地区(包括西欧)的描述性和分析性研究为特征,并试图提出新的操作化测量指标。[2] 其中,韦尔夫林(Mary B. Welfling)是最早专门研究政党体制制度化的学者,她把制度化界定为:"当

---

[1] Fernando Casal Bértoa, "Political Parties or Party Systems? Assessing the 'Myth' of Institutionalisation and Democracy", *West European Politics*, Vol. 40, No. 2, 2017, pp. 402-429.

[2] Fernando Casal Bértoa, "The Three Waves of Party System Institutionalisation Studies: A Multi- or Uni-Dimensional Concept?", *Political Studies Review*, Vol. 16, No. 1, 2018, pp. 60-72.

要素继续以某种相对稳定的模式相互作用时发生的过程,并且在它们的相互作用中创造和完善结构并形成边界,从而将它们与环境区分开来。"①根据这个定义,韦尔夫林从边界(即体制与其环境的界线)、稳定性(即体制运行的模式化)、范围(即体制影响其环境的强度)、适应性(即体制对内外变化的适应)四个维度来衡量政党体制制度化。梅恩瓦林(Scott Mainwaring)和斯卡利(Timothy R. Scully)1995年出版的著作,开启了学术界对"第三波"新兴民主国家政党体制制度化研究的热潮。他们在亨廷顿和韦尔夫林的基础上,从以下维度来衡量政党体制制度化:一是政党竞争格局的稳定性;二是政党在社会中具有一定的稳定根基;三是主要的政治行动者赋予选举过程和政党合法性;四是政党作为相对自主和有凝聚力的实体,按照常规化的程序来运作。在这四个维度当中,只有第一个维度是关于政党体制的,后面三个维度则是关于政党组织和政治行为的,而且最后两个维度很难进行操作化测量。因此,后来的研究绝大多数都沿用了第一个稳定性的维度。②

政党和政党体制制度化研究的兴起,使学界对政党和政党体制的研究由侧重形式转向侧重实质,推动了政党政治研究范式的转换。自亨廷顿以来,学术界对政党和政党体制制度化的研究主要围绕四个方面的议题展开:一是政党和政党体制制度化的理论研究,主要侧重对政党和政党体制制度化的含义和衡量维度的探讨;二是政党和政党体制制度化程度的实证检验,即运用特定的维度和操作化指标,对一个或多个国家的政党和政党体制制度化水平进行定性的衡量或定量的测量;三是政党和政党体制制度化的成因研究,这是把政党和政党体制制度化作为被解释变量,分析哪些因素可以影响它们;四是政党和政党体制制度化的作用研究,这是把政党和政党体制制度化作为解释变量,分析它们对其他事物有何影响。关于前两个研究议题,我们在前文已经述及。关于政党和政党体制制度化的成因,学者们研究发现,民主制度持续的时间长短、选举权和公民权扩张的时机、转型之前政权的性质和统治策略、选举体制

---

① Mary B. Welfling, *Political Institutionalization: Comparative Analysis of African Party Systems*, Sage, 1973, p. 13.

② Fernando Casal Bértoa, "Political Parties or Party Systems? Assessing the 'Myth' of Institutionalisation and Democracy", *West European Politics*, Vol. 40, No. 2, 2017, pp. 402-429.

的特征、社会结构的特征(尤其是社会分裂)等都可能是影响政党和政党体制制度化水平的因素。① 而关于政党和政党体制制度化的作用,大量对"第三波"新兴民主国家的研究表明,政党和政党体制制度化是民主有效运作的必要条件,政党和政党体制的制度化水平越高,民主质量就越高,民主巩固就越容易实现。不过,也有研究指出,政党和政党体制制度化与民主质量之间并不是简单的线性相关关系②,是政党体制制度化而不是政党制度化保证了民主的存续,并且存在一个制度化的门槛,一旦达到这个门槛就可以避免民主的崩溃③。

近年来,一些以政党制度化作为解释变量的研究,开始突破民主转型和民主巩固的视野,从更加普遍的角度来探讨政党制度化的作用。例如,比扎罗(Fernando Bizzarro)等运用150多个国家和地区100多年的数据,检验了政党制度化程度与经济增长之间的关系。他们发现,高度制度化的政党所具备的问责机制、长远视野和解决协调性问题的能力,能够促进短期和长期的经济增长。④ 拉斯穆森(Magnus B. Rasmussen)和克努森(Carl Henrik Knutsen)同样运用1900年以来的全球跨国数据,研究了政党制度化程度对福利国家发展的影响。他们认为,高度制度化的政党可以让政治家克服协调问题,避免被特殊利益集团俘获,并与广泛的社会群体形成稳定的联系,这些特征使政治家有能力也有动力去追求广泛的福利政策。⑤ 菲耶尔德(Hanne Fjelde)通过将政党制度化的全球数据与1946—2010年所有全国性选举中的暴力数据相结合,来检验政党制度化与选举暴力之间的关系。结果表明,高度制度化的政党与选举暴力冲突的风险降低之间存在统计上显著且实质性的重要关联。她认为原因主要有两点:其一,强大的政党组织具有减少暴力操纵选举的动机,因为这些组

---

① Allen Hicken and E. Martinez Kuhonta, "Shadows from the Past: Party System Institutionalization in Asia", *Comparative Political Studies*, Vol. 44, No. 5, 2011, pp. 572-597.

② Hans Stockton, "Political Parties, Party Systems, and Democracy in East Asia: Lessons from Latin America", *Comparative Political Studies*, Vol. 34, No. 1, 2001, pp. 94-119.

③ Fernando Casal Bértoa, "Political Parties or Party Systems? Assessing the 'Myth' of Institutionalisation and Democracy", *West European Politics*, Vol. 40, No. 2, 2017, pp. 402-429.

④ F. Bizzarro et al., "Party Strength and Economic Growth", *World Politics*, Vol. 70, No. 2, 2018, pp. 275-320.

⑤ M. Rasmussen and C. Knutsen, "Party Institutionalization and Welfare State Development", *British Journal of Political Science*, Vol. 51, No. 3, 2021, pp. 1203-1229.

织能够以更具成本效益的方式来动员选民;其二,强大的政党组织限制了政治行为者在领导层和基层部署选举暴力。①

第四节 政党政治的数据集

随着20世纪末西方政治学第二次科学革命的到来,政治学定量研究方法得到了蓬勃发展,政治学领域越来越流行基于数据的实证研究。在这种潮流的驱使下,政党政治的研究也越来越重视数据集或数据库的建设,很多学者陆续开发了相关的数据集或数据库。下面我们将介绍几个对政党政治研究具有重要意义的典型数据集或数据库。

一、政党纲领项目

政党纲领项目(Manifesto Project)最初由政党纲领研究小组(Manifesto Research Group, MRG)在1979—1989年创建;1989—2009年,WZB柏林社会科学中心以比较政党纲领项目(Comparative Manifestos Project, CMP)的名义继续开展这项工作;2009年10月至今,由德国科学基金会(DFG)资助的政治代表纲领研究(Manifesto Research on Political Representation, MARPOR)项目维护和更新该项目的数据。2003年,该项目获得了美国政治学会(APSA)的比较政治最佳数据集奖。

政党纲领项目的数据包括政党纲领项目数据集(Manifesto Project Dataset)和政党纲领语料库(Manifesto Corpus)。截至2024年11月,数据集涵盖了从1945年至2023年五大洲50多个国家的1000多个政党,提供了对政党竞选纲领的内容分析编码;而语料库包含了近3000个机器可读的竞选纲领文档和180多万条带标注的句子,符合量化文本分析的趋势和要求。数据集和语料库都可以在项目的官方网站注册以后免费下载,网址为:https://manifestoproject.wzb.eu/。

---

① Hanne Fjelde, "Political Party Strength and Electoral Violence", *Journal of Peace Research*, Vol. 57, No. 1, 2020, pp. 140-155.

二、教堂山专家调查

教堂山专家调查(Chapel Hill Expert Surveys, CHES)评估了世界各国政党在意识形态、政策议题和国际关系方面的立场,最初由马克斯(Gary Marks)和斯滕伯格(Marco Steenbergen)两位学者共同发起。目前该项目主要包括欧洲调查和拉丁美洲调查两个部分。欧洲调查在1999年、2002年、2006年、2010年、2014年和2019年进行了六轮调查。调查采用专家评估的方式进行,在2019年的调查中,共有421位专家评估了32个欧洲国家的277个政党。拉美调查于2020年启动,那波调查数据涉及12个拉美国家的112个全国性政党。相关的调查数据可以在项目的官方网站免费下载,网址为:https://www.chesdata.eu。

三、政党多样性数据集

作为民主多样性(V-Dem)项目的子项目,政党多样性数据集(V-Party)是全球几十位学者协作开发的成果。项目团队在现有的政党数据集和学术文献的基础上,于2017—2019年完成了数据集的问题和变量的设计。该项目与不来梅大学的杜邦(Nils Düpont)和多林(Holger Döring)合作,整合了他们创建的政党事实数据集(PartyFacts)的数据。另外,该项目还邀请全球数百名专家对特定国家和地区选举中政党的政策立场和组织能力进行了评估和编码。

政党多样性数据集是政党政治领域全面性和综合性最强的数据集。第1版于2020年发布,涵盖了全球178个国家和地区1900—2019年2805次选举中的3489个政党,包含11914个政党-选举年份单位的929141个数据点。其中,专家编码数据涵盖了169个国家和地区1970—2019年1560次选举中的1955个政党,包含6330个政党-选举年份单位的183570个数据点。这些数据在项目的官方网站以多种格式提供免费下载,网址为:https://www.v-dem.net/data/v-party-dataset/。

总而言之,政党政治是现代政治的重要组成部分,从政党政治研究的经验来看,政党政治研究的发展和创新立足于现代政治的实践。一方面,政党政治研究的进展反映了现代政治实践的发展;另一方面,现代政治实践的变化推动了政党政治研究的创新。未来政党政治研究将继续与政治实践密切联系在一起。近年来,发达国家的民主腐蚀或民主退步问题,发展中国家的国家建构失败或国家能力提升难题,成为人们持续关注的热点。如何从政党政治的角度来理解发达国家的民主危机和发展中国家的国家建构困境,将成为未来政党政治研究的重要方向。在研究方法上,与政治学其他领域一样,重视数据集的开发与建设、强调因果推断、追求混合研究方法的使用等已经成为政党政治研究的新趋势。

思 考 题

1. 如何理解政党的含义?如何划分政党的类型?
2. 什么是寡头统治铁律?如何评价寡头统治铁律?
3. 什么是迪韦尔热定律?如何评价迪韦尔热定律?
4. 如何理解美国政党极化的原因和后果?
5. 政党和政党体制制度化有哪些衡量维度和研究议题?

参考文献

艾伦·韦尔:《政党与政党制度》,北京大学出版社 2011 年版。

理查德·S. 卡茨、威廉·克罗蒂编:《政党政治研究指南》,吴辉译,江苏人民出版社 2020 年版。

罗伯特·米歇尔斯:《寡头统治铁律:现代民主制度中的政党社会学》,任军锋等译,天津人民出版社 2003 年版。

G. 萨托利:《政党与政党体制》,王明进译,商务印书馆 2006 年版。

Maurice Duverger, *Political Parties: Their Organization and Activity in the Modern State*, Methuen, 1954.

第九章 身份政治[*]

身份政治(identity politics)又称认同政治,产生于那些具有自我认同的社会群体追求权利和地位的社会运动,这些群体宣称受到不公正的待遇,希望扩大自身的权利,以改善在社会中的边缘地位。如今,被归到身份政治标签下的议题不仅范围广泛,而且内容庞杂,甚至相互冲突。在西方,身份政治兴起伊始,得到一些西方左派的推波助澜。对新一代左派来说,重要的是文化权利在群体中的分配——不是抽象的"劳动者"的财富和普遍权利,而是特定类型的男人和女人的财富和权利,哪些种族或性别或教派有"特权",哪些没有。他们将斗争的矛头转向日常生活中的社会歧视和不平等,更加注重文化性批判。在一些欧美国家,身份议题成为政治论述和政治实践的焦点,并在其内政外交中扮演关键角色。身份政治已经成为当代西方政治图谱的重要颜色,甚至超越了传统的左右之分的意识形态光谱。当今西方社会的许多政治社会现象,或可透过身份政治这个棱镜得到理解或解释。

第一节 身份政治的意涵

由于英文单词 identity 既有"身份"又有"认同"的意涵,国内学者一般从字面上将 identity politics 翻译为"身份政治"或"认同政治"。这种翻译往往引起诸多误读甚至误解,认为凡是跟"身份"或"认同"相关的政治,都是 identity politics,实则不然。

尽管身份政治与"身份"关联,但并非所有与"身份"相关的议题都属于身份政治。譬如,传统政治学所关注的阶级身份、民族身份、公民身份等,严格来

---

[*] 本章内容与作者主编的《文化政治学概论》第十章内容基本一致,略有修改。

说都不属于身份政治范畴。阶级"在我们所生活的当代世界中已变得越来越不重要"①，即便一些左派学者也是这样认为的。虽然也有人把马丁·路德·金等人领导的黑人民权运动视为身份政治兴起的标志，但是这一运动参与者当初所主张的主要是公民身份（citizenship），也就是要求赋予黑人完整的公民身份以及平等的公民权利。身份议题由来已久，在古典政治学中就占有一席之地，但身份政治却是步入成熟的现代性社会乃至转向后现代社会才出现的新政治现象。

译成中文的"认同政治""身份政治"都只强调了 identity politics 的某个方面，比较准确、完整的翻译应该是"个人（主观）认同的身份政治"（为了行文的方便，本章依旧使用"身份政治"这一惯常的中文翻译）。

身份政治所"认同"（identity）的，不是启蒙运动以来所强调的那个抽象的、普遍的、一般意义上的"公民"，而是拥有特定社会特征的具体的人（如女人、黑人、印第安人、LGBTQ 等）。换言之，所谓身份政治中的"身份"（identity），至关重要的是个体的经历，特别是他或她被社会所压迫的经历，以及一种共享的、更真实的或自主选择的可能性。而且，这种认同往往不是单向度的、独一的，或者不会改变的，而是多向度的、复杂的，且会随时间而变化。所谓的认同必定同差异并存，也就是说这种认同必须凭借差异将自己和他者区分开来才能存在。这样的认同通常和与生俱来没有什么关系，往往来自社会的建构，由这个社会的主导文化所形塑。

第一，身份政治所认同的是自我建构的身份，而非自然的或被赋予的身份。个人把身份视为自我理解和感知世界的象征符号系统。人们通过身份来获得归属感，形成群体的凝聚力，辨别我们和他者，表达忠诚，这是人生意义建构的一部分。诚如卡斯特（Manuel Castells）所言，"没有一种身份是本质性的"，"认同（identity）是人们意义与经验的来源"，"也是由行动者经由个别化的过程而建构的"。②

---

① 朱迪斯·巴特勒、欧内斯特·拉克劳、斯拉沃热·齐泽克：《偶然性、霸权和普遍性——关于左派的当代对话》，胡大平等译，江苏人民出版社 2004 年版，第 214 页。
② 曼纽尔·卡斯特：《认同的力量》，夏铸九、黄丽玲等译，社会科学文献出版社 2003 年版，第 5、2、3 页。

从这个意义来说,他们所建构的身份认同首先是一种"排斥性的认同","他们建立抵抗的战壕,并以不同或相反于既有社会体制的原则为基础而生存"①。不过,恰如霍尔(Stuart Hall)所言,我们的身份认同只能在所谓的"话语"(discourse)里面被建构。② 在身份政治中,身份更主要是表演性的,身份不是建立在任何本质特征之上,而是建立在文化预期之上的一种表演。③

Identity politics 中的 identity,实际上是一种自我界定或自主定义。从这个意义上说,"身份政治"或"认同政治",实质上仍然是一种定义性政治。

第二,身份政治往往以特定身份群体的面目出现,他们要求承认其差异性身份。身份政治的话语实践,除了不同参与者自身的身份认同和主体意识的觉醒以外,他们都遵循着一项先决性的原则,那就是对差异的强调。他们甚至将差异视为本质/本真的东西,界定自我的本源。

身份政治,首要是谋求对某种身份的承认(也就是"承认的政治")。但是,这里所要求承认的往往是"差异"——"就差异政治而言,要求我们给以承认的是这个个人或群体独特的认同,是他们与所有其他人相区别的独特性。这种观点认为,正是这种独特性被一种占统治地位或多数人的认同所忽视、掩盖和同化"④。因此,对于身份政治参与者来说,承认斗争的目标是"建立一个'允许差异存在'(difference-friendly)的世界;在这个世界里,边缘群体,如边缘民族、'种族'、性倾向及性别不再为了换取平等尊重,而被大多数或主流的文化规范所同化"⑤。因此,身份政治推动了从"分配政治"到"承认政治"的转向,理论焦点从"平等"转为"差异",凸显、发掘和建构差异化的身份及其所蕴含的内在价值。⑥ 对于身份政治参与者而言,某种边缘化的身份不是矫正和同

---

① 曼纽尔·卡斯特:《认同的力量》,夏铸九、黄丽玲等译,社会科学文献出版社 2003 年版,第 4 页。
② Stuart Hall, "Introduction: Who Needs 'Identity'?", in S. Hall and Paul du Gay, eds., *Question of Cultural Identity*, Sage, 1996, p. 4.
③ 阿雷恩·鲍尔德温、布莱恩·朗赫斯特、斯考特·麦克拉肯、迈尔斯·奥格伯恩、格瑞葛·斯密斯:《文化研究导论》,陶东风等译,高等教育出版社 2004 年版,第 232 页。
④ 查尔斯·泰勒:《承认的政治》(上),董之林、陈燕谷译,《天涯》1997 年第 6 期。
⑤ Nancy Fraser and Axel Honneth, *Redistribution or Recognition?: A Political-Philosophical Exchange*, Verso, 2003, p. 7.
⑥ 涂锋:《身份政治第三波与西方国家的政治衰败——基于国家建构视角的分析》,《政治学研究》2021 年第 3 期。

情的对象,而是值得自豪和去彰显的价值。这些边缘群体不再期望融入社会主流,而是要求社会主流尊重其身份所承载的差异化特质。甚至对于他们来说,被主流社会所同化,本身就是一种"压迫"。

一旦他们的差异得到承认,这些身份群体还会要求参与,进而要求平等地参与,并在此基础上保障其身份的(特殊或合法)权益。南茜·弗雷泽(Nancy Fraser)认为:身份政治的核心是必须建立能够实现"参与平等"的身份;以"参与平等"为规范的正义观,包括经济领域的再分配、文化领域的身份承认、政治领域的代表权。①

不过,在当今一些西方国家,许多身份政治的诉求只是获得"承认",而且,不(主要)是"国家"的承认,而主要是"社会"的承认。从这个意义上说,身份政治原本是一种社会性政治——一些社会边缘群体运用这一概念来唤醒成员身份意识,维护自身权益并反抗社会不公。其实,所谓的社会边缘群体,也是由其所在的主流社会定义和建构的。身份政治所反抗和斗争的,恰恰是这一(主流)社会的定义和社会建构。身份政治从对(社会)压迫的分析开始,以各种方式对先前被污名化的群体的相关描述进行重识、重写或者改造。不再接受主流文化所提供的关于自己自卑的负面脚本,而是通过提升自觉意识或破除虚假意识来改变自己的自我认同和群体认同。进入21世纪以后,"9·11"事件、2008年全球金融危机和特朗普当选总统等重大事件的发生加速了其异化,在以美国为代表的西方国家,身份政治逐渐沦为政党或政治派系斗争乃至世界范围"文明冲突"的工具,它才从社会性政治走向政治性政治,成为当下西方政治极化的"祭品"。

身份政治一般是针对非主流群体而言的。事实上,身份政治的参与者正是来自这些差异性的社会边缘群体,身份政治不仅对外要用差异原则消解同一性哲学对差异的支配和压迫,而且要求差异的合法化和正当化。同时,身份政治对内也贯彻差异原则。这样一来,就会导致身份政治运动的碎片化,以及诸多不同类别的参与者为了获取新的"主体"地位而相互斗争。②

---

① 南茜·弗雷泽:《有关正义实质的论辩:再分配、承认还是代表权?》,朱美荣译,《马克思主义与现实》2009年第4期。
② 汪越:《身份政治的理论逻辑》,《学术界》2018年第3期。

他们之间往往缺乏凝聚力。由于身份政治将认同理解为一种社会建构，它将个体或群体的同一性视为一种文化政治的产物，从而很容易在对差异性的寻求中，因对特定群体的忠诚而撕裂整个共同体的统一。这在某种程度上消解了身份政治的积极作用。

因此，身份政治难以跳脱这些吊诡之困：被社会边缘化的群体争取平等的承认，驱动了当代的身份认同政治。但获得平等承认的渴望，很容易不知不觉中变成要求别人承认这一群体高人一等。甚至在身份政治的某些实践中，主导的子群体可能在理论上和实践中，将他们对群体身份的看法强加于其他成员；原本是为消除某一特定身份的差异性权利，却去刻意强调并最终确认这一身份的差异性；原本这差异性的身份是自我建构的，却认定它是本质主义的。

第三，身份政治实质上是个体化社会的政治表征。身份政治的出现是 20 世纪 70 年代中期开始产生的迅速而意义深远的社会巨变与转型的一个结果。就像埃里克·霍布斯鲍姆（Eric Hobsbawm）所言，在过去数十年，当社会学意义上的共同体难见于现实生活之时，"共同体"一词就变得再轻飘再空泛不过了。在一个一切都在运动和变化，没有什么是一成不变的世界里，男人和女人永远会去寻找可以归附的集团，而且他们也在某个身份集团中得以如愿。① 急剧的个体化转型和全球化的加速推进，都为身份政治的兴起提供了社会和时代的土壤，身份政治可以视为个体化社会的政治反应和政治表征。

身份政治实践特别关注个体性的经历和体验。身份政治运动的核心诉求，在于"自我命名"的赋权。② 因此，身份政治的极致便是极端的个人主义。从这个意义来说，马克·里拉（Mark Lilla）认为，美国当代的身份政治其实是极端个人主义在政治认同领域的一种表现。

虽然身份政治一般表现为集体行动的形式，但其成立的基础却是个人对身份的认同。个人绝不是不假思索地、被迫地接受某种由外界强加的身份；身

---

① 埃里克·霍布斯鲍姆：《身份政治与左派》，易晖译，《汉语言文学研究》2017 年第 1 期。
② Enrique Laraña, Hank Johnston and Joseph R. Gusfield, *New Social Movements: From Ideology to Identity*, Temple University Press, 1994, p. 10.

份认同是个人实现自身利益的一种工具,这种利益不局限于物质方面,而是越来越强调对生活意义的追求。

正因为如此,身份政治本身存在一个难以解决的悖论:身份政治本质上并非为了所有人,而是为了特定群体的成员争取政治利益[1],但是,它所运用的却是普遍主义的政治理论(如自由、平等);并且,事实上,这些特定群体的政治利益往往是不一致的甚至是相互冲突的。身份政治原本是想建构一个属于边缘群体的(身份)"共同体"——一个被他们视为新的安全、可信的庇护所[2],但事实上它却意味着共同体的取消。

第四,身份政治是一种"文化政治"。身份政治将包括性、人际关系、生活方式和文化等在内的以前未被定义为政治的生活领域加以政治化。[3] 而且,身份政治参与者的政治活动集中于文化问题,重写有关不同身份模式的剧本成为一种解放手段。

身份政治运动源于各种身份诉求,不论这些社会运动以何种形式展开,"参与大众话语事项的制定成为当代文化政治斗争的一个关键领域"[4]。以参与者自身的话语实践来对抗支配性话语的权力压迫,是后现代身份政治的主要实现途径。如今,"认同政治被颂扬为社会中文化与政治抵抗的舞台,而且往往还被视为一个移向新形态后现代或晚期现代社会的指标"[5]。因此,有人认为,在身份政治中,"政治是且仅仅是公共意见的名称"[6],它以解放的符号替代了实在的解放,阶级社会中生产领域的矛盾再一次被意识形态所掩盖。

现今,身份政治无处不在,却也有无所不包之嫌。有关身份政治的社会运动、话语和理论杂糅其间,相互影响,构成身份政治的"万花筒"。

---

[1] 埃里克·霍布斯鲍姆:《身份政治与左派》,易晖译,《汉语言文学研究》2017 年第 1 期。
[2] Z. Bauman, *The Individualized Society*, Polity Press, 2001, p. 151.
[3] Mary Bernstein, "Identity Politics", *Annual Review of Sociology*, Vol. 31, 2005, p. 50.
[4] 戴维·钱尼:《文化转向——当代文化史概览》,戴从容译,江苏人民出版社 2004 年版,第 145 页。
[5] Kevin Hetherington, *Expressions of Identity: Space, Performance, Politics*, Sage, 1998, p. 22.
[6] 阿兰·巴迪欧:《世纪》,蓝江译,南京大学出版社 2011 年版,第 11 页。

第二节 纷繁复杂的身份政治

身份政治的发展,受到多元文化主义(multiculturalism)的影响。20世纪80年代以来席卷西方国家的多元文化主义为身份政治做了潜在的辩护。多元文化主义原本被用来形容实际多样化的社会,但它也成为一种政治纲领的标签:平等尊重每一种文化和每一种人生体验,尤其是过去被忽视或低估的。古典自由主义力求保障平等个体的自主性,新的多元文化主义意识形态则提倡平等尊重所有文化,即便那些文化会限制参与者个人的自主性。一些学者从多元文化主义出发来论证身份政治的合理性,他们认定某个"身份"是由特定文化塑造的,遵从多元文化主义逻辑就必须平等对待这个差异性的身份。但是,多元文化主义却难以解决这样一个问题:在保护少数派身份群体的文化权利的同时,避免多元身份互动中的冲突。

然而,深入探析可以发现,身份政治其实受到各种不同理论、不同流派的影响。在西方,无论是左翼还是右翼,无论是自由主义者还是社群主义者或者马克思主义者,都卷入了身份政治,使得身份政治形成许多不同的主张和诉求,甚至相互对立、冲突。

就西方马克思主义者而言,他们从传统的阶级政治转向身份政治。20世纪60年代,西方左翼的政治议程焦点从民族性和阶级转向身份,关注受到社会主流文化压迫和排斥的边缘群体,体现在争取性别平等和反对种族主义的政治斗争中。左派成为身份政治的助推者之一。但是,身份政治致力于实现特定群体的特殊目标,而"左派的政治规划是普遍主义的:它是为了全人类"[①]。

20世纪的政治向来是沿着经济议题界定的左右光谱来规划的:左翼希望更平等,右翼想要更大的自由。进步主义的政治活动以工人、工会和社会民主党派为中心,他们追求更好的社会保障和经济利益的重新分配。相形之下,右翼则主要关注缩减政府规模和发展私人产业。在21世纪的第二个十年,这一光谱似乎在许多方面让位给了由身份认同界定的光谱。左派已经没那么注重全面经济平等,而更想促进各种被认为遭边缘化的群体如黑人、移民、女性、西

---

① Eric Hobsbawm, "Identity Politics and the Left", *New Left Review*, I/217, May/June 1996, pp. 42-43.

班牙裔、LGBT+社群、难民等的利益。右派则将自己重新定义为爱国者，企求保护传统的民族身份认同——往往明显与种族、族群或宗教有关的身份认同。身份政治同样被右派所运用，因为身份政治会催生出政治正确，而对抗政治正确如今也成为右派动员的主要源头。

在美国，身份政治经历了从左派的解放政治向表演政治和右派的反动政治(reactionary politics)演化的历史过程。当下"白人民族主义"的兴起以及它同黑人及其他族裔、女性、同性恋者权利运动之间的对峙和冲突，是其最新表达形态。由于对所谓自身身份的"本真性"的坚持和对差异的寻求，身份政治不断瓦解统一的国家认同，并导致美国民主政治的"部落化"，在最近十余年引发了国家内部的"文明冲突"。① 如果说 21 世纪之前的身份政治更主要是一种左翼政治运动的话，那么，21 世纪以后的新身份政治在和民粹主义、极端民族主义等思潮媾和后，则滑向了政治光谱的右端。在新身份政治崛起后，传统身份政治仍继续存在并发挥影响，两者之间的冲突和对峙加剧了西方的政治混乱。

许多人将身份政治纳入后现代主义范畴进行审视。他们认为，身份政治起源于对现代启蒙普遍主义的反叛。随着现代启蒙理性神话的破灭，过去被遮蔽的主体对他者的支配和压迫现象展现于世人面前，身份政治就是那些传统上被视为"边缘人"的他者反抗这种支配关系的斗争实践。与后现代主义和解构主义相关的理论著作在使表现(认同)政治得到表述上起着尤其重要的作用。② 其中，福柯的话语理论对于身份政治的理论建构及其实践尤为重要。福柯对历史特定阶段的说明，为"主体"和他者的对立关系是如何在话语实践当中被建构出来的提供了鲜明的范例。不仅主体是被建构的，他者同样是被建构的，并且在被建构出来的同时就已经暗含了对他者的排除和压迫。各种各样的弱势群体从福柯的理论当中看到了在身份塑造的过程中被规训的自己的影子，"对于那些与各种不同形式的社会控制作战的人来说，它简直成了金科玉律。作为真正反抗规训实践的批判武器，福柯的观点成了形形色色的局部斗争的利器"③。

---

① 孔元:《身份政治、文明冲突与美国的分裂》,《中国图书评论》2017 年第 12 期。
② 戴维·钱尼:《文化转向——当代文化史概览》,戴从容译,江苏人民出版社 2004 年版,第 145 页。
③ 弗朗索瓦·多斯:《解构主义史》,季广茂译,金城出版社 2012 年版,第 312 页。

对于许多人而言,当下西方国家声势正猛的身份政治是一种深度现代(deep modern)或后现代(post modern)的政治形态。① 从本质上说,后现代的身份政治是从对同一性哲学的批判当中发展而来的,通过对传统政治普遍主义的同质化倾向和对少数的排除倾向的批判,对被压迫的"他者"予以尊重和承认,形成一种开放性的多元的政治民主。因此,他们提出,认同政治必须放在后现代的脉络中来看,才能显现其底蕴。

第三节 身份政治的反思与发展

身份政治实际上是资本主义社会进入发展新阶段的一种新政治社会现象。一方面,身份政治为社会边缘群体发声,争取特定群体的权利,在一定程度上改善了边缘群体的处境,促进了社会的公平和正义。另一方面,身份政治的文化特质使得它无法从根本上改变资本主义社会的本质,甚至不自觉地成了资本主义意识形态的共谋。

不少人认为,身份政治是排他性政治。这种高度排他性的身份政治,并不是用来处理20世纪末以来种种难题的方法,只是面对这些难题时产生的一种情绪性反应而已。② 身份政治甚至导致彼此的争斗,因为身份认同政治的动能会刺激更多同类的东西萌生,身份认同群体会开始视彼此为威胁。不同于经济资源的争夺,身份认同的诉求通常是不可谈判的:基于种族、族群或性别的要求社会承认之权利,是以固定的生物特性为根据的,不能拿来交换其他物品,也不容删减。身份政治将一个通过差异寻求解放的普遍主义诉求,发展为通过差异再造压迫的"反动政治",从而使任何性质的和解都变得不可能。身份政治的危险在于,它将一种实际上由它与他者的对立所定义的身份,作为自我或群体的真实身份。③

---

① 任剑涛:《在契约与身份之间:身份政治及其出路》,《当代美国评论》2019年第2期。
② Eric Hobsbawm, *Age of Extremes: The Short Twentieth Century 1914-1991*, Abacus, 1995, pp. 429-430.
③ Cressida Heyes, "Identity Politics", in Edward N. Zalta, ed., *The Stanford Encyclopedia of Philosophy* (Fall 2017 Edition), https://plato.stanford.edu/archives/fall2017/entries/identity-politics, 2024年8月25日访问。

马克·里拉甚至认为,身份政治实际上是一种"伪政治"(pseudo-politics),因为它无法提出一种能够吸引大多数人的政治愿景,相反,却用无数碎片化的身份团体各自的政治愿景,撕裂了社会的团结,加深了族群分裂;而且,它偏离了权力这个政治的核心问题,沦为空洞的自我表演和缺乏建设意义的社会(抗议)运动,加剧了社会的对立与分裂,导致现实政治的极端化。

身份政治将复杂的经济和社会议题简单归结为身份差异,回避了严肃的政治辩论,从而降低了公共政策的质量。① 更为重要的是,身份政治以群体差异性奠基,无法有效整合一国之内的公民身份,它不能成为现代政治的引导力量。身份政治将其视角始终局限在文化上层建筑,甚至自身成为社会文化建构的一部分,而无法导向真正基础性、制度性的变革,由此大大消解了其自身的进步作用。② 它错误地认为,只要少数族裔、女性、特殊性取向群体在统治阶层中有一定比例的代表和话语权,就不用从根本上推翻资本主义制度。③ 它的批判对资本主义的统治没有造成根本威胁,甚至帮助他们转移和模糊了真正的矛盾,把左翼政治引向了错误的方向。就像玛丽·莫兰(Marie Moran)所指出的那样,身份政治"提供了一个仍与新自由主义的政治结构保持兼容的代议制政治版本"④。

总之,身份政治不能取代传统的公民政治。身份政治不能变成一种自恋的肯定,不应在否定公共生活和私人生活的界限之余,把自我认同的改变视为社会的改变,只强调某一特定认同的重要性,而对联系不同认同的社会政治理论漠不关心,使其沦为"认同的反政治"。公民的权利和自由,需要公民持久地参与政治。后现代的认同政治,由于它不以彻底改变国家体制为其斗争目的,也不以选举策略为唯一手段,而只是在社会中争取特定的社会认同,进而形成一种具有自我解放意识的独立文化,以此来实现其激进民主的目标,因此,它

---

① 陈金英:《美国政治中的身份政治问题研究》,《复旦学报(社会科学版)》2021年第2期。
② 涂锋:《身份政治第三波与西方国家的政治衰败——基于国家建构视角的分析》,《政治学研究》2021年第3期。
③ 阿萨克·库马尔、戴里娅·加布里尔、亚当·艾略特-库珀、施卢蒂·艾耶:《马克思主义对当代身份政治的介入》,王亚萍、王晓华译,《国外理论动态》2019年第1期。
④ 玛丽·莫兰:《身份和身份政治:文化唯物主义的历史》,宁艺阳、陈后亮译,《国外理论动态》2019年第1期。

充其量只能作为现代公民政治的补充,而不应取公民政治而代之。①

　　不过,也有不少人提出,这些对身份政治的批评,要么是夸大了身份政治的消极作用,要么是对身份政治存在误解。美国劳工阶层的研究者认为,身份政治不完全是阶级政治的替代,而是和阶级政治一样,都反映了不平等的社会结构。简单地将当前美国(乃至欧洲)政治中的分裂和极化现象归咎于身份政治,甚至归结为身份政治对阶级政治的替代,则有可能遮蔽事实的真相。在身份政治的背后,常常能够发现更为复杂的利益冲突。在很多时候,身份政治和阶级政治的关系是错综复杂的。"身份政治并不是万能的,但是它能帮助我们理解社会不平等是如何运作的。比起争论阶级地位和身份政治何者更重要,了解这两者是如何交织在一起的要有意义得多。……我们必须了解它们在真实的生活中是如何相互交织的。"②于是,法兰克福学派第三代社会批判理论的代表人物南茜·弗雷泽提出,"不应该简单地用承认的文化政治替代再分配的社会政治。确切地说,需要把二者结合起来"③。对于身份政治,她建议采取能够与社会平等政治结合起来的身份政治形式。

思考题

1. 身份政治为何会在西方国家兴起并发挥如此重要的影响?其演进历程如何?
2. 简述身份政治与美国等西方国家近年来政治极化、社会撕裂等现象之间的关联。
3. 身份政治与当代西方政治思潮中的多元文化主义有着怎样的联系?如何理解身份政治是一种"文化政治"?
4. 简述身份政治与传统公民政治之间在表现形态、研究旨趣和目标等方面的异与同。
5. 你如何看待和评价当前身份政治的发展?

---

① 孟樊:《后现代的认同政治》,扬智文化事业股份有限公司2001年版,第336、345—346页。
② Alethia Jones, "Identity Politics: Part of a Reinvigorated Class Politics", *New Labor Forum*, Vol. 19, No. 2, 2010, pp. 12–15.
③ 南茜·弗雷泽:《正义的中断——对"后社会主义"状况的批判性反思》,于海青译,上海人民出版社2009年版,第6页。

参考文献

埃里克·霍布斯鲍姆:《民族与民族主义》,李金梅译,上海人民出版社2020年版。

艾丽斯·M.杨:《正义与差异政治》,李诚予、刘靖子译,中国政法大学出版社2017年版。

弗朗西斯·福山:《身份政治:对尊严与认同的渴求》,刘芳译,中译出版社2021年版。

Eric Hobsbawm, "Identity Politics and the Left", *New Left Review*, I/217, May/June 1996, pp. 42-43.

Mark Lilla, *The Once and Future Liberal: After Identity Politics*, Harper Collins, 2017.

第十章　选举政治

选举是人类政治生活的重要内容,选举研究故而成为政治学研究的关键领域。传统上,选举研究可划分为选举制度、选举行为和选举结果三大板块。选举制度研究关注选举制度的各种类型、设计选择及其政治后果,同时伴随不同制度之间优劣势的权衡比较。选举行为研究关注投票行为和竞选行为,聚焦选民投票的行为特征及其影响因素、候选人竞选的行动策略及其动员效果。选举结果研究关注投票结果的预测、真实结果的解释以及选举结果的后续政治影响,进而发展出各类选举预测范式和方法,涌现出各种选举解释路径和模型。诚然,制度、行为和结果密不可分,选举研究的三大板块彼此交融、相互促进。本章将从制度、行为、结果三个维度梳理选举研究的前沿领域,将选举研究前沿置于政治学学科发展和现实政治变迁的背景下考察,分析前沿议题的兴起原因、表现形式和发展趋势。其中,制度篇将考察选举行政、非发达民主国家的选举;行为篇将分析新技术环境下的竞选行为、非常时期的投票行为;结果篇将聚焦选举预测、选举暴力。在此基础上,本章也将归纳当前选举研究在主题、视野和方法层面的发展趋势。最后,本章将以选举研究前沿为切入点,讨论政治学学科演化的前沿动态和发展前景。

第一节　选举制度

选举制度研究是选举研究的经典领域,也是政治学(特别是比较政治学)的研究重心。传统研究关注选举制度的设计及其政治影响,不同选举制度之间的优劣比较和权衡选择,选举制度与其他政治制度(如政党制度、议会制度)的交互关系,选举制度的推广和扩散,选举制度改革等。近年来,选举制度研究注重考察微观执行层面的选举行政和选务操作,以及非发达民主国家的选举制度及其运行绩效。

一、选举行政与选举公正

传统的选举制度研究聚焦选举体制的类型、选择和比较,例如将选举制度分为多数决制、比例代表制和混合制三大类型。利普哈特(又译李帕特)将选举制度的基本要素界定为选区规模、选举门槛、选票结构、席次分配方式四个方面[①],不同的制度要素组合构成一国特定的选举制度。选举制度的设计和选择会产生不同的政治后果。现实中,选举结果不仅受到选举制度设计的影响,同时取决于选举的运作过程和操作方式。选举是个复杂的运行过程,除了宏观层面的制度设计,还包括中观层面的选举行政管理,以及微观层面的选务操作。选举行政(electoral administration)指选举的操作规则和选务运行过程,又可称作选举管理或选举治理。选举行政可分为选前、选中、选后三个阶段。选前涉及选举管理机构的设置、选民注册、选举时间安排、选务人员培训、选民宣教、选举规划等,选中涉及选举组织、选举监督、选票统计、选举结果公布等,选后涉及选举结果审计、选举争议裁决、选区改划、选举法规修订等。任何环节出现操作失范都会影响选举公正,引发选举争端和政治危机。随着诸多转型民主国家和发达民主国家(特别是美国)出现选举争议[②],近年来有关选举行政和选举公正问题的研究成为选举研究的前沿领域。

自由且公正的选举被认为是西方竞争性民主体制得以运转的制度根基。然而,近年来发达民主国家屡次出现选举失范问题,其中包括一些老问题,例如某些选民群体的投票权受到压制,选区划分政治化,竞选资金管理混乱,选票的投递、认定和清点受到干扰,选票设计不合理,投票站点设置不科学,选务人员操作失误,等等。同时,亦涌现了诸多新问题,例如投票设施存在安全风险,候选人接受海外政治献金,竞选团队通过现代技术操纵选举,网络虚假信息误导选民,候选人拒绝承认选举结果,等等。这些问题都对"自由且公正"的

---

① Arend Lijphart, *Electoral Systems and Party Systems: A Study of Twenty-seven Democracies, 1945-1990*, Oxford University Press, 1994.

② Pippa Norris, Sarah Cameron and Thomas Wynter, eds., *Electoral Integrity in America: Securing Democracy*, Oxford University Press, 2018.

选举构成直接冲击。更重要的是,选举操作过程的规则设定和管理方式并非完全中立,其中渗透了权力博弈和党派利益,谁有权利、在什么时候、以什么方式投票都可能被操控,从而影响选举质量。因此,相关前沿研究议题涉及选举规则背后的党派政治、选举规则对选举结果的影响、选举失范现象的测量和评估、选举运行虚假信息的识别和论证、选举争议等。

选举行政过程中的失范现象近年来备受比较政治学界关注。所谓选举失范(electoral malpractice),是指在选举运行过程中由制度、法律、程序、技术等原因造成的有违选举"自由且公正"原则的活动或行为,有意或无意地让选举结果偏向特定政党或候选人,导致选举公正问题。[1] 作为因变量,选举失范和选举公正问题是由多种因素导致的,其中包括:(1)宏观层面的经济社会文化因素,选举失范现象在经济不平等、贫困问题突出、社会异质性程度较高的国家更为普遍[2],长期形成的政治文化也会影响选举的诚信水平。(2)制度设计层面的因素,相较于比例代表制,多数决制度下更容易出现选举失范和选举冲突,而在法治和分权制衡的体制下选举质量更高。(3)选举操作层面的因素,选举管理机构具有独立性和专业性有益于提升选举公正水平。作为自变量,选举失范和选举公正问题将产生诸多政治后果,其中包括:(1)选举失范将降低公民对选举制度和民主体制的信任,动摇执政合法性。[3] (2)选举不公损伤选民的投票意愿,导致投票率下降。(3)选举不公引发社会抗争和政治动荡,特别是当得票率接近的时候。总之,选举公正问题将产生深远的政治和社会影响,是政治风险的重要来源。

二、非发达民主国家的选举

主流的选举制度研究关注西方发达民主国家,选举被认为是自由民主体制的专利或政治民主化的工具。而非发达民主国家通常也存在某种形式的选举。非发达民主国家为什么会采用选举?这些国家存在哪些选举制度和选举

---

[1] Sarah Birch, *Electoral Malpractice*, Oxford University Press, 2011.
[2] Pippa Norris, *Why Elections Fail*, Cambridge University Press, 2015.
[3] Andreas C. Goldberg and Carolina Plescia, "Election Integrity across Europe: Who Thinks Elections Are Held Fairly and Why?", *European Political Science Review*, Vol. 16, No. 4, 2024, pp. 612-629.

规则？选举将对政权产生哪些政治影响？在民主化回潮、历史终结论受挫的时代背景下，这些议题成为全新和前沿的研究领域。相关研究主要围绕动机、制度、效果三个维度展开，覆盖了非洲、中东、拉美、东南亚、东欧等地区，拓展了政治学的研究内容和视野。

首先，就动机而言，非发达民主国家之所以冒着风险引入选举，主要有以下考量：在统治集团方面，选举可以被用于统治阶级内部的利益分配，统治者通过选举给予政治精英以资源帮助从而换取其团结与合作，形成一种"竞争性庇护主义"（competitive clientelism）体制，在该体制下统治者将来自精英集团的纵向挑战转变成精英之间的横向竞争。同时，选举可以帮助统治者监督基层官员、训练地方官僚、探知治理漏洞、甄选后备人才等。在在野势力方面，选举可以帮助统治者有序地吸纳反对阵营中的温和派，以软化其抗争策略或者分化对方力量。一方面，反对派参与选举有助于提升政权的民主形象；另一方面，统治者可以在选举中展示其"权力肌肉"，打破反对者的激进幻想。在民众方面，选举可以将各种社会网络转化为政权的支持体系，引导统治者更有效地向目标选民分配国家资源，巩固其民众基础。此外，选举可以动员普通民众参与到国家政治生活当中，通过宣传和仪式巩固政权认同。总之，研究发现，非西式民主政权有强烈且明确的动机巧妙地用选举巩固统治。然而，也有批评指出，这有从"效果"倒推"动机"之嫌，需要回到历史情境中重新考察选举发生学。

其次，就制度而言，非西式民主国家的选举制度设计及其运行过程受到关注。这些国家的选举制度存在较大异质性，虽然采用多数决制度（特别是领先者当选制）的比例较高，但各国选区规模、选举门槛、选票结构、席次分配等制度都存在较大差异。在选举运作方面，研究发现统治者会采用各种策略塑造有利于自己的选举竞争规则，例如在选举时间、候选人提名、竞选方式、选举仲裁等方面作出限制，以提升选举确定性。此外，在任者还凭借其控制的国家资源和组织优势影响选举过程，为本党候选人提供选举支持助其胜选。然而，控制选举规则不是万能的，统治者需要平衡选举稳定性与功能性的关系，过度操控会抑制选举功能的发挥，失去对统治集团、在野势力和民众的治理效能。

最后,就效果而言,新近研究倾向于认为选举有助于巩固现有政权。然而,另一些研究却与此针锋相对,认为周期性选举会带来政治不确定性,形成"选举民主化"(democratization by election)的转型模式。正如舍德勒指出的,选举开放与选举竞争是"交错的螺旋"[1],扩大选举开放会增加选举竞争,选举竞争会推动进一步的选举开放。由此可见,无论是"巩固说"还是"转型说"都采用了工具主义的视角,重要的不是争论选举到底取得了怎样的政治效果,而是要考察在何种条件下选举以何种机制产生某种特定的效果。

第二节 选举行为

选举行为研究是选举研究的勃兴领域,也是政治学最活跃的研究领域之一。以往研究关注选民投票行为的影响因素及其作用机制(例如哥伦比亚学派和密歇根学派),不同选民群体的投票特征及其分布,如何提升投票率,候选人选拔对投票的影响,候选人的竞选行为和动员策略,不同竞选动员模式的催票效果等。近年来,选举行为研究开始关注新技术环境下的竞选行为和投票行为,以及非常态下的选举行为。

一、新科技与选举

社交媒体和智能技术的兴起重塑着选举行为,如何评估新科技的选举影响成为研究前沿。伴随新兴信息技术(包括算法瞄准、计算宣传、"A/B"测试、超级画像、生成式AI、交互式AI、AI智能体等)进入政治场域,西式竞争性民主经历了"智能选举1.0"到"智能选举2.0"的迭代,目前正进入"智能选举3.0"时代。[2] "智能选举1.0"时代,候选人和竞选团队主要借助大数据分析获取信息,辅助制定选举策略和部署选举活动,以期提升选举募捐和选票动员的效

---

[1] Andreas Schedler, "The Nested Game of Democratization by Elections", *International Political Science Review*, Vol. 23, No. 1, 2002, pp. 103−122.

[2] 王中原:《竞争性选举的智能转型:动力机制、技术过程与政治影响》,《政治学研究》2025年第1期。

能。"智能选举 2.0"时代,政党和候选人运用"算法瞄准"技术,实施精准的选民画像和个性化的政治广告推送,试图干预或引导投票行为。"智能选举 3.0"时代,政党和候选人启用生成式 AI 和交互式 AI,生产大规模、低成本、高质量、多模态的竞选素材,并灵活高效地与选民进行场景化和私域化的交流互动,进而塑造选民偏好的形成、表达和认同过程。竞争性选举诉诸智能技术是西方"竞选白炽化"和"选举商业化"两大趋势的合力使然。商业营销手段被广泛植入选举实践,政治参与者急需利用前沿技术来提升竞争优势,使得前沿技术从科技和商业领域传导至政治领域的周期急剧缩短,由此智能技术在选举场域产生溢出效应。概言之,智能科技对政治选举产生极强的弥散性影响。前沿科技驱动选举技术的快速迭代,改变西式选举的行动者联盟、组织逻辑和竞选策略,影响竞选性选举承担现代政治功能。①

  智能技术对政治选举的影响是复线性的。一方面,新技术运用得当,可以提升选举管理效率、增强选民联结、促进选民参与、辅助弱势选民、激发民主活力。另一方面,新技术运用失当,则会带来诸多选举失范风险,包括负面竞选、信息失真、选民欺骗、选民压制、代表偏差、选举暴力等。伴随智能技术的迭代升级和无限制使用,通过投票聚合选民偏好从而选出政府回应选民需求并接受选民问责的"民主链条"出现裂痕,甚至危及民主政治的健康运转。尤其在当前西方政治极化的大背景下,最前沿的智能科技被运用到选举场域,使选举民主产生多重异化。2016 年美国大选中,特朗普团队通过心理测绘影响选民行为。② 2020 年和 2024 年大选再次将智能选举推向极致,大量数据掮客公司、智能科技公司、新媒体平台等涌入选举市场形成"智能选举军团",数据、算法和 AI 开始主导选举过程。智能选举不仅出现在多数决制的美国和英国,还流行于比例代表制的发达民主国家,甚至蔓延至新兴民主国家。③ 三个发展阶段见证了选举智能化的跃迁式演进:其一,选举智能技术从单一的数据分析工

---

  ① 马德普:《竞争性选举:功能、弊端与可替代性选择》,《政治学研究》2023 年第 2 期。
  ② 王中原:《算法瞄准如何重塑西方选举?——算法时代的选举异化及其治理》,《探索与争鸣》2021 年第 5 期。
  ③ Florian Foos, "The Use of AI by Election Campaigns", *LSE Public Policy Review*, Vol. 3, No. 3, 2024, pp. 1-7.

具发展为集成各类智能技术的综合性工具箱,其技术性能持续跃迁;其二,智能技术的应用场景从早期的选民数据库管理、小额捐款等,扩展至竞选战略规划、政治传播定制、选民行为干预、风险态势感知等全链条竞选场景;其三,选举技术的影响半径从特定选民群体扩展至全域选民,实现对选民认知、情感和行为的动态把控和精准干预。该进程催生出数据驱动、算法赋能、智能协同的现代选举范式,对代议制民主的运行逻辑和政治生态产生深远影响。[1] 未来,伴随 AI 智能体、具身智能、群体智能、脑机接口、量子计算、神经形态计算等前沿技术的突破,商业决策系统和军事指挥平台的应用经验将加速迁移至政治选举领域,进一步推动智能选举朝着纵深方向发展,从根本上重塑竞争性选举的政治生态。

二、非常时期的选举

传统的选举行为研究主要围绕常态下的选举展开,然而,现实世界的选举通常受到各类危机事件的影响,危机会重塑候选人的竞选策略和选民的投票行为。例如,2020 年突如其来的新冠疫情给相关国家的选举情势带来诸多不确定性,直接或间接地影响了选民的政治偏好和决策行为。除疫情外,各类危机事件都会对选举造成冲击,包括战争、自然灾害、族群冲突、恐怖袭击、难民危机等。近年来,非常时期的选举正在成为研究前沿。当前研究就冲击事件如何影响选举尚未形成定论,可分为正面影响、负面影响、没有显著影响三大类,并且围绕何种机制在起作用形成了不同的学说。

第一,正面影响。根据"在任者优势"理论,执政党和领导人在非常时期容易获得更高的关注和支持率,这些可以转化为选举红利,助其连任。相关作用机制包括:聚旗效应(Rally Round the Flag Effect),指危机事件会在第一时间将民众团结到领导人周围,拉升执政者的声望和支持率,感激效应,指受冲击的选民对在任者的危机应对举措及其治理效果表示肯定,从而回馈以表示感激和支持;示范效应,指在任者通过危机治理向全体选民展示执政能力,从而提

---

[1] Sarah Kreps and Doug Kriner, "How AI Threatens Democracy", *Journal of Democracy*, Vol. 34, No. 4, 2023, pp. 122-131.

升其大众形象,获得竞选优势。总之,面对危机,在任者有机会借助其优势地位和所掌握的国家资源,触发聚旗效应、感激效应和示范效应,迅速聚集关注和社会支持,提升形象和影响力,展现执政能力和绩效,从而将危机转化为竞选动员工具,扩大选举竞争优势。

第二,负面影响。研究发现冲击事件也会给在任者带来诸多负面影响,甚至剥夺其当选机会。在危机面前,选民并非完全理性,且容易受到媒体或党派的鼓动。相关负面作用机制包括:盲目回溯效应(Blind Retrospection Effect),即强调选民在问责时往往是盲目的,即便危机的发生跟执政者没有任何关系,选民也可能将怨气和不满发泄到在任者身上[①];惩罚效应,即选民根据危机的治理绩效和救助的分配正义调整其对在任者的评价,并通过选票惩罚糟糕的执政者;党派效应,即反对党和媒体借机加大对在任政府的监督和控诉,给在任者的选情带来不利影响。总之,危机事件作为外生冲击很可能激发理性或非理性的集中讨伐,降低在任者的连任预期。

第三,中性影响。危机事件对选举的影响存在第三种可能性,即没有显著影响,或者正负影响相互抵消。首先是免责效应,即在归责问题上,如果选民倾向于认为某种危机纯属天灾或不可抗力所致,那么在任者就会免于惩罚。其次是吸附效应,即政治极化会吸附和稀释危机事件的影响,强化已有的认同结构,但未能改变选民偏好分布[②]。再次是对冲效应,即竞选各方都在利用危机事件追求选票利益最大化,不同竞选策略分别激活正向和负向影响机制,导致正负影响对冲[③]。因此,高估危机事件对选举的影响可能造成误判,研究也发现一些灾害和恐怖袭击事件对选举的实际影响并没有预想的那么大[④]。

综上可见,危机事件的选举影响并非总是线性的,危机是否以及以怎样的

---

① Christopher H. Achen and Larry Bartels, *Democracy for Realists: Why Elections Do Not Produce Responsive Government*, Princeton University Press, 2017, pp. 116-145.

② Jon D. Miller, Logan T. Woods and Jason Kalmbach, "The Impact of the Covid-19 Pandemic in A Polarized Political System: Lessons from the 2020 Election", *Electoral Studies*, Vol. 80, 2022, 102548.

③ David W. Nickerson and Todd Rogers, "Campaigns Influence Election Outcomes Less Than You Think", *Science*, Vol. 369, No. 6508, 2020, pp. 1181-1182.

④ Laia Balcells and Gerard Torrats-Espinosa, "Using A Natural Experiment to Estimate the Electoral Consequences of Terrorist Attacks", *PNAS*, Vol. 115, No. 42, 2018, pp. 10624-10629.

机制成为一个"政治变量",需考虑多种复杂因素的交互作用。危机类型、爆发时机、选举类型、选民群体、政党属性等都将影响危机的作用结果。未来研究重点不应是利用不同的案例、样本和数据来论证某种影响,而应探索在什么时候(when)、在何种条件下(condition)、在哪些选举中(where),针对哪些对象(for whom)会产生特定的影响。此外,还必须考虑"逆向选择"问题,因为当人们熟知某种危机的选举影响时,他们可能人为地制造危机。新的研究议程可以考察选举周期如何影响战争、恐怖袭击、贸易冲突等危机的爆发。

第三节 选举结果

选举结果研究是选举研究的关键领域,也是政治学预测性研究的前沿阵地。以往研究注重对未来选举结果的预测和研判,对选举最终结果的分析和解释,以及对选举结果后续政治影响的考察和评估。近年来,选举结果研究关注不同选举预测方法的融合和数据驱动的前沿预测方法,以及选举带来的政治暴力和政治动荡等负面结果。

一、选举预测

科学准确地预测选举结果一直是政治学探索的前沿。近年来,特朗普当选、英国脱欧等选举"黑天鹅"事件的发生,使得选举预测成为热议的话题。[①]选举预测不只限于民调,选举预测的科学方法可划分为五类:(1)意见聚合范式;(2)模型范式;(3)混合范式;(4)大数据范式;(5)人工智能范式。[②] 每一类范式下又可细分为不同的预测方法。

第一,意见聚合预测范式,即通过测算调查对象的支持意见或基于意见的支持行为来预测候选人的胜选可能性。典型方法包括:(1)选举民意调查,又细分为"简单民调",即基于某种样本分布的抽样民调;"综合民调",通过赋予不同权重而综合集成的民调;"民调函数",即测算历届选举中选前某个时点的

---

① Ryan Kennedy, Stefan Wojcik and David Lazer, "Improving Election Prediction Internationally", *Science*, Vol. 355, No. 6324, 2017, pp. 515–520.

② 王中原、唐世平:《政治科学预测方法研究:以选举预测为例》,《政治学研究》2020 年第 2 期。

民调与最后结果的关联函数来预判当届选举。(2)群体智慧,通过"期望调查"询问受访者"您认为谁会赢",把个体的预测汇集成群体智慧。(3)政治博彩市场,即根据选举博彩的投注情况来预测结果。(4)专家调查,即通过访问选举专家群体来测算选举结果。上述方法的共性在于通过聚合个体意见或判断的数据来预测选举,也是当前最流行的预测范式。

第二,模型预测范式,即通过构建变量模型来预测选举结果。典型方法包括:(1)指数模型法,收集候选人的履历数据或能力评估数据来构建候选人的潜力指数,进而预测其当选概率。(2)政治周期模型法,根据历届选举的周期性波动规律,构建时间序列自回归模型预测当届选举。(3)结构性因素模型法,运用宏观结构性因子来构建回归预测模型,如根据候选人的支持率和经济增长率两个核心变量来预测结果。虽然模型构造不尽相同,上述方法都是依托某种变量关系来预测选举,具有一定的预测力。

第三,混合预测范式。通过融合不同预测手段来优化预测效力,克服单一预测方法的局限性。具体方法包括:(1)一阶混合,将"选举民调"与"回归模型"相结合,以提升预测精度。(2)二阶混合,对各类不同方法的预测结果进行加权集合。第一步综合同一种方法的不同结果(例如不同民调数据),第二步再综合不同方法的整体预测结果。最典型的是"PollyVote"方法,其综合了民调、博彩市场、专家调查、群体智慧、候选人指数、回归模型等预测数据,以求比单个方法更加精准。

第四,大数据预测范式,通过社交网络数据预测选举。早期的大数据预测通过收集政党或候选人的评论量、转发量、点赞数、粉丝数,以及热搜、维基百科浏览量等数据,来测量民众对政党/候选人的关注强度,进而推算其支持率。近年来,自然语言处理、无监督或半监督的机器学习、情感分析等方法开始运用于网络数据挖掘,提升预测精度。[①] 大数据预测的优势在于实时快捷,真正做到实时播报(nowcast)。然而,其挑战在于网络数据的代表性偏差会影响预测效力,数据"信噪比"低会影响预测质量。随着算法技术的突飞猛进和数据

---

① John Bohannon, "The Pulse of The People: Can Internet Data Outdo Costly and Unreliable Polls in Predicting Election Outcomes?", *Science*, Vol. 355, No. 6324, 2017, pp. 470-472.

的指数级激增,加之计算社会科学的发展,该范式前景广阔。①

第五,人工智能范式。近年来,越来越多的跨学科学者运用前沿智能算法(诸如深度神经网络、大语言模型等),探索 AI 驱动的选举预测。② 然而,现阶段基于 AI 大模型的选举预测仍面临诸多挑战,技术层面需要突破训练数据时效性及偏差、硅基样本代表性及其校准、数据分布偏移(data shift)、单一模态局限性、思维链推理跳跃、特征工程不足、模型解释性不足,乃至语料投毒攻击和提示注入攻击等问题,同时需要深度理解选举场景自身的特性及其演化规律,包括政治结构重组、群体极化现象、投票率波动、选举制度影响以及策略投票行为等。③ 再者,智能预测精于计算,拙于理论,缺乏对政治现象本质机理的深入理解,政治理论融合不足限制了模型的现实指导意义。最后,AI 模型可能会继承和放大训练数据中存在的偏差和噪声,影响预测的可靠性。例如,运用 AI 模型来预测选举,其预测结果可能会偏向具有进步主义或自由主义意识形态的政党。然而,伴随选举垂域人工智能、智能 agent 技术的发展,AI 技术有望解决部分问题,为政治预测注入新活力。

总体来说,选举预测正在从单一方法向多元方法发展,预测方法越来越精致化;从方法独立到不同方法的融合,推动了预测研究的科学化。然而,现有研究尚存在诸多缺陷:缺少政治学理论的系统指导;未能将个体层面数据与宏观层面数据相结合;预测与解释脱节,对结果缺少机制解释力。近年来,仿真模拟、AI 大模型等计算社会科学方法的兴起为预测性研究提供了新的契机。未来,科学的选举预测应该将理论驱动和数据驱动相结合④,运用政治学理论、知识和方法指导预测活动,通过科学预测不断丰富、完善和推进政治学研究,提升政治学的科学水平和应用价值。

---

① 王中原:《大数据与社会科学预测性研究——基于冲突预测和选举预测的应用场景分析》,《学习与探索》2021 年第 6 期。

② James Bisbee et al., "Synthetic Replacements for Human Survey Data? The Perils of Large Language Models", *Political Analysis*, Vol. 32, No. 4, 2024, pp. 401-416.

③ Pratik Gujral et al., "Can LLMs Help Predict Elections? (Counter) Evidence from the World's Largest Democracy", 2024, *arXiv preprint arXiv*:2405.07828.

④ Jake M. Hofman, Amit Sharma and Duncan J. Watts, "Prediction and Explanation in Social Systems", *Science*, Vol. 355, No. 6324, 2017, pp. 486-488.

二、选举暴力

选举的核心功能是确保政府和平有序地交接继替。然而,现实中一些引入选举的发展中国家或地区(例如伊拉克、乌克兰、埃及、肯尼亚、赞比亚)却遭遇了选举冲突,甚至升级为暴力。2021年初,一直被认为是西方民主灯塔的美国爆发了特朗普支持者冲击国会的暴力事件,引起人们对发达民主国家选举秩序的关切。① 传统上,选举暴力被当作冲突的一种次类型,被纳入"和平与冲突"的研究框架内考察。近年来,选举暴力事件频发,政治学者发现相较于其他冲突类型,选举暴力具有独特的表现形式和发生机制,围绕选举暴力的系统研究由此提上了日程,相关研究揭示了理想型选举结果的复杂性和条件性,为反思选举提供了新的框架。

选举暴力是指政治行动者为了影响选举结果或者对选举结果表达异议,所采取的针对人身、财产和基础设施等的强制性行动。② 这些行动可能发生在选前、选中或选后等不同阶段,由国家主体或者非国家主体(执政党、反对党、恐怖组织等)发动,呈现出不同的暴力量级(恐吓、镇压甚至内战)。选举暴力的直接影响是导致选举失序,选民无法在安全和自由的环境中作出投票决策;深远影响则是会冲击政治信任、民主认同,造成国家政局的动荡和经济社会发展的受阻,甚至引发内战。吊诡之处在于,选举通常被当作"冲突解决方案"用于推动和平建设,即通过政治参与和权力分享实现政治现代化,然而在实践中选举却成为冲突和暴力的新场域。

选举暴力的触发因素是复杂多样的。在制度层面,选举制度的设计、选举程序的安排、选举管理机构的设定、选举腐败的规模、军政关系的模式、政治制度的稳固性、民主体制的质量等都会影响选举暴力的发生概率和冲击量级。例如,研究发现,采用多数决选举制的国家相比采用比例代表制的国家更容易出现选举暴力。③ 在社会方面,选举社会的族群结构、宗教关系、阶层分布、资

---

① Rachel Kleinfeld, "The Rise of Political Violence in the United States", *Journal of Democracy*, Vol. 32, No. 4, 2021, pp. 160-176.

② Sarah Birch, Ursula E. Daxecker and Kristine Höglund, "Electoral Violence: An Introduction", *Journal of Peace Research*, Vol. 57, No. 1, 2020, pp. 3-14.

③ Pippa Norris, *Why Elections Fail*, Cambridge University Press, 2015.

源占有、庇护关系模式等都与选举暴力存在关联性。这些社会区隔形成了群体割裂线,当选举按照这些社会割裂线进行动员时,会触发对抗边界和激化群体间冲突。在行动者方面,选举暴力是候选人和政党求取选举利益的策略手段,其需要在成本和收益之间寻求平衡,当暴力活动成本较低而收益显著时,其爆发的可能性会上升。[①] 同时,行动者在选择暴力活动的瞄准对象、实施时间、联盟方式时,也具有策略性考量。在国际因素方面,是否接受国外援助、是否面对国际制裁、是否有国际观察团等都会影响诉诸选举暴力的动机结构。此外,新近研究开始关注社交媒体在选举暴力中扮演的角色:一方面,社交媒体会产生回音壁效应和信息茧房效应,加剧政治极化,滋生选举暴力;另一方面,社交媒体也有助于暴力活动的动员和组织,以及对暴力进行合法化宣传。总之,选举暴力有着复杂的生成机理,不同国家和地区的案例研究通常会突出特定要素或要素组合的作用,未来研究将建立专门的选举暴力数据库,探索一般化的选举暴力发生模型。

选举暴力是国际政治风险的重要来源,轻则导致选举失败和社会矛盾,重则威胁政权稳定乃至引发区域动荡。因此,除了探究选举暴力的触发机制外,还须对选举暴力作出监测、预警和防范。这方面,解释性研究与预测性研究、学术性研究与政策性研究开始合流,以服务于国际和平建设和维护海外利益。目前,选举暴力预测研究正在从一般冲突预测中独立出来,但当前的监测、预警和防范尚不成熟,有望成为选举研究的新兴领域,选举研究和冲突研究的融合是未来的发展趋势。

第四节 选举研究的趋势

选举研究是引领政治学议题、范式和方法转型的学科前沿,无论是行为主义范式的兴起,还是实验研究方法的勃兴,都得益于选举研究的助推。从演进趋势上看,选举研究近年来呈现出几个重要转向:其一,从关注宏观的选举体

---

① Luke N. Condra, James D. Long, Andrew C. Shaver and Austin L. Wright, "The Logic of Insurgent Electoral Violence", *American Economic Review*, Vol. 108, No. 11, 2018, pp. 3199–3231.

制转向微观的选举行政,尤其是关注程序设计和操作过程。这一方面是因为选举制度经过多年发展已趋向稳定,学界就各类选举制度的优劣及其政治后果已形成基本共识;另一方面是现实世界的选举争议不断,人们对选举应该如何开展莫衷一是,选举治理细节因此成为研究前沿。其二,从关注制度转向关注行为以及行为的心理基础。这一方面是由于政治学行为主义的崛起,以及一系列前沿量化方法的创新和运用;另一方面是候选人竞选策略和技术手段的进化,以及选民投票行为的嬗变。如何理解新技术环境下的选民和候选人行为,已然成为选举研究的前沿。其三,从解释性研究转向预测性研究,数据驱动的科学预测方法应用于选举场域。这一方面得益于计算社会科学的兴起,让"向前看"的政治学预测性研究成为可能;另一方面,无论是候选人选战布局还是海外风险研判,都增加了对选举预测的需求。其四,从发达民主国家的选举转向探究发展中国家和地区的选举,并展开对选举的反思和批判。这一方面是由比较政治学对非西式民主国家的研究浪潮所带动的;另一方面发达民主国家出现各类选举"黑天鹅"事件,促使学界开始反思选举的局限及其优化路径。综上,选举研究议题板块的位移和延展既受到政治学学科发展规律的牵引,又是选举研究运用新方法回应现实世界新问题新矛盾新需求的尝试。

选举研究是政治学研究的硬核关键,本章从制度、行为和结果三大板块梳理了选举研究的前沿进展,揭示选举研究在主题、视野和方法层面的发展趋势。在主题上,从宏观选举制度转向中微观的选举运行,从传统的选举动员模式转向新技术环境下的选举行为。在视野上,选举研究从西方发达民主国家拓展到非西式民主国家,从安定时期的选举延伸到非常时期的选举。在方法上,从回溯性的因果解释性研究发展到前瞻性的预测性研究,从选举规范的应然性探讨转向选举与冲突融合的实然性研究。近年来,计算社会科学和 AI for Social Science 前沿方法的兴起,更是激发了选举研究的想象力。诚然,选举研究的前沿态势远不限于此,例如,从国家层面的选举延伸到超国家层面的选举以及地方选举,从国内因素拓展到国际政经冲突对选举的影响,开始关注新技术驱动的选举改革和创新,选举安全研究的兴起,等等。这些前沿态势受到政治经济技术发展和国际格局变动的大环境驱动,同时也是选举研究自身的学科演化趋势使然,尤其是研究方法迭代。

选举研究的学科演化主要体现在:第一,多元研究方法的兴起。随着研究主题的细分化和精致化,围绕各个主题的选举数据库纷纷建立,量化的回归模型、实验设计、空间计量、仿真模拟、大数据分析、大模型预测等方法应用于选举研究领域,并引领政治学的"因果识别革命"及"预测转向"。第二,跨学科研究的兴起。选举研究与经济学、社会学、心理学、传播学、法学、国际研究、数据科学、计算机科学甚至脑科学等交叉融合,不仅促进了理论视角和研究议题的拓展,而且加速了研究设计和研究方法的创新。第三,反思性研究的兴起。前沿的选举研究不断展现选举世界的动态性和复杂性,选举腐败、选举操弄、选举暴力、选举公正问题、新技术对选举的异化等问题开始解构理想型的选举想象,相关研究不仅推动了西式民主国家的选举改革和民主创新,同时为非西式民主国家建构新的民主学说提供了理论空间。综上,结合政治发展和学科发展把握选举研究的议题分布和演进趋势,通过选举研究透视政治学的基本原理和前沿态势,将是未来政治学前沿探索的重要路径。

思考题

1. 选举研究方法可以划分为哪几个关键发展阶段?
2. 选举研究方法如何带动整个政治学研究方法的迭代演进?
3. 数智技术对竞选过程和选举结果有哪些影响?如何识别和测量?
4. 以选举为例,阐释解释性研究与预测性研究的关系。
5. 结合具体国家的案例,分析"选举为什么会失败"。

参考文献

阿伦·李帕特:《选举制度与政党制度:1945—1990年27个国家的实证研究》,谢岳译,上海人民出版社2016年版。

杰克·斯奈德:《从投票到暴力:民主化和民族主义冲突》,吴强译,中央编译出版社2017年版。

王中原:《竞争性选举的智能转型:动力机制、技术过程与政治影响》,《政治学研究》2025 年第 1 期。

王中原、唐世平:《政治科学预测方法研究:以选举预测为例》,《政治学研究》2020 年第 2 期。

Pippa Norris, *Why Elections Fail*, Cambridge University Press, 2014.

Robert Pekkanen and Erik S. Herron, eds., *The Oxford Handbook of Electoral Systems*, Oxford University Press, 2018.

第十一章 基层政治

二十多年来,基层政治逐渐成为学术界关注的焦点。伴随着地方政治学、基层政治学、城市政治学及政治社会学等学科领域的兴起与发展,学者们对基层政治的研究兴趣日益浓厚。特别是权力下放及相应制度变革,进一步激发了学术界对基层治理结构与实践的关注。基层治理的深化被认为有助于提升民主质量,巩固民主制度。在追求民主体制的当代,赋权公民成为核心原则之一,公民不仅是政府服务的接受者,更是政策和决策的合作伙伴。基层的广泛参与为公民提供了更多参与政府事务的途径。本章通过对最近二十年国际学界成果的梳理与总结,展示基层政治研究的主要议题及研究动态,探讨基层政治与治理的发展趋势,旨在为基层政治与治理研究提供较为全面的视角和深入的理解。其中,第一节探讨基层与政府及国家机构间的互动关系,第二节与第三节深入分析城乡基层政治的动态变化,第四节则聚焦于基层社区政治领域的新兴议题。

第一节 基层政治与政府

不可否认,政府治理过程中有效发挥基层的潜力是不可或缺的。政府的权威源自基层民众,其重要责任在于确保民众的生活品质得到提升。在此过程中,政府动员民众参与各类活动,实际上是在赋予基层更多的权力。与此同时,与民间组织、非政府组织相联系的基层网络,在常态化的治理活动中扮演着积极的角色。此外,政治人物及政党亦在特定情境下,借助基层力量推动选举活动和政治议程的实施。

一、基层赋权和领导权

治理的基本策略在于将国家或地方各级的利益相关方纳入国家治理体系,这在地方层面表现得尤为突出。地方政府不仅承担着政策制定的职能,同样也是政策执行的主体。相较于传统的自上而下的治理模式,基层治理中的组织关系更多体现为横向合作而非纵向控制。治理理念的实现不仅能够充实基层治理的实践内容,提升居民的生活品质,还能够增强公民在政治生活中的参与权。

基层赋权主题得到广泛而高度的重视,尤其是与治理结构和大众政治相关的议题。这些讨论致力于揭示基层政治的动态变化,探索公民参与和地方领导的多维度特征。有的专注于妇女团体的领导作用,以确保基层社会保护的有效实施;有的侧重基层组织如何在地方政府的支持下获得更多的自治权,处理供水、内部安全等民生问题,以及如何在传统权力结构中实现有效治理。

其中一项重要发现,是社区管理中的领导角色正在经历转变,甚至出现了领导权的共享。领导权不再集中在政府官员手中,而是越来越多地由基层和社区组织所分享。这些组织在政策制定和问题解决过程中扮演着至关重要的角色,有时甚至发挥着领导作用。在肯尼亚、巴西和秘鲁,妇女团体在规划、执行和管理社会保护倡议方面展现了社区的领导潜力。贝卡·阿萨奇和莎依·海耶斯认为,基层组织不仅仅是政府的客户,而且可以承担治理角色。基层和政府之间的伙伴关系不再只是一种选择,更重要的是有效治理的要求。①

在英国,对基层组织在治理中的作用也有类似的讨论。然而,与上述发展中国家的情况不同,英国的情况表明,社区组织在参与治理过程中仍需保持一定程度的独立性。安德里·索特里-普罗克特、珍妮·菲利莫尔和安格斯·麦卡比对所谓的"超地方主义"(hyper-localism)即过度依赖社区组织提出了警

---

① Becca Asaki and Shannon Hayes, "Leaders, Not Clients: Grassroots Women's Groups Transforming Social Protection", *Gender & Development*, Vol. 19, No. 2, 2011, pp. 241-253.

告。① 这种对基层组织参与治理的担忧和反思确实有其合理性：一方面，基层组织的目标和议程可能与政府的计划存在显著差异。尽管在某些情况下，基层组织与政府之间可以开展合作，但至关重要的是需要明确区分基层组织和政府的角色。另一方面，基层组织与政府的合作也可能带来潜在风险，如果合作过程中基层组织过度依赖政府或被政府议程所同化，最终可能会削弱其独立性和有效性，从而影响其在社区治理中的作用和影响力。

必须承认，国家与基层社会之间的互动在解决现实问题中发挥了重要的作用或影响力。无论是在拉丁美洲针对供水服务私有化的抗议运动中，还是在菲律宾等国家对抗恐怖主义的斗争中，草根组织都发挥了不可忽视的作用。一方面，草根组织通过发起和推动一系列倡议，明确表达了对政府政策的立场和诉求；另一方面，积极参与有助于降低非法和恐怖活动的发生率。这种参与使得解决问题的主导权不局限于政府，而是扩展到了居民。

二、基层网络与治理

网络治理（Network Governance）与基层政治的交叠，也引起了政治学和公共管理学者的高度关注。网络被广泛地定义为"一种协作结构，它既不依赖市场，也不依赖等级制度"②。网络技术的兴起为基层政治提供了新的"安全网"，网络治理的理念促进了最佳实践、挑战和创新的持续循环与发展。网络治理的引入涉及多元行动者的参与，包括民间社会组织、非政府组织、国家官僚机构以及基层自治组织等。

草根网络的形态，既可以是地方性和全国性的，也可以是国际性的。在地方或国家层面，涉及草根网络的研究主要集中在草根体育的网络治理、地方旅游治理、河流走廊管理、电子治理和教育政策。这些研究共同关注的核心议题是社会资本的功能以及它如何与基层网络相互作用。在英国体育政策推进及

---

① Andri Soteri-Proctor, Jenny Phillimore and Angus McCabe, "Grassroots Civil Society at Crossroads: Staying on the Path to Independence or Turning onto the UK Government's Route to Localism?", *Development in Practice*, Vol. 23, No. 8, 2013, pp. 1022-1033.

② Christophe Assens and Aline C. Lemeur, *Networks Governance, Partnership Management and Coalitions Federation*, Palgrave Macmillan, 2016, p. 5.

匈牙利罗姆人社区自治的案例中,社区凝聚力和机构能力的提升在政策实施和自治的有效性方面发挥了关键作用。这证明了社会资本在基层利益相关者中占据主导地位,并且坚实的本地网络能够带来预期的政策成效。

不可否认,草根网络和社会运动在推动重大和实质性社会变革中起到一定作用。草根网络和社会运动能更有效地发挥作用,关键在于推动网络的多样化,确保在种族、性别和社会经济地位等方面实现更大的包容性。在世界各国的基层治理场景中,东南亚与非洲地区在网络治理层面存在的问题尤为突出。决策机制的"自上而下"特征导致社区居民直接参与不足,这种居民参与的缺失不仅弱化了治理效能,更阻碍了基层可持续发展的进程。[1]

三、竞选中的基层

基层和选举方面的讨论主要集中在政治领域,而对于基层参与治理则相对缺乏关注。在这些研究中,草根阶层被认为在选举中扮演着推动政治变革的核心角色或倡议者,也是选举过程中物质回报、金钱和其他形式贿赂的受益方。研究表明,基层参与选举不仅在村一级,而且在中央和地方各层级都很重要,因为选举也是间接的公共问责措施。[2] 在拉丁美洲、东南亚和非洲等地区的发展中民主国家的竞选活动中,候选人常采用煽动性话术与短期利益承诺吸引关注,基层民众往往会成为政客争取支持的目标对象。

基层组织对选举的成功和选民人数的增长作出了重大贡献。无论在美国还是地处欧洲的比利时,草根阶层的动员都发挥了重要的作用。对投票率和基层动员的研究都表明基层活动具有重要作用,并对政党的得票率发挥关键影响。

另一项与基层和选举有关的议题是竞选期间发生的贿选。在菲律宾、印度尼西亚和马来西亚等发展中民主国家的选举期间,政治人物通过购买草根阶层的选票来激发其积极性,并试图借此赢得选举。基层组织在选举动员中发挥

---

[1] Leo-Paul Dana et al.,"Success Factors and Challenges of Grassroots Innovations: Learning from Failure", *Technological Forecasting and Social Change*, Vol. 164, 2021, Article 119600.

[2] Matrona Kabyemela, "Democratization and Public Accountability at the Grassroots in Tanzania: A Missing Link", *African Studies Quarterly*, Vol. 17, No. 1, 2017, pp. 43-60.

着重要作用,政治人物因此有机会利用其弱点来获取选举胜利。值得注意的是,即便是在美国等发达国家,也有收买草根选民或民选官员的情况发生。

第二节 城市基层

城市空间常常成为争议的焦点。城市基层治理问题之所以受到广泛关注,就在于城市往往是国家或地区的"大熔炉",汇聚了来自四面八方的人,他们具有丰富多样的文化、传统、习俗、社会背景和政治身份。而为了有效应对城市所特有的问题,城市中心的多样化构成要求采取与众不同的治理策略。城市基层的多样性和创新性得以凸显。

一、草根多样性

在较为发达的社会中,基层生活反映了城市组成的多样性。"流动城市"(migrant cities)指的是那些流动人口众多的城市。学界研究涉及不同层面和领域的议题,包括阿姆斯特丹的空间结构变化、荷兰的加纳企业家精神、美国的网络基层组织以及多伦多和纽约市的巴基斯坦社区等。城市不仅是国家层面政策实施和治理机制运作的背景,而且从城市基层角度切入考察,有助于深入理解当地民间社会不计其数的微妙变化如何塑造当代民族国家的宏大结构和话语。

客观来讲,城市基层仍有许多需要改进的方面,从基层角度审视社会发展变得尤为重要。在纽约这样的国际化大都市中,为了推动社会公正,当地政府部门采取了多种措施,包括设计一套城市农业系统来实现这一目标。然而,这一系统同样存在不平等,导致了社会不公。特别是在城市基层,种族和阶级身份及其引发的矛盾和冲突普遍存在。白人在获取政府资助和支持方面具有显著优势,这被称为"白人特权"(white privilege)。这些问题不仅影响其产品在市场上的接受度,也破坏了社会的广泛包容。社会等级对基层参与的影响复杂,而促进基层在治理中的参与则更加重要。

与多样性紧密相关的另一个热点议题是社会等级。社会等级制度被视为基层有效参与国家事务治理的现实障碍。在日益专业化和跨国化的国际发展领域,秘鲁地方以阶级和种族为核心的等级制度限制或削减了城市基层妇女活动家得到承认的机会。越南河内的案例揭示了在高度城市化的中心地区，信息交流往往依循横向网络结构。[①] 这些中心地区作为国家创新的引领者，不仅吸引了国家和国际组织的参与，而且地方主体也展现出强大的行动能力。这种横向的权力结构为基层提供了更多参与治理的空间。

二、扶贫与城市基层

无论是农村贫困还是城市贫困问题，都是社会面临的长期挑战。然而，城乡贫困的表现形式和持续存在的原因各有不同。高度城市化的地区，由于生活成本普遍较高，城市贫民和弱势群体面临的生计问题尤为严峻。因此，需要设计专门的减贫政策以应对这些特定挑战。而与城市贫困人口相关的包括临时住房和安置及社会发展等共同问题，则要求地方政府采取综合性的措施予以解决。

扶贫是联合国制定的15项千年发展目标之一，席琳·德克鲁兹和戴维·萨特思韦特反思了基层组织在城市扶贫中的作用。虽然亚非发展中国家基层组织的总部设在城市，但所属的发展中国家在整体上仍面临不利境况。城市基层组织的六项经验性主题包括：(1)运用权利方法确保服务供给（尤其是住房问题）；(2)改造其他地方组织的能力；(3)支持学习并确保其他基层部门的团结；(4)对当地专业组织和非政府组织的影响力；(5)对地方及国家政策和决策过程的作用；(6)改变捐助者的扶贫策略。12个国家的举措反映了城市基层组织之间的合作，以及由这些组织形成的联盟如何有效帮助城市低收入家庭解决问题。[②]

除住房问题外，社会福利和社会发展也是城市基层研究的重要议题。其中包括政治体制对城市发展和基层动员的影响、基层在城市社区可持续发展中的挑战与机遇、基层视角下政府与社区伙伴关系在城市发展中的变迁以及

[①] Manuel Fischer, Mi Nguyen and Linda Strande, "Context Matters: Horizontal and Hierarchical Network Governance Structures in Vietnam's Sanitation Sector", *Ecology and Society*, Vol. 24, No. 3, 2019, p. 17.

[②] Celine d'Cruz and David Satterthwaite, "Building Homes, Changing Official Approaches: The Work of Urban Poor Organizations and Their Federations and Their Contributions to Meeting the Millennium Development Goals in Urban Areas", Working Paper, 2005, https://www.iied.org/9547iied, 2024年8月25日访问。

旨在解决城市基层权利问题的倡议等,这些为理解和改善城市基层的生活条件提供了富有价值的见解和策略。

三、基层创新与协作

城市基层研究的众多成果涉及创新与合作领域。政治学和公共管理学者对创新实践(最佳实践)以及跨部门合作——包括政府和私营部门在内的各利益相关方——持续表现出浓厚的研究兴趣。相较于农村地区,城市提供了更多的创新与合作机会。城市地区的财力、物力和人力资源通常是现成的,这使得学者、观察者和实践者更倾向于关注城市中心,如国家首都。

从更广泛的角度来看,基层创新被认为对促进国民经济的增长和发展具有巨大潜力,尤其是在大多数人生活在困难经济条件下的新兴经济体中。研究确定基层创新成功的三个关键因素包括新的基层学习实践、本地解决方案和网络能力。印度的经验表明基层创新"有可能将创新转化为创业活动,并引导创业发展的经济和非经济效益"[1],在强调经济效益的普遍论调中这一观点显得与众不同。

英国也关注到如何最大限度地发挥社区参与创新实践的"能量",三个创新领域是战略生态位管理、生态位政策倡导和关键生态位。[2] 前两个领域充分体现了基层创新中的政策效应,但也限制了更深层次变革的可能性。为了使基层创新充分实现其潜力,需要锁定关键生态位。而如何选择既持续又具有深远社会变革意义的参与方式,则更具有争议。

城市基层创新涵盖了多项重要议题,包括通过合作重振邻里关系、基层与非政府组织及政党的协作、自行车运动的推广、可持续城市发展的社会创新、应对社会危机及针对环境问题和气候变化的草根行动等。从与其他政策参与者的互动到具体的管理问题,这些议题展现了基层创新的多样性。

---

[1] Sonal H. Singh, Bhaskar Bhowmick, Birud Sindhav and Dale Eesley, "Determinants of Grassroots Innovation: An Empirical Study in the Indian Context", *Innovation: Organisation & Management*, Vol. 22, No. 3, 2019, pp. 270-289.

[2] Adrian Smith, Tom Hargreaves, Sabine Hielscher, Mari Martiskainen and Gill Seyfang, "Making the Most of Community Energies: Three Perspectives on Grassroots Innovation", *Environment and Planning A: Economy and Space*, Vol. 48, No. 2, 2015, pp. 407-432.

第三节　农村基层

农村社区所面临的挑战通常比城市更为严峻。特别是在发展中国家的农村地区，这些社区往往缺乏医疗保健和教育等基本服务。与资源相对集中的城市地区不同，农村地区的生活资源主要依赖政府分配，而这些地区的谋生机会较少，资源也相对匮乏。因此，农村社区组织在补充政府提供的服务方面扮演着至关重要的角色。非政府组织也经常介入提供援助，帮助提升农村社区的生活质量。但即便有这些努力，农村地区在政治和社会发展方面仍然面临着诸多挑战。

一、农村社区组织

社区组织在农村社区的发展中扮演着越来越重要的角色，这些团体多以信用社、农民协会、合作社、青年俱乐部、信仰团体和妇女团体等形式存在。它们意识到联合起来整合现有资源，可以更有效地支持地方机构，弥补政府服务的不足。与政府组织不同，非政府组织本质上是志愿性的和非营利的。社区组织的总部通常设在它们成立的社区内，具有基于社区的组织结构，并以非正式的方式运作。其成员通常居住在社区，所开展的活动和提供的服务也多限于该社区，因此社会资本在这一过程中的作用受到高度重视。

加纳的社区组织大部分与农业服务或农业企业活动紧密相关，这些组织为所在社区提供了广泛的经济社会发展服务。尽管社区组织开展了积极的服务活动，但仍有改进空间，至少三方面需要改进：(1) 领导能力，包括强化管理培训、问责制和提高透明度；(2) 建立联系和网络；(3) 向官方机构登记。虽然社区组织的非正式性是其显著特征，但政府的正式认可对于获取可靠信息和其他资源具有重要影响。

社区组织面临的常见问题是社会期望与实际执行之间的不匹配，或未能达到某些期望。玻利维亚的乡村组织和伊朗的农村合作社尽管发挥了关键作用，但农民对基层组织的期望与该组织履行的功能之间存在差距。这些乡村组织未能充分发挥在促进当地旅游业等方面的潜在作用。

二、非政府组织的作用

非政府组织在政治领域的作用已经得到广泛的关注。从游说国家和地方立法机构到推动环境保护和增进妇女权利等具体利益的维护,非政府组织一直发挥着积极的作用。在农村社区,非政府组织的影响力同样不容忽视。在现行体制和法律框架允许的范围内,地方政府将其部分职责委托或转移给非政府组织。通过利用社会资本,政府与非政府组织能够共同实施扶贫政策。然而,非政府组织参与乡村治理,可能带来积极或消极的影响。

一方面,非政府组织有助于加强民间社会的力量。在津巴布韦和坦桑尼亚,致力于妇女权益的非政府组织积极传播有关妇女地位的信息、提供性别问题培训并增强妇女在家庭和社会层面的代理权和政治参与。在内外部力量的同时作用下,非政府组织促进了对两国妇女的赋权。

非政府组织在农村社区的另一项重要贡献,就是通过有效的风险管理提高项目的成功率和可持续性。海地的非政府组织与政府合作推动营造"审计文化",以减少腐败和政治机会主义对地方发展活动和倡议的影响。[1] 引入这种"审计文化",意味着政府权威从对政府当局的直接控制和监督,过渡到以新的官僚形式为前提的间接权力关系。

然而,另一方面,在一些地区呈现积极的发展态势的同时,其他地区可能是另一番景象。如在东南亚,农村非政府组织参与治理的结果呈现明显的效能差异。马来西亚、泰国和菲律宾农村非政府组织参与基层治理的案例显示出积极成果,而在印度尼西亚和东帝汶,基层民众对农村非政府组织的信任度较低,当地发展计划容易受阻。国际非政府组织没有考虑同资源可能贫乏但具有决心、根基和经验的农村社区组织网络合作。最初,为了推动农村地区的民众发展和社会赋权,政府与这些非政府组织建立了伙伴关系。然而,事实证明,这种伙伴关系在实现目标方面效果有限,甚至可能产生不利影响。

---

[1] Christian N. Vannier, "Audit Culture and Grassroots Participation in Rural Haitian Development", *PoLAR: Political and Legal Anthropology Review*, Vol. 33, No. 2, 2010, pp. 282-305.

三、基层政治社会发展

农村社区的政治和社会发展政策致力于解决农村家庭的福利问题,鉴于全球大多数人口居住在农村地区,农村社区的发展变得至关重要,而制定有效的农村政策已成为一项重要任务。一方面,解决农村贫困问题成为所有国家,尤其是发展中国家的共同目标;另一方面,农村贫困也可能作为实施不当政策的借口。

农村发展需要加强社区参与和推动社区主导的倡议。在美国和欧洲的农村社区,合作生计项目已从关注个体发展转变为推动社区更广泛的社会经济和文化转变,这些转变以强调自主性和集体充分性、横向关系和资源共享方法为基础和原则。

在布隆迪,创新的伙伴关系被视为实现持久发展和减贫的关键。德奥格拉提亚斯·尼亚宗基扎和山本英夫倡导社会公私伙伴关系,以促进基层领导。① 只有当国际援助界不是仅仅停留在口头上的伙伴关系,而是建立真正的、实质性的伙伴关系,并将其作为推动社区发展的工具,才能实现可持续发展。

事实上,将社群主义理念融入地方政策是实现农村基层全面发展的关键。克里斯·史蒂文斯和约翰·莫里斯完全摒弃了农村社区政治和社会发展中的新自由主义假设,提出社群主义方法能够带来可持续发展。② 这一观点得到其他学者的响应和支持。西班牙加利西亚的基层倡议在能力建设和推动区域发展方面发挥了关键作用。③

在某些情况下,一些国家仍然采用自上而下的方法作为促进政治和社会发展的战略,越南的农村发展改革就是由中央政府推行的一项名为"基层民主

---

① Deogratias Niyizonkiza and Alyssa Yamamoto, "Grassroots Philanthropy: Fighting the Power Asymmetries of Aid in Rural Burundi", *Social Research*, Vol. 80, No. 2, 2013, pp. 321–336.
② Kris Stevens and John Morris, "Struggling toward Sustainability: Considering Grassroots Development", *Sustainable Development*, Vol. 9, No. 3, 2001, pp. 149–164.
③ María D. D. García, Paul Swagemakers, Bettina B. Bock and Xavier S. Fernández, "Making a Living: Grassroots Development Initiatives, Natural Resource Management and Institutional Support in Galicia, Spain", *European Countryside*, Vol. 4, No. 1, 2012, pp. 17–30.

法令"(grassroots democracy decree, GDD)的政策所推动的①。自由化民主进程中,以基层利益为中心的发展提升了国家改革的效率,并加强了对地方政策不明确性的问责。然而,这些改革在很大程度上仍停留在制度层面。尼日利亚的基层发展也反映了类似的问题。奥多指出,尽管地方政府在基层发展方面表现不佳,但基层发展必须在地方层面进行。因此,迫切需要改进地方政府系统,以提升其提供服务的能力。②

第四节 社区政治

社区政治是多维度的领域,它涉及不同主体在地方和基层层面的权力、参与和决策过程。性别与种族政治、环境政治以及基层与新媒体这三个议题尤为突出。

一、性别与种族政治

基层政治聚焦于农村和农民、工人和劳动者以及农村村民和普通民众的社会经济地位。不可否认,尽管基层物质条件的改善仍然很重要,但是近年来,公众的注意力已经转移到其他方面,这主要是由基层叙事和话语的变化驱动的。

性别问题,尤其是妇女在基层组织中的作用,是基层的一项重大议题。在大多数情况下,妇女团体在社区中扮演着积极的角色,但社会和文化背景也影响了社区对这些妇女群体的看法。实际上,在某些父权制或男性主导的社会中,妇女的地位可能受到贬低。无论社会态度是支持还是反对,宗教因素也会影响人们对妇女的看法以及她们在社会中的积极作用。因此,这些团体提出的任何创新方案和项目都可能面临重大挑战,这在秘鲁、印度和利比里亚等国家尤为明显。

---

① Rasmus K. Larsen, "Reinventing Rural Development in Vietnam: Discursive Constructions of Grassroots Democracy during the Renovation Reform", *Asia Pacific Viewpoint*, Vol. 52, No. 3, 2011, pp. 316-332.

② L. U. Odo, "Local Government and the Challenges of Grassroots Development in Nigeria", *Review of Public Administration and Management*, Vol. 3, No. 6, 2014, pp. 204-213.

除了性别问题,基层政治还涉及种族和种族歧视。美国种族问题的焦点事件正是"黑命贵"运动(Black Lives Matter Movement)。而在高度多元化的社会中,外来移民的存在尤为普遍。基层政治实践中,社区组织不仅促进了非洲裔美国人之间的团结,还鼓励附近社区非非洲裔美国人参与进来。在反对种族资本主义和美帝国主义的反人性影响的集体斗争中,社区组织也发挥了关键作用,推动了社会正义和平等的进程。

二、环境政治

环境保护已成为基层政治中的一个新兴领域,特别关注的是可持续发展战略和基层创新。环境政治尤其是气候变化问题,不仅源于对科学解释的追求,更源于对实际治理方案的需求。环境变化,如干旱和台风等,对基层民众的直接影响尤为显著,直接威胁到他们的生活和生计。

在印度基层参与环境治理的案例中,主流的应对生态问题的策略与科学发现并不一致。[①] 基层民众对社区内的生态问题有着自己的见解,这些见解可能与科学研究结论相悖,进而影响他们对政府政策的接受度。由于信息获取渠道有限,草根阶层的传统信仰有时会取代科学数据,而这些数据本可以促进本地化的创新。这一发现突出了让基层参与政策制定过程的重要性。

同时,基层在推动向低碳经济转型中发挥着不可或缺的作用。低碳经济转型的理念在于实现经济的本地化,这不仅能使农业社区在经济上获益,也能在生态上带来积极影响。诚然,这一转型过程复杂且充满挑战,但基层被视为实现环保地方行动转变的成功关键。城市环境可能更有利于过渡倡议的制定,因为它们提供了更广泛的政治行动多样性、网络和资源,这对基层创新的持续至关重要。

就基层与环境政治的关系而言,缺乏基层的支持,向环境友好型的可再生资源经济过渡将难以实现。基层对于地方控制和利用本地人力资源的渴望,

---

① Kuriakose Francis and Iyer D. Kylasam, "Grassroots Politics and Green Illusions: Exploring the Discourse on Environment, Governance and Democracy in Independent India", *Public Affairs & Governance*, Vol. 4, No. 1, 2016, pp. 36–48.

反映在环境保护方面的积极作为上,其作为往往比自上而下的权威更为有效。印度尼西亚的红树林保护计划中,基层社区成功地向政治和经济精英传达了信息,并在决策过程中发挥了更大的影响力。

三、基层与新媒体

数字时代的到来在地方、国家和国际层面上引发了大量的关注。随着社交媒体的普及、互联网连接速度的提升和手机技术的快速发展,公民参与的形式正在经历深刻的变革。尽管新媒体的兴起给基层政治带来了新的参与模式,但与其相关的研究仍然相对有限,特别是在农村社区和村庄,电子政务的普及程度远不及城市地区。

草根阶层的政治参与已经从传统的线下活动扩展到了线上空间。肯尼亚等地的民众利用"WhatsApp"等应用程序作为讨论关键政策和其他问题的平台,数字工具的普及促进了草根群体的动员,使得政治参与的方式从在线讨论转变为线下的集体行动。意大利也出现了类似的趋势。[①] 从20世纪90年代的"创业阶段"(pioneering phase)开始,其特征是单一问题运动的激进主义,由在线激进分子中的"技术人员"(techies)组成。21世纪初的新全球运动紧随其后,且伴随博客圈的出现和公民动员的扩展,步入新阶段。

然而,"数字革命"在分散参与进程的同时,也带来了新的挑战,如隐私泄露和身份盗窃等问题。互联网技术的发展使人们能够以去中心化的方式组织起来,无论是在线还是线下,没有单一实体决定组织的形态和运作方式。[②] 这种组织形式为集体行动提供了更大的灵活性,并从根本上改变了基层政治的运作方式。这些变化不仅为公民参与提供了新的机会,也对现有的政治结构和治理模式提出了挑战。

总而言之,所有的政治都是地方性的,政治领域的重要发展都源自地方层

[①] Michela Balocchi, Anna C. Freschi and Luca Raffini, "What Kind of Grassroots e-Participation? The Uneasy Demand of New Politics in Italy: Between Continuity and Innovation", *International Reports on Socio-Informatics*, Vol. 5, No. 1, 2008, pp. 66-85.

[②] Sandra González-Bailón, "Online Social Networks and Bottom-Up Politics", in W. H. Dutton and M. Graham, eds., *Society and the Internet: How Information and Social Networks are Changing our Lives*, Oxford University Press, 2014, pp. 209-222.

级。虽然政策和规划通常在国家层面制定并由中央政府机构统筹安排,但它们的落实和执行往往在地方层面完成。进入21世纪以来,无论是在发达国家还是发展中国家,基层治理的重要性愈发显著。社会的多样化和复杂化要求在基层政治实践中采用更加精细和有针对性的方法。

城乡之间在生活质量上的差异,要求政府采取差异化的治理方式和机制。国际移民的增加促进了更多全球化社区的形成,社区面临着独特的挑战和机遇。这些变化带来了新的关注点和问题,需要全球各国政府注意和解决。因此,各国都在努力培养和促进基层民众在政治事务中的互动和参与。

本章的核心主题是强调基层在政治过程中的作用。即使在贫穷和边缘化的社区中,居民也已经找到了适当的空间,通过正式治理和经济体系之外的机制来管理自己的经济和政治生活。① 世界各国的实践表明,基层的努力为成功铺平了道路,但同时也存在一些地方社区被精英利益集团所操控的情况。虽然在基层治理和民众参与方面取得了一定的进展,但仍有许多方面需要加以改进,以确保基层的声音能够被听到并得到有效的回应。这要求政策制定者、社区领导者和社会共同努力,创造一个更加包容和民主的基层治理环境。

思考题

1. 如何理解基层这一概念?
2. 无论是在正式的还是非正式的政治中,为什么基层的作用是重要的和不可缺少的?
3. 城市和农村基层关注的问题有何异同?
4. 从不同国家处理基层问题的经验中可以学到什么?
5. 国家和国际层面的动态如何作用于或影响基层?

---

① Eduardo C. Tadem, "Grassroots Democracy, Non-State Approaches, and Popular Empowerment in Rural Philippines", *Philippine Political Science Journal*, Vol. 33, No. 2, 2012, pp. 161-177.

参考文献

Craig M. Kauffman, *Grassroots Global Governance: Local Watershed Management Experiments and the Evolution of Sustainable Development*, Oxford University Press, 2016.

Donald I. Ray and P. S. Reddy, *Grassroots Governance? Chiefs in Africa and the Afro-Caribbean*, University of Calgary Press, 2003.

Hai H. Nguyen, *Political Dynamics of Grassroots Democracy in Vietnam*, Palgrave Macmillan, 2016.

Kerstin Jacobsson, *Urban Grassroots Movements in Central and Eastern Europe*, Ashgate Publishing Ltd, 2015.

Leah S. Horowitz and Michael J. Watts, *Grassroots Environmental Governance: Community Engagements with Industry*, Taylor & Francis, 2016.

Rebecca N. Abers, *Inventing Local Democracy: Grassroots Politics in Brazil*, Lynne Riener Publications, 2000.

第十二章　民粹主义

民粹主义（populism），又称平民主义，起源于19世纪中晚期的俄国革命运动和美国人民党运动。随着世界政治的不断发展，在各地先后出现过民粹主义的运动或思潮。在20世纪，民粹主义在亚非拉等地不断出现高潮；进入21世纪以后，民粹主义又开始显示其惊人的力量。本章将讨论民粹主义的概念、发展变化、原因以及影响，在此基础上对民粹主义研究作一总结。

第一节　民粹主义的概念

民粹主义研究遇到的第一个难题，是如何定义民粹主义。学术界迄今也没有给出清晰且范围明确的定义，只能结合现实中民粹主义的发展不断丰富其内涵。因此，对民粹主义概念的解析和内涵的描述，也是民粹主义研究的有机部分。

定义民粹主义的困难是多方面的。一方面，在现实层面，民粹主义在不同时期、不同地区有不同的表现形式，并没有固定的格式。在全球范围内，19世纪俄美的民粹主义通常被称为第一代民粹主义，第二代席卷全球的民粹主义开始于20世纪中期，其中又以拉丁美洲最为兴盛，并且建立了一系列民粹主义政权。阿根廷的庇隆和智利的阿连德等人领导的民族复兴运动被视为第二代民粹主义复兴的象征。此外，在西亚和北非，也建立了一系列民粹主义政权。20世纪80年代以后，民粹主义在欧洲和北美得到发展，体现为民粹主义政党的壮大和各种民粹主义运动的爆发。21世纪以来，民粹主义在欧洲快速扩散，甚至有部分国家的民粹主义政党通过选举获得政权，成为执政党。美国总统特朗普，英国前首相鲍里斯·约翰逊，也被认为是具有民粹主义风格的政治领导人。整体而言，民粹主义在世界政治的发展中具有复杂多变的特点。

另一方面,对于民粹主义概念本身,学界也有不同的理解,并不容易进行界定,其中主要的路径是采用策略性的定义和思想性的定义。策略性的定义将民粹主义视为一种政治策略。例如,拥有鲜明个性的魅力型领袖以发表关于不平等的起源及解决办法的激烈言辞来吸引选票,往往被认为是民粹主义的行为。同样,魅力型领袖发表迎合、美化民众的政治呼吁,把反对者斥责为敌对的、不民主的精英,也被认为是民粹主义的策略。除了政治领导人,社会运动、政党、政体,甚至领导风格都可以被视为民粹主义的。① 民粹主义现象在不同时间和空间爆发,在不同的案例中与不同政体类型、不同社会诉求相连接,因此策略性的定义存在多样化的特点。思想性的定义则将民粹主义视为一种政治思想,体现为极端强调人民群众的价值和理想,通常反对精英、代议制和既有制度,甚至反对政党以及一切外来者和外国人。② 然而,在思想层面,民粹主义往往并没有核心的、体系化的思想,因此被认为是一种"弱"意识形态。民粹主义思想划分出"纯粹的人民"和"腐败的精英"两大对抗群体,以此来强调政体必须表达人民的共同意愿这一观念。③ 但是,与民主、平等、正义等政治思想中的概念相比,民粹主义的思想体系相对单薄。整体而言,民粹主义的概念具有复合性,包含了领导者、政党、政治运动和思想等多个维度,因此定义较为困难。

尽管如此,仍然有不少学者尝试给民粹主义下个定义。例如,福山在承认人们对民粹主义有多重理解的基础上,从以下三个层面加以"定义":在经济层面,民粹主义鼓吹短期让民众受益,但从长远看会造成严重后果的饮鸩止渴式的经济政策;在政治层面,民粹主义痴迷于与具有个人魅力的民粹领袖建立直接的认同关系,拒绝现有的代议制度和机构的中介作用;在文化层面,民粹主

---

① Benjamin Moffitt, *The Global Rise of Populism: Performance, Political Style, and Representation*, Stanford University Press, 2016; Luigi Guiso, Helios Herrera, Massimo Morelli and Tommaso Sonno, "Demand and Supply of Populism", Einaudi Institute for Economics and Finance (EIEF) Working Papers Series, 2017.

② 欧内斯托·拉克劳:《为什么建构人民是激进政治的主要任务?》,《马克思主义与现实》2014年第1期。

③ C. Mudde, "The Populist Zeitgeist", *Government and Opposition*, Vol. 39, No. 4, 2004, pp. 541–563.

义强调"人民"范围具有排他的边界,这种边界往往与种族或民族身份有关。[①]卡洛斯·德拉托尔将民粹主义定义为构建人民与寡头政治之间的道德斗争的一种修辞。[②] 柯克·霍金斯则将其视作一种摩尼教式的论述,即识别出具有共同意志的人民的善与共谋精英的恶。[③] 埃里克·奥利弗和温蒂·拉恩同样将民粹主义解释为一种将善良的人民与邪恶的寄生虫般的精英对立起来的修辞,认为这些精英企图破坏属于整体人民的正当主权。[④] 民粹主义概念统一化的尝试始终不太成功,有的学者甚至认为民粹主义实质上是一个极度碎裂化的概念。[⑤]

尽管缺乏简明的定义,但"反精英"是民粹主义的核心特点,也是民粹主义定义的出发点。民粹主义以"人民"的不证自明性作为前提,以"民意的合法性"作为核心话语,强调"人民—精英"的二分以及二者之间的对立关系,认为精英是自私、腐败、无能的少数人,无法代表和维护人民的利益。此外,民粹主义也存在"左翼"和"右翼"之分:左翼民粹主义强调大众主体传统的阶级性,除了要求经济上的平等、拒绝精英代表自己的利益之外,还认同性别平等、文化宽容、环境保护、种族多元等议题的价值;而右翼民粹主义强调大众主体的民族性、种族性特征,主张本土主义,反对多元主义,反对全球化,认为"人民"尽管是一个统一的整体,但不是一定地理范围内的所有人,而是"土生土长的具有传统主流文化背景的人"。[⑥] 左翼和右翼民粹主义在"反精英"上具有一致性,而在具体的解决办法上存在分歧。因此,也有人认为民粹主义并无特定的意识形态,既可以和进步主义意识形态结合形成左翼民粹主义,也可以与保守主义结合形成右翼民粹主义。[⑦]

[①] 弗朗西斯·福山:《新身份政治》,吴万伟、罗亮译,《国外理论动态》2019年第7期。

[②] Carlos De La Torre, *Populist Seduction in Latin America: The Ecuadorian Experience*, Ohio University Press, 2000.

[③] Kirk A. Hawkins, "Is Chavez Populist? Measuring Populist Discourse in Comparative Perspective", *Comparative Political Studies*, Vol. 42, No. 8, 2009, pp. 1040-1067.

[④] J. Eric Oliver and Wendy M. Rahn, "Rise of the Trumpenvolk: Populism in the 2016 Election", *The Annals of the American Academy of Political and Social Science*, Vol. 667, No. 1, 2016, pp. 189-206.

[⑤] 保罗·塔格特:《民粹主义》,袁明旭译,吉林出版社2005年版,第13、30页。

[⑥] 何晴倩:《文化抵制还是文化反弹?——西欧右翼民粹主义政党兴起的因果效应比较》,《世界经济与政治》2017年第12期。

[⑦] 田野:《全球化、要素禀赋和政党重组——对欧洲民粹主义浪潮的一项解释》,《教学与研究》2018年第10期。

第二节 民粹主义的演变

除民粹主义定义之外,也有大量研究者对世界民粹主义的发展和变化进行研究。然而,精细化的研究需要讨论各个国家和地区民粹主义的发展程度并进行比较。如何量化分析各个国家和地区的民粹主义发展程度,是进一步研究需要回答的问题。民粹主义概念的模糊,导致民粹主义的测量也是研究的难点。对此,路易吉·吉索和马西莫·莫雷利等人认为,对"民粹主义"的具体测量可以一方面测量民粹主义组织的势力,另一方面测量民众态度中显现出的民粹主义成分。[①]换句话说,民粹主义概念本身难以测量,但是可以将民粹主义政党作为切入点,通过定义民粹主义政党,以现实政治中民粹主义政党的得票率和支持度作为具体的指标,来分析民粹主义的发展程度;同时,也可以通过社会调查的方法,测量公众对民粹主义政党的支持度,从而了解民粹主义的发展状况。其次,就民粹主义价值观调查方法而言,由于现有民粹主义价值观量表并不完善,采用社会调查的方法仍然存在缺陷,而民粹主义政党相对较易被观察到,因此以民粹主义政党为切入点进行测量的方法得到了广泛的采用。

此外,在民粹主义发展现状方面,主要的研究是基于区域和国别的研究,以及从世界政治的角度讨论全球民粹主义的发展。由于民粹主义自身具有复杂多变的特点,因此,基于区域和国别的研究往往更可能取得成果,在这一领域也占据了更多的比例。

一、区域与国别的视角

第一,欧洲民粹主义发展的特点是民粹主义政党执政。一方面,2008年金融危机以后,欧洲民众不断痛斥精英的腐败和不作为,对精英造成的社会生活状态极度不满,转而寻求激进、大胆的领导者。另一方面,面对民众的诉求,不少欧洲民粹主义政党利用这一传统政治精英治理失败的机会趁势而起。因

[①] Luigi Guiso, Helios Herrera, Massimo Morelli and Tommaso Sonno, "Demand and Supply of Populism", *Social Science Electronic Publishing*, Vol. 7, No. 1-2, 2017, p. 7.

此，研究以民粹主义政党为切入点来分析民粹主义的发展。例如，在意大利，五星运动在2018年议会选举中一跃成为第一大党，被广泛视作民粹主义的一场胜利；在法国，国民阵线主席勒庞在2002年的总统选举首轮投票中胜出，轰动了整个欧洲政坛，2017年他的女儿玛丽娜·勒庞进入总统选举第二轮投票；在西班牙，"我们能"（Podemos）党异军突起，成为西班牙政治中的重要力量；在希腊，2015年激进左翼联盟在希腊议会选举中大获全胜。此外，德国另类选择党、意大利北方联盟、芬兰"芬兰人"党等诸多政党，逐渐在各自的国内政治中获得了相当大的影响力。因此，有研究关注民粹主义政党获得的支持，并分析民粹主义的发展趋势。①

第二，与欧洲不同，美国新世纪以来的民粹主义并不以民粹主义政党的形式体现，而是先以"占领华尔街"、茶党等为代表的社会运动面貌出现，然后表现为政治领导人的政策议程和执政风格。2011年，美国上千示威者发起了"占领华尔街"运动，并且产生了广泛影响。茶党利用美国政府在应对金融危机方面的缺陷，构建了一系列阐述，建构出了"他们"（政治和金融精英）对"我们"（劳动者）的奴役和剥削这一意识形态，激烈批评民主党领导的政府腐败和无能，具有强烈的反国家、反政府情绪。2016年，特朗普当选美国总统，推出了贸易战、反移民、种族主义等一系列带有民粹主义色彩的政策，使得民粹主义从社会运动登堂入室，进入国家政策议程。因此，从"占领华尔街"、茶党运动再到特朗普当选总统，民粹主义从左右两个方向对美国的主流价值和政治体系提出了挑战。面对现实政治的重大变化，有大量的研究关注这些事件的发展变化，并讨论民粹主义对美国政治发展的影响。②

第三，与20世纪中期轰轰烈烈的民粹主义不同，现阶段拉美地区的民粹主义呈现衰退趋势。③ 塞巴斯蒂安·爱德华兹（Sebastian Edwards）指出"新民

---

① 韩冬临、张渝西：《欧洲民粹主义的发展与变化（2000—2019年）——基于民粹主义政党的测量》，《欧洲研究》2020年第1期。

② 林红：《当代民粹主义的两极化趋势及其制度根源》，《国际政治研究》2017年第1期；刘玲：《民粹主义在美国的历史源流与现实走向》，《国外社会科学》2018年第2期。

③ 周楠：《对拉美民粹主义思潮及其实践的评析——以委内瑞拉的"查韦斯主义"为例》，《国际观察》2017年第5期。

粹主义"与拉美的传统民粹主义有如下不同:其一,并不强调彻底的财政与货币的扩张政策;其二,新民粹主义领导人均通过民主程序上台执政;其三,近乎盲目地反对全球化,例如他们谴责麦当劳,不是因为汉堡是垃圾食品,而仅仅因为它"代表了外国口味"。① 拉美民粹主义发展有其独特之处:一方面,保持了左翼传统,强调平等的价值观;另一方面,拉美的民粹主义政治家在各国反复出现。即使民粹主义给社会带来了重大损失,但是民粹主义政治家仍然可以通过选举的方式合法获得政权,从这个意义上说,拉美地区是民粹主义发展的乐土。

第四,中国的民粹主义主要体现为网络上的民粹主义。与其他国家类似,中国的民粹主义也具有反精英特征,并且存在盲目排外的现象。② 同时,中国的民粹主义较少体现为政治运动和政党政治,但是在互联网上,各种民粹主义言论往往成为焦点问题。中国的民粹主义往往体现为一种非制度化的政治参与,其议题更多集中在经济民生领域。③ 从规模和程度而言,中国的民粹主义发展只是在某些领域有所表现,并不具备广泛的社会影响力。

二、世界政治的视角

还有学者从世界政治的视角切入,分析民粹主义在全球层面的发展,并寻找其发展的规律。达尼·罗德里克采用文本分析法,对20世纪中期以来拉美和欧洲各国政党的民粹主义发展状况进行了测评,得出了现阶段全球范围内民粹主义运动以右翼为主的结论。罗德里克还对具体国家和地区民粹主义的关系进行了讨论,指出了欧洲和拉美民粹主义的区别:欧洲右翼民粹主义政党得票率从20世纪80年代的不足5%迅速上升至2011—2015年的超过20%,左翼政党则低于5%;相较之下,左翼民粹主义在拉美地区长期占据优势,并呈现出了增长态势。④ 除了罗德里克以外,英格尔哈特采用世界价值观调查数据

---

① 塞巴斯蒂安·爱德华兹:《拉美新旧民粹主义研究》,刘玉译,《国外理论动态》2012年第6期。
② 周庆智:《当前中国民粹主义思潮的社会政治含义》,《政治学研究》2017年第5期。
③ 程同顺、杨倩:《当前中国的民粹主义》,《江苏社会科学》2016年第3期。
④ Dani Rodrik, "Populism and the Economics of Globalization", *Journal of International Business Policy*, No. 1, 2018, pp. 12-33.

对民粹主义在全球的发展展开了研究;卡斯·穆德等人比较了各洲的民粹主义发展,指出欧洲右翼民粹主义的主要特征是反移民和反全球化的"仇外",但这并不是拉美民粹主义的共同特征,因为该区域的民粹主义者通常采用一种包容的态度来对待那些受到歧视的人。①

从世界政治的视角来看,民粹主义在 21 世纪得到了广泛的发展,特别是金融危机以后,民粹主义发展的范围和程度都得到了拓展,体现为民粹主义领导人普遍出现,民粹主义政党数量增加并上台执政,以及民粹主义价值观在各国民众中获得广泛支持。

第三节 民粹主义兴起的原因

一般认为,不平等、西方民主政治的缺陷、新媒体的发展、文化变迁和全球化等多方面因素,都对民粹主义的发展有直接或者间接的影响。这些因素,有的在民粹主义发展过程中一直存在。例如,不平等一直对民粹主义的发展有影响,但 21 世纪以来不平等问题加剧,其对民粹主义发展的影响也发生了变化。文化与价值观的变迁也一直伴随民粹主义的发展。有的则是全新的因素,例如 2008 年的金融危机带来的经济冲击、新媒体的发展、全球化的新动向等,这些都是 21 世纪以后才有的因素。同时,各种因素相互结合,共同对民粹主义的发展产生影响。例如,全球化是经济危机产生的重要原因,这在引发不平等问题的同时,还促进了以新媒体为渠道的民粹主义思想传播,引发了文化的冲突与变迁。西方选举民主自身的缺陷也难以解决不平等的难题,民众的不满日益增长,进而为民粹主义兴起提供了条件。

第一,社会不平等是滋生民粹主义的土壤。大量的研究证明,民粹主义的情绪在低教育水平和贫困人群中吸引到更多的支持者。②低收入群体中,公众

---

① Cas Mudde and Cristobal Rovira Kaltwasser, "Exclusionary vs. Inclusionary Populism: Comparing Contemporary Europe and Latin America", *Government and Opposition*, Vol. 48, No. 2, 2012, pp. 147-174.
② Bram Spruyt et al., "Who Supports Populism and What Attracts People to It?", *Political Research Quarterly*, Vol. 69, No. 2, 2016, pp. 335-346.

普遍缺乏教育,因此相应的政治认知和推断能力有限,从而更加期盼魅力型的领袖出现,也更加容易相信民粹主义的宣传。与之对应,在过去20年中,世界政治中的不平等问题日益严重,不仅富国与穷国之间的贫富差距拉大,在大多数国家内部,各收入群体间的贫富差距更是日益扩大。世界经济不平等实验室2018年发布的《世界经济不平等报告》显示,截至2016年,在欧洲、美加地区、撒哈拉以南非洲地区、巴西和印度等地,当地收入位居前10%的富人收入占整个国民收入的比例分别为37%、47%以及55%(巴西和印度都是55%)等。① 皮凯蒂在引起广泛共鸣的《21世纪资本论》一书中指出,在过去300年间,资本的回报率远远超过经济的增长率,由此造成了财富的高度集中和严重的经济不平等。② 经济上的巨大不平等,导致底层的民众只能寄希望于通过支持民粹主义政党、民粹主义运动来改变现状,进而推动了民粹主义的发展。同时,经济的不平等也导致底层群体的规模不断扩大,从而助推民粹主义。

第二,西方民主制度内在的缺陷也拓展了民粹主义发展的空间。民粹主义浪潮多发于西方国家,这是因为西方选举民主存在内生制度性缺陷。作为政治制度的选举民主,选举只能保证一人一票的选举权,但却不能保证选民能够获得及时的政策回应,也无法保证底层民众的利益得到维护。整个政体自身并不能完成从民意收集到政策输出的全过程。③ 在政治实践中,执政党在发展宏观经济、维护中下阶层权益以及调节社会和阶级矛盾上的失败,导致西方国家普遍出现政党"代表性危机",为民粹主义提供了动力,在制度上为民粹主义政党上台和填补权力真空提供了可乘之机。福山直接指出民粹主义导致"自由主义民主制度中民主的部分攻击其自由的部分",其中自由的部分是试图限制行政权力的制衡机制。④ 这说明,正是代表性空白的出现,使得社会无法再从原来的制度体系中寻找代言人,被迫诉诸民粹主义,采取反精英、反建

---

① Thomas Blanchet et.al, eds., World Inequality Report 2018, p. 9, https://wir2018.wid.world/files/download/wir2018-full-report-english.pdf, 2024年8月25日访问。
② Thomas Piketty, *Capital in the Twenty-First Century*, trans. by Arthur Goldhammer, Belknap Press of Harvard University Press, 2014.
③ 高春芽:《政党代表性危机与西方国家民粹主义的兴起》,《政治学研究》2020年第1期。
④ 弗朗西斯·福山:《新身份政治》,吴万伟、罗亮译,《国外理论动态》2019年第7期。

制的激进态度,维护自身的权益。特别是由于在常规的选举政治中,底层民众的利益诉求无法得到满足,从而不得不利用更加激进的抗争政治的途径来发出自己的呼声。例如,美国的"占领华尔街"运动,不仅"占领"了华尔街,波士顿、芝加哥、洛杉矶等大中城市同样爆发了各种形式的"占领",甚至在世界范围内得到响应。

第三,新媒体是21世纪以来民粹主义发展的新推手,并且为民粹主义的传播和动员提供了新的渠道。新媒体,特别是社交媒体,具有多方面的优势,包括对选民更广泛的覆盖、对政治宣传更加精准的投放以及更加快速自由的信息传播,因此比之传统媒体发挥了更大的政治影响。对民粹主义的政党和领导人而言,利用社交媒体这一扁平化的平台,可以与民众进行更加直接的对话及组织动员。例如,在美国,特朗普的执政明显呈现"推特治国"的特征,直接依靠推特(2023年改名为X)进行信息的传播,甚至组织和动员。同样,在意大利,成立于2009年的五星运动党没有组织制度、没有固定的指导思想和纲领,甚至没有固定的办公场所,其党员注册、活动组织几乎全部依赖创始人贝佩·格里洛(Beppe Grillo)的个人推特和博客,其党内成员表达意见和参与投票决策的版块被命名为"卢梭",以标榜"直接民主"。同样,新媒体也进一步激发了民众的民粹主义情绪。新媒体,尤其是社交媒体与传统的媒体不同,为了吸引眼球,常常使用夸张的语言,关注对抗性的议题,加上各类情绪化的内容,以及各种极端的言论,这些特点都会影响受众的态度和行为。此外,社交媒体的算法设计往往选择性地推送符合个人偏好的内容,从而产生"信息茧房"的问题,催生民粹主义的思想。在欧洲的实证研究发现了新媒体的使用与右翼民粹之间的关系。①

第四,在文化层面,英格尔哈特和诺里斯认为文化和心理要素在民粹主义的兴起中起着更重要的作用。②不少研究也认为文化的重要影响甚至超越了经

---

① Claudia Alvares and Peter Dahlgren, "Populism, Extremism and Media: Mapping an Uncertain Terrain", *European Journal of Communication*, Vol. 31, No. 1, pp. 46-57.
② Ronald F. Inglehart and Pippa Norris, "Trump, Brexit, and the Rise of Populism: Economic Have-nots and Cultural Backlash", HKS Faculty Research Working Papers series, https://research.hks.harvard.edu/publications/workingpapers/Index.aspx, 2024年8月25日访问。

济的因素。文化包含多方面的因素。首先,严重的贫富差距和巨大的文化、价值变迁,使得中下层不仅产生了强烈的不安全感和被剥夺感,还产生了认同上的焦虑。其次,在情感方面,很多民粹主义运动的支持者由于经历过政治上的隔离和社会上的孤立,需要情感上的联系和支持,容易成为民粹主义的拥护者。再次,受教育程度低的中下阶层和老年人担心被过于强势的政治正确边缘化而成为"落后分子",这种逐渐积累的担忧和不满,很容易为右翼民粹主义煽动和利用。① 文化视角和其他视角不同,关注不平等和制度因素的人往往从利益的角度思考民众对民粹主义的支持,而由文化视角切入的人则从价值观和情感的因素入手,分析民粹主义获得的支持。

第五,全球化对民粹主义发展的影响,有经济层面的因素,也有文化层面的因素。在经济层面,全球化背景下不同生产要素的损益对比导致社会上不同群体存在不同的收益和损失,原来相对简单的阶层、群体出现更加复杂的分化。全球化进程中,随着制造业转移到亚洲国家,西方国家工人阶级中"非熟练/半熟练劳动力"的权益受损。另一方面,民粹主义政党——特别是右翼政党,主动调整政治纲领,放弃了中小资产阶级和中间阶级并转向寻求蓝领工人、失业者等非熟练/半熟练劳动力的支持。因此,欧洲国家的右翼民粹主义政党随着全球化的深化,得到了广泛的发展。

特别值得一提的是,全球化进程中的跨国移民也会对民粹主义产生推动作用,并且被认为是21世纪以来欧洲民粹主义兴起的重要因素。一方面,外来移民对本国的劳动力产生冲击,影响了低端劳动力的就业;同时,外来移民可能带来包括治安、医疗、教育等一系列社会问题,引发本国原有居民的担心。特别是在欧洲,外来移民往往同样享有各种社会福利,不仅导致政府开支巨大,也引起社会的争议。另一方面,外来移民也带来了巨大的文化冲击,引发本国民众的不满情绪。这些都对民粹主义的发展起到了推波助澜的作用。例如,在欧洲,抵制全球化文化(即全球化过程中移民带来的文化冲击)的影响力大于现代化文化反弹(即西欧社会传统保守主义者对自由主义文化价值观的

---

① 佟德志、朱炳坤:《当代西方民粹主义的兴起及原因分析》,《天津社会科学》2017年第2期。

抵制)。① 不同移民类型会对民粹主义类型产生影响:尽管西班牙和法国都有相当比例的外来移民,但西班牙的移民主要来自具有文化相似性的拉美或欧洲其他发达国家;相较之下,法国的外来移民有一半左右来自具有文化异质性的伊斯兰国家,激烈的文化冲突使得法国而不是西班牙孕育了国民阵线等右翼政党。② 换言之,新自由主义和移民的涌入激化了身份政治和其他"单一议题政治":性别平等、种族多元、文化包容和边界开放成为主流价值进而变成政治正确,成为当下左翼民粹主义意识形态的内容。然而,左翼民粹思潮的发展又进一步引发了文化价值和身份认知上的威胁和刺激,使得保守的右翼民粹思潮萌生,并在当前民粹主义发展态势中占据优势。

第四节 民粹主义的影响

民粹主义在全世界的发展和壮大,在政治、经济和社会等领域产生了诸多影响,甚至左右整个世界政治的走向。

在政治层面,民粹主义不仅会对具体政策和政党政治产生影响,还可能触及西方自由民主政体的根本。民粹主义的运作往往进行广泛的政治动员,把全体平民无一例外地纳入统一的政治过程,破坏已有的政治权威、政治制度和社会秩序。例如,民粹主义者执政之后通常就是废除各种既定的政治制度,而代之以各种群众性政治组织。例如,1953年,埃及纳赛尔领导新政权废除了埃及所有现存的政党。取而代之的是,一系列有组织的、声称代表全体人民意愿的群众性组织。在利比亚,1969年,"应人民要求"推翻了伊德里斯王朝。之后,新政权将所有其他政党和工会都取缔,而代之以革命指挥委员会和仿照埃及建立的全民性组织——阿拉伯社会主义联盟(1971)。

在政党政治层面,民粹主义的兴起使得非经济议题和单一议题政治成为影响政党选举策略的重要因素。此外,由于民粹主义政党不必获得太多选票

---

① 何晴倩:《文化抵制还是文化反弹?——西欧右翼民粹主义政党兴起的因果效应比较》,《世界经济与政治》2017年第12期。

② Dani Rodrik, "Populism and the Economics of Globalization", *Journal of International Business Policy*, No. 1, 2018, pp. 12-33.

就可以扩大实际影响,如英国独立党在 2015 年 5 月大选中只获得了一个席位,但是其主张点燃了反欧盟、反移民情绪,迫使保守党启动脱欧公投。安东·佩林卡(Anton Pelinka)总结了欧洲针对右翼民粹政党的三种策略:第一,直接通过取消右翼民粹政党的合法性来将其排除在选举进程之外;第二,通过联合其他政党将右翼民粹政党排除在执政联盟之外;第三,接受民粹政党上台,期待他们展示出其缺乏执政能力,从而打破其支持者的幻想——由于现实政治的复杂性,极右翼政党在政府中将很难兑现其曾作出的承诺。三种策略各有其局限性,而更关键的是,无论主流政党如何采用技术性的手段,都不得不面对右翼民粹主义的现实,因为"没有明确的政策可以改变现代化失败者的态度"。① 或者说,民粹主义的力量不在于其自身,而在于现实政治经济体系中显而易见的缺陷和问题,只要现实社会中的问题显而易见而又无力解决,民粹主义就有号召力和吸引力。

在经济层面,民粹主义者往往同时也是坚定的民族主义者,强烈地反对全球化,包括反对外资,反对自由贸易,反对外来文化与外来移民。例如,阿根廷曾经将外资企业收归国有,并且违反与外商签订的合同,一再提高出口关税。西欧的民粹主义政党同样宣传经济民族主义和国家保护主义。法国的民粹主义政党——法国国民阵线反对全球化和欧洲一体化,并把这些纳入国民阵线的政治纲领和政策主张。此外,国民阵线将全部社会问题和灾难都归结成移民问题,从而鼓吹新种族主义与仇恨敌视移民。美国特朗普在 2017 年执政以后,发动贸易战,摧毁既有的国际经济秩序。这些保护主义的经济政策,对各个国家的经济产生了影响,并且挑战了全球化的未来。

在社会层面,民粹主义暴露出的各种社会矛盾,随着民粹主义政党的执政,继续加剧精英阶层和草根民众之间的冲突,并有可能造成一个撕裂的社会。同样,在美国,即使两院制、选举人团制度、司法审查制度等政治制衡系统有可能缓冲民粹主义激荡的影响,但长远来看情况并不乐观,社会将进一步走向撕裂和极化。民粹主义运动无法平息既有的矛盾,甚至会激化已有的各种社会矛盾,最后引发各种危机。

---

① 安东·佩林卡:《右翼民粹主义:概念与类型》,张也译,《国外理论动态》2016 年第 10 期。

本章通过介绍民粹主义的概念、发展变化、原因和影响四个方面,对民粹主义研究的前沿进行回顾和总结。随着现实政治的不断发展,各种民粹主义的形式持续发生变化,影响也日益扩大。因此,进一步的研究需要关注这些新变化、新趋势,并且不断深化。在世界政治的发展过程中,民粹主义与民主政治如影随形,但是,政治的发展不能依靠民粹主义,民主政治如何完善,通过制度的革新来"驯服"民粹主义,是理论和现实都需要关注的议题。

思 考 题

1. 除了通过识别民粹主义政党来测量民粹主义,还有其他更好的办法来测量民粹主义吗?
2. 人工智能技术的发展如何影响世界民粹主义的发展?
3. 根据民粹主义产生的原因,如何更好地"驯服"民粹主义?
4. 民粹主义政党执政,能否减少经济上的不平等?
5. 民粹主义和民主政治有什么区别?为何在发展过程中两者往往"形影不离"?

参考文献

保罗·塔格特:《民粹主义》,袁明旭译,吉林人民出版社2005年版。

林红:《民粹主义:概念、理论与实证》,中央编译出版社2007年版。

俞可平:《现代化进程中的民粹主义》,《战略与管理》1997年第1期。

Benjamin Moffitt, *The Global Rise of Populism: Performance, Political Style, and Representation*, Stanford University Press, 2016.

Nadia Urbinati, "Political Theory of Populism", *Annual Review of Political Science*, Vol. 22, 2019, pp. 111–127.

第十三章 民族主义

作为近代以来最重要的社会政治思潮和政治运动,民族主义(nationalism)推动了现代国家和国际社会的建立,深刻塑造了世界近现代史。进入全球化时代以来,民族主义不仅没有消亡,反而再次席卷而来,对世界各国的政治进程和政治生态产生了重大影响,对全球化提出了深刻且不可回避的挑战。本章在回顾民族主义经典研究的基础上,聚焦于民族主义的前沿热点问题,对民族主义的概念争议、发展变化、理论范式和影响进行概述。

第一节 民族主义的概念

民族主义是当今政治分析中出现频率最高而意义最为模糊的概念之一,且经常与民族(nation)、爱国主义(patriotism)、民粹主义(populism)、国家/国族认同(national identity)等其他概念交织在一起。对民族主义及相关概念进行界定与辨析是理解民族主义的前提。

一、民族与民族主义

有学者认为,"民族主义"一词由"民族"衍生而来,民族是民族主义的核心,要理解民族主义,离不开对民族的诠释。据考证,"民族"最早起源于拉丁语"nasci"及其变体"natio",意为"某物的诞生"(to be born)。受结构与情境的制约和历史演变的影响,民族的语义几番变更。直到16世纪初,民族才逐渐获得其现代的政治意义。① 此时,民族指特定国家(英格兰)的居民,开始意味

---

① Liah Greenfeld, *Nationalism: Five Roads to Modernity*, Harvard University Press, 1992, pp.1-27.

着"主权人民"(sovereign people)或"全部的政治组织或国家"。18世纪,民族概念逐渐得到广泛使用,意指主权的持有者、政治团结的基础和最高的效忠对象,拥有国家的人民,或者一个产生它自己国家的共同体。当意味着主权人民的民族用于其他国家与人民时,他们会以一些政治的、地域的、族裔的特性辨明自身,由此,民族开始同地缘政治与族裔约束联系起来,语义也相应变为具有共同语言、地域、经济生活及文化的"独一无二的主权人民"和"国家共同体"。由具备了高度政治性内涵的民族衍生而来的民族主义的出现则晚近得多,直到19世纪中叶才开始普及。①

不过,也有学者认为,虽然民族主义与民族有关,但民族同样是一个难以界定和解释的概念,什么社会群体可以称为现代意义上的"政治民族"也一直是学术界争论不休的问题。② 有些学者在阐释民族主义时,通常避免使用"民族"一词,而是更愿意使用"国家"(state)的概念。③ 在中文的语境中,由于"民族"一词不仅对应"nation"这一概念,也指涉"ethnic""people""tribe""indigenous people""race"等诸多概念,而这些英文术语的内涵也有交叉,因此,中国学术界对"民族"一词的看法存在诸多争议,使用时常因具体问题与语境而异。

虽然民族与民族主义的内涵难以界定,不过学界对这两个概念的讨论仍然形成了一定的共识。从广义上说,民族包括处于不同社会发展阶段的各种人们共同体,但民族主义及其所指涉的民族是具有高度政治性的,是在近代民族国家建立过程中,在统一政治实体下,经历集体身份和主观意识归属的塑造后形成的。政治民族建立在具有相同或不相同的种族、语言、宗教信仰、风俗等背景的社会群体之上,其根本目标是建立与维护民族国家(nation-state)。民族主义认为本民族和民族国家优越于其他民族和民族国家,同样以建立与维护民族国家为根本目标。学界对民族主义的定义主要是从心理状态、意识形

---

① Walker Connor, "When is a Nation?", *Ethnic and Racial Studies*, Vol. 13, No. 1, 1990, pp. 92-103.
② 安东尼·史密斯:《民族主义:理论、意识形态、历史》,叶江译,上海人民出版社2006年版,第10—15页。
③ Charles Tilly, ed., *The Formation of National States in Western Europe*, Princeton University Press, 1975, p. 6.

态、政治行动和历史进程四个角度切入的。其中,心理状态维度上的民族主义,指的是个体对本民族与本民族国家的强烈归属意识、高度忠诚等特定的情感与态度,即民族成员对本民族的优越性有着坚定的信仰,对本民族国家有着超越于其他共同体的高度忠诚。① 意识形态意义上的民族主义,指的是建立和维护民族国家过程中所体现出来的关于民族意志与民族国家的理论、原则与观念。民族主义是人类历史上迄今为止最强烈、最富于情感力量的意识形态,是维系和巩固政治共同体的天然政治资源,它建造了民族国家之间精神、文化和身份的壁垒。② 作为政治行动的民族主义是一种旨在获取和掌握国家权力,建立民族国家,实现民族意志的社会政治运动。民族主义运动催化了现代民族国家的产生。历史进程层面的民族主义则是指民族或民族国家形成与延续的历史过程。在这一历史过程中,民族主义成为创建民族国家政治联合体的支持力量。民族主义理论都是对某一特定民族主义历史过程的思考。

二、国家/国族认同、爱国主义、民粹主义与民族主义

国家/国族认同、爱国主义、民粹主义是常常与民族主义相提并论的几个概念,对这些概念进行辨析可以帮助我们更好地理解民族主义。

1. 国家/国族认同

认同(identity,又译"身份"),是社会成员对自己某种群体归属的认知和感情依附。国家/国族认同是紧紧围绕着"民族"和"国家"形成的,是社会成员因隶属于民族和国家而产生的归属认知和感情依附,是最重要的政治认同。国家/国族认同是现代政治认同的核心,对于其他认同具有根本性的塑造作用。③

民族认同的对象是社会成员所属的各个不同的民族,具有先赋性的特点,是多元的;国家认同的对象是社会成员生活在其中的唯一的政治共同体,是通

---

① Carlton J. Hayes, *Nationalism: A Religion*, Transaction Publishers, 2016, p. 22;安东尼·D. 史密斯:《民族认同》,王娟译,译林出版社 2018 年版,第 14—26、90—93 页。
② 萧功秦:《民族主义与中国转型时期的意识形态》,《战略与管理》1994 年第 4 期;徐迅:《民族主义》,中国社会科学出版社 1998 年版,第 45—46 页。
③ 俞可平:《论全球化与国家主权》,《马克思主义与现实》2004 年第 1 期。

过政治与文化的动员来建构的。民族主义通常有两种形态：一是强调单一种族、血缘、语言与文化等外在客观条件的族裔民族主义（ethnic nationalism），二是强调通过现代国家制度、政策、法律等对各个族群进行国家民族建构的公民民族主义（civic nationalism）。从社会成员的心理态度看，两种民族主义分别对应着民族认同与国家认同。①

2. 爱国主义

由于最初"民族"大多指的是单一民族国家中的民族，早期的学者普遍认为民族主义与爱国主义在内涵上有诸多相通之处，无法区分，甚至出现了"民族爱国主义"（national patriotism）和"民族的或国家的爱国主义"（national or state patriotism）等说法。② 但当代世界上绝大多数国家是多民族国家，爱国主义与民族主义在其中可能一致，也可能存在着相当大的差异，甚至对立。爱国主义与民族主义并不等同，更不应混为一谈，这种观点得到了越来越多学者的赞同。

爱国主义与民族主义的对象、来源与形式、本质及表现都有所不同。首先，爱国主义认同与忠诚的对象是个人所生活的土地或生活方式，是传统意义上的祖国，而民族主义认同的对象则是本民族国家。爱国主义来源于热爱祖国的过去和现实状况，因此主要表现为抵抗外来侵略以捍卫现实存在的祖国；而民族主义则寄希望于本民族的未来及其独一无二的伟大性，因而致力于实现尚未达到的理想目标。其次，爱国主义是一种感情上的热爱，是一种把感情寄托在道德上的个人行为；而民族主义除了情感上的归属，还强调一种行为上的忠诚，是把忠诚和权力联系在一起的组织力量。最为关键的是，二者对待"他者"的态度有着根本区别。爱国主义反映的是个体对祖国的热爱、自豪感和归属感，未必会导致排外倾向和支配倾向，本质上是防卫性的。民族主义则是一种优越感，总是倾向于把本民族的利益提到高于其他民族的地位，对外部群体具有排外倾向和支配感。相应地，爱国主义与民族主义的表现也是不同的。虽然爱国主义与民族主义都包含着理性与非理性的成分，但相比较而言，

---

① 袁娥：《民族认同与国家认同研究述评》，《民族研究》2011年第5期；高永久、朱军：《论多民族国家中的民族认同与国家认同》，《民族研究》2010年第2期。

② Eric Hobsbawm, *Nations and Nationalism since 1780: Programme, Myth, Reality*, Cambridge University Press, 2012, pp. 75-86.

爱国主义比民族主义更加理性。爱国主义在允许个体热爱自己祖国的同时，也允许他人热爱他们的祖国，并不会让他人放弃对自己祖国的热爱，更倾向于和平；而民族主义更加强调本民族国家的优越性，更容易走向非理性和盲目。①

3. 民粹主义

民粹主义一般指带有极端平民化倾向、反对精英主义、将平民化作为政治合法性最终来源的政治思潮、政治运动或政治策略。② 在早期的学术研究中，民粹主义与民族主义的概念与学术解释相互独立。随着20世纪80年代以来民族主义与民粹主义研究范式的转向，特别是与现代化理论框架的分离，二者开始被联结成同源现象，常常被相提并论。二者的界限变得模糊，二者的关系也广受争议。

民粹主义与民族主义在主体、横纵结构、参照系等各方面存在诸多差异。第一，民粹主义与民族主义的主体有所重合但并不相同。民粹主义认为，"人民"（people）是政治合法性的来源。"人民"包括作为普通人的"平民"（plebs），作为公民的"主权人民"（sovereign demos），以及作为道德、文化或政治社群的"边界群体"（bounded community）和"特殊群体"（distinct community）；而民族主义则认为，主权权力的最终来源是"民族"（nation），"人民"与"民族"部分重叠但不能等同。第二，二者的横纵结构（vertical and horizontal structure）不同。民粹主义是一种"上/下关系"，其基本诉求是自下而上地号召人民打破精英的垄断；而民族主义则是一种"内/外关系"，其基本诉求是由内而外地号召作为民族的人民（people as nation）抵抗外国力量。③ 第三，二者的参照系也不相同。民粹主义的参照系是独立政体内部人民与精英之间关于权力、资源、机会和尊重的分配；而民族主义虽然也考量独立政体内部的族裔差异，但更强调全球范围内民族国家的差异。④

---

① 潘亚玲：《爱国主义与民族主义辨析》，《欧洲研究》2006年第4期；郑信哲：《民族主义、爱国主义及其关系问题》，《世界民族》1999年第4期。

② 俞可平：《全球化时代的民粹主义》，《国际政治研究》2017年第1期。

③ Benjamin De Cleen and Yannis Stavrakakis, "Distinctions and Articulations: A Discourse Theoretical Framework for the Study of Populism and Nationalism", *Javnost-The Public*, Vol. 24, No. 4, 2017, pp. 301-319.

④ 罗杰斯·布鲁贝克：《民粹主义与民族主义》，禾泽译，《国外理论动态》2020年第5期。

虽然民族主义与民粹主义在概念逻辑和分析层面上存在差异,但近些年来,民族主义与民粹主义合流的趋势愈发明显,"民粹式民族主义"(populist nationalism)和"民族式民粹主义"(national populism)盛行,甚至有学者认为,21世纪以来的"新民族主义"(new nationalism 或 neo-nationalism)实质上是披着民族主义外衣的民粹主义。[1] 究其根本,这是因为作为一种政治理论的民粹主义是一种泛化的薄理论(thin theory),其独立的核心观点很少,常常依附于别的理论。民粹主义并不先天地具有民族主义倾向,但"人民"的模糊性使得"空心"的民粹主义借助民族主义理论成为可能。[2] 民粹主义者常常将国内问题归咎于外国因素,奉行民族主义的对外政策。当"人民"遇到外敌威胁或以为遭到外敌的威胁时,潜藏着民族情怀的民粹主义极容易转变成民族主义,从"上/下关系"转化为"内/外关系",平民认同转化为民族认同,批判对象也从国内政治精英变为外国敌人。因此,源自国内的民粹主义思潮和社会运动,时常转变为针对外国的民族主义政策与行动,使国内问题国际化。

第二节 民族主义的演变

由于民族主义所植根的地区的政治理念和社会结构的不同,民族主义在不同的国家和不同的历史时期的表现往往各不相同。现代民族主义起源于欧洲民族国家运动。17—19世纪,西欧率先兴起民族主义运动,第一批民族国家得以建立。19世纪末20世纪初,随着资产阶级革命向拉丁美洲、亚洲和非洲扩张,民族主义观念开始在全球范围内流行。亚非拉殖民地、半殖民地地区的民族解放运动和反殖民化运动构成了民族主义的第二波浪潮。20世纪末21世纪初,在全球化和网络化的背景下,第三波民族主义浪潮正在兴起,这一波浪潮也常被称为"新民族主义"浪潮。民族主义的发展变化见表13-1。

---

[1] Jan-Werner Müller, "False Flags: The Myth of the Nationalist Resurgence", *Foreign Affairs*, Vol. 98, No. 2, March/April 2019, pp. 35–41. "新民族主义"一般指的是民族主义在新的历史时期的新发展和新表现,相对应的是此前历史阶段中曾经存在的"旧"民族主义。

[2] Rogers Brubaker, "Populism and Nationalism", *Nations and Nationalism*, Vol. 26, No. 1, 2020, pp. 44–66.

表 13-1 民族主义的发展变化

	第一波	第二波	第三波
时间	17—19 世纪	20 世纪	20 世纪末以来
地域	西欧	亚非拉	全球范围
结果	第一批民族国家建立	民族国家的现代世界体系得以形成	

一、民族主义与民族国家的诞生

民族主义萌芽于 14 世纪,酝酿于 15—16 世纪,兴起于 18 世纪,扩散于 19 世纪。这一时期的民族主义主要围绕民族国家的建构而展开。

中世纪,基督教凌驾于世俗国家之上,欧洲的许多国家没有明确的主权。14—16 世纪,在文艺复兴、宗教改革和资本主义发展的推动下,基督教神权至上的地位受到极大冲击。1648 年,《威斯特伐利亚和约》签订,主权国家的政治系统在欧洲中部形成,实现了神权社会向世俗社会的转变。此时的主权国家虽不是现代意义上的民族国家,但具备了民族国家的雏形,促进了现代民族国家的诞生。这些国家的权力集中在国王手中,形成了初步的领土疆域,统一了国内市场,推广了民族语言,但不具备共同认同的价值基础。随着王权与资产阶级的矛盾日益激化和民族意识的不断增强,资产阶级革命爆发,欧洲诞生了人类历史上第一批民族国家。17 世纪,荷兰与英国在尼德兰革命与资产阶级革命后由王权国家转变为民族国家。18 世纪的北美独立战争是近代西方民族主义意识的一次大爆发,其后美国成为独立的民族国家。在北美独立战争和启蒙运动的鼓舞下,法国资产阶级以"自由、平等、博爱"为号召,发起法国大革命,不仅把民族主义的表达推向高潮,而且在具体的革命进程中将民主主义与民族主义紧密结合,是近代民族主义和民族国家构建的里程碑。法国大革命后,欧洲各地打着民族主义旗帜,掀起一系列民族国家运动。19 世纪下半叶,民族主义在东欧和北欧迅速发展,罗马尼亚、保加利亚、立陶宛、芬兰、挪威等都兴起了民族主义。

在上述历史进程中,民族主义由原先的一种模糊情绪发展为一种信仰,不仅产生了新的意识形态,而且开创了新的人类共同体、新的集体认同和新的政治样式,以民族国家为基本单位的国际体系逐渐确立。

二、民族主义的扩张与殖民地解放

早期的民族主义意在"争取民族的伟大,争取使每个民族有权把自己的统治扩张到相似的民族或者相关的民族中去";然而,19 世纪后,民族主义逐渐发展为带有对外侵略扩张性质的民族沙文主义(national chauvinism)、殖民主义(colonialism)等极端民族主义和狭隘民族主义,欧洲开始了空前的殖民扩张,试图通过暴力征服和奴役其他民族。[①]

在欧洲殖民统治下,亚非拉地区激起尖锐民族冲突,民族危机加深。自 19 世纪下半叶开始,殖民地或半殖民地的人们被激发出反抗西方压迫的民族意识与民族情感,形成了一股强烈的民族主义浪潮。反殖民的民族独立运动(national independence movement)和民族自治运动(national autonomy movement)蓬勃发展。

亚洲的民族独立与解放运动主要包括伊朗反对卡尔扎封建王朝和英俄帝国主义的资产阶级革命、土耳其在青年土耳其党的领导下开展的土耳其革命、印度的反英民族解放运动、俄国十月革命以及在十月革命影响下爆发的一系列无产阶级革命等。中国近代民族主义思潮以"救亡图存"为目标,融会于各种思潮之中,五四运动、新文化运动、抗日战争等均属于中国近代民族主义运动。

非洲的民族主义兴起于 20 世纪 20 年代,思想渊源可以追溯到 18 世纪开始的奴隶贸易。反对奴隶贩子、同奴隶主的斗争及对非洲的深厚感情唤醒了黑人的民族意识,并演化成对白人的仇恨,催生了"泛非运动"(All-African)。起初这一运动主要与北美和加勒比地区非洲后裔的黑人团体有关,后来传到非洲,成为非洲民族主义思想产生的原动力。[②] 该运动号召全世界的黑人团结起来,争取非洲的解放与统一。民族融合(national union)是非洲民族主义另一大有影响力的思潮,主张非洲人必须遵循历史的教益,照搬欧洲人的组织方式。[③] 为了摆脱殖民统治,从 20 世纪 40 年代末到 60 年代,非洲展开了轰轰烈

[①] 王联:《关于民族和民族主义的理论》,《世界民族》1999 年第 1 期。
[②] 李安山:《西非民族主义思想的产生及其表现形式——西非民族主义思想论纲之一》,《西亚非洲》1995 年第 3 期。
[③] 巴卡利·卡马拉:《非洲民族主义的产生与发展》,《上海师范大学学报》1995 年第 2 期。

烈的民族解放运动和民族独立运动,许多国家赢得了独立。

拉丁美洲的民族主义是伴随着伊比利亚美洲殖民地的历史和现实演变,在近代北美独立战争和法国大革命等欧美民族主义运动的影响下逐渐演化而成的。从一定意义上讲,拉丁美洲的民族主义经历了从克里奥尔人的本土意识、美洲情结,到独立战争中的美洲主义思想,再到19世纪末知识精英和爱国者的文化民族主义、反美主义和二战后作为推动发展与变革力量的经济民族主义的变迁过程。[①]

经过亚非拉各国人民的反抗斗争以及两次世界大战的洗礼,20世纪中叶催生出一大批现代民族国家。现代民族主义由此产生了广泛的影响,具备了全球的意义,民族国家的现代世界体系得以形成。

三、全球化时代的新民族主义

20世纪末,在全球化浪潮和互联网发展对民族国家的冲击下,"民族国家终结论""国家主权弱化论"纷纷涌现,认为民族国家的主权会弱化甚至终结。然而,冷战的结束和全球化、互联网的发展不仅没有使民族主义终结,反而导致全球各国与各地区的民族主义情绪更加高涨。这股新民族主义浪潮不仅席卷了欧洲和美国,蔓延至俄罗斯及中东欧国家,而且在中国也有所体现,在其他国家与地区亦有不同程度的发展。新民族主义通常与当地风行的不同政治立场结合在一起,总体而言,大致可分为民族主义与民粹主义合流、民族主义与民族国家建构、民族主义与爱国主义交织三种类型。

1. 欧美:民族主义与民粹主义合流

欧美的民族主义在起源时就与公民权利紧密相连,因此在民主政治本身遭遇挑战时就极易出现民族主义与民粹主义浪潮合流的现象。21世纪以来,新民族主义的崛起成为欧洲和美国最为突出的政治现象之一。在英国等欧洲国家,新民族主义通常与反对欧洲一体化的排外的右翼民粹主义(right-wing populism)、欧洲怀疑主义(euroscepticism)、反伊斯兰教和穆斯林等相联系,例

[①] 孙若彦:《拉美民族主义的历史演进和发展趋势》,《山东师范大学学报(人文社会科学版)》2010年第1期。

如,公投导致的英国脱欧就被视为新民族主义思潮集中表达的结果。美国的新民族主义以特朗普上台为主要标志,表现为拒绝承担国际责任义务和"美国优先"(America First)模式。① 大多数学者认为,欧美国家的新民族主义的起因是对冷战后全球化精英政治的广泛反抗,实质上是民族主义与民粹主义的合流,甚至可以说是披着民族主义外衣的民粹主义。民粹主义领袖高举民族主义旗帜团结民众来与精英对抗,打击政治精英的全球主义理念以维护自身的民族利益,②但其并非真正地为国家着想,而是制造出民族主义的假象以赢得选民的支持。③ 不过,也有学者认为,欧美的新民族主义是重新分配利益与保护权利的手段,也是社会走向更公正、更强大的自我修复机制,尽管可能引起矛盾与冲突,但终将解决社会的不公正现象。④

2. 俄罗斯与中东欧:民族主义与民族国家建构

苏联解体后欧亚地区出现了一批民族国家。既不同于欧美地区以美国独立战争和法国大革命为标志的民主革命运动,也不同于亚非拉殖民地与半殖民地反抗宗主国和侵略者的民族独立运动,这一地区的民族主义浪潮和民族国家建立几乎完全同步。由于这一地区的新民族主义往往与维护国家主权相联系,俄罗斯与中东欧国家的新民族主义在一定意义上刺激了苏联解体和冷战结束。⑤ 多民族国家中的非主体民族或少数民族主张"一族一国",单方面要求从多民族国家中分离出来,以民族自治的形式建立独立的民族国家。比如,苏联解体后分裂为十五个独立的国家,南斯拉夫从一国分裂为六国,捷克斯洛伐克也被一分为二。特别是巴尔干地区的一系列民族分离主义运动,引发了波黑战争、科索沃战争等局部战争,导致原苏东地带成为 20 世纪晚期民

---

① Mark L. Movsesian, "The New Nationalism", *Law & Liberty*, December 8, 2016, https://lawliberty.org/the-new-nationalism/,2024 年 8 月 25 日访问。

② Michael Hirsh, "Why the New Nationalists Are Taking Over", *Politico*, June 27, 2016, https://www.politico.com/magazine/story/2016/06/nationalism-donald-trump-boris-johnson-brexit-foreign-policy-xenophobia-isolationism-213995/,2024 年 8 月 25 日访问。

③ Jan-Werner Müller, "False Flags: The Myth of the Nationalist Resurgence", *Foreign Affairs*, Vol. 98, No. 2, March/April 2019, pp. 35-41。

④ Yael Tamir, *Why Nationalism*, Princeton University Press, 2019, pp. 3-13。

⑤ 王亚明:《战后东欧民族主义与东欧剧变》,《社会主义研究》2005 年第 4 期。

族问题的裂变场。① 苏联解体后,剧烈的政治与社会转型进一步引发了原苏联国家强烈的新民族主义倾向,民族分离主义(national separatism)、泛民族主义(pan-nationalism)、宗教民族主义(religious nationalism)、种族民族主义和经济民族主义(economic nationalism)等新民族主义问题不断涌现,甚至成为这些国家的主流社会政治思潮。②

3. 中国:民族主义与爱国主义交织

在以中国为代表的诸多发展中国家,民族主义通常面临着双重困境。一方面,此类国家尚未完成现代化进程,因此需要与发达国家交流学习;另一方面,大量技术、知识、观点、思想的涌入又会对此类国家固有的民族认同构成严重冲击。新民族主义在发展中国家的主要表现即是在爱国主义与世界主义之间的迷茫和困惑。

冷战结束之后,中国的知识分子重新审视美国等西方国家,反西方化思潮、后殖民文化批评、制度创新说、文明比较论等民族主义思潮开始在思想界酝酿。近年来,随着以计算机为媒介的现代通信技术日趋成熟,互联网平台为人们提供了表达空间,成为民族主义发生的新场域,与网络相结合的网络民族主义作为民族主义的新形式在中国逐渐兴起。③

与近代传统民族主义相比,当代中国新民族主义发生了许多新的变化。网络行动是互联网时代中国新民族主义的主要行为方式,网民群体是新民族主义的行动主体,叙事内容已从传统的"民族悲情"转为"民族复兴"。中国新民族主义行动主要源于相关国际国内事件的刺激,参与群体以各代大学生及青年学生为主,其主观诉求在于维护中国在世界体系中的利益与地位,增强民族自豪感。④

---

① 赵嘉:《民族主义》,俞可平主编:《政治通鉴》第三卷,中国大百科全书出版社 2022 年版,第375—378 页。
② 张昊琦:《当代俄罗斯民族主义》,《俄罗斯中亚东欧研究》2008 年第 3 期。
③ 王军:《试析当代中国的网络民族主义》,《世界经济与政治》2006 年第 2 期。
④ 王俊:《互联网时代的中国新民族主义:基于中国网民集体行动与政治态度的实证分析》,北京大学博士学位论文,2021 年,第 108—110 页。

第三节　现当代民族主义主要理论范式

民族主义自出现以来一直是学术研究的热门议题。随着民族主义现象的发展变迁，民族主义的理论范式也在不断调整和拓展。民族主义经历了原生主义、永存主义、现代主义、族群-象征主义和后现代主义等多种理论范式（见表13-2），本章主要介绍现当代社会比较主流与前沿的现代主义、族群-象征主义和后现代主义三类范式，兴起于第二次世界大战后。

表13-2　民族主义的理论范式

	原生主义	永存主义	现代主义	族群-象征主义	后现代主义
兴起年代	20世纪以前	第二次世界大战前	第二次世界大战后	20世纪80年代	冷战结束后
核心观点	民族是原生的	民族是永存的	民族是现代化的产物	民族是现代的，但也具有历史性和族群性	反传统、反现代、碎片化
理论支派及代表性学者	(1)有机论民族主义 (2)社会生物学原生主义：皮埃尔·范登伯格(Pierre van den Berghe) (3)文化原生主义：爱德华·希尔斯(Edward Shils)、克利福德·格尔茨(Clifford Geertz)	(1)持续的永存主义：休·赛顿-沃森(Hugh Seton-Watson)、阿德里安·黑斯廷斯(Adrian Hastings)等 (2)周期性发生的永存主义：欧内斯特·勒南(Ernest Renan)等	(1)社会经济视角：汤姆·奈恩(Tom Nairn)、迈克尔·赫克特(Michael Hechter) (2)社会文化视角：欧内斯特·盖尔纳(Ernest Gellner) (3)政治视角：约翰·布鲁伊利(John Breuilly)、安东尼·吉登斯、迈克尔·曼(Michael Mann)等人 (4)意识形态视角：埃里·凯杜里(Elie Kedourie) (5)建构主义视角：埃里克·霍布斯鲍姆、本尼迪克特·安德森	安东尼·史密斯、约翰·阿姆斯特朗、约翰·哈钦森	哈贝马斯、迪基吉、米勒等

一、现代主义

现代主义是现今学术界主流的理论范式。这一学派认为民族与民族主义在本质上是新的,是近几个世纪出现的现代性产物,在此之前并不存在。第一,民族主义及民族自治、民族统一和民族认同的理想作为"民族建构"的一种过程,以及作为一种意识形态和运动,是相对现代的现象,它们将主权、统一和独特的民族放到了政治舞台的中央,并且用它们的形象来塑造整个世界。第二,民族主义不是古老现象的延续,而是全新时代带来的,具有革新性。不仅民族主义是现代的现象,民族、民族国家、民族认同和整个"民族国家国际"共同体都是现代的现象。[①]

根据研究视角不同,以及所认为的促使民族、民族国家和民族主义兴起的主要条件不同,现代主义分为众多理论支派,主要包括社会经济视角(经济现代主义)、社会文化视角(文化现代主义)、政治视角、意识形态视角、建构主义视角等。尽管各支派的论点不同,但现代主义范式所有的不同形式都强调民族和民族主义的现代性本质,被称为"结构现代主义"。

从社会经济视角切入的学者认为,民族主义是资本主义发展进程中的产物,各种民族主义和民族源自新型的经济和社会因素,如工业资本主义、区域不平等和阶级冲突等。认同社会文化视角的学者主张民族主义是一种统一的高层次文化,指出民族是有学问的并由学校来传播的"高级文化"的表现,这种"高级文化"为专家和群众的、标准化的、强制的公共教育体系所支持。[②] 在侧重民族主义政治特性的学者看来,民族主义是国家主权不可避免的伴随物,民族和民族主义是由现代专业化国家或直接地或在对抗特定的(帝国的/殖民的)国家中造就的。[③] 强调民族主义意识形态特征的学者则认为,民族主义意识形态具有类似宗教的力量,在分裂帝国和没有出现民族的地方可能起到创

[①] 安东尼·史密斯:《民族主义:理论、意识形态、历史》,叶江译,上海人民出版社 2006 年版,第 51 页。
[②] Ernest Gellner, *Nations and Nationalism*, Cornell University Press, 2009, pp. xxvii-xxviii, 34-41.
[③] John Breuilly, *Nationalism and the State*, 2nd edn, Manchester University Press, 1993; Anthony Giddens, "The Nation-State and Violence", *Capital & Class*, Vol. 10, No. 2, 1986, pp. 216-220.

立民族的作用。① 建构主义视角下的民族主义理论突出其社会建构特征,有学者将民族的产生归于"被创造出来的传统",指出它是为统治精英利益服务的②;有学者则认为,民族是想象的政治共同体,以印刷语言为基础形成的世俗语言共同体正是后来"民族"的原型,当民族成员开始感到自己在共享同一命运时,民族主义便产生了③。

二、族群-象征主义

族群-象征主义产生于20世纪80年代。它认同"现代主义"的现代性思想,但反对该理论范式过分强调政治精英在民族建构过程中的作用,因此提出精英与民众的"双向互动建构说";它赞同自然的族群遗产思想,但反对过度强调血缘、语言、地缘等要素对民族主义的作用,因此提出民族的记忆、神话与传统等主观象征符号才是民族建构的核心要素。

族群-象征主义范式赞同民族主义是现代的产物,但同时也强调民族的历史性和族群性,致力于探索民族主义"内在世界"的主观渊源,如共享记忆、象征、神话等。这一范式的代表性学者有安东尼·史密斯(Anthony Smith)、约翰·阿姆斯特朗(John Armstrong)、约翰·哈钦森(John Hutchinson)等。其中,史密斯更关注民族在历史中的本质和作用,阿姆斯特朗更偏向永存主义的立场,而哈钦森则主要考察现代文化民族主义的政治类型。

三、后现代主义

冷战结束后,世界多极化打破了两极的二分现象,民族主义重新成为国际政治主流思潮。原本的意识形态对立局面的终结,加上苏联解体后新民族国家的建立,人们需要重新找到具有缔造"共同体"性质、区分"我者与他者"的标准。在政治环境和现代主义、族群-象征主义研究范式的推动下,民族主义

---

① Elie Kedourie, *Nationalism*, Hutchinson, 1960, pp. 26-48.
② Eric Hobsbawm, *Nations and Nationalism since 1780: Programme, Myth, Reality*, Cambridge University Press, 2012, pp. 80-100.
③ 本尼迪克特·安德森:《想象的共同体:民族主义的起源与散布》,吴叡人译,上海人民出版社2016年版,第4—7、38—46页。

研究迎来了以后现代主义流派为主的研究浪潮。以往的理论范式旨在建构民族主义,而后现代主义则是在既有研究范式的基础上强调建构现代社会,其研究主题与其他范式相比更为微观,研究空间也更为广阔。

整体来看,后现代主义颠覆了现代个人与共同体的关系,将民族或民族国家视为束缚和压迫的力量①,热衷于"打破客观,推崇主观",提倡非连续性和不稳定性,追求差异性和碎片化。后现代主义以反传统、反现代为要旨,强调去中心化和消除权威,多以多元文化主义解构现代民族主体文化,以身份政治和超国家政治解构民族国家族裔属性。与"国家主权""民族自决权""民族统一主义"等传统话语相比,人权问题、市场经济问题、边缘群体的权利、经济全球化等课题逐渐成为后现代主义探讨的主要领域。这意味着后现代主义打破了基于"欧洲中心主义"话语的传统民族主义理论叙述结构,一定程度上消除了狭隘的经验主义并揭示出传统叙事模式的短板与规律。② 这一范式的代表性学者包括尤尔根·哈贝马斯(Jürgen Habermas)、迪基吉(Erdem Dikici)和米勒(Jan-Werner Müller)等。

第四节 民族主义的影响

民族主义之所以拥有强大的生命力,首要的原因是它为个体湮没(personal oblivion)问题提供了一个令人满意的答案。民族主义最主要的功能就是提供一个强大的"历史与命运共同体",将人们从个体湮没的深渊中拯救出来,并重塑集体信仰。在这个世俗的时代,认同于"民族"是战胜死亡结局和实现个体不朽的最可靠方式。只要这些需求不能通过其他类型的认同获得满足,那么民族和民族主义——无论被否定还是被认可,无论被压制还是获得自由——仍将继续为人类提供基础性的文化和政治认同。③ 其次,作为精神和文化上的

---

① 丛日云、马涛:《迈向后民族主义的西方——后现代主义价值革命视角的考察》,《探索与争鸣》2023年第10期,第55页。
② 王联等:《21世纪以来世界民族主义研究的发展——王联教授访谈》,《国际政治研究》2021年第2期。
③ 安东尼·史密斯:《民族认同》,王娟译,译林出版社2018年版,第195—200页。

认同与归属。民族主义以民族和民族国家为纽带，对民族和民族国家成员有强烈的感召力，可以引起广泛的情感共鸣，为凝聚和整合民族与社会力量、开展政治动员提供助力。再者，民族主义为民族国家提供了合法性依据。民族主义以建构与维护民族国家为基本政治诉求，对外确定国家的边界，对内提供认同，给民族国家的政权合法性提供了支持。

虽然民族主义在构建民族国家、鼓舞各国人民为争取民族独立与解放而不懈努力上发挥了积极作用，但民族主义是一把"双刃剑"，也对世界和平和社会稳定与发展造成了许多破坏。19世纪下半叶，在狂热的民族沙文主义、殖民主义等极端民族主义和狭隘民族主义的鼓吹下，欧洲开始了空前的殖民扩张，对其他民族进行暴力征服和奴役，严重破坏了其他民族与国家的发展，伤害了其他民族人民的感情。20世纪后，种族主义、纳粹主义的发展引发了第二次世界大战，数百万人遭到迫害并因此丧生，严重阻碍了人类社会的进步，民族主义一度被认为是完全负面的。21世纪以来，民族分离主义、泛民族主义、宗教民族主义、种族民族主义等消极民族主义也时有发生，对部分地区的安全与稳定造成巨大威胁。

进入全球化时代以来，各民族国家面临着诸多发展困境与现实难题。在国际政治中，部分国家和地区的民族矛盾未完全解决，对民族利益的极端追求使民族主义仍被看作导致社会动荡和不稳定的重要因素。同时，大多数民族国家处于转型之中，民族、种族或部族之间的矛盾和现实利益交织在一起，民族主义问题时有发生。对此，要正确理解不同地区、不同类型的民族主义现象，正确应对民族主义政治思潮，正确处理民族主义问题。一方面，要认识到民族主义的积极意义，如争取民族独立和民族解放、巩固领土主权完整、促进民族国家间交流合作；另一方面，要承认民族主义在特定条件下的形态演变确实造成地区环境的动荡不安，加深民族国家间矛盾冲突，产生一系列持续的消极影响。正确引导民众的爱国主义情绪，避免民众正常的民族感情蜕变为极端的民族主义言行，仍然是一个紧迫的时代课题。

思考题

1. 什么是民族主义？它与爱国主义、民粹主义、民族国家之间有什么关系？

2. 民族主义运动经历了怎样的发展变化过程?"新民族主义"在世界各国有何表现?
3. 迄今为止,民族主义研究发展出了哪几种理论范式?
4. 民族主义在人类历史上发挥了什么作用?
5. 极端民族主义的主要危害是什么?我们应该如何对待民族主义?

参考文献

埃里克·霍布斯鲍姆:《民族与民族主义》,李金梅译,上海人民出版社2020年版。

安东尼·史密斯:《民族主义:理论、意识形态、历史》,叶江译,上海人民出版社2006年版。

王联:《世界民族主义论》,北京大学出版社2017年版。

王联、杨钪森、买玲:《21世纪以来世界民族主义研究的发展——王联教授访谈》,《国际政治研究》2021年第2期。

John Breuilly, ed., *The Oxford Handbook of the History of Nationalism*, Oxford University Press, 2013.

第十四章 文化政治学[*]

文化政治学(Cultural Politics),是对文化的政治学研究,探讨文化的政治逻辑。这里的文化是一个比较宽泛的概念,文化政治学把各种社会和政治现象文化化,对种族、民族、族裔、身份、性别、年龄、地缘、生态等问题进行政治学思考和讨论。而且,它往往把文化视为意义竞争乃至政治斗争的场域。文化政治学的出现相当晚近,目前仍处于发展之中。它受到马克思主义、新马克思主义、法兰克福学派、后现代主义等各种既相互影响又相互冲突的理论学派的影响,这也就决定了它从产生到发展都是混合、杂糅的和不完善的。

第一节 文化政治学的兴起

文化政治学产生于20世纪五六十年代西方的新社会运动以及与之相关的文化研究。参与这场影响广泛且深远的新社会运动的人,要么以文化为媒介,要么以文化为工具,要么以文化为领域或舞台,表达自身的利益诉求,争取合法的政治利益。这场新社会运动,或可称之为文化政治运动。与此同时,相关的理论研究开始了"文化政治化""政治文化化"转向,从而逐渐消融了"文化"和"政治"乃至"文化研究"和"政治学"的传统认识边界,最终形成所谓的"文化政治学"。严格来说,文化政治学是这场新社会运动以及相关的理论研究相互影响、相互促动的结果。

西方"文化政治"的研究主要受马克思主义和新马克思主义、法兰克福学派、伯明翰学派以及后现代主义等诸多学术思想的影响,以揭示对社会边缘群

---

[*] 本章内容基于作者主编的《文化政治学概论》第一章,略有修改。

体、亚群体或被压迫群体施加"无意识"支配的隐秘权力机制为己任,从而对资本主义进行文化批判,甚至主张"迈向一种激进的民主政治"。

西方马克思主义在20世纪二三十年代发生了"文化转向"。以卢卡奇(György Lukács)、科尔施(Karl Korsch)和葛兰西(Antonio Gramsci)为代表的西方马克思主义者有感于经典马克思主义面临理论和实践的双重挑战,对马克思主义经典理论进行新诠释和新改造,产生了深刻影响,并形成新马克思主义、后马克思主义等诸多流派,他们把更多的目光投到文化批判、文化斗争和文化政治运动上。例如,卢卡奇、葛兰西等理论家将研究主题由政治经济批判转向文化批判,由重视经济基础的决定作用转向发掘上层建筑的理论和实践功能,张扬马克思主义的辩证法特性、意识形态价值和文化领导权。尤其是葛兰西的文化领导权理论,为西方马克思主义文化研究的文化政治转向提供了重要的理论资源。

法兰克福学派通过对科技理性导致的异化、法西斯极权主义的文化根源、工人阶级日益被收编等问题进行思考,对资本主义社会展开了深入的文化批判,形成了一种具有鲜明政治立场的理论实践。例如,阿多诺(Theodor W. Adorno)对文化工业的意识形态功能进行了深刻揭露,强调文化工业以标准化程式快速复制生产文化产品来迎合大众娱乐消遣的需要,消解了大众的批判精神,瓦解了大众的反抗意识,使文化工业成为操控和驯服大众的一种手段,其文化批判具有鲜明的政治指向。

英国新左派的文化政治研究源自英国文学批评传统与马克思主义的结合。威廉斯(Raymond H. Williams)试图在马克思主义的学术传统下,建构研究英国社会文化变革的"文化唯物主义",形成一套系统的分析社会日常生活诸要素的理论机制。威廉斯提出,文化是对社会、政治和经济生活中系列变迁的重要反映,是人们借以把握社会政治性质的理论工具。以威廉斯为开山鼻祖的文化研究具有政治面向,以至于詹姆斯·凯里(James Carey)说,"英国的文化研究,毫无疑问且更加准确地应当重新命名为意识形态研究,因为它以各种复杂的方式将文化与意识形态画上了等号。或者,更确切地说,它将意识形态当成了整个文化的提喻"①。随着20世纪90年代马克思主义在西方社会的沉寂,意识形态的概念逐渐让位于权力的概念。② 就像托尼·本内特(Tony Bennett)指出的那样,文化研究"现在主要是用作一个方便字眼,用以指代一系列的理论和政治观点……这些研究都是从它们与权力之间的复杂关系以及权力内部的复杂结构的角度审视文化行为"③。

而且,这里的权力概念深受福柯(Michel Foucault)的影响。对于福柯而言,"在社会的每两个点之间,在男性和女性之间,在家庭成员之间,在教师和学生之间,在每一个认识的人和不认识的人之间,都存在着权力"。"事实上,在任何社会里,权力关系多种多样,它们渗透于社会整体,成为社会的主要特征,并且构成了社会"。④ 福柯对于权力的宽泛理解,在一定意义上促进了文化政治学的发展。

除了对权力概念的重新理解,文化政治理论的发展还跟对"文化"的全新解读有关。如今,"现实世界不再以本身的面貌存在,而仅仅以文化的形式登台、演出、展现、想象"⑤。在当今世界,文化不再被视为社会和经济的反映和伴随物,它本身已经反过来变成社会、经济、政治,甚至是心理现实的主要决定项。文化经由社会领域大幅扩张到人们社会生活的方方面面,就它们原始的以及尚未被理论化的意义而言,可以说都已经变成"文化的"了,"'文化'已经变成真正的'第二自然'"⑥。对于文化政治学者来说,在文化领域,意义和真理都是在权力模式与关系中构成的,文化遂成为争夺意义的符号战场,文化政治则被设想为"围绕阶级、性别、种族、性意识、年龄等方面组成的一系列集体社会斗争,试图根据特定价值观和希望的后果来重新描述社会"⑦。

---

① James W. Carey, *Communication as Culture: Essays on Media and Society*, Unwin Hyman, 1992, p. 97.
② 马克·吉布森:《文化与权力:文化研究史》,王加为译,北京大学出版社2012年版,第2页。
③ Tony Bennett, "Putting Policy into Cultural Studies", in L. Grossberg, C. Neslon and P. Treichler, eds., *Cultural Studies*, Routledge, 1989, p. 23.
④ Michel Foucault, *Power/Knowledge: Selected Interviews and Other Writings 1972–1977*, trans. by Colin Gordon, Leo Marshall, John Mepham and Kate Soper, Harvester, 1980, pp. 187,93.
⑤ 戴维·钱尼:《文化转向:当代文化史概览》,戴从容译,江苏人民出版社2004年版,第212页。
⑥ Fredric Jameson, *Postmodernism, or, The Cultural Logic of Late Capitalism*, Duke University Press, 1992, p. ix.
⑦ 克里斯·巴克:《文化研究:理论与实践》,孔敏译,北京大学出版社2013年版,第460页。

第十四章 文化政治学

20世纪60年代,随着社会结构的变迁和新社会运动的兴起,后现代主义诠释成为理论前沿。伊格尔顿(Terry Eagleton)在此语境下分析了文化政治产生的历史条件。他在后现代历史语境下将文化政治理解为"文化的政治化",即文化是表达政治诉求的语法方式,"价值、言语、形象、经验和身份在这里是政治斗争的唯一语言"[1]。

如今,文化已全方位深度渗透到当代资本主义结构,并构成了晚期资本主义社会的支配逻辑。在晚期资本主义社会,"文化本身落入了尘世。不过,其结果倒并不是文化的全然消失,恰恰相反的是其惊人扩散。这种扩散的程度之泛滥使得文化与总的社会生活享有共同边界;如今,各个社会层面成了'文化移入',在这个充满奇观、形象或者蜃景的社会里,一切都终于成了文化的——上至上层建筑的各个平面,下至经济基础的各种机制"[2]。这种对文化世俗化、商品化的论断,同法兰克福学派的观点十分相似。不过,法兰克福学派从审美现代性的立场对这种文化下降运动展开无情的批判,以"反艺术"的审美主义推动现代文化继续朝着精英化的方向前行。詹明信(Fredric Jameson)意识到,文化已成为后现代主义历史时期的主导力量,并从内容到形式都变得与现代主义文化迥然不同。在詹明信看来,以单一现代性的目光审视后现代,不从根本上理解和阐释现代性与后现代的文化断裂,最终只能走向文化悲观主义或文化保守主义。当然,放弃法兰克福学派那种精英主义的现代性批判意识,并非就是要完全认同后现代主义文化的浅表化、商品化、消费化、娱乐化、抹平深度、精神分裂、能指狂欢等诸多性状与症候,做一个鲍德里亚所说的"与碎片嬉戏"的后现代主体,而是要以一种政治批判的姿态介入晚期资本主义的生产关系与文化结构,从扑朔迷离的后现代主义文化镜像之中发掘出隐秘的政治无意识。就像詹明信所指出的,"我们必须正视后现代主义的文化规范,并尝试去分析及了解其价值系统的生产及再生产过程。有了这样的理解,我们才能在设计积极进步的文化政治策略时,掌握最有效的实践形式"[3]。在

---

[1] 特里·伊格尔顿:《理论之后》,商正译,商务印书馆2009年版,第47页。
[2] 詹明信:《晚期资本主义的文化逻辑》,陈清侨等译,生活·读书·新知三联书店1997年版,第381页。
[3] 同上书,第432页。

詹明信这里，"文化政治"是他分析批判资本主义的一种策略方法，构成了他分析后现代主义文化特征的基本框架。① 对于詹明信而言，文化研究或"文化唯物主义"实质上不啻一项政治事业。

当代英国政治哲学家拉克劳（Ernesto Laclau）与墨菲（Chantal Mouffe）创立的"后马克思主义"，是当今西方学术界继"西方马克思主义"之后一种新的左翼学术文化思潮，是当代西方新社会运动文化思潮的理论化，倡导微观政治、身份政治与话语政治，本质上也是一种文化政治学。后马克思主义文化政治学就是为阐明异质的民主斗争（性别的、人种的、阶级的、性的、环境的等等）提供一个构架。② 它从宏观政治转向微观政治。微观政治关注日常生活实践，主张在生活风格、话语、躯体、性、交往等方面进行革命，以此为新社会提供先决条件，并将个人从社会压迫和统治下解放出来。③ 微观政治不再把政治斗争局限于单一的生产场所或国家领域，而是趋向日常生活的各个领域。这一后马克思主义文化政治学是当代西方解构哲学等新理论与阿尔都塞（Louis Althusser）、葛兰西理论的"接合"。

第二节　文化政治学的研究内容

什么是文化政治学？文化政治学的主要内容是什么？其实，对此并没有确切和统一的界定。这跟人们对文化政治学的不同理解，以及它的不同理论来源和不同研究旨趣相关，尽管它如今已遍及西方人文社会科学研究领域。

伊格尔顿在《理论之后》中宣布"文化政治学"就此诞生，但认为"这个词的意义却非常含混不清"④，这种表述既反映出伊格尔顿的谨慎，也折射出文化政治理论的复杂性。1991 年，非洲裔美国女作家贝尔·胡克斯（bell hooks⑤）写了一本名为《向往：种族、性别和文化政治学》的书。她提出，黑人知识分子

---

① 陈金山：《文化政治省思：运思逻辑、概念界定与理解语境》，《学术论坛》2015 年第 12 期。
② 尚塔尔·墨菲：《政治的回归》，王恒、臧佩洪译，江苏人民出版社 2005 年版，第 8 页。
③ 斯蒂文·贝斯特、道格拉斯·凯尔纳：《后现代理论：批判性的质疑》，张志斌译，中央编译出版社 1999 年版，第 150 页。
④ 特里·伊格尔顿：《理论之后》，商正译，商务印书馆 2009 年版，第 46 页。
⑤ 小写是胡克斯为了让人们把注意力放在作品而不是个人身上。

应投身于对种族、性别、阶级等不平等现象的批判活动,以具体的文化行动来反抗文化领域的权力压迫。她认为,文化政治研究的宗旨在于,坚持将文化研究与进步、激进的文化政治相联系,从而保证文化研究成为一个使批判性介入成为可能的领域。① 在《反抗的文化:拒绝表征》中,她提倡用文化政治抵制文化的殖民化,认为文化政治能祛除话语、思维与想象的殖民化特色,使文化研究成为"干预、挑战和改变的有力场所",从而"保持一种思维模式和进步的政治观,从根本上反对殖民主义,否定形形色色的文化帝国主义表现形式","文化批评就能够成为变化的动因,能够以各种解放的方式培养批判意识"。② 她主要从后殖民主义的理论视域出发,将文化政治视为黑人抵抗种族、性别、阶层等权力压迫的意识形态策略。

1994年有两本以"文化政治学"为名的著作问世,一是格伦·乔丹(Glen Jordan)和克里斯·威登(Chris Weedon)的《文化政治学:阶级、性别、种族和后现代世界》,二是艾伦·森费尔德(Alan Sinfield)的《文化政治学——酷儿读本》。对于格伦·乔丹和克里斯·威登而言,文化政治表征复杂的权力问题,他们强调文化在意义生产与分配、价值、主体性和身份建构方面的重要政治作用。"文化政治学基本上决定社会实践的意义,进一步,哪些群体或个人有权力来定义这些意义。文化政治学也关切主体性与认同,因为文化扮演建构我群意识(We group consciousness)的核心角色。文化斗争通常反映以及/或生产深层的情感——爱国主义、精英主义、种族主义、性别主义、反种族主义等诸情感。换言之,它们必须联系主体性。我们所在的主体性的形式扮演决定我们是否接受或抗争现存的权力关系。更进一步,对被边缘化或被压抑的群体而言,新的认同及抵抗性认同的建构是改变社会的更广泛政治斗争的关键层面。"③

这些文化政治学者从女性主义、种族主义、后现代主义出发,吸收了阿尔都塞的意识形态理论、葛兰西的文化领导权理论、福柯的话语权力理论等,形

---

① bell hooks, *Yearning: Race, Gender, and Cultural Politics*, South End Press, 1990, p. 9.
② 贝尔·胡克斯:《反抗的文化:拒绝表征》,朱刚等译,南京大学出版社2012年版,第5—6页。
③ Glenn Jordan and Chris Weedon, *Cultural Politics: Class, Gender, Race and the Postmodern World*, Blackwell, 1995, pp. 5-6.

成了研究所谓"非常规政治"或"非正式政治"的"文化政治学"。

在西方学术领域,文化政治学主要关注和研究种族、民族、族裔、身份、性别、年龄、地缘、生态等问题,而且这些问题所关涉的对象一般是社会的边缘群体或受支配群体。以至于詹明信认为,文化政治的任务就是"详细列出各种边缘群体、被压迫或受支配群体——所有所谓的新社会运动以及工人阶级——所忍受的种种'束缚'结构,同时承认每一种苦难形式都产生了它自己特殊的'认识方式'(epistemology),它自己特殊的由下而上的视野,以及它自己特殊的真理"①。这些问题的核心其实仍然是权力,包括权力的界定、分配、使用、执行、生效、争夺、转移、巩固、延续等内容。有学者甚至认为,文化政治学并不仅仅关涉社会边缘群体或受支配群体,它也关涉一个社会的强势群体,无论是前者还是后者都注重文化的政治性功能,对于他们而言,文化政治是他们为表达对世界的看法而采取的一种策略和战略。因此,文化政治学这门学科向一个广泛的文化概念开放,它包括流行的文化实践形式,也包括抵抗的乃至斗争的文化实践形式,以至于"社会和文化生活中的每种事物在根本上都与权力有关。权力处于文化政治学的中心。权力是文化的核心。所有的指意实践——也就是说,所有带有意义的实践——都涉及权力关系"②。

文化政治将文化设定为政治斗争的场域,或者将文化视为一种有政治争议的社会建设,试图从日常生活实践中发掘出权力博弈的文化策略。文化政治研究意识形态、主体、性别、身份、阶层、族裔、地缘等问题,是一种典型的知识分子政治、微观政治、差异政治或生活政治。文化政治逃避、消解、反抗现代政治的宏大叙事逻辑,转而以文化启蒙、文化批判与文化革命的方式吹响政治的号角,以达成人性的文化关怀与政治解放。

文化政治理论重新思考了文化、政治与权力问题,重构了文化、政治的语义、结构与功能。文化成为政治的结构、载体与象征性符码,政治嵌入文化隐

---

① Fredric Jameson, "History and Class Consciousness as an 'Unfinished Project'", *Rethinking Marxism*, Vol. 1, No. 1, 1988, p. 71.

② 阿雷恩·鲍尔德温、布莱恩·朗赫斯特、斯考特·麦克拉肯、迈尔斯·奥格伯恩、格瑞葛·斯密斯:《文化研究导论》,陶东风等译,高等教育出版社2004年版,第229页。

蔽的皱褶,弥散成权力的根须,形构出文化多元错杂的意义图式。①

也有人认为,文化政治既关涉"文化政治化",也关注"政治文化化"。本质上,文化政治是一种基于"文化"和"政治"之关系维度,探讨社会日常生活领域中各种权力关系的理论范式。"文化政治化"关切的问题是文化如何被赋予政治功能,旨在揭示文化背后的政治意蕴。在研究方法上,"文化政治化"不是用文化来解释一切,而是用一切来解释文化。"政治文化化"关切的议题则是政治问题背后的文化价值或文化本质,也就是"政治文化性"是如何生成的。它遵循政治学的概念逻辑,文化的功能则是寻求对政治问题的文化解释,从而确立政治的属性,其最终目的在于探究政治问题的文化性质或价值空间。简言之,文化政治学既探讨文化如何被赋予政治意义,也关注政治问题背后的价值指归。② 西方的文化政治研究旨趣基本上是前者,其研究主体也主要是文化研究领域的学者,而政治学者(严格来说是正统的政治学者)更加关注后者。并且,就像劳伦斯·格罗斯伯格(Lawrence Grossberg)所坦率指出的那样,"从根本上来说,文化不是一个让大多数政治学家感到舒服的概念"③。然而,具有讽刺意味的是,在政治内文化范畴无处不在,譬如在政治学话语内部,在国家话语中,在国家方位内的文化空间(比如公民社会和/或公共领域的空间)中,在政府的文化和文化的管理中,以及人们借以理解控制和权力世界的所有话语中,都存在文化范畴或者跟文化紧密关联。④

对于当代中国学者来说,如果要建构面向中国的文化政治学,我们所理解的"文化政治"不仅要比上述这些文化研究者宽泛,而且应更具(传统)政治学的特性,它主要关注国家政治或总体性政治。具体而言,它主要阐释(国家)政治权力的定义、政治权力的展现(或再现)、政治权力的合法性论证。它不仅把

---

① 李艳丰:《"文化政治":话语内涵及理论生成的历时性考察》,《云南社会科学》2016年第5期。

② Michel Foucault, *Power/Knowledge: Selected Interviews and Other Writings*, trans. by Colin Gordon, Leo Marshall, John Mepham and Kate Soper, Harvester, 1980, p. 187.

③ David J. Elkins and Richard E. B. Simeon, "A Cause in Search of an Effect, or What Does Political Culture Explain?", in Lane Crothers and Charles Lockhart, eds., *Culture and Politics: A Reader*, St. Martin's, 2000, p. 33.

④ 劳伦斯·格罗斯伯格:《文化研究的未来》,庄鹏涛、王林生、刘林德译,中国人民大学出版社2017年版,第239页。

文化当作政治来理解,更主要的是探讨正式政治——政党、议会、官僚机构、国家形式、抗议运动及其他——如何是文化的:它们如何是被竞争的意义的舞台而不是有特权的神圣性和权力。①

因此,文化政治研究一般是由这些关键词构建的,即意识形态、话语(论述)、文化领导权、合法性、身份/认同(差异政治)、承认、接合、文化权利、收编、文化整合、规训、定义、表征(文化符号)、文化资本、公民文化等。我们的研究旨趣与西方学者之所以不同,是因为各自政治社会发展的现实要求不一样,我国尚处于社会主义初级阶段,而西方发达国家已普遍进入晚期资本主义社会,各自面对的政治、社会和文化发展问题是不完全相同的。

文化政治研究的核心,简而言之,就是围绕文化与权力之间关系的线索展开,主要探讨"文化治理"的议题。国内关于文化政治的研究,严格来说,才刚刚起步。为了开始这项研究,我们认为首先必须梳理文化政治研究的关键词,并尝试运用这些关键词来理解、阐释当代中国文化政治现象和问题,从而逐步建构中国本土的文化政治学,服务于当代中国文化政治发展的现实需要。

第三节　文化政治学的批评

自从文化研究发生"葛兰西转向"之后,对法兰克福学派的文化工业理论的反思和批评十分流行。主要的矛头指向它的悲观主义、精英主义的立场以及生产主义的研究范式。这种潮流到约翰·费斯克(John Fiske)那里走向了极端,出现了所谓的过度美化大众能动性的民粹主义倾向。民粹主义的文化政治研究由于警惕经济主义而把关注的焦点放在消费而不是生产上,积极肯定消费大众的主动性与创造性,但却矫枉过正地走向了民粹主义与消费主义。吉姆·麦克盖根(Jim McGuigan)对包括文化政治研究在内的文化研究的非马克思主义和非政治经济学倾向提出了批评。他声称,这些文化政治研究的真正危机是把自己的关注点狭隘地集中在消费上,而没有把消费问题置于物质

---

① 阿雷恩·鲍尔德温、布莱恩·朗赫斯特、斯考特·麦克拉肯、迈尔斯·奥格伯恩、格瑞葛·斯密斯:《文化研究导论》,陶东风等译,高等教育出版社2004年版,第235页。

的生产关系中。他提倡文化政治研究应该重新引入政治经济学,重新关注生产,否则的话,文化政治研究很可能与现存的剥削和压迫力量结成同盟。①

尼古拉斯·加恩海姆(Nicholas Garnham)认为,把马克思主义政治经济学与文化政治研究对立起来是建立在对政治经济学的误解之上的,"只有在文化研究与政治经济学的桥梁重新建成之后,文化研究的事业才能成功推进"②。民粹主义式的文化政治研究背叛了自己原先的主张——统治方式及与之伴随的文化实践是建立在资本主义的生产方式的基础之上的,从而导致是文化消费而不是文化生产、是休闲的文化实践而不是劳动/工作的文化实践,成为文化政治研究压倒一切的关注点。这反过来在政治上帮助了右派,因为正是右派在意识形态上把人们建构为消费者而不是生产者。偏离了政治经济学和生产分析的文化政治研究通过把注意力集中于消费、接受和阐释,而夸大了消费和日常生活的自主性、创造性。如果脱离经济结构与政治权力而集中关注孤立的"日常生活",就会造成一种人们的日常生活能脱离结构化权力的幻象,回避了权力结构与权力组织的存在。

韦伯斯特(Frank Webster)指出,这种否定阶级分析范式的文化政治研究存在几个方面的"危险":反经济还原主义变成对于没有任何解放意义、革命意义的差异的无批判庆贺;对消费者的创造性过于乐观,低估了社会结构对于行动者的制约、压迫;对观众"快感"的赞美导致对于最肤浅的文化产品不加思考的任意肯定;在所谓的"生产—再现—接受"的"文化循环"中低估生产,而过分强调接受与消费;为理论而理论以及理论的自我迷恋;等等。贝斯特(Steven Best)和凯尔纳(Douglas Kellner)也认为,文化政治只有在为了社会整体性变革的斗争中才能获得真正的意义,否则,"文化政治和身份政治就依然限制在社会边缘,并且处在退化到自恋、快乐主义、唯美主义或个人治疗的危险之中"③。

在西方,文化政治基本上属于后现代主义范畴。文化政治学者格伦·乔

---

① 陶东风主编:《文化研究读本》,南京大学出版社2013年版,第20—21页。
② 尼古拉斯·加恩海姆:《政治经济学与文化研究》,贺玉高、陶东风译,《西北师大学报(社会科学版)》2005年第1期。
③ 斯蒂芬·贝斯特、道格拉斯·科尔纳:《后现代转向》,陈刚等译,南京大学出版社2002年版,第372页。

丹和克里斯·威登认为,后现代主义对普遍性、元叙事、本质的主体性和固定的意义的批判的确有激进的政治潜能,但也容易造成对社会关系结构的盲视。"对差异的理解一旦脱离产生它的结构性权力关系,后现代对差异的欢庆就会变得危险。"①"差异政治"弄不好,就会沦为失去批判性的"游戏"的政治。②诚如伊格尔顿所批评的那样,后现代政治"被改变成了某种审美景观","它已经帮助把性、性别和族性的问题如此坚实地放进了政治日程……只不过是对更经典形式的激进政治学的一种替代,这种更经典形式的激进政治学涉及的是阶级、国家、意识形态、物质的生产方式"。后现代主义以"微观政治"取代"解放政治"恰恰"是一场政治失败的后果",而"正是这一点,歪曲了众多的当代文化观点,使它们走了样"。③

综上所述,严格来说,即便是在西方,虽然形成了诸多文化政治的理论,但是从一个学科的角度而言,文化政治学尚在形成之中。与其说是对文化政治学的批评,毋宁说是对文化政治及其相关理论的批判。无论是文化政治还是文化政治学,都是研究文化与政治之间的关系的;只有回归到马克思主义的轨道上,才能真正揭示文化与政治之间的根本逻辑。

思考题

1. 简要梳理西方文化政治和文化政治学研究的兴起和发展历程。
2. 阅读福柯相关著作,简要回答其权力理论对文化政治研究的影响。
3. 简述文化政治学的研究范畴。
4. 你认为文化、政治与权力之间有着怎样的内在逻辑联系?
5. 如何看待和评价当前西方文化政治和文化政治学的研究与发展?

---

① Glenn Jordan and Chris Weedon, *Cultural Politics: Class, Gender, Race and the Postmodern World*, Blackwell, 1995, p. 564.
② 范永康:《超越后现代文化政治——伊格尔顿"政治批评"的后期走向及其启示》,《东方丛刊》2010年第2期,第138页。
③ 同上,第137页。

参考文献

阿雷恩·鲍尔德温、布莱恩·朗赫斯特、斯考特·麦克拉肯、迈尔斯·奥格伯恩、格瑞葛·斯密斯:《文化研究导论》,陶东风等译,高等教育出版社2004年版。

安东尼奥·葛兰西:《狱中札记》,曹雷雨、姜丽、张跃译,重庆出版社、河南大学出版社2016年版。

陶东风主编:《文化研究读本》,南京大学出版社2013年版。

特里·伊格尔顿:《理论之后》,商正译,商务印书馆2009年版。

第十五章 宗教政治学

宗教与政治之间关系紧密,从政治学角度研究宗教是政治学者不可推卸的任务。① 宗教政治学属于政治学和宗教学的亚学科知识,是一门多学科交叉的学问,其内涵是运用政治学的知识研究宗教现象及其对政治活动的影响。宗教与政治形成一种互动的关系结构②,这是宗教政治学的重要基础。宗教与政治、治理的关系是宗教政治学的重要问题领域。

第一节 宗教政治学的概念与方法

宗教和政治具有共同内容,也相互影响。宗教是塑造政治和推进治理的重要因素。宗教政治学的任务就是研究历史和现实中的宗教与政治关系,以及政府管理宗教的原则和方法等,特别注重分析宗教对权力的影响,涉及宗教、政治及其特征和运行规律等基本问题。宗教政治学也可以称为关于宗教的政治学,它秉持政治学和社会学的理念,即排除宗教的神秘逻辑,将其视作一种政治社会现象。③

一、宗教及其两重性特征

宗教是一个较难界定的概念。简单地说,宗教是与灵魂和信仰有关的一种集体的社会活动形式。从本质上看,宗教是一种社会活动,由人组成,但又

---

① 这是政治学和宗教学的共同认识,有关论述参见:弗朗西斯·福山:《政治秩序的起源:从前人类时代到法国大革命》,毛俊杰译,广西师范大学出版社 2014 年版;Jeff Haynes, ed., *Routledge Handbook of Religion and Politics*, Routledge, 2008; Steve Bruce, *Politics and Religion*, Polity Press, 2003。
② 参见何其敏:《论宗教与政治的互动关系》,《世界宗教研究》2001 年第 4 期。
③ 孙尚扬:《宗教社会学》,北京大学出版社 2015 年版,第 3 页。

超越了人,联系着神,所以形成一种神圣化的社会力量,这种力量不仅影响信徒,也影响整体的政治生活。宗教具有个人内在和社会外在的意义,从而形成一个属于宗教的"意义系统"。① 宗教政治学采取了一种从外部观察理解宗教的视角。在这种视角下,宗教是一种社会现象,处在与其他社会现象相互作用的关系之中。宗教政治学不强调信徒对宗教的看法,而是坚持宗教的社会性、政治性。

宗教具有理想性和现实性两重属性,这植根于宗教的信仰本质逻辑,植根于理想和现实的差距。一方面,宗教通常指向一个理想的彼岸世界,通过塑造一个美好的天国来超越现实世界,这决定着宗教具有超出现实的属性;另一方面,宗教组织、神职人员以及信徒都是现实世界的,信仰方式、礼拜以及组织形式都受到现实条件的约束,这决定着宗教的现实性。正是因为宗教既与灵魂信仰、理想天国相联系,又立足于现实世界,所以呈现出复杂且矛盾的特征。但宗教所表达的决不是自然中不存在的东西,宗教的理想也不是完全脱离自然的,神职人员同样不是与人完全对立的。正如涂尔干所说:"任何宗教都不是虚假的。就其自身存在的方式而言,任何宗教都是真实的;任何宗教都是对既存的人类生存条件作出的反应,尽管形式有所不同。"②

宗教总是与某种神的观念联系在一起。宗教中所称的神,是指某种属灵存在,诸神的共同点都是超越人类。③ 信奉"超人的存在"也被认为是宗教的本质属性。④ 这也体现出宗教的神性特点,而且它是神性资源的集中体现。在世界宗教体系中,有信奉一个神的一神教(如基督教、伊斯兰教、犹太教)和信奉多个神的多神教(如原始宗教)。法国启蒙思想家卢梭将宗教区分为不同类型,包括自然宗教、建制宗教、公民宗教。随着人类社会的发展,在理性之光的炙烤之下,宗教也逐渐祛魅,自然神论、泛神论以及无神论等观念出现,宗教甚至被认为是一种人为制造的"精神鸦片"。从治理角度来看,人的内心信仰可

---

① 孙尚扬:《宗教社会学》,北京大学出版社2015年版,第83页。
② 涂尔干:《宗教生活的基本形式》,《涂尔干文集》第4卷,渠敬东、汲喆译,商务印书馆2020年版,第3页。
③ 这在涂尔干那里有着复杂的阐述,因为神、属灵、精神存在等概念并不是完全相同的范畴,处理人与这些特殊存在的关系也有着更为复杂的逻辑。同上书,第39—46页。
④ 孙尚扬:《宗教社会学》,北京大学出版社2015年版,第63页。

以成为统治者与被统治者运用的资源,神的治理意义就在于它与信仰体系相联系,与宗教、教义、教会、祭司、神法等不同类型的相关"设施"结合在一起,成为治理资源。

二、宗教政治学的"权力-权威"逻辑

政治是关于统治的活动,是"人们制定、维系和修正其一般生活规则的活动"①。政治学关注权力配置和运行,以及人在公共领域的行动。不同于自然状态,进入政治社会意味着人作出了一系列的"改变",那就是人们要开展共同行动,也要服从权力秩序。统治者可以运用自己掌握的资源,通过一定的手段达到他们所期待的结果。权力就是使预期成为现实的能力,在现实生活中,通常表现为强迫服从的能力。从权力视角观察理解宗教,所有的神都在行使着某种权力。这是因为,宗教是人们对超越自身能力的超然性存在的神化和膜拜。对信徒来说,他们信仰神,由此获得现实庇护及来世幸福,神在支配——至少是部分地支配他们的思想和行为。从现实角度来看,神职人员和宗教组织可以成为掌握和行使权力的主体。一方面,神职人员因为主持祭祀、礼拜活动,成为宗教团体里的权力控制者;另一方面,世俗政权与宗教组织的结合使神职人员、宗教组织可以影响现实政治,甚至成为真正的最高统治者。

政治秩序不仅需要权力,还需要权威。权威是指促使人们内心服从和接受的一种不同于强制的力量,是与权力、暴力相对的概念。在韦伯看来,国家是合法垄断暴力的政治组织,但国家以非暴力的方式发挥统治的影响力,也是政治的内容,这就是正当支配。在正当支配中,一定程度的自愿服从是不可缺少的,这就是政治权威的作用。权威体现在一种具有正当性的支配关系之中。② 这也决定了权威所具有的道德性和心理性效应。按照法国哲学家科耶夫的说法,从现象学上看,权威是一种不引起反抗的影响,因为能反抗的人自觉地和自愿地克制了这种反抗。③ 这种自觉性和自愿性构成了权威的逻辑基

---

① 安德鲁·海伍德:《政治学的思维方式》,张立鹏译,中国人民大学出版社2014年版,第4页。
② 马克斯·韦伯:《经济与社会》第一卷,阎克文译,上海人民出版社2010年版,第318页。
③ 亚历山大·科耶夫:《权威的概念》,姜志辉译,译林出版社2011年版,第12页。

础。人们接受了一种影响,自觉和自愿地放弃了反抗权威的可能性,就是权威的作用结果。如果将权力和权威视作既可以合并也可以分开的两个独立因素,那么现实世界的权力就有两种类型,即有权威的权力和无权威的权力。前者意味着权力行使更为简单、直接、顺畅,人民服从是理性的、自愿的、自觉的。后者意味着权力行使是复杂的,需要借助权力背后的暴力威胁。在这个意义上,权威可以视为权力的一种实施方式,它表达了一种合法的权力,[1]但这种合法性(正当性)来源于权力之外。在权威的众多来源中,神是重要的资源,而且在历史上很长一段时间里,依托宗教的神圣权威是最主要的权威形态,塑造神圣性权威是政治的重要任务。

三、研究方法

宗教政治学在政治学框架下展开研究,不是一个独立的学科,而是政治学的一个分支或者具体领域。宗教政治学目前尚未成熟。从问题意识上看,因为人类政治及人的行为深受宗教影响,所以从政治的角度观察宗教以及从宗教现象中发现政治,特别是研究宗教对权力配置和运行的影响,考察国家统治结构或治理过程中的神治方式如何形成和展开,是十分重要的政治学议题。从内容上看,宗教政治学涉及宗教、政治的基本理论以及两者共有的权力、权利、权威等范畴,要研究政治与宗教的共同本质及相互作用和相互影响的规律,宗教的政治功能及其实现途径,政府管理宗教的原则与方法,宗教与族群对政治整合和政治稳定的影响等,以及在治理历史中,神治如何形成、如何发挥作用及如何演变。宗教政治学还比较了不同国家和地区历史上的宗教和政治关系,以及不同宗教带来的影响。此外,在当代政治学中,宗教与族群的关系成为热点。在一些地区,特定宗教(教派)与特殊族群紧密结合在一起,宗教组织支持特定族群参与、影响政治,成为当地政治整合和政治稳定的重要影响因素。正是因为部分地区的宗教和族群结合在一起,所以宗教价值观也逐渐成为国际关系领域的重要影响因素。

本质上,宗教政治学是政治学。作为一门多学科交叉的学问,宗教政治学

---

[1] 俞可平:《权力与权威:新的解释》,《中国人民大学学报》2016年第3期。

尚未形成一个完备的理论分析框架。将宗教与政治之间的关系,即政教关系,作为宗教政治学的主要分析框架,具有一定的积极意义,但仍很不全面。宗教政治学采用了政治学的视角,也部分地接纳了宗教社会学的基本立场、前提假定。涂尔干指出,人类有关超自然现象的神秘观念,实际上是人类自身所塑造出来的。[①] 神秘作为宗教的基本属性,正是人的理性认识的结果。人对神的信仰是与人的理性认知程度相关的。在研究对象上,宗教社会学站在信仰之外,理性地看待和理解宗教这一社会现象。宗教社会学对于宗教的社会功能也有深刻论述,例如马克斯·韦伯提出了基督新教精神对于资本主义兴起和发展的积极作用。在对待宗教的社会性及其社会功能的问题上,宗教政治学与宗教社会学是一致的,但这并不是它的研究重点。

虽然宗教并不是马克思主义学说的主要问题领域,但马克思主义的基本框架对于分析宗教和政治的关系来说仍是有意义的。在马克思主义看来,生产结构对社会具有主导作用,生产力和生产关系的矛盾统一决定着社会发展运动过程,上层建筑受到经济基础的制约。宗教属于上层建筑,是人们信仰的异化表现,因为其本质是人们在崇拜自己所创造出来的东西。而且,这种异化与阶级意识相关,那就是宗教是统治阶级麻痹被统治阶级的一种事物。所以,马克思主义主张对宗教加以批判。这种探索宗教本质以及对宗教进行批判的视角,构成了宗教政治学的一种重要研究进路。

第二节　宗教与政治

对现实世界的统治者来说,借助宗教可以进行更有效的统治。不同时代、不同地域的宗教和政治关系可以类型化为祭政一体、政教合一、政教分离等形态。近代以来,西方世界确立了政教分离的基本原则,但宗教对政治的影响依然存在。在现代政治中,宗教主要通过价值观念和政治参与影响政治。

---

① 涂尔干:《宗教生活的基本形式》,《涂尔干文集》第 4 卷,渠敬东、汲喆译,商务印书馆 2020 年版,第 38 页。

一、宗教与政治的关系形态

1. 祭政一体

在早期社会,人类基于血缘关系共同生活,家族关系、政治关系、经济活动和宗教事务没有明确区分。神与政治、经济等生产生活方式紧密结合在一起。一个部落就是一个宗教团体,宗教生活和政治生活是一体的。宗教祭祀就是生活的一种方式。祭祀活动与政治活动也是一体的,或者说,最大的政治就是祭祀活动。对神的信仰以及祭祀活动,可以维护集体生活和统治结构,依据神的意志,人们服从团体生活,服从统治者。同时,人类没有形成系统的拜神理论、仪式,神与人的关系并不明确,人与神的分际也不清晰。自然崇拜、祖先崇拜意味着人可以成神,特别是一部分特定的人,如祖先、立下功勋的强人以及巫师等,都被视为具有超凡魅力的力量。这些人凭借着神的面貌或者授权,成为现实世界的领袖。这种宗教祭祀活动与政治活动完全同一的结构,可以称为祭政一体。

在祭政一体结构中,巫师是重要的领导者,他们既是政治权力的掌控者,也是宗教权力的掌控者,甚至可以成为神的化身。随着人类对神与信仰的认识不断加深,对神进行巫术强制也逐渐转变为向神做礼拜。这个时候出现了主持祭祀的神职人员——祭司,并形成了专门的教义。祭司是与世俗政治紧密联合的群体,这是因为他们服务于神,可以取得神谕,从而影响政治。作为神与人的中介者,他们在神与人之间传递信息,从而获得一定的权威。

历史上的家族、氏族、部落一般都表现出祭政一体的特点。法国19世纪的历史学者库朗热认为,奉行祖先崇拜的不严格的宗教是古代家庭的组织原则[①],也正是因为家族都以宗教为组织原则,古代社会形成一种宗教氛围浓厚但体系分散的神性政治。相较于家庭统治,氏族、部落统治更需要依赖神。对家庭神的公共祭祀(公祭)成为家庭宗教向普遍宗教转变的重要基础,也是氏族、部落社会向城邦发展的重要基础。祭政一体在古埃及、古巴比伦以及古代

---

① 库朗热:《古代城邦——古希腊罗马祭祀、权利和政制研究》,谭立铸等译,华东师范大学出版社2006年版,第31页。

中国都有表现。古代埃及的"法老"就是一个具有人的面貌的神,也是最高的统治者。早期中国人曾"制造祖先"——形成眷顾生者的祖先之神。人们将逝者纳入祖先行列,首先祭祀祖先,相信祖先能够回应生者的需求。[①]"尊神""尚鬼""重巫"成为殷商政治文化的显著特征。

2. 政教合一

政教合一是极为复杂的概念。严格意义上的政教合一是教权与政权同一化,即教会体系同样是国家治理的一种结构体系,教会领袖同样是国家政权领袖。不过,这种纯粹的政教合一形态并不多见,例证包括中世纪的教皇国、当代的梵蒂冈,以及宗教改革期间加尔文建立的日内瓦神权共和国。在宽泛意义上,政教合一就是政权与教权之间存在重叠以及交互影响的政治形态,通常表现为一方对另一方的控制。

政教合一并不是虚构的,而是历史上真实存在的。欧洲基督教世界经历了较为漫长的政教合一阶段,包括:在罗马帝国统治时期,基督教被确立为国教,但教会组织从属于帝国政权;随着罗马帝国扩张,基督教会组织不断壮大,很多地区逐渐形成政教联盟结构;罗马帝国灭亡后,西欧进入了分散的部落和封建王国统治时期,政教联盟逐渐稳固,在罗马教皇格里高利一世(约540—604)的领导下,以罗马教皇为首的教会统治体系逐渐建立起来;公元8世纪,"教皇国"出现后,罗马教廷实力大增、地位上升,教会组织与西欧封建王国紧密联合但相互斗争;10—11世纪,经过格里高利七世的改革,罗马教会取得了至上地位,政教之间形成了教会领导下的共治结构,西欧成为罗马教皇统领下的基督教世界。

不仅西欧基督教世界存在政教合一,其他地方也有独特的政教合一。例如,伊斯兰世界的阿拉伯帝国曾建立了政教合一的"哈里发制度"(哈里发的本意是代理人),主要特征就是哈里发担任国家的政治、军事、司法、宗教的首脑。这是一种根据伊斯兰教教义建立的体制。在中国青藏地区,历史上也形成了藏传佛教组织与地方政权组织合一的体制。元朝初期,西藏地区逐步实

---

① 普鸣:《成神:早期中国的宇宙论、祭祀与自我神化》,张常煊、李健芸等译,生活·读书·新知三联书店2020年版,第109页。

现了统一,藏传佛教的八思巴被元世祖忽必烈赐予"国师"身份,掌管全国佛教事务以及西藏的政教事务。藏区佛教领袖既是中央政府的高官,又是西藏地方政权领袖,标志着元朝在西藏实行政教合一的管理体制。佛教领袖兼领世俗领袖的体制,被明朝中央政府所继承,也在清朝得到强化。

3. 政教分离

与政教合一相对的是政教分离。它是指宗教组织与政权组织相互独立,宗教组织一般不直接行使世俗权力,而是需要接受世俗政权的统治。政教分离不等于宗教与政治无关。这是因为,政权组织虽然与宗教组织甚至宗教团体保持距离,但宗教仍旧是重要的政治力量,通过各种方式影响政治活动,甚至可以追逐政治权力。

一般认为,美国确立了政教分离的基本形态。美国从其建立开始,就秉持着政教分离和宗教自由的理念。具体来说,美国政府外在于宗教体系,在宗教事务中保持中立,不确立国教,政府对所有宗教及宗教关系按照法律进行平等保护。美国联邦宪法第一修正案被认为是政教分离条款、禁立国教条款,它规定:"国会不得制定关于下列事项的法律:确立国教或禁止宗教活动自由……"不过,宗教精神特别是基督新教精神在美国政治中发挥了至关重要的影响。美国政治生活的各个方面都受到宗教影响。19世纪的法国思想家托克维尔在考察美国后就指出,宗教是美国的一项重要政治设施,有利于美国人维护民主共和制度。[1] 宗教在美国政治中的印迹更是无处不在。例如,总统就职宣誓时通常手按圣经,发言时也会向上帝祈求保佑国家和人民。这被认为是公民宗教的一种表现形式。

欧洲在政教分离问题上相对保守。宗教改革以及资产阶级革命以后,西欧普遍奉行宗教宽容政策。1648年签订的《威斯特伐利亚和约》,在结束欧洲"三十年战争"的同时,也建立了新教与天主教、新教内部诸教派的关系原则。其中,一个核心原则就是宗教宽容。它承认了新教的合法地位,也允许"教随国定"——"在谁的领土,信谁的宗教。"此后,欧洲人民逐渐接受基督教世界已经分裂的事实,并且主张不同教派之间应当和睦相处。这意味着不同信仰

---

[1] 托克维尔:《论美国的民主》上卷,董果良译,商务印书馆1988年版,第365页。

的合法性得到认可,相互宽容的宗教精神已经形成。所以,欧洲宗教体系更加复杂,政教关系也各具特色。欧洲一些国家的政府,可以支持某个教派(通常称之为国教),同时允许其他教派或者异议者存在。这种情况在美国是不存在的,因为所有教派在美国都是平等的、一般性的,但在欧洲可能存在地位上的差别,尽管这种差别没有实际影响。宗教宽容政策代表着政府的让步,但并不意味着不同宗教或教派的对等。

二、宗教影响政治的不同方式

1. 宗教价值观念的影响

宗教教义、信徒的信仰对政治权威和意识形态产生了影响。宗教带有理想性,表现为它具有特定的价值取向,指向一个"完美"的世界。所以,无论在什么时代,宗教都有很强的吸引力和引领性。宗教凭借其教义吸引信徒,这些信徒也以教义、教法作为行为规范,从而构成一套社会活动系统。具体来说:

一方面,宗教是统治正当性的重要基础,是权威的重要来源。韦伯以对正当性的"信仰"(belief in legitimacy)来表达人们的内心服从机制,揭示了权威所具有的心理效应。韦伯所说的内心信仰是复杂的,既可能是经过理性判断的选择,也可能并不是出于理性选择。这就包括人们基于对神的信仰所产生的权威服从机制。统治者借助神性资源所形成的权威,可以称为神圣性权威,这是历史上最重要的一种权威形态,也是人类早期的权威经验,罗马时代就已经存在,并且经过中世纪很好地传承下来。近代早期,英格兰出现了"国王的两个身体"的隐喻——生老病死的自然身体和永恒不朽的政治身体,国王可以通过政治身体肩负神的意旨,这就揭示了"君权神授"的权威来源,是中世纪重要的权威经验。[①]

另一方面,宗教价值取向可以影响政治运作。政治立场与宗教价值之间存在一定关系。例如,在美国,持原教旨宗教立场的公民通常支持共和党,而持宽泛宗教立场或者无宗教信仰的公民通常支持民主党。美国的政治选举和

[①] 参见恩斯特·康托洛维茨:《国王的两个身体——中世纪政治神学研究》,徐震宇译,华东师范大学出版社2018年版。

宗教群体的价值观互动呈现出明显上升的趋势,形成了选举中的"宗教差距"现象,即越信教的越支持共和党,越不信教的越支持民主党;也形成了"天主教决定"现象,即天主教徒的选票偏向对选举结果产生决定性影响。① 正是因为宗教信徒具有选择偏好,一些政治活动会凸显某种特定的宗教价值或者理念,这也表明了宗教对政治的影响。在多元宗教(教派)和多元族群的国家或地区,不同的宗教价值观成为不同族群的区分标准之一,或者说不同族群总是信仰某种特定的宗教(教派)。如此,宗教对当地政治的影响就更大。在分裂和冲突的政治环境中,宗教成为复杂的政治议题。一些宗教狂热分子的行动可能成为政治冲突乃至恐怖主义的源头。

2. 宗教组织参与政治的影响

宗教组织也是政治学中的一个"利益集团"。为了形成、维护和扩张利益,宗教组织必须通过各种方式参与政治活动,甚至攫取执政权,从而实现其政治目标和政治利益。宗教团体有很多形式,其中最重要的就是宗教型政党。

政党是近代以来政治活动的重要参与者,所以一些宗教组织或者信徒群体采取政党的形式,实现其参与政治活动的目标。在许多宗教氛围浓厚的国家,宗教型政党是不同教派或者信徒组织参与政治的重要载体。"宗教政党既是一个政治组织,又是一个特殊的宗教实体,它既追求宗教目的,也追求政治目标。"②政治性和宗教性是宗教型政党的基本特征。它的主要成员是信徒,但不限于此。宗教型政党以其宗教价值观为引领,同时提出了一系列现实政治主张,成为现实政治力量。在参与政治的过程中,宗教型政党突出其宗教价值观,吸引具有同类价值观的公民,影响政策和社会发展方向。20世纪以来,宗教型政党快速发展。一些宗教型政党是所在国的主要政党,取得过执政地位,如具有明显印度教属性的印度人民党、具有明显伊斯兰教属性的土耳其正义发展党,以及德国的基督教民主联盟和基督教社会联盟等。

伊斯兰世界的伊朗、伊拉克、黎巴嫩等都建立了组织较为严密、宗教色彩明显的伊斯兰教政党,如伊朗伊斯兰教什叶派的伊斯兰共和党、黎巴嫩伊斯兰

---

① 有关讨论参见徐以骅:《宗教与 2020 年美国大选》,《世界宗教研究》2021 年第 4 期。
② 吕大吉主编:《宗教学纲要》,高等教育出版社 2003 年版,第 284 页。

教什叶派的真主党等。在一些政教分离的穆斯林人口较多的国家或地区,如土耳其、马来西亚,也出现了一些伊斯兰宗教色彩较为浓厚的政党,有较大影响力的如土耳其救国党、马来西亚伊斯兰党、马来西亚人民公正党等。基督教世界的一些国家和地区,宗教型政党也非常发达。在欧洲,宗教型政党——主要是奉行基督教民主主义的政党,是重要的政治力量,活跃在政治舞台上。德国基督教民主联盟、意大利天主教民主党等都是这种类型的政党。它们还成立了国际性、区域性的基督教政党组织联盟。基督教民主主义政党一般被认为属于中间偏右的政党,强调政府的少干预、辅助性,鼓励人的自治和社会的自由。这些政党是从最广义上拥护基督教道德准则的民主型政党,并不要求党员参加宗教活动,也不要求党员表明其宗教信仰。

第三节　宗教与治理

宗教是重要的治理影响因素,历史上就有神治这种治理方式。神治出现在祭政一体、政教合一的背景下,统治者依靠神性资源(主要是宗教)进行治理,宗教在国家治理中对权力产生了较大影响,政权和教权之间形成某种结合关系。神治最终被法治取代,但宗教对法律的产生和发展产生了深刻影响,神治塑造了近现代法治的许多重要品格。

一、神治的历史

在神治中,宗教有特殊地位,祭司以及宗教组织是重要的神性资源,也是重要的治理主体力量。基于信徒对神的信仰,人的精神世界形成了一种治理关系结构,但这种结构仍有现实的一面,那就是信徒需要经过祭司及教会组织来抵达神的世界。由于大多数被统治者都是宗教信徒,所以信仰关系在世俗统治中发挥了作用。统治者借助信仰关系及其背后的神性资源进行统治。政权组织掌握世俗权力,教会组织拥有宗教权威,并形成教会权力,神治就是立足于政权和教权之间的紧密结合关系。政权是统治集团凭借暴力对全体人民进行统治的体系,是现实存在的组织化力量;教权则是指在宗教体系中宗教组织对信徒的控制体系。政权和教权虽然可以结合,但存在一定程度的分离,且政权与教权在治理中有不同地位和作用,所以神治也有不同的结构。

一种是"政上教下"的治理结构。这是指,政权和教权结合,但神职人员、宗教组织的政治地位低于世俗统治者和世俗政权。在这种治理形态下,祭司、教士等神职人员虽然行使宗教权力,但受制于世俗统治者。神性资源依附于政权暴力,是统治集团的辅助治理资源。世俗政权因为控制了宗教,并借助宗教进行治理,显示出显著的神性色彩,让政治活动神圣化。它主要存在于多神的城邦国家以及中世纪前期的西欧早期封建王国。例如,早期的多神宗教将现实生活中的众多现象神圣化,强调城邦国家的神性本质,形成一种强烈的神圣城邦或者神圣国家的信仰观念,但它没有统一的教义体系、组织体系,没有借助信仰体系形成稳定的体系化的宗教权力。统治权威仍在于世俗政权,对神的信仰体现为对城邦国家的认同。

另一种是"政教共治"的治理结构。这是指,政权和教权紧密结合,但宗教组织具有更高权威,也掌握着实际权力,形成相对独立的治理体系,并在整体国家治理结构中高于政权组织,后者在其引领下与之进行共治。在这种治理结构中,教会组织具有更高权力,不仅行使宗教权力,也行使部分世俗统治权力。宗教领袖也是政治领袖,世俗政权反倒成为宗教组织的力量延伸。例如,中世纪中后期的西欧基督教世界,罗马教皇成为西欧最高领袖,基督教会组织超越了欧洲政权组织,成为治理体系的主导力量。由于几乎全民皆是信徒,所以对宗教的信仰也就演化为对教会体系的服从。世俗政权无法控制教会,甚至世俗统治者也要受制于教会,例如,国王需要得到教会认可才取得统治合法性,被开除教籍后也将危及其统治地位。不过,教权跃居政权之上,维持这种结构并不容易。这是因为,现实政治有其根本性任务,需要世俗政权推动完成。在治理中,教会组织尽管可以发挥一定的作用,特别是可以通过信仰关系发挥治理功能,但无法从根本上替代世俗政权。政权和教权虽然相互依托,但也存在着相互斗争。事实上,中世纪中后期西欧神权政治时期,政教矛盾十分激烈。随着宗教信仰关系发生变化,这种政教共治也必然会发生变革。

神治凭借人们对超验力量的信仰而塑造治理的正当性。神是抽象的,神治必然依赖于人。所以,神治看起来是由神而治,实际上却是神人共治,究其本质,仍为人治。这种人治具有较强的正当性基础,因为它是神与人的共治。

但神治存在着一定的难题,突出表现在合理性较弱、实效性较差上。当宗教与政治的关系逻辑受到冲击时,神治结构逐渐被打破。随着宗教改革以及近代资产阶级革命,欧洲政治社会的治理方式逐渐发生了根本性变革,那就是法治取代了神治。

二、宗教对法律发展和近代法治的影响

作为一种治理方式,法治兴起的时间或略晚于神治,但历史同样十分悠久。在法律发展过程中,宗教特别是基督教发挥了重要作用。美国当代法学家伯尔曼在其名著《法律与革命》中,以日耳曼法为起点论述西方法律的起源。在部落王国时代,法律并不是权威的表达,相反,各国王室以及各地基督教会是权威所在,但基督教支持日耳曼民俗法的传统。基督教和日耳曼的民族传统都推定超自然力量为自然界所固有,所以神明裁判、宣誓等在当时是极为流行的。[①] 日耳曼人在民俗法中强调道德,其影响深远,公正、人道成为法律的核心价值,体现在诸多法律典籍之中,奠定了现代法律的基础。因为受到宗教影响,法律在发展过程中具备了一定的神性特征和道德内涵。例如,人要遵从自然法,在很长一段时间里就是共识。关于什么是法律,基督教神学家奥古斯丁提出了"恶法非法"的经典命题。法律的神圣传统、道德内涵在中世纪欧洲神治中确立下来,最重要的奠基者是中世纪神学家托马斯·阿奎那。他将上帝、自然法与人的理性紧密结合在一起,为西方法律注入了强烈的神圣性和道德性,这也影响了后来的法理性权威。一般认为,格里高利七世改革开启了政教分离的时代——因为宗教组织不再受制于世俗政权,而是试图跃居其上,也开启了法治与神治的分离过程,是西方法律发展的转折点。教会和世俗政权都开始重视运用法律,奠定了法律的至上地位。

近代法治受到神治的深刻影响。首先,近代法治延续了神治时代的自然法和教会法传统。第一个欧洲共同服从的法律体系是教会法体系。罗马教会试图将教会建构为政治实体,就必须建立一个相对完善的教会法体系,与世俗法体系并存,同时建立教会法庭,与世俗法庭并存。世俗法律(法庭)和教会法

[①] 哈罗德·J. 伯尔曼:《法律与革命》第一卷,贺卫方等译,法律出版社2018年版,第82—83页。

律(法庭)的两种管辖权并不是决然分开的,相反,两者试图联系起来。这样一来,法律的系统化与合理化就不可避免。① 作为神治基础的自然法,很好地解释了人类理性的作用以及人类所制定的实定法的地位,因此成为重要的法律渊源。在神治结束后,自然法依然是重要的法律渊源。其次,近代法治传承了神治的契约精神和平等观念。这些观念既是神治的基石,也是法治的基石。在基督教教义中,"约"是最重要的概念和理念,神人立约是建构宗教理论的关键性逻辑。契约意味着订约双方的平等性,在这基督教教义里也是明确的。最后,近代法治重视天赋人权的观念和高级法的背景,借助了神权逻辑。虽然自然法和自然权利解构了教会的权威,但并没有冲击神圣性权威,因为它们仍然要溯及宗教逻辑去寻找依据。在法治发展史上,西方的立宪具有转折性意义,但宪法的高级法地位有一定的宗教背景。在现实政治中,宪法获得了超越罗马教会、媲美上帝的权威性。

思考题

1. 宗教政治学的主要问题意识和研究领域是什么?
2. 宗教如何塑造政治的正当性?
3. 宗教型政党有什么特殊性?
4. 在治理中,神性资源如何被统治集团所利用?形成了什么样的治理模式?
5. 宗教决定了法律的哪些特征?对近现代法治产生了什么影响?

参考文献

何其敏:《论宗教与政治的互动关系》,《世界宗教研究》2001 年第 4 期。
马克斯·韦伯:《经济与社会》第一卷,阎克文译,上海人民出版社 2010 年版。
Alistair Welchman, ed., *Politics of Religion/Religions of Politics*, Springer, 2015.
Jeff Haynes, ed., *Routledge Handbook of Religion and Politics*, Routledge, 2008.
Steve Bruce, *Politics and Religion*, Polity Press, 2003.

---

① 哈罗德·J. 伯尔曼:《法律与革命》第一卷,贺卫方等译,法律出版社 2018 年版,第 152 页。

第十六章 科技政治学

科技政治学是 20 世纪中期以来在发达国家兴起的一个跨学科、综合性的研究领域。科技政治学系统地研究与科学技术相关的政治现象，探讨科学技术和政治①的相互关系，揭示科技活动中政治现象的本质和规律性。换言之，科技政治学既研究科技活动所呈现出来的政治色彩，也关注科学技术与一般意义上的政治之间的互动关系。

第一节 科技政治学的兴起与范式建构

科学与政治之间的关系是一个历久弥新的话题。17 世纪在西欧发生了科学革命。在接下来的几个世纪，科学工作逐渐专业化，业余的自然哲学家渐渐消失。19 世纪出现了作为一种职业的"科学"与作为一个独特社会和职业阶层的"科学家"。科学知识生产的专业化、职业化、体制化促进科学技术快速发展，产生了广泛的社会和政治影响。例如，蒸汽动力为工业革命铺平了道路，推动整个欧洲社会的全面变革；核武器的发明则塑造了二战以后新的国际政治格局。

科技政治学的兴起源于二战以后科技与政治关系的又一次深刻变革，其主要特征在于现代科学进入"大科学"时代，科学与政治结合的程度得到了前所未有的提高。一方面，科学的体制化成为发展科学必需的组织条件。科学知识的高效率生产在资源上高度依赖社会供给和国家支持。科学研究规模不

---

① 科学、技术与政治三个概念都非常复杂，本章仅使用其一般的含义。"科学"指自然科学，不包括社会科学；"科技"指科学技术，由于当代自然科学与技术日益一体化，本章对科学与技术不作特别区分；"政治"采用戴维·伊斯顿的定义，指社会价值的权威性分配。

断扩大、速度不断加快、技术和成本不断升级,更导致这种依赖程度不断加深。用于科学事业人力物力的国家支出,骤然使科学成为国民经济的主要环节。另一方面,科学与技术日益呈现一体化的发展趋势,具有不可比拟的巨大力量。从此,科技不仅是第一生产力,更是国家权力巩固与否和权威高低的重要影响因素,成为具有战略意义的国家利益。1945年,范内瓦·布什(Vannevar Bush)提交的著名科技政策报告《科学:无尽的前沿》指出:科学进步必然也必须是政府的重大利益所在。没有科学进步,国民的健康状况就会恶化;没有科学进步,我们就不可能提高生活水平,也无法增加公民的就业机会;没有科学进步,我们就不可能维系我们用以对抗暴政的自由。冷战后,科学作为具有突出意义的国家资源的战略性地位非但没有降低,反而在"以知识为基础的社会"中补充了更加丰富的内容。例如,美国政府强调"科学是国家利益中的一种关键性投资",中国政府也先后提出科教兴国战略、创新驱动发展战略、建设世界科技强国的战略目标。

在现代社会,高速发展的科学技术不仅改变了人们的生产生活方式,也产生了重大的政治效应,如干细胞、转基因等生物技术研究在公共领域中引发重大社会争议;气候变化问题不仅影响国家的经济社会发展,还成为国际政治博弈的重要筹码。这一全新的图景,迫切要求人们采用新的方法和手段来研究,对科技与政治之间的关系进行新的阐释,这在客观上推动了科技政治学的形成与发展。[①]

科技政治学要为人们提供讨论科技的政治效应以及科技与政治互动的理论框架,必须建构自己的学科范式。

第一,明确学科属性。目前有多个学科在元层次上研究科学技术,包括对科学的哲学的、历史的、社会学的以及文化学的研究,都可以概括在"Science and Technology Studies"(S&TS,中文译为科技元勘、科技论或科学技术学)这个称谓下,相应地形成科学哲学、科学史、科学社会学和科学技术批判等学科。S&TS主要探讨的是科学知识和技术人工物是如何被建构的,其中一个新的动

---

① 胡春艳:《科学技术政治学的"研究纲领"——对科学技术与政治互动关系的研究》,厦门大学博士学位论文,2006年。

向就是对科学技术的政治本性的研究[①]。在国外,科技政治学主要在 S&TS 的学科背景下来建设。在我国,S&TS 的学科发展尚不成熟,很难从中孕育分化出科技政治学这一子领域。那么应当如何界定科技政治学的学科属性呢? 以发展较为成熟的政治学为母体对科学技术进行元层次的研究,在理论上比较完备,在实践中也具有可行性。同时,科技政治学与 S&TS 有一个重要的区别。S&TS 一般只以科学技术为研究对象,科技政治学则研究科技与政治之间的相互关系,科技与政治互为自变量与因变量。关于科学技术对政治的影响的研究,是超出传统 S&TS 研究范畴的,却是科技政治学的重要研究内容。因此,科技政治学应首先确立政治学的学科本位,夯实学科根基,在此基础上可以考虑与 S&TS 的其他学科进行交叉融合,形成具有中国特色的科技政治学。

第二,探索研究方法。由于采用了以政治学为本位的学科界定,科技政治学的研究应以政治学的研究方法为基础,同时凸显鲜明的学科交叉融合的路径,主要包括两条进路:一是科技的政治哲学研究。这是政治哲学与科技哲学的交叉,主要是在传统的科学技术哲学对科学技术本身进行探讨的模式基础上有所扬弃,注重把科学技术置于复杂的政治环境中去考察,从整体上对科学技术的政治哲学意义进行根本反思,特别是在政治哲学的视域下研究知识与权力的本质关系与演化规律,探寻科学技术的政治价值。二是科技的政治科学研究。这是政治科学与 S&TS 的交叉,是政治学从元层次上回应科学技术所引发的各种具有政治性的现象、问题和挑战,分析科学技术内部的权力特征和秩序构建,揭示政治制度、政策体制、政治结构、政治文化与科学技术互动的基本规律、影响机制和产生的实践后果,寻求科学技术与政治协调发展的机制和对策。

第三,建立研究纲领。贝尔纳(John Bernal)认为,实现政治对科学的调控,目的是使科学为民所用。政治主体作为人民利益的代理者,在科技活动过程中代表公众确认科学活动的价值,调节利益分配,规范科技活动。萨洛蒙(Jean-Jacques Salomon)明确提出"科学政治学"的概念,并指出科学与政治、知

[①] 瑟乔·西斯蒙多:《科学技术学导论》,许为民等译,上海科技教育出版社 2007 年版,第 8 页。

识与权力、政治家和科学家之间有一种双向关系。狄克逊(David Dickson)认为政治对科学技术的调控不断加强,但涉及公众利益诸如公民健康、生活环境等的问题却被忽视,强调了公众参与调控科学的重要意义。古斯顿(David Guston)揭示了科学和政治之间契约关系的本质在于:国家资助科学,以确保科学研究的诚信和产出率。应构筑科学与政治的"有机边界",即一个对话、协商和多元利益相关者参与知识生产的合作平台。这些研究对科技政治学具有纲领性的意义,但从总体来看仍然是不完善的。应从科技的政治哲学与政治科学两个层面建立研究纲领:一方面从微观角度出发,通过利益关系、冲突调节、资源分配等维度来研究科学活动中的政治关系,考察科技系统中所出现的各种政治现象,对科学技术本身进行政治学意义的考察。比如制度和权力如何影响科技知识的产出,政治权力对科技资源的分配,科技活动中的政治斗争,科技争议中的利益妥协,等等。另一方面从宏观角度出发,通过国家建构、意识形态、国际关系、国际政治等政治维度来考察作为独立系统的科学技术与外部的政治系统之间的关系,研究科技系统和政治系统是如何相互影响、相互建构的。比如,政治制度对科技发展的影响,科学技术与意识形态的关系,公众如何参与科技决策,科学技术的国际政治效应,等等。

第二节 科技的政治哲学

科技的政治哲学研究围绕着(科学)知识与权力的关系这条主线展开。正如约瑟夫·劳斯(Joseph Rouse)所言,"不能理所当然地把科学的认识论维度和政治学维度分离开来:那种用以阐释科学知识增长的实践也必须同时以政治学的方式理解为权力关系"。科技的政治哲学融通科技哲学的知识观和政治哲学的价值论,为科学的政治价值提供新的理解和阐释。因此,"一种科学的政治哲学应提供一个框架,通过这个框架,我们便能对科学实践的政治影响及其向科学之外的适度拓展做出批判性的评估"。[①]

[①] 约瑟夫·劳斯:《知识与权力——走向科学的政治哲学》,盛晓明、邱慧、孟强译,北京大学出版社2004年版,序言,第Ⅴ、Ⅷ页。

一、知识权力观

科学革命以后,随着科学家角色的出现和科学逐步体制化,特别是科学主义思潮的兴起,科学知识被认为具有确定性、客观性、普遍性和中立性等特点,逻辑实证主义知识观更是把知识与权力无涉的观念推到了顶峰。科学知识被认为是唯一的真知识,权力属于政治范畴,是社会文化和历史的产物,而知识却是经过确证的客观实在的表象。知识独立于权力的运作而获得知识论的地位。著名科学哲学家波普尔(Karl Popper)认为,一个命题是科学的,当且仅当它是可证伪的。[①] 证伪主义原则使知识脱离了社会文化的背景及与权力的关系。质言之,权力作用于我们的表象,但并不作用于被表象的世界。由此,知识与权力之间是彼此外在的,权力能影响我们获得知识的动机,也能导致我们偏离这种知识成果,但是在决定知识之所以为知识的方面起不到任何建设性的作用。知识与权力的关系要么是运用知识获取权力,或者是权力阻碍、扭曲知识的获取,抑或是知识把我们从权力的压制作用下解放出来。权力首先是压制性的,其次是授予性的,但不是创造性的。

托马斯·库恩(Thomas Kuhn)提出,"范式"代表了一个科学共同体的成员所共有的信念、价值、技术等构成的整体,不同的科学共同体拥有不同的范式,且各范式之间是"不可通约"的。正如在相互竞争的政治制度之间作出选择一样,在相互竞争的范式之间作出选择,就等于在不相容的社会生活方式之间作出选择。因此,科学革命与政治革命有着类似的特点。在范式选择中就像在政治革命中一样,不存在超越相关共同体成员共识的标准,问题的解决依赖大家意见的一致。更关键的是,范式选择问题不能单凭逻辑和实验明确地解决,要研究"那些在各特殊的科学家共同体中有效的说服论辩技巧"。[②] 库恩开创性地将科学革命与政治革命相提并论,并不仅仅是在运用比喻,而是从科学史的实践中洞察到了科学进步的内在特征,从根本上动摇了逻辑实证主

[①] 参见卡尔·波普尔:《科学发现的逻辑》,查汝强、邱仁宗、万木春译,中国美术学院出版社2007年版,第10—24页。

[②] 参见托马斯·库恩:《科学革命的结构(第四版)》,金吾伦、胡新和译,北京大学出版社2012年版,第80—81页。

义知识观的根基,也露出了认识论社会化、政治化的端倪。此后,保罗·费耶阿本德(Paul Feyerabend)进一步提出了无政府主义的科学观,认为科学的主宰性地位不是得自它的客观性和真理性更强的优点,而是因为科学与国家的紧密结合为科学的统治性地位、压制其他文化提供了保证,科学借助国家权力而获得合法性。他主张一种"人道主义的科学",其根本途径是将科学与国家分离。①

米歇尔·福柯(Michel Foucault)揭示了知识与权力之间的深层联系。通过对知识、理性的考古研究,以及对监狱、精神病院等文化边缘现象的分析,福柯认为权力生产知识,权力和知识是互相蕴含的;如果没有相关联的知识领域的建立,就没有权力关系,而任何知识都同时预设和构成了权力关系。"各种权力关系不仅对知识起着促进或阻碍的作用,它们也不只满足于恩惠或激励、歪曲或限制知识;权力和知识不是唯一由社会利益或意识形态的作用来联结的;……倘若没有本身就是权力的一种形式,并以它的存在和功能与其他形式的权力相联系的传播、记录、积累和置换的系统,那么知识体系便无法形成。反之,假如没有知识的摘要、占用、分配和保留,那么权力也无法发挥作用。在此层面上,既无知识也无社会,抑或既无科学也无国家,唯有知识/权力的根本形式。"②福柯坚持权力和知识之间不是外在的而是内在的关系。

约瑟夫·劳斯进一步发展了福柯的知识权力观。他认为,现代科学实践,就其获得知识成就的关键性的方式而言是政治性的。表面看来似乎是"非政治的"行动者和机构的日常实践,其实包含着重大的政治意义。实验室微观世界的建构和操纵,与福柯讨论的众多现代"规训机构"——监狱、学校、医院、军队、工厂存在许多相似之处。自然科学渗透了权力关系,因此必须把实验室理解为另一种制度性的"设置",在这里,权力把我们塑造成主体/行动者。实验科学及其理论反思利用并强化了这些权力形式,因此具有重大的政治意义。科学的实验活动与理论活动本身就是权力运作的方式,知识的发展可能会导

---

① 保罗·法伊尔阿本德:《自由社会中的科学》,兰征译,上海译文出版社1990年版。
② 转引自阿兰·谢里登:《求真意志——密歇尔·福柯的心路历程》,尚志英、许林译,上海人民出版社1997年版,第171—172页。

致新的限制形式,而权力的行使本身就能生产出知识。劳斯认为这种知识权力观强调权力的生产性,而不是压制和扭曲作用;关注的不是信念,而是权力对行动和实践的参与;描述权力运作的地方性、去中心化和非主观的品格。由此,知识就是权力,同时,权力就是知识。①

后现代哲学家利奥塔(Jean-François Lyotard)亦关注知识与权力研究。利奥塔指出,当代社会的知识越来越商品化,以往知识与人的精神、人的塑成密不可分,现在知识为了出售而生产,为了增值而消费,知识成了首要的生产力。知识成了权力争夺的焦点,民族国家会为了控制信息而开战。国家对知识的控制削弱,国家成为阻碍信息自由流通的力量。跨国公司兴起,它们对知识拥有了更多的控制权。因此,科学自古就依附于政治、权力,这种依附在当代愈演愈烈,最终形成了这样的局面——知识和权力是同一个问题的两个方面:谁决定知识是什么?谁知道应该决定什么?在信息时代,知识的问题比过去任何时候都更是统治的问题。②

另外,夏平(Steven Shapin)和谢弗(Simon Schaffer)所著的《利维坦与空气泵——霍布斯、玻意耳与实验生活》虽然在方法上不属于哲学研究,一般被归入科学知识社会学(SSK)的范畴,但深刻揭示了知识与权力之间的联系,对知识权力观有重要的拓展。这本书展示了自然哲学共同体的行为与英格兰王政复辟时期的社会整体的关联。复辟后的体制最关切的就是通过知识的生产和传播进行规训,以防再度陷入无政府状态。因此,以玻意耳为代表的实验哲学家与以霍布斯为代表的政治哲学家的目的并无二致:建立并保护公共安宁。并且他们都假定:"哲学社群的政治结构和所产生知识的纯正性之间有一种因果关联。"但是二者的政治立场迥异:玻意耳的实验政体由自由人组成,以自由行动、见证以及相信个体的人作为模型,主宰、权威以及武断专权都会扭曲正当的知识。霍布斯则认为,任何对于知识问题的有效解决方式,都是对于秩序问题的解决。这种解决方式必须是绝对的。社会秩序是靠某些仲裁者或法官

---

① 约瑟夫·劳斯:《知识与权力——走向科学的政治哲学》,盛晓明等译,北京大学出版社 2004 年版,第 224—263 页。
② 让-弗朗索瓦·利奥塔尔:《后现代状态:关于知识的报告》,车槿山译,生活·读书·新知三联书店 1997 年版,第 14 页。

的理性(类似于几何中的公理)来裁决的,因此哲学真理应由专制政治产生、维系。玻意耳将自己的社群描述为理想社会,争议可以在这里安全产生,具有颠覆性的错误将立即被纠正。霍布斯则认为没有任何一个独立的知识团体能避免对公民社会构成威胁。唯有世俗的政治权力可担任"判决者"和"诠释者"。夏平和谢弗指出,科学从事者创造、挑选并维护了一个政体,他们在其中运作,制造智识产物。在该政体中制造出来的智识产物变成了国家政治活动中的一个元素。在科学知识分子占有的政体的性质和更大的政体的性质间,有一种制约性的关系。由此,政治因素渗透到科学知识生产的整个过程。正如夏平和谢弗所说:我们借以制造科学知识的生活形式,会随着我们处置国家事务的方式维系或衰亡。①

二、科技与意识形态

马克思论证了"劳动生产力是随着科学和技术的不断进步而不断发展的"②,并且"把科学首先看成是一个伟大的历史杠杆,看成是按最明显的字面意义而言的革命力量"③。同时,马克思也在政治哲学领域开启了对科技的负面作用和政治价值的深刻反思。他通过论述科技与异化的关系揭示了科技如何屈服于资本的旨意成为剥削工人的帮凶,如何由此导致人自身的异化和对自然的奴役;因此,"只有在劳动共和国里面,科学才能起它的真正的作用"④。一旦去除了遮蔽科学的种种力量,科学就将成为自由的科学。

在马克思主义经典作家看来,科学技术不属于意识形态、上层建筑,而属于生产力。而在法兰克福学派的主要代表人物看来,科学技术在当代取得了合法的统治地位,科技理性成为当代社会统治的最重要的组织原则。他们沿袭了马克思主义关于科技与异化的观点,但是把科技与意识形态的社会功能相等同,认为科技起着掩饰多种社会问题、转移人的不满和反抗情

---

① 参见史蒂文·夏平、西蒙·谢弗:《利维坦与空气泵——霍布斯、玻意耳与实验生活》,蔡佩君译,上海人民出版社2008年版,第268—317页。
② 《马克思恩格斯全集》第44卷,人民出版社2001年版,第698页。
③ 《马克思恩格斯全集》第25卷,人民出版社2001年版,第592页。
④ 《马克思恩格斯选集》第3卷,人民出版社2012年版,第150页。

绪、阻挠人们选择新的生活方式、维护现有社会统治和导致社会堕落的意识形态作用。

马尔库塞提出,科技同意识形态一样,具有明显的工具性和奴役性,发挥统治人和奴役人的社会功能。人们控制自然的科学方法,为人对人的统治提供了概念和工具。现代化的工业设备及其高生产率,在满足个人的各种需要的过程中,剥夺了独立思想、自主性以及反对派存在的权利。使社会成为单向度的社会,使生活于其中的人成为单向度的人。后工业社会是一个利用技术而不是利用恐怖有效地统治个人和窒息人们要求自由的需要的极权社会。科技越发达,越全面,个人打破这种奴役状态的手段与方法就越不可想象。①

哈贝马斯认为,在先进的资本主义国家中出现了技术科学化的趋势,科技成果被直接运用于生产,使科学、技术、生产三者结合为一体。科技进步决定着生产发展和经济增长,科学技术成了第一位的生产力。进而,科技成为统治的合法性基础。科技为统治进行辩护或论证的标准是非政治的,因为这个社会的统治合法性是"从下","从社会劳动的根基上"获得的,也就是依靠科技进步的成果,依靠对个人需求的补偿所取得的广大居民对制度的忠诚获得的,而不是"从上",即通过一个阶级对另一个阶级的政治统治获得的。科技作为新的合法性形式,已经丧失了意识形态的旧形态,成为一种以科学为偶像的新型的意识形态,即技术统治论的意识。一方面,技术统治的意识形态性较少,因为它没有那种看不见的迷惑人的力量,而那种迷惑人的力量使人得到的利益只能是假的。另一方面,当今的那种占主导地位的,并把科学变成偶像,因而变得更加脆弱的隐性意识形态,比之旧的意识形态更加难以抗拒,范围更加广泛,因为它在掩盖实践问题的同时,不仅为既定阶级的局部统治利益作辩解,并且站在另一个阶级一边,压制局部的解放的需求,而且损害人类要求解放的利益本身。为了迎接科学技术带来的挑战,"必须进行一种政治上有效的、能够把社会在技术知识和技术能力上所拥有的潜能同我们的实践知识和意愿合理地联系起来的讨论"。他还希望政治家和科学家之间建立一种互相

---

① 赫伯特·马尔库塞:《单向度的人:发达工业社会意识形态研究》,刘继译,上海译文出版社2014年版,第一章、第六章。

批评、取长补短的友好关系,代替他们在职能上的"交付任务"和"提供建议"的严格区分。这样不仅能使倚仗意识形态进行的统治失去合法性的基础,也能使这种统治从整体上接受以科学为指导的批评与建议,从而使这种统治发生实质性的变化。①

上文讨论的知识权力观和科技与意识形态两个方面,并不能涵盖科学技术的政治哲学的全部主题,但代表了最重要的哲学思考。未来面对人工智能、大数据、物联网等科技的飞速进步,应在政治哲学的视域下打破科学哲学、SSK、文化批判等学科的界限,进一步深化对知识与权力的关系和科学技术的政治价值的研究。

第三节 科技的政治科学

科学与政治是一种"共同生产"(co-production)的关系:社会若没有知识就无法工作,知识若没有合理的社会支持也不可能存在。没有社会、政治和文化的同步调整,科学上的任何重大变化都不会发生;同样,如果不改变现有的知识结构,顽固的社会问题也很难得到解决。② 在当代西方工业化国家中,如果不考虑科学和技术的政治影响,就很难正确理解公民权、审议与责任等民主理论的核心概念。同时,科学政策已进入众多"国家建设"项目,而这些项目直接关系到国家利益。政治文化影响民主政治,并通过公民理解和评价公共知识的制度化途径发挥作用。随着科学和政治之间的互动关系越来越紧密,关于科技的政治科学的研究内容越来越丰富,逐渐取代了SSK成为当代S&TS研究的最主要领域。下面围绕科技争议的政治化、科技与公众、科技与世界秩序三个核心议题,阐述关于科技的政治科学研究的基本框架和最新进展。

---

① 尤尔根·哈贝马斯:《作为"意识形态"的技术与科学》,李黎、郭官义译,学林出版社1999年版,中译本序,第4—5、95页。

② S. Jasanoff, ed., *States of Knowledge: The Co-Production of Science and Social Order*, Routledge, 2004, pp. 1-12.

一、科技争议的政治化

在当代西方社会,围绕核辐射污染、艾滋病治疗、全球变暖、生物技术等争议性的科技议题的讨论常常被政治主导。随着科学与政治的相互渗透程度越来越高,公共科技问题的政治化不可避免。罗伯特·基欧汉和约瑟夫·奈认为,政治化是一个重要的概念,因为它阐明了议程的形成过程。政治化既可以被看作某种行为因存在组织缺陷而需要予以纠正,也可以视为一种讨价还价的技艺。政治化在一定意义上不仅不会阻碍公共问题的解决,反而保证了解决此类问题所需的来自公共成员的政治支持,特别是国家的政治承诺和行动。但是如果政治对科学的影响过大,以致科学丧失足够的自主性,无疑有害于科学。[①]

科技争议政治化最突出的例子就是气候变化。在美国,围绕着"全球变暖"有一系列争议,这些争议表面上看似乎是科学问题,其实背后都包含政治问题,如"全球变暖"理论有很大的建构成分,著名的"曲棍球杆曲线"遭到严重质疑。[②] 实证研究表明,美国自由派中相信气候变化者的比例要远远高于保守派。[③] 在气候变化被高度政治化的环境下,否认全球变暖的团体充分利用人们的各种心理认知机制来减少公众对气候变化的认可。他们力求将气候变化描述成一个政策议题而不是科学议题,导致人们在试图了解气候变化问题时,选择政治经济信息而不是科学信息来作出判断。他们也尽力营造出一种氛围,即科学家远未就气候变化达成一致意见,气候变化仍然存在很大争议。

在国际上,全球气候变化已经成为当今国际政治中的重要议题。全球气候变化从一个大气环境科学问题不断被政治化,初期表现为国际会议的频繁召开,到后期进入安全化动议的政治化过程,最终演变为一场国际政治博弈。气候变化的政治化进程包含着各国的发展权之争、公平的维护、话语权的争夺

---

① 参见李醒民:《科学与政治刍议》,《学术界》2013 年第 12 期。
② 江晓原:《科学与政治:"全球变暖"争议及其复杂性》,《科学与社会》2013 年第 2 期。
③ A. M. McCright and R. E. Dunlap, "The Politicization of Climate Change and Polarization in the American Public's Views of Global Warming, 2001-2010", *The Sociological Quarterly*, Vol. 52, No. 2, 2011, pp. 155-194.

以及未来发展模式的竞争。全球减排目标的确定和减排义务的分担成为一个典型的政治问题。因为气候谈判的实质是全球范围碳排放资源的再分配,也是未来生产方式、生活方式乃至发展机会的再分配,进而涉及一系列政治问题:关于分配正义,关于代际公平,关于发达国家与发展中国家之间对排放权的争夺,等等。如何应对气候变化在某种程度上重塑了国际关系,尤其是大国之间的互动。

除了气候问题之外,西方社会在胚胎干细胞、核能利用、疫苗接种等科学争议议题上的政治化倾向,也表现得越来越明显。在美国,有关胚胎干细胞研究的伦理争议已经成为引起激烈争论和社会分裂的政治问题和棘手的公共政策问题,并对美国政治产生了一定的影响。宗教和社会保守派的反对、选举政治的驱动、利益集团的游说、联邦制对公共政策的影响是美国的干细胞研究高度政治化的主要原因。

二、科技与公众

公众与科技的关系既是科学传播领域的核心问题,也是科技政治学的重要议题,因为在公共领域获得成功的科学,可能是科学与政治互构的结果。这种互构体现在两个维度上:

一是公众理解科学。1985 年,英国皇家学会出版了具有广泛影响的《公众理解科学》报告,提出"科学家必须学会与公众沟通,乐意与公众沟通,并且确实认为他们有责任与公众沟通"。这种旨在教育"缺乏知识"的公众的"缺失模型"(Deficit Model)相信,科学家是拥有知识的专家,公众是无知的外行,公众对科学的不信任是由于他们对相关科学知识的无知。[①] 因此,必须教导公众理解科学,提高公众的科学素养,从而赢得他们对科学的支持。然而,贾萨诺夫(Sheila Jasanoff)认为,对于一切科学进步,公众作为集体既不被动接受也不恐惧地拒绝,而是塑造、构造、反映、书写、实验、把玩、测试和抗拒。因此,公众对于科学的一维理解是肤浅的,必须转化为对于科学的多种理解。

---

① P. Sturgis and N. Allum, "Science in Society: Re-Evaluating the Deficit Model of Public Attitudes", *Public Understanding of Science*, Vol. 13, No. 1, 2004, pp. 55-74.

公众对科学提出的主张或基于科学的主张的评价,已经成为当今知识社会中政治文化的基本元素。她用"公众认识论"(civic epistemology)这个术语作为分析各国政治文化的核心概念,即在不同的政治环境中,知识要怎样才能被视为可靠,应该如何考察、表达、代表、辩护和反对某些用作集体选择基础的科学主张。①

二是公众参与科学。"缺失模型"把公众视为同质的集合体,需要统一的科学教育,认为随着公众的知识越来越丰富,他们会越来越支持科学。事实上,跟科学对立往往不是误解导致的,而是不充分信任的结果,公共协商和参与被看作重拾公众信任的重要途径。近年来,"缺失模型"逐渐被强调科学界与公众对话的公众参与科学(Public Engagement with Science)模型取代。贾萨诺夫指出,美国的科技治理结构实际上是基于政府、科技界与公众的谈判而形成的,通过公众参与科学,可以对科技治理的意义,包括如何确立科学的合理边界,进行重新谈判。② 这种科技治理模式具有公共领域的结构性特征,多元主体、公众参与、平等对话协商是其内在要求。从公民议会、公民陪审团、协商工作坊、参与式剧场等协商民主形式中,西方社会发展出科学对话、科学听证会、公民共识会议等公众参与科学的具体实践形式。然而,公众参与科学也面临一些困境和挑战。在专业科学知识上公众依赖专家的"认知权威",科学与公众的认识论地位上的不平等将导致协商中的结构性不平等。在实践中,公众参与科学的积极性往往不高。

三、科技与世界秩序③

自近代民族国家的世界体系诞生以来,科学技术始终对世界秩序和国际关系格局有着重大的影响。18世纪60年代,英国首先出现的工业革命为"日不落帝国"的建立奠定了物质基础,形成了英国主宰世界的国际战略格局。蒸

---

① 希拉·贾萨诺夫:《自然的设计:欧美的科学与民主》,尚智丛等译,上海交通大学出版社2011年版,第379—387页。

② S. Jasanoff, "Constitutional Moments in Governing Science and Technology", *Science and Engineering Ethics*, Vol. 17, No. 4, 2011, pp. 621-638.

③ 本小节主要参考王逸舟:《当代国际政治析论》,上海人民出版社2015年版,第99—123页。

汽机的发明和广泛运用起了关键的作用,使资本主义进入了大规模生产的阶段。对国际关系而言,它的深远意义在于使资本主义制度确立了在世界范围的霸权地位,使非西方文明成为隶属于西方的历史客体,使国际政治从一开始就打上了西方文明的烙印。这一次科技进步的影响延续了一二百年。

到19世纪下半叶,以电力和内燃机的发明应用为标志开始了第二次科技革命,使西方国家的生产社会化程度大大提高,国际经济联系迅速扩展,推动了统一的资本主义世界体系的形成。它作用的时间仅持续了半个世纪。这个阶段国际关系的特点是实力的不均衡性和大国主导性,几个在经济、军事实力方面具有压倒性优势的强国在国际事务中起着主导作用,竭力争夺世界霸权。整个世界形成了以少数西方国家为中心、对世界上绝大多数居民实行殖民压迫的完整的全球体系,进入了被列宁称为"帝国主义和无产阶级革命时代"的新阶段。在现代国际关系演进过程中,科技进步是主要的驱动力和润滑剂。

二战中发明的核武器对国际关系格局产生重大影响。肯尼思·沃尔兹认为,核武器的战略意义在于维护和平,核武器的威慑力以及核武器的扩散在某种意义上有利于世界和平。二战结束以后掀起了新科技革命,科学技术以加速度持续进步。科技能够显著改善资源利用效率,使个人、集团或国家拥有更强大的能力。然而,科技的"双刃剑"效应也非常明显,对当代国际关系产生了广泛而久远的影响:它不仅进一步加强军事的破坏力和改变战争的形式,加快各国经济水平的提升,增强不同文明和民族间的互动,而且在增加扩大发达与不发达国家之间差距之可能性的同时,越来越多地制约国家主权的行使范围和改变各国政府的议事日程,加速国际关系结构的更新及实质的变迁,使其更具有全球维度。科技进步既给走向21世纪的国际社会带来更大的希望,也使国际关系具有更多的不确定性。最关键的是,科技进步必然造成力量对比的变化和国家间关系的调整,造成国际格局的变迁和国际关系的改变。从近代史看,科技活动中心自17世纪后期由意大利和地中海一带移向英国和法国,19世纪末转向德国,20世纪30年代前后则转向美国。随着世界的科技活动和创造中心的转移,国际力量对比总会发生大的变化,甚至造成文明重心的变迁。

当前,随着新一轮科技革命的孕育成长,科技政治学的研究方兴未艾。为了把握新科技革命的节奏,回应新兴技术给政治结构带来的变迁,需要将科技政治学的研究进一步学理化:一是创新研究方法。以政治学为母学科,融通科技哲学、科技史、S&TS等学科,兼顾规范研究和实证研究,系统建构科技政治学的研究范式。二是拓展研究议题。因应"百年未有之大变局",强化对科技与政治制度、科技民主、科技革命中的国家与社会关系、全球科技治理等议题的研究。三是深化研究内容。如在科技的政治哲学研究中,加强对人工智能等革命性科技进步带来的政治效应和政治价值的审视,建立新的知识权力观。在科技的政治科学研究中,关注国家缔造和维护政治秩序的能力与其生产和使用科学知识的能力之间的关系,使科技政治学能够对越来越重要的现实问题给予足够的回应。四是建立科技政治学的中国学派。立足中国的政治环境和历史背景解释中国的特殊问题,同时以中国视角探索世界科技与政治的普遍问题。

思 考 题

1. 二战以后科技与政治之间的关系出现了哪些变化?
2. 逻辑实证主义知识观存在什么问题?
3. 哈贝马斯如何看待"科学技术作为新的合法性形式"?
4. 霍布斯和玻意耳的政治立场是如何影响他们的知识生产的?
5. 为什么要提倡公众参与科学?

参考文献

弗朗西斯·福山:《我们的后人类未来:生物科技革命的后果》,黄立志译,广西师范大学出版社2020年版。

史蒂文·夏平、西蒙·谢弗:《利维坦与空气泵——霍布斯、玻意耳与实验生活》,蔡佩君译,上海人民出版社2008年版。

吴国盛:《什么是科学》,广东人民出版社2016年版。

尤尔根·哈贝马斯:《作为"意识形态"的技术与科学》,李黎、郭官义译,学林出版社1999年版。

Jean-Jacques Salomon, *Science and Politics*, MIT Press, 1973.

第十七章　环境政治学

环境政治学是研究政治过程和制度安排对环境政策的制定和执行结果可能产生的影响的学科。环境政治学关注政治、权力、国家、政体同环境污染、生态保护与可持续发展之间的关系,研究政治决策和行动如何影响自然界,以及环境问题如何塑造政治议程和结果。环境政治学涵盖了广泛的主题,包括环境政策制定、环境治理、环境法规和执法、国际环境合作和环境公正。它还涉及参与环境决策制定的各种行动者和利益相关方,例如政府、企业、非政府组织、公民和社区。环境政治学旨在了解政治系统和制度如何更好地解决环境问题,促进可持续的环境政策和实践。

第一节　环境政治学的界定

一、生态环境问题与环境研究

环境是指生物赖以存在和活动的条件,包括自然环境和社会环境。环境政治学所涉及的环境一般是指自然环境。自然环境主要包括水、空气、土壤、生物和矿产资源这些人类生活周围的物质要素。环境污染通常被解释为由于人类直接或间接地向环境排放超过其自净能力的物质或能量而产生的负面影响,包括水污染、大气污染、噪声污染、放射性污染等。换言之,生态环境存在特定的容量,在人类与环境的持续互动中,不是所有的人类行为都会污染环境。生态主义者批评"人类中心主义"是环境污染的道德根源。按照"人类中心主义"的价值观念,自然环境应该是为人类而存在并服务人类的,因为人是宇宙万物的中心。①

尽管自然环境不能以人类的方式"说话"或者反抗，但当人类按照自己的意志不加节制地去改造自然环境，环境污染本身通常会跨越自然和物种的边界而开始影响人的生存和生活。2018年，世界卫生组织发布的数据显示，每年环境（室外）和室内空气污染造成的死亡数达到700万人，其中90%以上的与空气污染有关的死亡发生在低收入和中等收入国家，主要在亚洲和非洲。全世界大约有30亿人仍然无法在家里获得清洁的烹饪燃料和技术，这是家庭空气污染的主要来源。②

人类活动对自然生态环境的一个重大影响就是全球气候变化（全球变暖）。《联合国气候变化框架公约》将"气候变化"定义为："除在类似时期内所观测的气候的自然变异之外，由于直接或间接的人类活动改变了地球大气的组成而造成的气候变化。"科学研究表明，气温升高、海平面上升、极端天气气候事件频发给人类生存和发展带来严峻挑战。由于全球变暖，许多通过昆虫、食物和水传播的传染性疾病的传播范围将扩大，威胁人类健康。联合国研究报告显示，21世纪以来，由全球变暖导致海平面升高而引发的自然灾害造成的经济损失已高达2.5万亿美元，到2050年，每年造成的损失预计将超过1万亿美元。③ 世界银行预测，如果不采取合适对策应对气候变化，2030年前全球将新增1亿贫困人口。④

纵观人类历史，面对不断恶化的生态破坏和环境污染及其对人类社会未来的严峻挑战，我们一直以来思考的根本问题是：究竟哪些原因造成了这些生态环境问题，如何认识和应对这些问题，究竟应该构建什么样的人与自然关系

---

① 国内最早讨论人类中心主义的代表性成果，参见余某昌：《走出人类中心主义》，《自然辩证法研究》1994年第7期。

② 世界卫生组织：《全球十分之九的人呼吸被污染的空气》，2018年，https://www.who.int/zh/news/item/02-05-2018-9-out-of-10-people-worldwide-breathe-polluted-air-but-more-countries-are-taking-action，2024年8月25日访问。

③ 联合国：《全球变暖中的海平面上升》，2024年，https://www.un.org/zh/climatechange/reports/sea-level-rise，技术简报：https://www.un.org/sites/un2.un.org/files/slr_technical_brief_26_aug_2024.pdf，2025年5月15日访问。

④ World Bank, Poverty, Prosperity, and Planet Report 2024: Pathways Out of the Polycrisis, 2024, https://www.worldbank.org/en/publication/poverty-prosperity-and-planet，2025年5月15日访问。

和社会与自然关系。这些思考最终形成了系统性的科学研究体系——环境研究(Environmental Studies)。环境研究是一个多学科交叉的领域,因为生态破坏和环境污染涉及人的自由、权利、健康、生存、发展、安全、公平和正义诸多复杂的问题。因此,不同传统学科都可以为环境研究提供理论视角和研究方法,形成了一个"大杂烩"式的学科发展谱系。这些传统学科中与环境问题相关的部分发展成了环境哲学与伦理、环境人类学、环境史、环境政治学、环境社会学、环境法学、环境经济学、环境传播学、环境科学、规划与工程等五花八门的分支体系。

这里有必要讨论两个概念即"环境政治学"与"生态政治学"。虽然环境与生态的概念存在明显差别,但环境政治学和生态政治学这两个概念在学术上并没有严格的区分,处于一种混用的状态。当我们谈论环境时,通常是以人类为主体和中心的,存在一个我与"环境"之间的主体-客体之分。相对于人类这个主体而言,客体化的环境是相对的、不断变换的。而"生态"的概念更加强调人只是组成生态的要素之一,不处于中心位置,不具有主体性。生态(eco)的古希腊词根为oikos,关注的是生物及其与周围环境之间的关系。生态学(Ecology)是研究生物体与其周边环境相互关系的学科,由德国生物学家恩斯特·海克尔(Ernst Haeckel)于1869年提出。生态学被认为是"自然的经济学",是自然科学和社会科学的桥梁。

二、环境问题也是政治问题

由上可见,生态环境问题既可以是哲学伦理问题,又可以是经济社会、人口问题,还可以是科学技术工程问题。但我们这里要专门强调的是作为一种政治问题的生态环境问题。那么,为什么环境问题也是政治问题,需要从政治学的视角来认识和解读环境问题呢?答案非常明确:第一,政治就是对价值和资源的权威性分配,而自然资源的稀缺性是人类社会组织和存在的永久性特征。第二,空气、水等环境要素是流动的,"好的环境"是典型的公共物品,这些公共物品的供给需要政府发挥重要作用。

亚里士多德说,人天生就是一种政治动物。毫不夸张地说,我们的生活时刻离不开政治,你不关心政治,政治也会来关心你。人类为了生存而过着群居的生活,有效的群居生活需要一定的社会组织和权威机构。当集体中意见不一、出现分歧、缺少共识的时候,需要调和这些分歧,达成共识,作出权威性的决定。而这个作出权威性决定的过程就是政治。

人类社会生活中经常出现的矛盾分歧甚至战争的根源之一就是,相对于人的欲望而言,自然生态资源和适合人类生存居住的环境永远处于一种匮乏稀缺(scarcity)的状态。以马尔萨斯主义为代表的观点认为,资源是有限的,随着人口增长,人类必然面临贫苦、饥荒和战争这些需要通过政治的方法来应对的问题。由上可见,很多环境问题及其根源都可以被天然地解读成政治问题。

作为一门较为年轻的独立学科,环境政治学研究起步较晚。英文文献中,环境政治的研究大概开始于20世纪70年代。英国约克大学环境政治学教授尼尔·卡特(Neil Carter)认为,环境政治学的主要研究内容包括三个部分:(1)研究和环境相关的政治理念和理论;(2)审视政党与环境运动;(3)从国际、国内和地方三个层面,分析公共政策的制定和执行对环境造成的影响。[1] 环境政治学在中国的兴起和发展也远远落后于其他环境相关学科。[2] 最早在中国进行环境政治学研究的郇庆治教授指出,环境政治学是"对如何构建人类与维持其生存的自然环境基础间的适当关系的政治理论探索与实践应对"[3]。

笔者在《中国地方环境政治:政策与执行之间的距离》一书中,将环境政治学的研究对象理解为:"人类政治活动对自然环境造成的影响以及自然环境在人类政治活动中的作用和位置。"环境政治学的研究路径可以分为两类:一类是把环境污染作为因变量,一类是把环境污染作为自变量。[4] 第一类是将环境污染作为因变量,将国家、政府、政党、官僚机构、政治精英、利益集团、公众参与、公共政策等政治学研究的传统对象作为自变量,分析后者对前者的影响。例如,一些环境政治的研究结果表明民主政体有利于环境治理,提出了"环境民主"(Environmental Democracy)的概念。这种观点认为:一方面,民主政体能

---

[1] Neil Carter, The Politics of Environment: Ideas, Activism, Policy, 2nd edn, Cambridge University Press, 2007.
[2] 详见郇庆治:《环境政治学研究在中国》,《鄱阳湖学刊》2010年第2期。
[3] 郇庆治主编:《环境政治学:理论与实践》,山东大学出版社2007年版,第1页。
[4] 冉冉:《中国地方环境政治:政策与执行之间的距离》,中央编译出版社2015年版。

够从制度上保障民众获得信息的权利,从而有利于环境治理中的公众参与;另一方面,法治原则能够保障公民的环境诉讼权利。但有的研究却发现民主制度成为有效环境治理的障碍之一,不可能为人类应对以气候变化为代表的环境问题提供帮助。①同时,一些从事比较政治研究的学者提出了"环境威权主义"(Environmental Authoritarianism)的概念。这种观点认为,应对主权国家内的和全球的环境危机,威权主义可能比以利益集团政治为核心的民主政治系统更有效,甚至需要产生一个威权主义政体。环境的恶化及其治理很有可能不断巩固威权政府,因为在环境问题面前非常脆弱的个体需要一个更为集权、高效、强势的政府来应对危机。②

第二类则是反过来讨论环境污染对国家能力、政府间关系、国家-社会关系、政府-企业关系、公众对政府的信任程度以及政治转型可能产生的影响。在这里,环境污染被当作了自变量。例如,一些研究结果显示,由环境恶化引发的民众不满所带来的环境运动是东欧国家民主转型的重要推动力量。环保组织通过揭露环境和生态破坏的现实,帮助民众不断意识到身边的环境问题,并采取行动改变恶化的环境。在这个过程中,环保组织获得了民众的尊重、认可和信任。③

以上可见,在探索生态环境危机的根源,也就是究竟该由谁来承担治理责任的问题上,人们给出了不同的答案,形成了不同的学科思维方式。一种理论路径是将环境危机的根源及其化解之道落实到个人和市场行为上,认为可以通过改变个人的生活方式,如生育节制、绿色消费、回收利用等方法拯救地球环境。另一种理论路径强调造成环境灾难的深层原因扎根于人类事务的政治结构和安排之中,需要通过确立生态责任、参与型民主、环境正义等宏观政治

---

① 参见 David Shearman and Joseph W. Smith, *The Climate Change Challenge and the Failure of Democracy*, Praeger Publishers, 2007。
② 马克·比森:《环境威权主义的到来》,俞可平主编:《中国治理评论》第二辑,中央编译出版社 2012 年版,第 151—173 页。
③ 参见 Barbara Jancar-Webster, "The East European Environmental Movement and the Transition of East European Society", in Barbara Jancar-Webster, ed., *Environmental Action in Eastern Europe: Responses to Crisis*, M.E. Sharpe, 1993。

结构性调整来应对环境危机。过多强调个人责任可能导致对政府责任的漠视,因此有必要将国家和政府带回到环境研究中。

第二节 环境政治学的理论

环境问题的复杂性和流动性决定了跨学科是环境政治学研究的根本属性。作为一个年轻的跨学科领域,环境政治学的思想理论工具大多是吸收和借鉴其他环境相关学科研究,融会贯通、交叉发展的结果。我们可以从以下三个层面来加以总结:

一、从人类中心主义到生态中心主义:环境哲学和伦理

正如政治哲学为整个政治学的研究提供了哲学基础和指导思想一样,环境政治学研究也需要相应的环境哲学(伦理)研究为其提供理论、思想和意识形态的支撑,回答环境政治学中的"应然"问题。面对生态危机,人类应如何重新审视自己的价值和行为?人类为什么要保护环境?保护谁的环境?谁应该为环境问题负责?产生环境问题的根本原因在哪里?这些问题是政治哲学研究者鲜少关注到的,需要到环境哲学和伦理的研究中获取思想资源。

虽然人类自文明社会形成起就未曾停止探索人与自然的关系,但当代环境哲学/伦理学作为一门独立的学科,还是由于20世纪60年代以后西方社会的第三波环保运动。20世纪六七十年代,有一批颠覆性的生态作品得以发表,推动了环保运动的发展。1962年,海洋生物学家蕾切尔·卡逊(Rachel Carson)出版了《寂静的春天》一书,呼吁人们关注农药滥用的问题,成为席卷全球的第三波环保运动的导火索。1968年,生态学家加勒特·哈丁(Garrett Hardin)在《科学》杂志上发表了《公地悲剧》一文,开始探索造成当代环境问题的社会制度性根源。

1. "人类中心主义"观点

人类中心主义观点认为,人类是自然的征服者和统治者,人类是自然的主人,是自然的管理者和受益者。人类比之自然界具有更高价值,是道德关怀的

主要对象,人与自然没有实现平等权利的共同基础。维护人的利益是道德的目的,是人类行为的起点和终点,而自然界只是满足和实现人类欲望和需要的工具。其思想来源最早可以追溯到苏格拉底提出的"思维着的人是万物的尺度"。① 近代以来,随着科技的发展、启蒙运动的兴起、人道主义和理性主义思想的传播,人类中心主义高歌猛进,人类以前所未有的规模和速度向大自然开战,造成了严重的生态危机。

生态环境危机的出现迫使人类重新认识和反思人类与自然之间的伦理关系。1974 年,澳大利亚哲学家 J. 帕斯莫尔在《人类对自然的责任》一书中指出,西方传统哲学思想中虽然存在着建立人与自然正确关系的道德萌芽,但传统哲学和宗教把人类视为自然界绝对主宰的观点是错误的,人类应该热爱和保护大自然。然而,他认为自然本身并无内在价值可言,保护自然是因为这符合人类的利益。② 这种为了人类的利益应该保护生态环境的现代"人类中心主义"观点,在 20 世纪 70 年代以后成为很多国家官方认可的环保价值观。联合国推动的"可持续发展"概念,倡导既满足当代人的需求,又不对后代人满足其需求的能力构成危害的发展观,也是这种现代"人类中心主义"思想的体现。

2. "动物权利论"和"生态中心主义"

环境哲学发展的历程就是对"人类中心主义"思想进行批判和反思的过程。其主要成果之一就是动物权利和福利理论思想的发展。动物权利论(animal rights theory)的代表人物雷根(Tom Regan)发展了康德的义务论,以权利为基础为动物辩护。雷根认为,至少哺乳动物符合成为生命主体的条件,它们因而像人一样具备固有价值(本身就是目的,而非手段),拥有受到道德关心的权利,不去伤害它们是我们"起码的义务"。然而,动物福利论关心的是某些高等动物的利益或权利,仍然将大量低等动物、植物和无生命物排除在道德考虑之外。后来兴起的"生命中心论""生态中心论"则将道德关心的范围延伸到整个生命界以至无机环境。③

---

① 赵晓红:《从人类中心论到生态中心论——当代西方环境伦理思想评介》,《中共中央党校学报》2005 年第 4 期。
② 同上。
③ 同上。

生态中心论(ecocentrism)是一种整体主义(holism)的环境伦理。生态中心论认为,生态系统的健康本身具有价值,人类对它负有直接的义务。美国生物学家奥尔多·利奥波德在其著名的《沙乡年鉴》一书中提出了"大地伦理"思想,这是生态中心论的思想开端。按照"大地伦理"的观点,人类与大地是一个命运共同体,人类的伦理道德观念应从人与人、人与社会的关系扩展到人与大地之间的关系。① 20世纪80年代,以美国哲学家罗尔斯顿为代表的生态中心论思想创造性地提出了"自然价值论",赋予自然生态系统极高的道德意义。他们认为,除了与人有关的工具价值,自然界还具有不依赖人类评价而自为存在的内在价值,同时生态系统本身也存在着系统价值。但也有批评指出,生态中心主义倡导的为了自然的利益而牺牲人类自己的利益的观点过于激进和理想主义,在实践中可能导致"生态法西斯主义""生态帝国主义"等政治悲剧。

二、环境人权与环境权利:环境法学的基本权利保障问题

环境权利指每个人享有与生俱来不可剥夺的健康生态环境的权利,环境权利来源于人的生存权利,一个健康的外部环境是人类生存和发展的必需,因此环境权利应当属于人类的基本权利范畴。在实践中,公民环境权利应该包括清洁空气权、清洁水权、宁静权、日照/采光权、通风权、眺望权、风景观赏权、污染物排放权、环境生态人格权、环境生态代际公平权、自然和文化遗产赏析权等一系列和生态环境相关的基本权利。② 一般而言,在环境法学者看来,狭义的环境权利主要包含环境生存权和环境发展权这两个实质性环境权利。环境生存权强调公民享有在清洁和健康的环境中生活的权利,如清新的空气、清洁的水源、有利于身体健康的无污染的居住环境等。环境发展权是指个人、社区和国家在利用环境资源追求经济社会发展的同时,承担保护和改善环境的义务。这一概念强调发展与环境保护的平衡,确保当代和未来世代都能享有健康、可持续的生态环境。而广义上的环境权利是指与环境有关的权利,由上述实质性环境权利与公民参与国家环境管理的程序性环境权利两部分构成。

---

① 奥尔多·利奥波德:《沙乡的沉思》,侯文蕙译,新世界出版社2010年版。
② 郇庆治:《环境人权在中国的法制化及其政治障碍》,《南京工业大学学报(社会科学版)》2014年第1期。

其中,程序性环境权利主要包括环境知情权、环境参与权和环境监督权。①

愈发严重的生态危机挑战了作为宪法基本权利核心的人性尊严。从20世纪60年代开始,环境法理论和学说围绕着公民对环境有无权利这一核心问题展开了讨论。环境权是在生态危机的特定政治社会背景下,欧美、日本等国家公民"为权利而斗争"的环境保护运动过程中争取来的,经历了漫长的历史过程。争取公民个人的环境权利是源自对政府权力的不信任,其目的之一就是以环境权来保障公民权、限制国家权力的扩张。但遗憾的是,政治学者缺席了这场讨论,不得不向法学同行借用理论成果。

1972年,联合国在瑞典斯德哥尔摩人类环境会议上通过的《人类环境会议的宣言》(《斯德哥尔摩宣言》)指出:"人类环境对于人类的幸福和对于享受基本人权,甚至生存权利本身,都是必不可缺少的。"该宣言反映了国际社会对人与环境的相互依存关系的普遍承认。1987年,世界环境与发展委员会的著名报告《我们共同的未来》正式提出了"环境权利"的概念表述:"认识和保护今世人和后代人生活在对健康和福利都适宜的环境中的权利。"1992年,《关于环境与发展的里约宣言》再次强调:"人类处于普遍关注的可持续发展问题的中心。他们应享有以与自然相和谐的方式过健康而富有生产成果的生活的权利。"2009年,联合国人权事务高级专员办事处向人权理事会提交了《关于气候变化与人权关系问题的报告》,对环境与人权关系进行了全面研究和总结,标志着人类对环境与人权关系的认识达到了一个新水平。②

21世纪以来,环境权利在中国具有了同工作权利、基本生活水准权利、社会保障权利、健康权利、受教育权利等经济、社会与文化权利相当的地位,成为全体社会成员受到切实保障的人权之一。由国务院新闻办公室发布的《国家人权行动计划(2009—2010年)》将"环境权利"纳入人权范畴进行保护,规定坚持人与自然和谐发展的方针,合理开发利用自然资源,创造有益于人类生存和持续发展的环境,保障公众环境权益。这是环境权利在我国进入人权保护视野的重要标志。在此基础上,《国家人权行动计划(2012—2015年)》对环境

---

① 潘晨欣:《国际人权法中的环境权:人权的绿化》,《法制博览》2018年第8期。
② 同上。

权利的外延作了具体规定:加强环境保护,着力解决重金属、饮用水源、大气、土壤、海洋污染等关系民生的突出环境问题,保障环境权利。①《中华人民共和国环境保护法(2014年修订)》第五十三条规定,"公民、法人和其他组织依法享有获取环境信息、参与和监督环境保护的权利"。但也有学者指出,中国的环境法律体系更强调公民保护环境的义务,而非权利及其救济。②

经过半个多世纪的努力,环境人权已经被国际法和联合国许多成员国确定为一项基本的独立性人权。但有关环境权是否应属一项人权至今仍有争论。从宏观上讲,保护环境就是保障人权,因为包括生命权、财产权、家庭生活权等权利在内的基本人权,只有在满足一定要求的环境保障下才能实现。但是,是否需要在人权的法律内涵下创设环境权,把它作为一项人权来实现保护环境、保障人权的双重目标,却没有达成共识。那些反对将环境权作为一项单独的人权的观点主要有以下几个理由:第一,环境权是为了人和人类的环境利益而提出的,体现了人类中心主义思想。环境权应当从生态中心主义出发,保护范围不限于人类利益,还应包括动植物和生态权益本身,这已经超出了人权的范围。第二,环境权和人权之间经常出现冲突和分歧。如果全球大多数人都追求实现那些已经确立的人权,如生命权、健康权、财产权、文化权和拥有体面的生活条件等,其结果很可能是消费主义的盛行和自然资源的破坏。因此,有理由怀疑在人口不断增长的背景下,实现现有的权利与环境资源保护之间存在着结构性的张力。③

三、"公地悲剧"和外部性:环境经济学

需要指出的是,一些对当下环境政治学研究影响最深、已经内化为学科基本常识的理论概念,都来自经济学的贡献,至少包括"公地悲剧""公共物品""外部性""搭便车""市场失灵""成本-收益分析""激励机制"等。不夸张地说,正是这些已经被视为基本常识的理论为环境政治学提供了学科存在的合

---

① 吴卫星:《我国环境权理论研究三十年之回顾、反思与前瞻》,《法学评论》2014年第5期。
② 郇庆治:《环境人权在中国的法制化及其政治障碍》,《南京工业大学学报(社会科学版)》2014年第1期。
③ 潘晨欣:《国际人权法中的环境权:人权的绿化》,《法制博览》2018年第8期。

法性基础。生态环境是一种典型的公共物品,无法清晰界定产权,成为"外部性"的来源。为了减少出现"公地悲剧"及"搭便车"现象,需要政府通过一系列制度设计在环境治理中发挥主导性作用。古典经济学家认为,市场是一只看不见的手,引导"经济人"谋取自身利益的同时,客观上促进了社会福利,自利心对社会不仅没有坏处,甚至比社会关怀更能增进社会福利。但是,市场机制发挥作用要有一定的前提条件,那就是产权必须是明晰的。空气等自然环境资源的公共产权是未加明确界定的产权,必然带来"市场失灵",导致很大的外部性,因此政府的介入十分必要。

第三节 环境治理中的政府与公民

政府作为环境公共物品和公共服务的提供者,有责任通过立法、规制等手段来纠正市场在环境治理上的失灵,使外部性问题内部化。理论上说,政府有义务为每个公民提供符合人类健康标准的大气、水等环境公共物品,保障公民个人的基本生存权利。公民的环境权利应该得到宪法、司法和其他基本政治制度设计上的保障。

虽然环境污染和生态破坏自古就有,但民众要求政府在环境治理中起主导作用,这种诉求直到现代社会大规模的工业污染发生之后才出现。从全世界范围来看,直到20世纪70年代,环境问题才真正引起各国政府的重视。欧美国家大规模的环境运动是促使这些国家政府不断制定环境政策以回应民众环境诉求的主要推动力量。1972年,在斯德哥尔摩召开的联合国人类环境会议,是以主权国家政府为单位的国际社会开始共同应对那些挑战人类生存的环境问题的象征性事件。会议达成的《人类环境会议的宣言》首次确定了国家对环境保护的责任。一年以后,就在北京召开了第一次全国环境保护会议,并制定了第一部关于环境保护的法规性文件——《关于保护和改善环境的若干规定(试行草案)》,这标志着环境保护正式进入中央政府的决策议程。

可见,明确政府在环境治理中的责任并不是一件自然而然的事情。在不同的历史发展阶段、不同的政治体系,政府究竟应该在环境治理中扮演什么角色、承担哪些责任,一直是充满争论的问题。总体上说,环境治理中的政府职能可以区分为政策的制定、执行和监督等。接下来,我们将以中国为例,详细剖析中国环境政治过程。

一、环境政策的制定

在中国目前的环境治理体系框架内,环境政策的制定权高度集中在中央政府手中。中央政府是环境政治话语的塑造者;立法机关负责环境法律的制定和修改;行政部门负责制定具体的行政法规和政策工具。这个体系包括党中央、全国人大、国务院及其下属十多个部委。党中央负责提出环境相关的理念、话语、目标、战略和方针,全国人大和国务院及相关部委负责通过一定的程序把党的抽象意志转化为具体的法律法规和政策。绝大多数的具体政策都是由国务院及相关部委制定的,但要受到人大的监督,允许一定程度的社会参与,这体现了政策制定参与者的有限多元化。

这个系统也存在一些问题:绝大多数具体政策的制定权和行政管理职能分散在国务院与环境保护相关的十多个部委手中,它们彼此缺乏明确的分工和有效的合作,造成了环境行政过程中的碎片化。

二、环境政策的执行与监督

在环境政策制定出来之后,检验这些政策在多大程度上对环境治理产生作用,关键是看这些政策的具体执行效果。在中国环境治理体系中,地方政府的角色主要是政策执行者,负责通过具体的实施行动,将中央政府的政治话语、法律和政策转化为民众看得见、摸得着的环境效果。中国环境治理存在一个深刻悖论:一方面,党和国家领导人对环境问题高度关切,在中央政府层面制定了大量的法律法规,建立了自上而下的环境行政管理体系,积极参与治理国际环境事务的合作;但另一方面,一些环境政策的实施效果不及预期。因此,地方政府的政策执行问题在某种程度上困扰着中国的环境治理。[1]

---

[1] 关于中国环境政治中的执行困局问题的研究,参见 Ran Ran, "Perverse Incentive Structure and Policy Implementation Gap in China's Local Environmental Politics", *Journal of Environmental Policy & Planning*, Vol. 15, No. 1, 2013, pp. 17–39。

为什么会出现地方政府及其官员不积极治理环境的现象？我们认为，必须从更加宏观的政府治理体系来分析环境治理的问题，特别是中央与地方关系和激励结构。

很多研究指出，地方政府官员不积极执行中央环保政策的原因之一，是环境指标在干部考核指标体系中处于弱势地位。将环境指标提升为"硬指标"，并赋予"一票否决"的权力，可以从政治上激励政策执行者，有利于改善地方环境治理的状况。近年来，中央逐渐提升环境和能源指标在干部考核指标体系中的重要性，显示了中央对民众不断提高的环境意识和环境诉求的回应。

对政策执行的过程和结果进行监督，是一个完整的公共政策过程必不可缺的环节。公共政策分析假设政策执行者不是"天使"，因此，为了实现一项政策从文本到结果的转换，不但需要恰当的激励，更需要强有力的监督，两者都需要精心的制度设计。① 可以把监督政策执行的制度简单分为两类：一类是政治系统内部的监督渠道，如立法机关、司法机关、监察机关的监督；另一类是政治系统外部的监督渠道，如媒体监督、公众监督。其中，政治系统内部高质量的监督需要有效的公众参与为其提供信息以及合法性支持。

三、环境政治中的公众参与

环境问题本身具有复杂性、长期性、科学的不确定性等特征，其治理过程必须具备开放、参与、分权、合作的多元治理要素。环境治理的主体不仅是政府和企业，还应该包括真正受到环境影响的民众、社区、非政府组织和相关领域的专家学者等利益相关方。与政府相比，生活在地方的社会组织和公民个人距离"环境"最近，对环境的了解和需求最为直接和切近。因此，保障公民个人的环境权利，提供及时有效的公众参与制度渠道，是环境治理中至关重要的环节。

从世界各国的实践来看，公众参与环境治理的形式多种多样。体制内的渠道主要是听证会、公民协商会议、公民直接投票等方式；体制外的渠道主要是游行请愿、示威抗议等街头运动方式。主流的环境政治理论一般认为公众

---

① 孙柏瑛：《当代政府治理变革中的制度设计与选择》，《中国行政管理》2002年第2期。

参与环境治理的好处有三：第一，公众参与决策过程增加了环境问题被发现和解决的可能性；第二，信息公开和透明有助于民众环境意识的提升；第三，非政府组织的存在能够帮助民众获得更多信息，监督政府部门，直接游说政策制定者。

中国的环境治理模式更强调政府的主导作用。推动环境治理中的公众参与需要考虑两个问题：第一，公众参与和维护社会稳定之间的关系。高质量的公众参与不是所谓破坏稳定的"洪水猛兽"，而是能够起到疏解不满的减压阀作用。第二，公众参与和群众动员之间的关系。参与式环境治理不同于传统的运动式治理，其核心应该是保障公民的合法环境权益。大规模的群众动员式治污常以忽视个体的权益为代价。

协商式环境政治理论为我们提供了另一种可能性。该理论的倡导者认为，包容性、判断力和对话性所需的协商、对话、理性、共识是协商民主的核心要素。作为一种公众参与方式，协商民主有利于为普通公众参与环境治理营造一个日常性、建设性、开放多元的参与平台。作为一种民意收集和聚合的方法，各种形式的公民协商够让民意在平等、审慎、理性和充分的辩论中呈现出来，从而在一定程度上转变传统民意测量方法将民众视为消极被动的盲目角色的看法。作为一种社会学习模式，协商可以成为环保话语和知识的一种互动传播方式，破除环境科学的专业知识壁垒，促使公众对环境问题的讨论从抽象模糊的语言层面走向具体、可感知的生活层面。由此可见，公众参与能够在多大程度上推动环境质量的改善，主要取决于制度空间的突破。

自1972年联合国通过《人类环境会议的宣言》以来，环境政治和环境政治学的发展已经走过五十多年的路程。中国学者自20世纪80年代开始翻译、介绍和传播西方环境政治学的主要研究成果，经历了从无学科意识的早期原始自发研究阶段，到有学科意识的自觉经验研究与理论建构阶段。近十年，在以生态文明建设为核心的政策背景下，环境政治学在中国进入了一个快速发展阶段。从世界到中国，展望环境政治学的未来学科发展趋势，我们发现以下三点值得特别关注：第一，环境政治学的关注焦点应该从全球北方的富裕发达国家向全球南方的发展中、欠发达和贫困国家转移。例如，环境政治研究中家喻户晓的"后物质主义价值观"概念框架就是基于西方富裕社会提出的,难以解释全球南方的贫困人口遭遇的环境和生态问题。第二,环境政治学在研究议题的设置方面将更多受到种族、性别等身份政治议题的影响。第三,在环境正义问题的研究上,就研究范式而言,从社会不同群体、阶级和种族之间的歧视与抗争发展到重新审视国家机器的系统性暴力造成的环境正义问题。

思考题

1. 为什么环境问题也是政治问题?
2. 环境政治学的发展受到了哪些理论的影响?
3. 为什么政府应该在环境治理中起主导作用?
4. 为什么有效的环境治理需要公众参与?

参考文献

郇庆治主编:《环境政治学:理论与实践》,山东大学出版社2007年版。

冉冉:《中国地方环境政治:政策与执行之间的距离》,中央编译出版社2015年版。

俞可平:《科学发展观与生态文明》,《马克思主义与现实》2005年第4期。

周雪光、练宏:《政府内部上下级部门间谈判的一个分析模型——以环境政策实施为例》,《中国社会科学》2011年第5期。

第十八章 城市政治学

城市政治学是研究城市政治权力、政治关系、政体形式、政治行为、政治现象及其发展规律的新兴交叉学科,其既不同于传统的市政学,也不同于城市管理学和城市规划学。城市是国家治理的重要空间形态,城市政治是国家政治的重要组成部分,城市政治学是政治学的重要分支学科。正如《牛津城市政治学手册》开篇指出的:"为什么要研究城市政治学?其中一个原因是,城市政治的研究汲取了世界上大多数人居住的城市所积累的丰富经验。"[①]伴随城市化的快速发展及现代城市问题的大量涌现,城市政治学(Urban Politics)自20世纪中后期日渐成为西方政治学界的一门显学,诸多学者从城市权力、城市运动、城市冲突、城市政府、城市政策、城市领导、城市种族、城市正义、城市兴衰、城市公民参与、城市公共安全和城市空间治理等维度,对各种城市政治问题开展了全面和深入的研究,形成了较为系统的城市政治学理论。

第一节 城市政治学的学理争论

一、谁统治:城市权力之争

在20世纪50年代至70年代,无论是在城市政治学还是其他政治学领域,权力一直是一个核心话题和论争主题,社区权力(Community Power)和城市权力(City Power)成为城市政治学的关键词。在回答"城市权力由谁(Who)掌握?城市权力如何(How)取得?城市权力运作的机制和结果是什么

[①] Karen Mossberger, Susan E. Clarke and Peter John, eds., *The Oxford Handbook of Urban Politics*, Oxford University Press, 2012, p. 3.

(What)?"这一系列问题时,出现了城市精英主义和多元主义的论辩,双方围绕"谁统治"城市这一焦点问题展开了深入探讨。如城市精英主义理论的代表学者亨特(Floyd Hunter)基于对美国亚特兰大市的实证研究,撰写了《社区权力结构:决策者研究》(*Community Power Structure: A Study of Decision Makers*),得出了城市是由少数经济精英人物和集团统治的基本论断。

二、谁参与:城市参与之争

20世纪60年代,随着对城市权力的讨论日益深入,人们讨论的主题逐渐从"谁统治"过渡到"谁参与"。多元主义理论的代表人物罗伯特·达尔(Robert Dahl)基于对纽黑文市的深入调研,撰写了《谁统治?一个美国城市的民主和权力》(*Who Governs: Democracy and Power in the American City*),系统研究了现代城市中的"多元参与"问题。作为多元主义的领军人物,达尔创立了决策分析法并用于研究纽黑文市的权力结构。在考察了1784年至20世纪中期纽黑文市的权力结构演变之后,他发现在过去的两个世纪中纽黑文已经逐渐从"寡头统治"转变为"多头政体"(Polyarchy)。他认为,虽然一些精英人物在某个或某些领域非常有影响力,但没有人能够垄断城市权力和控制决策过程。尽管在城市社会群体中权力并非平等分布,但精英人物特别是非民选的精英的影响力是有限的。许多不同的团体事实上可以参与和影响决策过程,在城市权力系统中存在足够的相互制约与平衡来制止集权化或权力被滥用。

三、谁受益:城市增长之争

20世纪70年代,城市政治学家开始反思以上两派的学术论辩,"谁受益"日渐成为城市政治研究的热点主题。哈维·莫罗奇(Harvey Molotch)和保罗·彼得森(Paul Peterson)指出,美国城市政治学的关注焦点应该是研究"谁"为了"什么"而参与公共政策的制定,而不是仅仅侧重分析"谁统治"。1976年,莫罗奇在《美国社会学杂志》上发表了《作为增长机器的城市》("The City as a Growth Machine")一文,首次提出了增长机器的概念,城市增长机器理论应运而生。由此,城市政治学的论域发生了重大转变,即转为探讨政商关系的类型对制定城市经济发展政策的影响,城市为何增长、增长为了什么、增长令谁受益等成为城市政治学者探讨的重要议题。

四、谁合作:城市政体之争

20世纪80年代,费恩斯坦夫妇(Susan S. Fainstein and Norman Fainstein)、史蒂芬·埃尔金(Stephen L. Elkin)和斯通(Clarence N. Stone)等人先后提出城市政体理论(Urban Regime Theory),探讨了"谁与谁"合作的城市政体形式及其联盟机制。城市政体主要是指在城市政治、经济和社会动态关系的基础上,形成的一种非正式的公私合作关系。如费恩斯坦夫妇和埃尔金就从这种动态关系出发,考察了城市中占主导地位的公共政策的类型,以及在此基础上形成的权力结构。他们的研究处于从分析城市权力结构转向探讨作为一种治理能力的城市权力的过渡阶段,但其分析方法更加细致。斯通是城市政体理论的集大成者,通过对亚特兰大市的多年追踪研究,他分析了亚特兰大市黑人中产阶级领导者和白人经济利益集团的联合统治。他从治理能力的角度探讨了城市政体的内涵,将城市权力看作社会生产而非社会控制,认为权力不是关于斗争和抵抗,而是采取和融合某种行动的能力——是用权力去实现目标,而非纠缠在权力本身上。城市政体聚焦稳定而强势的关系的建立,政府和非政府的参与者可以达成艰难的非常规目标。

五、谁治理:城市治理之争

20世纪90年代以后,特别是21世纪以来,随着现代城市新问题和新现象的涌现,学者的研究聚焦于对城市治理过程的多样化剖析,更加关注"谁治理"城市,主张对中央与地方关系中不同层次的城市治理过程进行分析。城市政体有着比较稳定的结构,而城市治理的议程安排往往随机应变。更为重要的是,城市政体确保高度的政治参与,而城市治理的实施则更少涉及承担义务和牵连政治领导,或更少依赖更广泛的城市行政管理。[①] 城市治理理论愈发受到

[①] Jon Pierre, "Can Urban Regimes Travel in Time and Space? Urban Regime Theory, Urban Governance Theory, and Comparative Urban Politics", *Urban Affairs Review*, Vol. 50, No. 6, 2014, pp. 864-889.

重视,其在分析城市政治现象方面比城市政体理论更为包容和开放。不同于城市政体理论,城市治理理论明确城市政府的主要职能是通过协调当地机构和团体关系达成集体目标,更加强调多元参与和政社互动的城市网络型治理。经济全球化深刻地影响了城市发展,一些研究者敏锐地对此背景下城市的移民问题、种族矛盾、街区暴力、邻避冲突、新社会运动等各类城市治理问题进行分析和探讨,并对不同城市及全球城市治理问题做了较深入的比较研究。

第二节 城市政治学的主要理论

一、城市精英主义理论

在城市精英主义者看来,城市是由少数精英人物统治的,城市政府只是他们意志的实现者、政策的执行者。一般市民虽与他们存在种种矛盾,但由于自身掌握的资源有限,其对城市政策制定的影响微乎其微。如亨特运用"声望法"(Reputation Approach)对亚特兰大市最有声望的一群城市精英做了跟踪研究,他发现经济精英在幕后几乎垄断了所有事关城市发展的重大政策。商人是社区领袖,经济财富、社会声望和政治机器都是社区经济精英的权力工具。在城市公共事务的政策制定方面,经济精英也占据主导权。不过,他也指出,虽然极少数经济精英对城市政策制定有着重大影响,但该市并不存在单一和集中的权力金字塔。不同领域的经济精英仅在其所属领域拥有发言权,而宗教、教育及文化领域的政策基本都是由专业技术人士作出的。亨特的研究在美国学界引起了巨大反响,许多学者纷纷运用"声望法"进行跨国城市比较研究和纵向城市历史演化研究,并修正了他的一些观点。C. 赖特·米尔斯(C. Wright Mills)的《权力精英》(The Power Elite)就是对精英主义权力观的进一步阐述。同时,亨特提出的城市精英理论也招致许多批评,但在达尔的多元主义城市权力观提出之前,这些批评并未掀起对城市精英主义的全面批判。

二、城市多元主义理论

多元主义理论是基于城市政治的研究而提出的,该理论的代表性人物达尔在深入调研了纽黑文市之后,撰写了《谁统治?一个美国城市的民主和权力》,提出了"多元主义"这个重要术语,并对"多头政体"概念予以理论化。达尔在分析纽黑文的城市再发展、公共教育和政治提名这三个关键问题时,发现只有少数人对决策具有直接的影响,大多数市民拥有一定的非直接影响力,在每个领域中出现了不同的主体,他们的角色也是不同的,不同的人物和团体在不同的问题领域中作出不同的决策,城市权力呈现出分散化、分层化和多元化的特点。乔丹(Grant Jordan)对多元主义的特征归纳如下:第一,权力看上去是被分割和分散的;第二,所有的团体或多或少有资源和途径来表达它们的诉求,即使政府不必或不能遵照它们的要求行事;第三,这种权力的分散是任何接近民主状态的体系应有的特征;第四,不同政策领域的政治结果表现为这些领域中不同的程序、不同的主体和不同的权力分配;第五,政治权力的运用超越自由民主的选举和代议制的正式制度结构;第六,利益的互动将为作为合法性权威的来源的"公意"提供一个实用的选择;第七,这种决策过程的分隔性以及谈判结果的不确定性,有助于将参与主体与决策过程联系在一起。[①] 随后,诸多学者纷纷效仿达尔的分析方法开展实证研究。如纳尔逊·波尔斯比(Nelson Polsby)的研究推动了多元主义理论的进一步发展,之后还涌现出新精英主义、新多元主义及超多元主义等理论流派。

三、城市增长机器理论

以莫罗奇与彼得森为代表的学者运用政治经济学的方法探讨政商关系对城市权力结构的影响,增长机器理论也随之兴起。莫罗奇提出了增长机器(Growth Machine)的概念,重点探讨了城市政治过程中"谁"为了"什么"而统治。增长机器论认为,基于增加税收、募集竞选资金和促进城市整体利益等目的,城市政治精英与经济精英会合作,共同推行有利于城市经济发展的政策。换言之,政商联盟主导了城市决策的制定,掌握了城市权力,城市成了政府与非政府部门促进经济增长的机器。企业家群体也会结成联盟,共同抬高土地

[①] 戴维·贾奇、格里·斯托克、哈罗德·沃尔曼编:《城市政治学理论》,刘晔译,上海人民出版社2009年版,第18—19页。

的交换价值。基于夯实税基、改善城市基础设施和市政服务等目的,城市政府也会想方设法招商引资。城市政治和经济的目标本质上都是促进增长,城市主要按照增长机器的方式运行。

四、城市政体理论

费恩斯坦夫妇是城市政体理论的先驱,他们通过分析美国城市20世纪50年代至80年代中期的政治经济环境,发现美国城市先后出现了三种城市政体(Urban Regime)类型,即指导型政体、特许型政体及保护型政体。1950—1964年,主导美国城市的政体是指导型政体,其特点是城市政府官员控制了主要的规划议案和增长议题。20世纪60年代中期至20世纪70年代中期,为回应黑人民权运动等新社会运动的挑战,以及联邦政府改善少数族裔生活状况的要求,城市政府不得不推行特许型政体,以改善这些群体的社会境况。20世纪70年代之后,美国出现了经济滞胀现象,城市政府越来越难以承担社会福利带来的财政压力,资本的力量也开始抗拒社会运动提出的福利诉求。于是,20世纪80年代中期,在美国城市中出现了维护资本利益的保护型政体。斯通总结并阐述了四种城市政体类型:(1)维持型政体(Maintenance Regimes),主要体现在维持现状,保持日常的服务供给和低税收。(2)发展型政体(Development Regimes),致力于推动城市增长和阻止城市经济的衰落。(3)中产阶级改革型政体(Middle-class Progressive Regimes),旨在控制城市增长和保护环境,也称为"反增长机器"。(4)低收入阶层机会扩展型政体(Lower-class Opportunity Expansion),也称为"服务型政体",主张人文关怀和扩大就业机会。斯通通过对城市政体的分类和总结,构建了城市政体理论的基本分析框架,此后该理论被广泛地应用到城市政治研究中。[1] 乔恩·皮埃尔(Jon Pierre)也指出,城市政治在四个方面容易降低城市政体理论作为比较框架的效能。这四个方面包括:在城市政治中日益增长的个体差异化;地方自治的跨国差异;经济体的机构配置差异以及促使企业参与城市治理的激励政策;全球化对城市政治的影

---

[1] Clarence N. Stone, *Regime Politics: Governing Atlanta, 1946-1988*, University Press of Kansas, 1989.

响,主要是政治权威的重塑和企业结构的垂直整合。[1]

五、城市治理理论

在20世纪90年代到21世纪初期,治理成为政治科学家和政治实践者的流行语,它代表了一种关于如何处理日益复杂的现代社会问题的新观点和新视角。一方面,城市治理理论是在反思精英主义、多元主义、城市政体等理论的基础上逐渐发展起来的,其被看作识别"值得研究"的城市现象的分析框架,或是理解城市政治的"另类镜头"[2],是一种从政治科学分析视角阐释和分析城市问题的新兴理论和方法。另一方面,城市治理既是实践层面的一种多元主体互动形式,也是在复杂社会中解决城市问题的有效模式,不再纠结于城市"谁统治""谁受益"的抽象理论探讨,而是更加强调多元主体共同参与的合作治理、协商治理,注重城市的包容性发展。有关学术争论主要围绕"以国家为中心"的城市治理模式和"以社会为中心"的城市治理模式展开。再者,城市治理被视为一个动态变化的过程,强调对城市治理实践的情景式分析,将具体的城市治理问题置于特定的环境和阶段予以考察,认为城市治理网络是由一群具有相同利益诉求和目标的行动者所组成的。[3] 最后,在经济全球化的背景下,城市在一定程度上已经超越传统民族国家下的地方治理范畴,城市治理理论为开展全球城市的跨国比较研究提供了全新的视角。同时,由于治理概念的模糊性和宽泛性,城市治理理论也受到一些研究者的质疑和批判。

六、马克思主义城市政治理论

国家与城市关系是马克思主义理论的重要内容,马克思、恩格斯在批判地继承和发展黑格尔有关国家与社会关系思想的基础上,从"社会决定国家"这

---

[1] Jon Pierre, "Can Urban Regimes Travel in Time and Space? Urban Regime Theory, Urban Governance Theory, and Comparative Urban Politics", *Urban Affairs Review*, Vol. 50, No. 6, 2014, pp. 864-889.

[2] Karen Mossberger, Susan E. Clarke and Peter John, eds., *The Oxford Handbook of Urban Politics*, Oxford University Press, 2012, p. 83.

[3] Ibid., p. 81.

一基本前提出发,从国家与社会的关系视角对城市问题作了深刻论述,形成了较为系统的城市理论,认为"政治国家没有家庭的自然基础和市民社会的人为基础就不可能存在。它们对国家来说是必要条件"①。"城市已经表明了人口、生产工具、资本、享受和需求的集中这个事实"②,"真正的城市只是在特别适宜于对外贸易的地方才形成起来"③。同时,马克思在阐述国家与城市之间的关系时,并非单纯从城市的视角来描述国家,而是以唯物辩证法的分析逻辑,在强调社会决定国家的同时,也注意到了国家在获得独立性之后对城市社会关系的重要影响,在此意义上,"所有马克思主义城市政治理论的起点是:城市政治制度是国家机器的一部分,因此它不可避免地被烙上了国家在资本主义社会中所扮演角色的印记"④。西方马克思主义城市政治理论主要有工具主义和结构主义两种解释,二者观点的不同主要体现在城市从统治阶级那里获得的自治权(低、高)、国家机构的统一性(高、低)及外部力量对于城市政治和政策的决定作用(高、低):前者主要把国家看作服务于统治阶级利益的"工具",城市被视为附属于国家政治体系的一部分,城市具有较少的自治权;后者则强调国家与城市作为一个统一的整体性结构,主张赋予城市较大的自治权。马克思主义城市政治理论的代表性学者主要有列斐伏尔(H. Lefebvre)、卡斯特(M. Castells)、奥康纳(J. O'Connor)、弗里德兰(R. Friedland)、桑德斯(P. Saunders)等。如列斐伏尔从"空间政治"的视角指出,城市空间并非纯粹的地理空间和领地,而是客观存在阶层分化、阶级冲突的政治空间;弗里德兰、皮文(F. F. Piven)和奥尔福德(R. R. Alford)提出了"国家功能的分配理论";卡斯特强调了国家对"集体消费"进行干预的作用;桑德斯阐释了"双国家"或"双政治"理论。这些都受到了马克思主义理论的影响,并试图在理论层面有所超越。

---

① 《马克思恩格斯全集》第3卷,人民出版社2002年版,第12页。
② 《马克思恩格斯选集》第1卷,人民出版社2012年版,第184页。
③ 《马克思恩格斯全集》第30卷,人民出版社1995年版,第468页。
④ 戴维·贾奇、格里·斯托克、哈罗德·沃尔曼:《城市政治学理论》,刘晔译,上海人民出版社2009年版,第295页。

第三节 城市政治学的研究内容

一、城市权力结构

城市权力是城市政治研究的核心主题,通常需要回答:城市权力由谁掌握？城市权力有何特点？城市权力的运作机制与结果是什么？对这一系列问题的回答,构成了城市政治的权力分析逻辑,由此形成了城市精英主义、多元主义、城市政体、城市增长机器、城市治理等不同的理论派别。一方面,要从国家政治的视角去考察城市政治的逻辑与特点,厘清国家权力与城市权力的关系。城市是国家的重要空间形态,城市权力是国家权力体系在城市空间的具体呈现,城市权力的运行对国家权力体系也会产生重要的现实影响。另一方面,从城市政治学的角度研究城市权力,既要从政治权力的一般学理层面对城市权力进行理论分析,更要探究在特定情境下城市权力运行的具体方式及其特点。这不但拓展了传统政治学的研究范畴,为城市政治的研究提供了新的分析视角和研究路径,也佐证了从理论层面开展城市权力研究的必要性与正当性。如克拉伦斯·斯通提出了"情景式权力"(Power in Context)的概念,认为对权力的理解不能局限于 A 对于 B 拥有强制性约束力的传统政治理论解释,城市环境的复杂性决定了城市权力运行过程的复杂性和变动性,应该在具体的情景中考察城市权力的生成与演化。艾伦·哈丁(Alan Harding)将城市权力与"地方形塑政策"(Place-Shaping Policy)联系起来,重点考察了城市权力运行实践过程中存在的"决策代理人"(Choice-making Agents)问题。总之,城市权力的实际运作被包含在动态的关系体之中,对城市权力的研究需要同时关注城市权力的运作及权力关系领域。城市权力不是从行动中抽离出来的,也不是个体意义上的,而是政治活动者在长期实践中努力"经营"与"运作"的一系列关系体(Body of Relationships)。[①]

[①] Karen Mossberger, Susan E. Clarke and Peter John, eds., *The Oxford Handbook of Urban Politics*, Oxford University Press, 2012, p. 12.

二、城市政体形式

谈及城市政体形式,需要厘清以下几个问题。

第一,国家政体与城市政体之间的关系。国家层面的政体一般指国家政权的组织形式,城市是国家政体运行的重要空间形态;城市政体则主要是指在特定城市空间中的政权组织形式和治理体制安排,其对于城市治理的方式和结果有着深刻影响。城市政体结构和治理体制改革是完善国家治理体系的重要内容,其目的是提升城市政体对于现代社会的适应性,由自上而下的城市管理体制逐渐向多元共治的城市政体形式转变。第二,城市政体是多元主体共治的治理体制。城市政体不但表现为国家权力机构在城市层面的组织关系结构,也是城市政府与非政府组织、公民合作共治的体制机制安排。城市政体嵌入政治制度和国家治理层级,解决城市问题既需要从权力结构层面完善城市政体形式,又要在政体运行过程中加强多元主体的协同能力。城市政体理论认为,治理现代城市的任务对于政府而言非常艰巨,单纯依赖地方层面的城市公共机构难以解决其面临的突出问题。虽然城市政府掌握着行政和法律资源,但也必须与议会、社团及利益攸关者等合作治理。而且,城市治理的复杂性要求资源的多样化整合,这些资源的获取和运用往往受到各种利益主体的影响。正是在此意义上,城市政体理论"强调政府和非政府力量在经济和社会挑战下的相互依存,把理论焦点放在政府和非政府参与者之间的合作和协调问题上"[1]。第三,城市政体建立在"系统性权力"之上。城市政体理论不再将权力视为国家力量对社会的控制和管制,而认为城市权力是一种汇聚了各种利益关系的"系统性权力",城市政体不是自上而下的传统"权力控制模式",而是上下交融的"权力生产过程"。城市政体理论研究的是谁与谁合作,以及他们的合作是如何跨越公共部门而实现的。城市政体或"治理联盟"往往建立在广泛合作的基础上,是各类利益组织相互作用的结果,建立城市公共机构与社会团体、企业的联盟可以提高城市治理能力。

---

[1] 戴维·贾奇、格里·斯托克、哈罗德·沃尔曼:《城市政治学理论》,刘晔译,上海人民出版社2009年版,第66页。

三、城市社会运动

城市日益成为社会运动和冲突的重要场所,城市社会运动一般是指在城市中发生的公民集体参与行为及社会变革行动,其反映了城市政治视野中的公民权与城市中的种族、民族、阶级、阶层和性别等方面的多样化关系。主要研究的一些重点问题为:城市中的什么因素激发了城市社会行动?是否存在某种特定的城市社会运动方式?城市社会运动有何政治影响?虽然城市社会运动的历史较为悠久,但直至20世纪60年代诸多抗议运动在城市爆发,其才逐渐受到重视并被明确作为学术话语予以推广。曼纽尔·卡斯特较早从学理层面阐释了"城市社会运动"概念,其在《城市问题》一书中认为社会运动呈现出阶级斗争从工作场所转移到城市空间的特征,城市社会运动是各种社会利益和价值观相互冲突的结果,城市社会动员会导致城市性质和城市结构的变化。这与当时城市社会学的传统观点有所区分,不再主要从社会结构、社会整合的宏观角度来研究城市社会问题,而是从社会行为的视角来探究城市社会结构的演进和变迁。如一些研究者提出了"城市冲突""城市社会运动"的概念,开始分析住房政策、城市更新、房产维权等社会行为和斗争的实践问题,并认为城市运动不仅折射出后资本主义社会的结构性矛盾,而且还有可能与工会和政党一起实现政治和社会的根本性变革。早期的城市社会运动主要关联到城市种族问题、消费者权益及领地自治等方面,一些"非党派"的少数族裔群体的抗议助推了城市社会运动的兴起,后来基于房屋产权保护的"邻里运动"日渐增多,居民谋求"邻里权力"和建立"邻里政府"。"城市社会运动"的分析方法不但被广泛运用于对西方大都市的研究,而且还被运用到对拉丁美洲和亚洲的新兴工业化经济体的城市研究中,并对"新城市社会学"的研究产生了深远影响。实际上,城市中各类主体的社会行动,在很大程度上都与城市政治实践中的公民身份和公民权利相关,受列斐伏尔关于城市权利的研究的影响,后来对城市公民权的研究逐渐超越了对城市社会运动的行为研究。随着20世纪90年代末反全球化运动的兴起,一些学者开始关注全球化与城市社会运动之间的关系,重点探讨全球化的城市性对城市动员和社会运动的影响。

四、城市社会资本

虽然难以对社会资本作统一的概念界定,但城市中各类社会资本要素对于维系城市秩序具有重要意义。"社会资本可以被称为一种资源,这种资源是通过行动者之间的规则互动产生的,这些行动者拥有共同的价值观,相互之间具有良好的关系,他们可以利用社会资本获取个人或团体利益。社会资本把人们的关注点集中到了网络、共同价值以及通过信任形成的社会互惠规则上,从而产生和维持社会秩序。"[①]布迪厄将社会资本理解为经济、社会和文化等各类资源的聚合,这些资源往往嵌套在体制化的关系网络之中,参与到网络中的人可以获取各种利益。这些网络并非自然形成,而是基于责任、信任和参与的"累积劳动"的结果,将人际关系转化为稳定的城市社会关系结构。帕特南在《使民主运转起来》中阐述了社会资本对于社会总体幸福感的重要性,构建了较为系统的"社会资本指数",主要包括社区组织生活、公共事务参与度、社区志愿服务、非正式社交和社会信任等五个方面。后来他在《独自打保龄:美国社区的衰落和复兴》这本书中通过大量的实证研究,阐述了社会资本对城市社会秩序建构的重要影响。他将社会资本分为"捆绑式"社会资本("Bonding" Social Capital)与"搭桥式"社会资本("Bridging" Social Capital)两类:前者主要指排外的、只关注内部的协会和群体;而后者指具有包容性的开放群体,他们乐于与他人接触并致力于公益事业。科纳克(Stephen Knack)分析了社会资本中的志愿服务、社会信任、非正式社交、俱乐部会议以及团体成员资格等。迪亚尼(Mario Diani)认为社会运动和社会资本具有共生关系,社会运动可以促进社会资本新形式的产生,二者在实践中呈现出流动性和相互促进的特点,社会资本网络以流动的关系为基础。信任是社会资本的重要变量,城市社会秩序需要高水平的人际关系和组织信任来加以巩固,通过志愿组织发展和维护的信任网络为集体行动提供了基础。也有学者对此提出了质疑,德菲利皮斯(James DeFilippis)认为,积极参与社团组织是必要的,但不足以赋予居民作为

---

① 乔纳森·S.戴维斯、戴维·L.英布罗肖:《城市政治学理论前沿(第2版)》,何艳玲译,格致出版社2013年版,第272页。

集体行动者的权力,而需要更广泛的政治和经济权力体系的支持。社会资本或许可以提高人们参与城市治理的能力,但政府的角色仍然是城市问题的核心,需要将权力结构因素纳入社会资本分析。

五、城市公共政策

20世纪50—60年代,政策科学研究逐渐兴起,美国政治学家哈罗德·拉斯韦尔(Harold D. Lasswell)和丹尼尔·勒纳(Daniel Lerner)在《政策科学:范围与方法的新近发展》一书中提出了"政策科学"(Policy Science)这一学术概念,这一时期主要研究公共政策的学理内涵、影响因素及制定过程,代表性学者还有戴维·伊斯顿、查尔斯·E.林德布洛姆(Charles E. Lindblom)、托马斯·R.戴伊(Thomas R. Dye)等。20世纪70年代中期以后,越来越多的政策科学家开始关注和研究政策制定之后的执行、评估、调整和政策终结等。城市公共政策是城市公共部门为解决城市公共问题,通过特定的政策程序制定和实施的有关城市公共事务和服务的政策。诸多学者对城市公共政策的制定和实施过程展开深入分析,政策过程分析成为城市政治研究的重要内容。如亨特对亚特兰大城市公共政策制定过程中最有影响力的"声望"群体做了实证研究,从政策制定者、政策执行者的视角,对城市的社区权力结构及决策者特征进行了深入分析。达尔对纽黑文的政治提名以及城市重建、公共教育等政策领域开展了研究,从政治提名中的领导者、城市重建中的领导者、公共教育中的领导者等方面,考察了政策过程中的直接影响力、间接影响力与政治资源的分配和利用问题。哈罗德·沃尔曼(Harold Wolman)和迈克尔·戈德史密斯(Michael Goldsmith)指出,城市公共政策不但会受到市场因素和国家活动的影响,而且城市政府对公共政策发挥着越来越重要的作用。哈罗德·沃尔曼、罗伯特·麦克曼蒙(Robert McManmon)认为:"城市政策在可能影响人们福祉相关成果的诸多因素中应运而生,包括市场、私人和非营利部门活动、上级政府活动、地方社会机构、家庭关系以及城市居民的社会和人口特征。"[①]城市政府

---

① Karen Mossberger, Susan E. Clarke and Peter John, eds., *The Oxford Handbook of Urban Politics*, Oxford University Press, 2012, p. 428.

可能会采取具体的经济发展政策和补贴措施;推动地方基础设施建设,改善城市交通和通信网络;推介人力资本政策,提高劳动生产率;推出城市优惠政策,使本地成为高学历、高技能劳动力的理想居所,以提高人力资源的竞争力;改进城市税收和支出政策,降低企业成本以增加城市吸引力。

第四节 结论与讨论

城市是国家治理的重要空间形态,城市政治是国家政治的重要组成部分,城市政治学是政治学的重要分支学科。城市政治学是研究城市政治权力、政治关系、政体形式、政治行为、政治现象及其发展规律的新兴交叉学科。"城市政治是国家命运的核心"[1],随着城市化进程的加快,各类城市问题亟需我们从城市政治学的视角予以解释和研究。

首先,要从学科层面阐释城市政治研究的学理基础。城市政治研究需要从理论层面反思:"研究城市政治理论意味着什么?""城市理论仅仅是被应用到特定范围的一般性理论?还是城市中有什么与众不同之处使得城市理论难以一般化,以扩展至更广的范围?"[2]城市不但是国家的重要空间形态,也是国家政治具象化投射的政治场域,体现出国家结构形式的整体和部分之间、中央和地方之间的多层级关系。因此,有必要从学科体系和理论层面阐释清楚政治学与城市政治学、国家政治与城市政治之间的关系。国家与城市、国家政治与城市政治的关系既是政治学理论需要探讨的基本学理问题,也是城市政治学理应解答的重要论题。

其次,要从理论层面建构城市政治研究的知识话语。无论是从政治学的视角研究城市,还是从城市的视角研究政治,权力始终是城市政治研究的核心主题。围绕城市权力由谁掌握、城市权力如何取得、城市权力如何运作等问题,西方城市政治学形成了精英主义和多元主义的经典论辩,后来又演化为城市增长机器、城市政体理论、城市治理理论等,不再纠结于非此即彼的"谁统

---

[1] Elizabeth A. Strom and John H. Mollenkopf, *The Urban Politics Reader*, Routledge, 2007, p. 4.

[2] 乔纳森·S. 戴维斯、戴维·L. 英布罗肖:《城市政治学理论前沿(第2版)》,何艳玲译,格致出版社2013年版,第1页。

治"选择题,更加强调"权力生产"而非"权力控制",进而探讨城市政治实践过程中"谁"为了"什么"而统治、通过"什么"机制建立治理联盟、"谁"与"谁"展开合作化治理等具有重要现实意义的理论问题。如何从城市权力的核心概念拓展至对城市政体的研究,也是城市政治学需要求解的重要论题,其不但要求基于"国家-地方"关系考察"国家-城市"的关系,也要从城市内部纵向和横向权力结构的互动视角阐释城市政体关系及其特征。

最后,要从内容层面拓展城市政治研究的研究范畴。"城市政治研究以一种特别敏锐的方式遇到所有实证研究所熟悉的问题。"①城市政治学研究能够帮助我们更全面地理解城市政治现象、政治过程以及特定的地方政治生态,从城市政治学的具体研究内容看,其不但从结构方面对城市权力结构、城市政体形式、城市权利关系等进行理论分析并予以概念化,也从行为层面对城市社会运动、城市利益冲突、城市政策过程、城市政治参与等开展实证研究。城市种族、城市正义、城市兴衰、城市领导、城市安全和城市稳定等也是城市政治学需要进一步探究的论题,亟待从城市的国家性与国家的城市性双向互动的维度进行城市比较研究,并以城市国际性的视野来推进全球城市治理研究。②

思考题

1. 如何理解城市政治学与政治学的学科关系?
2. 城市政治与国家政治之间有何区别和联系?
3. 城市政治学的理论发展主要经历了哪几个阶段?
4. 城市政治学主要研究哪些政治现象和问题?
5. 城市政治学的前沿研究议题主要有哪些?

---

① 彼得·桑德斯:《城市政治——社会学角度之阐释》,夏家驷、时汶译,陈文审校,商务印书馆2021年版。
② 陈文:《西方城市政治学的理论演进与研究视阈》,《社会科学家》2023年第7期。

参考文献

彼得·桑德斯:《城市政治——社会学角度之阐释》,夏家驷、时汶译,陈文审校,商务印书馆 2021 年版。

陈文:《西方城市政治学的理论演进与研究视阈》,《社会科学家》2023 年第 7 期。

戴维·贾奇、格里·斯托克、哈罗德·沃尔曼:《城市政治学理论》,刘晔译,上海人民出版社 2009 年版。

凯伦·莫斯伯格、苏珊·E. 克拉克、彼得·约翰编著:《牛津城市政治学手册》,陈文译,商务印书馆 2023 年版。

乔纳森·S. 戴维斯、戴维·L. 英布罗肖:《城市政治学理论前沿(第 2 版)》,何艳玲译,格致出版社 2013 年版。

Ellzabeth A. Strom and John H. Mollenkopf, *The Urban Politics Reader*, Routledge, 2007.

Karen Mossberger, Susan E. Clarke and Peter John, eds., *The Oxford Handbook of Urban Politics*, Oxford University Press, 2012.

第十九章　乡村政治学

乡村政治学(Rural Politics),又称农村政治学,是一门运用定量、定性等多种研究方法,研究农村政治过程和治理体制机制,揭示农村政治发展规律的政治学分支学科。贺雪峰指出:"从中国不同区域来看,因为移民时期、开发早晚、开发方式、种植结构、生产力发展水平、生态环境、距政权中心远近等等的差异,不同区域村庄结构包括宗族组织发展状况的差异颇大。"①乡村政治学正是以村庄类型为切口,以农民群体为研究对象,通过对农民行动、价值观念等各方面变化的深入剖析来理解不同农村政治实践及治理效果的综合性学问。本章将分别介绍乡村政治学的历史演变、研究内容、研究方法和基本功能,并在此基础上对乡村政治学的发展趋势作一简要展望。

第一节　乡村政治学的演变和学派

乡村政治学作为一门新兴学科,经历了从起步到演进,再到逐步成熟的发展过程。随着乡村问题的重要性日益凸显,国内外众多学者将研究重心转到农民、农村及城乡关系等领域,乡村政治学作为一门新学科逐步兴起,并形成了诸多乡村政治学研究学派,不断推动乡村政治学的发展与进步。

一、乡村政治学发展历程

1.国外乡村政治学发展历程

世界上几个文明发源地如古埃及、古希腊、古印度等,它们的政治研究起

---

① 贺雪峰:《论中国农村的区域差异——村庄社会结构的视角》,《开放时代》2012年第10期,第115页。

源较早且各具特色,其中发端于古希腊的西方政治研究较为系统和全面。柏拉图作为最早对政治学进行系统阐述的学者,在《理想国》中指出最理想的国家统治者是"哲学王",其余每个人"按照其本性各司其职、各安其位"[①]。随着历史的不断进步必然会产生国家,家庭、村坊和城邦国家是人类社会发展需要经历的三个阶段,其治理方式各不相同。在被誉为政治学学科开山之作的《政治学》中,亚里士多德指出:"城邦作为人类共同体的一种形式,其统治不仅有别于家庭共同体,也有别于部族或村落。"[②]进入19世纪,随着资本集中的加剧和垄断的出现,农民运动在全世界兴起,越来越多的学者把研究重心转到农民、农村及城乡关系等领域。1880年,美国哥伦比亚大学政治研究院成立,政治学获得学科独立性。20世纪70年代以来,乡村社会各种问题频发,越来越多的学者开始关注乡村社会问题,并提议把乡村作为一门单独学问对待。政治学的研究从一开始就与乡村社会紧密结合在一起,呈现出多样化、融合性及特殊性等特点。正如亨廷顿和多明格斯所说,事实上,在现代化进程中,政治研究涉及的几乎所有领域都汇合于政治发展,"在某种意义上是社会科学家在通常的'现代化'标题下的社会变革的一般进程中比较广泛的关注政治学的反映"[③]。作为政治学与乡村研究碰撞融合的产物,乡村政治学在西方政治学的发展史上占有一席之地。

2. 国内乡村政治学发展历程

相较于西方政治学的发展,我国虽然有较为丰富的古代政治学遗产,但对政治实践的研究却起步较晚。1903年,京师大学堂设立政治科,后改为政治学,开设政治学课程,标志着中国政治学的产生。自此开始,诸多大学纷纷设立政治学系,翻译政治学著作,培养政治学人才,作为独立学科的政治学在中国逐渐兴起。另外,基于中国农业文明的悠久历史,诸多政治学家意识到必须研究中国现实政治问题,近代中国政治学学科本土化加快。中华人民共和国成立后,由于缺乏科学理论指导,在特殊时期整个中国陷入了"有政治运动,但

[①] Plato, *The Republic*, trans. by Paul Shorey, William Heinemann Press, 1969, p. 434.
[②] 转引自徐大同、王乐理:《西方政治思想史》第1卷,天津人民出版社2005年版,第272页。
[③] 格林斯坦、波尔斯比:《政治学手册精选(下卷)》,储复耘译,商务印书馆1996年版,第263页。

没有政治学"的局面,政治学"名存实亡"。1979 年,邓小平在《坚持四项基本原则》讲话中提出:"政治学、法学、社会学以及世界政治的研究,我们过去多年忽视了,现在也需要赶快补课。"①从此,中国的社会科学进入"补课重建"阶段。在此基础上,一些学者将研究目光从国家上层转移到农村基层,将政治学与乡村研究紧密结合起来,由此催生了乡村政治学。

20 世纪 90 年代,随着村民自治制度在全国农村地区广泛实践,政治学界对基层民主给予高度关注,它给中国政治学者从基层思考国家政治打开了一扇新窗口。之后,乡村研究日益受到重视,研究乡村关系、村民自治、治理制度及其发展规律的乡村政治学成为政治学的一门分支学科,进入"自主探索"阶段。进入 21 世纪,"三农"问题的重要性日益彰显,以问题为导向的乡村研究逐渐勃兴,学者围绕政治文化视角下的农村宗族问题②、市场经济条件下的农村政治文化③、农民政治心态与乡村社会稳定④等展开深入研究。如今,随着我国治理体系和治理能力现代化的深入推进,中国政治学者的问题意识和自觉意识日益增强,逐步探索出一条具有中国特色的乡村政治学研究路径。

二、乡村政治学相关学派

1. 国外乡村政治学派

早在 20 世纪初期,人类学家马林诺夫斯基和拉德克利夫-布朗率先将结构功能的概念和方法引入社会科学。受帕森斯模式变量理论的影响,阿尔蒙德认为所有的政治体系都有同样的基本功能:"在输入端的四项职能——政治社会化、利益表达、利益整合和政治交流;在输出端的三项职能——规则的制

---

① 《邓小平文选》第 2 卷,人民出版社 1994 年版,第 180—181 页。
② 肖唐镖:《正式体制、工作现实与血缘亲情——地方干部对农村宗教的多元立场与态度分析》,《中国农村观察》2007 年第 5 期。
③ 安徽村落价值观念变迁研究课题组:《市场经济条件下村落社会的政治文化变迁——安徽十五县(市)村落政治文化建设的研究报告》,《学术界》2006 年第 1 期。
④ 肖唐镖:《从农民心态看农村政治稳定状况——一个分析框架及其应用》,《华中师范大学学报(人文社会科学版)》2005 年第 5 期。

定、执行和裁决"①,以结构功能主义为代表的"新政治学"由此诞生。第二次世界大战后,西方发达国家援助计划盛行,政治发展研究逐渐由隐学变成显学。以美国为首的西方发达国家对政治变迁、政治进步和政治发展进行深入探讨,政治发展研究在西方国家逐渐兴起,政治发展学派就此形成。20世纪下半叶,将政治学与经济学融合起来的国际政治经济学作为一门新兴的交叉学科在欧美国家发展起来,运用结构分析法来分析农民革命如何发生的国际政治经济学派由此形成。随着现代化的推进,一些学者发现发展的主要决定因素不在于国际经济,而在于农业经济自身潜力。强调从农村自身来寻找发展中国家内部政治冲突根源的学者形成了国内政治经济学派。整体来看,各学派的研究成果为乡村政治学研究提供了坚实的理论支撑。

2. 中国乡村政治学派

(1)**学院派**。早在19世纪末,就有西方学者对中国乡村社会进行了细致描述。20世纪早期,上海沪江大学葛学溥带领团队对广东潮州凤凰村展开调查,开始了真正意义上的近代中国乡村社会调查。与过去政治立场鲜明的"中国农村派"和"中国经济派"不同,受西方现代社会学理论影响的中外教师和学生在政治立场和基本观点上存在差异,尽管如此,他们有着充足的理论资源与科学指导,展现出较为浓厚的学术气息,被广泛称为"学院派"。"费孝通在20世纪三四十年代被西方世界当作中国农民的代言人,主要与他的一系列农村研究分不开,尤其是《江村经济》《内地农村》《云南三村》《乡土重建》,基本勾勒了他为中国农村寻找出路的全部思路。"② 除此之外,学院派学者乔启明利用金陵大学乡村社会系的实际调查资料,深入分析中国农民生活,提出了提高我国农民生活水平的具体思路。

(2)**田野学派**。在改革开放初期,以张厚安为代表的华中师范大学的一批学者率先摆脱传统研究束缚,开始对基层政权建设展开研究。随着农村实证政治学研究的兴起,主要由华中师范大学科学社会主义研究所学者组成的

---

① Gabriel Abraham Almond and James Smoot Coleman, *The Politics of the Developing Areas*, Princeton University Press, 1960.
② 王君柏:《乡村振兴:早期(1919—1949)的探索与启示》,《人文杂志》2019年第1期,第124页。

农村基层政治研究团队,取得了一系列有重要影响的成果。例如,由张厚安、徐勇主笔的《中国农村政治稳定与发展》获 1996 年中宣部"五个一工程""一本好书"奖。2008 年,徐勇发表《政治学研究:从殿堂到田野》一文,明确提出"田野政治"的概念,并就如何通过实证研究加强田野政治研究作了系统的阐述。① 相较于传统政治学研究方法和路径,"田野学派"是以实证调查为主且生长在中国大地上的一个研究学派,它不仅侧重对中国乡村政治发展的长期性观察,同时也注重对国外乡村社会进行深入研究,推动了中国特色乡村政治学的构建,提升了中国政治学在世界学术之林的话语权。

（3）**历史政治学派**。除了较早形成的具有自觉意识的"田野学派"之外,历史政治学派也表现出强大的生命力和活力。中国是一个拥有悠久历史的国家,政治与历史之间联系十分密切,但在较长时间里,政治学者忽视了我国的历史传统。随着中国的国力不断增强,重新评估传统开始进入政治学者的视野,强调"历史的延续性"而不是断裂性。② 在前期积累基础上,2019 年中国人民大学历史政治学研究中心成立,历史政治学正式走入学者视野,随后它所开辟的学术空间与研究路径成为乡村政治学研究的重要生长点。历史政治学派主张把历史研究作为政治学知识的来源,并始终以中华文明为根本,为人们对乡村政治的认识提供全新的方案与知识体系,给整个中国乡村政治学的繁荣进步注入了新活力。

第二节　乡村政治学的研究内容

社会演变的客观规律与现实社会发展的需求推动了政治学的恢复与重建,也为乡村政治学的发展提供了新契机。改革开放后,研究农村基层政权、村民自治的乡村政治学盛行。新时代,乡村政治学的研究内容更加丰富,涵盖了村民自治、乡村治理、农村基层政权、治理体系和治理能力现代化等诸多内

---

① 徐勇、邓大才:《政治学研究:从殿堂到田野——实证方法进入中国政治学研究的历程》。转引自邓正来、郝雨凡:《中国人文社会科学三十年:回顾与前瞻》,复旦大学出版社 2008 年版。
② 徐勇、任路:《构建中国特色政治学:学科、学术与话语——以政治学恢复重建历程为例》,《中国社会科学》2021 年第 2 期,第 175 页。

容,进一步充实了乡村政治学的研究体系。

一、村民自治研究

20世纪80年代,伴随着中国政治学的恢复重建,乡村政治研究逐渐兴起,张厚安等早期农村研究者主要对农村基层政权问题展开研究。到20世纪90年代,随着学术重心下沉,村民自治受到学界广泛关注,徐勇、项继权等人在继承张厚安研究内容的基础上进行拓展,触及村级治理层面,并取得了一系列成果。如徐勇的《中国农村村民自治:制度与运行》、项继权的《集体经济背景下的乡村治理——河南南街、山东向高和甘肃方家泉村治实证研究》分别入选1999年和2000年"全国百篇优秀博士学位论文"。自中国的政治学者赋予村民自治以"乡村治理"的新意,并将"村治研究"称作"转型期乡村社会性质研究"以来,村民自治的研究视野得到拓展。随后,诸如农民负担、农村组织、乡村财政、税费改革、乡村历史及由此构成的乡村类型等一系列更为广泛的内容都在这一时期被纳入研究视野。[①] 进入新时代,"探索农村治理有效就是要追求一种'善治',善治主要由秩序性、参与性、成本性、稳定性四个要素构成"[②]。作为中国乡村政治学研究的切入点,村民自治对我国乡村政治学的整体发展具有不可或缺的重要意义,在新时代依旧表现出强劲的活力,仍然具有很高的学术研究价值。

二、乡村治理研究

20世纪90年代末徐勇正式提出"乡村治理"一词,从此乡村治理作为中国乡村政治学的一个崭新概念,开始进入乡村政治研究者的视域。在早期乡村政治研究者仍然以村民自治为研究重点时,吴毅、贺雪峰就指出,"将'村民自治'简作'村治'虽无不妥,但村民自治并不能够涵盖乡村治理的全部内容,而且很大程度上正是基于对作为一种研究理念和研究视角的村民自治之局限

---

① 吴毅等:《村治研究的路径与主体——兼答应星先生的批评》,《开放时代》2005年第4期,第85页。
② 李华胤、吴开松:《近年村民自治研究的范式转换与趋势展望》,《中南民族大学学报(人文社会科学版)》2020年第1期,第164页。

性的认识,'村治'一词才得以重新凸现,所以这种简称不很全面"①。许多乡村政治研究者开始将目光转向乡村治理研究,提出了诸如"乡政村治""乡村自治""强县精乡"等多种乡村治理模式。汪杰贵基于村庄治理主体、权力结构、治理资源和治理方式这四个维度,对村庄治理模式的整体变迁与理论逻辑进行了系统梳理,指出"改革开放40年来,村庄治理模式变迁路径可具体化为两个转变:一是实现了由一元村庄治理模式向多元村庄治理模式转变;二是实现了村庄治理模式一元化向村庄治理模式多元化的转变"②。2017年党的十九大首次提出实施乡村振兴战略,党建引领乡村治理成为实现乡村有效治理、夯实乡村振兴基础的新模式。于健慧通过对党建引领乡村治理逻辑的理论分析,强调党的领导是多方面共同作用的必然结果,是实现乡村治理现代化的内在需要。在她看来,"党建引领乡村治理的提出和践行是由党的权威领导和执政地位、党的性质和宗旨、乡村治理的必要性与形势变迁等方面共同决定的"③。近年来,乡村治理出现显著变化,乡村治理研究范围不断扩展,越来越多的学者把目光转到乡村治理体系的建设上,探索乡村治理现代化的新路径。

三、农村基层政权研究

农村基层政权是乡村政治学研究的重要内容之一。一般来说,乡村内部权力主要分为两大类:一类是以村党支部、村委会为代表的正式权力;另一类是以宗族势力、乡村精英、乡村社会组织等为代表的非正式权力。吴玉刚通过对村庄各种权力结构的分析,重点探讨了村党支部、村委会和其他村级组织的关系,他认为,"一方面,村级重大事务的决策权一般集中在村党支部和村委会,村经济组织往往只能按照村党支部和村委会的决策去执行。另一方面,村党支部和村委会'两委'矛盾不断"④,"两委"往往会因明争暗斗而对乡村社会

---

① 吴毅、贺雪峰:《村治研究论纲——对村治作为一种研究范式的尝试性揭示》,《华中师范大学学报(人文社会科学版)》2000年第3期,第40页。
② 汪杰贵:《改革开放40年村庄治理模式变迁路径探析——基于浙江省村治实践》,《河南大学学报(社会科学版)》2019年第3期,第25页。
③ 于健慧:《党建引领乡村治理:理论逻辑及实现路径》,《西北师大学报(社会科学版)》2022年第1期,第50页。
④ 吴玉刚:《1949年以来我国农村权力结构变迁问题考论》,《理论导刊》2015年第1期,第69页。

造成严重危害。如何在保证村党支部领导权的同时充分发挥村民委员会的自治权,使两种权力都能够合理有效,正是基层政权建设必须解决的重要问题。此外,在理顺乡村关系,推动乡镇行政管理与基层群众自治有效衔接和良性互动中,"乡镇体制改革"也是农村基层政权研究的热点。韩瑞波和唐鸣从组织韧性视域出发,指出"加快推进乡镇管理体制改革,构建简约高效的乡镇管理体制,是优化政府治理体系和加速基层治理转型的重要环节"[1]。褚明浩和刘建平强调指出,"在乡村治理现代化的过程中,一线治理的场景溢出村庄治理单元,进入乡镇治理场域,在乡村两级构成鲜活的一线治理实践"[2],进而提出实现乡村治理现代化的新路径。新时代,对乡村权力关系的研究更加深入,在进一步探讨中国乡村政治运行具体过程的同时,乡村政治研究者重新思考和发现中国乡土经验,推动农村基层政权研究向纵深处拓展。

四、治理体系和治理能力现代化研究

党的十八届三中全会确立"推进国家治理体系和治理能力现代化"的改革总目标后,乡村治理成为国家治理现代化的重要内容。党的十九大提出,加强农村基层基础工作,健全自治、法治、德治相结合的乡村治理体系。诸多乡村政治研究者开始关注自治、法治、德治在乡村治理中的重要地位,"三治结合"成为乡村政治学研究的热点主题。李增元等在分析新中国成立七十年来治理重心下移的发展历程后,指出"从当前推进社会治理向基层下移的实践来看,促使这一目标的有效实现是一个渐进的过程,还需要充分发挥信息技术、法治、自治、德治等具体手段,综合运用多元治理方式"[3],加速国家治理现代化,最终促进人的自由而全面的发展。蒋永穆等认为,"实效性要求构建乡村治理体系能够给新时代乡村治理带来切实的成效并实现其目标要求,在健全'三治结合'的乡村治理体系中,充分发挥自治、法治、德治各自的功能,即自治化解

---

[1] 韩瑞波、唐鸣:《组织韧性视阈下的乡镇管理体制改革及其逻辑解析》,《社会主义研究》2020年第6期,第117页。

[2] 褚明浩、刘建平:《乡镇一线治理:乡村治理现代化的实践路径》,《中国行政管理》2021年第4期,第52页。

[3] 李增元、李芝兰:《新中国成立七十年来的治理重心向农村基层下移及其发展思路》,《农业经济问题》2019年第11期,第92页。

矛盾、法治消除纷争、德治凝聚民心"①。除此之外,城乡关系作为乡村政治学研究的一大主题,一直以来备受学者关注。通过深入学习《乡村振兴促进法》,张晓山注意到促进城乡融合发展的法律制度对乡村振兴的推动作用,指出"随着促进城乡融合发展的体制机制和政策体系逐步建立和完善,城乡关系和工农关系所蕴含的国民收入分配格局将进一步向农业农村调整,全国范围内资源配置格局及基本公共服务的供给将进一步向农业农村倾斜,城乡要素将呈现双向流动、有机结合的良性互动格局"②。总体来看,对自治、法治与德治"三治结合"的乡村治理体系及乡村振兴战略实施中的城乡关系的探讨与分析,大大拓宽了乡村政治学的研究领域,为实现乡村善治、推动治理体系和治理能力现代化提供了有力的理论支撑。

第三节　乡村政治学的研究方法

科学的方法是乡村政治学研究的重要前提。伴随着乡村政治学不断进步完善,乡村政治学研究逐渐走向自觉状态。在社会发展中,乡村政治学研究方法日益呈现出专业化、多层次、交叉性的时代特点,不断推动乡村政治学研究走向规范化、科学化。

一、乡村政治学研究方法

1. 马克思主义研究方法

马克思主义研究方法是乡村政治学研究的重要方法。中国政治学重建之初,历史唯物主义的认识论与历史分析、阶级分析的方法在研究中占主导地位。③ 随着中国政治学不断发展进步,诸如乡村政治学、城市政治学等新兴学科出现。马克思主义的方法论是从社会发展的客观实际出发,妥善运用历史

---

① 蒋永穆等:《新中国70年乡村治理:变迁、主线及方向》,《求是学刊》2019年第5期,第9页。
② 张晓山:《推动城乡融合发展 促进乡村全面振兴——学习〈乡村振兴促进法〉》,《农业经济问题》2021年第11期,第6页。
③ 韩冬临、释启鹏:《改革开放40年中国政治学研究方法的多元发展及问题》,《天津社会科学》2019年第2期,第61页。

分析及利益分析方法,并以全面的、联系的和发展的眼光对客观事物展开研究,且在取得经验后,将其广泛应用的一整套研究体系。唯物辩证法是马克思主义思想方法论的精髓,主张从事物内部出发,用全面的、联系的和发展的观点研究客观事物。① 在马克思主义研究方法论指导下,乡村政治学研究取得了重要进展。

2. 质性研究方法

从20世纪90年代开始,当比较政治学领域的研究者意识到质性方法对探究政治问题背后的本质规律十分有效时,很多研究者开始在研究中运用质性研究方法,于是,美国比较政治学领域出现了质性研究和小样本方法的研究热。② 个案研究法是质性研究中运用较多的方法,在乡村政治学研究中占据重要地位。同样是在90年代,徐勇提出重心下沉,"学术重心下沉要求研究方法的转变——'应该是什么'让位于'实际是什么',实证研究代替规范研究,个案研究就成了首选"③。通过质性研究,研究者能够洞悉国家政策在乡村的具体实践,揭示乡村社会内在运行规律,深入分析乡村政治运行机理及内在逻辑。

3. 量化研究方法

自从中国政治学恢复以来,就有许多学者反复强调量化研究方法及其重要性。冯志峰通过对1979年以来我国出版的政治学方法教材进行深入分析,发现"由于西方教材的大量传播,政治学者与西方人员的频繁交流,我国研究方法日益受到西方学者的影响,量化研究比例日益提高,政治学研究的科学性日趋增强"④。在时代发展进步背景下,俞可平指出,在规范研究不断转向经验研究的近四十年时间里,定量研究日益受到重视,"在年轻一代政治学者中,定

---

① 青觉:《中国民族政治学研究的马克思主义方法》,《清华大学学报(哲学社会科学版)》2017年第6期,第148页。
② Andrew Bennett and Colin Elman, "Complex Causal Relations and Case Study Methods: The Example of Path Dependence", *Political Analysis*, Vol. 14, No. 3, 2006, pp. 250-267.
③ 徐晓波:《农村政治学的个案研究方法比较》,《学术论坛》2011年第1期,第38页。
④ 冯志峰:《政治学方法论30年:现状、问题与发展——一项对86本有关政治学方法教材的研究报告》,《政治学研究》2008年第4期,第86页。

性分析的传统压倒性优势,正在逐渐消失"①。量化研究对乡村政治学研究的规范化和科学性提升具有重要作用。

4. 混合研究方法

随着改革开放不断深入,中国政治学研究所涉及的领域更加多元、全面,研究视野日益开阔,研究逐渐向着层级化、交叉化、规范化方向发展。师喆指出,政治学研究方法更加细分,诸如案例研究、实验方法、田野研究、大数据分析等具体的研究方法日益凸显,"中国政治学形成了以马克思主义的基本研究方法为核心、以规范研究与实证研究为基本类型、各种具体研究方法多元发展的局面"②。混合使用质性和量化方法成为一种新的研究趋势。伴随着政治学新兴学科日益成长,中国乡村政治学想获得更好的发展,还需要重新审视研究方法与研究范式,不断扩展乡村研究视野,强化混合研究方法的运用。

二、乡村政治学研究方法的多学科交叉特点

乡村政治学研究不仅采用传统的政治学研究方法,而且还采用历史学、人类学、社会学、管理学等多学科研究方法。随着"三农"研究的勃兴及政治学问题意识、价值关怀的弥散,乡村政治研究日益衍化为具有相对独立性的思潮,这一思潮不仅得到政治学的支撑,亦有社会学、行政学、管理学等学科的视角乃至方法的参与,研究焦点主要落在基层治理或基层政策实践上,根本指向在于推进乡村政治民主建设进程和实现乡村社会的"善治"。③ 吴毅与李德瑞指出乡村政治学具有多学科交叉特点,在乡村政治学的研究方法上,要改变过去单纯从制度层面入手的做法,必须深入乡村社会的日常生活,"主张以多学科的借鉴和融合代替单纯的制度主义研究,从制度层面进入到乡村社会更加日

---

① 俞可平:《中国政治学的主要趋势(1978—2018)》,《北京大学学报(哲学社会科学版)》2018年第5期,第14页。

② 师喆:《持续创新发展的中国政治学:成就、经验与着力点——中国政治学恢复以来的基本态势探析》,《理论探讨》2020年第5期,第34页。

③ 韩鹏云:《乡村政治研究的变迁及理论拓展》,《华南农业大学学报(社会科学版)》2015年第1期,第133页。

常生活化的层面"①。随着乡村政治学研究的深入发展,在研究方法上既要坚持运用传统研究方法,也要充分结合新的研究方法,实现多学科交叉融合。高小平指出,当前"理论前沿性问题在成长和演化规律的作用下不断出现分化与融汇,在观点与学派的激荡中不断整合"②,学科交叉现象十分突出,这就要求进行学科交叉的研究。随着信息时代的到来,政治学出现了诸如计算政治学、科技政治学等新兴交叉学科,这也推动了中国乡村政治学研究方法的创新与完善,大数据统计与计量分析法等适切的方法开始广泛应用于研究。在全球化与大数据时代,中国政治学者需要与时俱进,不断拓宽乡村政治学研究视野,转变研究路径,进一步提高乡村政治学研究的科学性和专业性。

三、乡村政治学研究的多样化趋势

乡村社会快速发展,乡村政治学研究方法也愈发多样,多种研究方法的综合使用成为主流趋势。徐勇多次强调,农村农民问题是一个多学科问题,对其进行专门研究的田野政治学从产生之日起,就形成了政治学研究的一种独特路径,力求妥善运用多种方法来解决乡村社会的现实政治问题。这是因为,我们是在一个古老文明的国度进行现代化建设,并在现代化中面临巨大的历史转变,农村农民问题因此成为中国现代化中的基本问题,也是政治学必然要面对的重大而紧迫的问题。③ 同时,他还提出不同的乡村政治研究者在方法选择上肯定会存在差异,但是在当今时代,研究方法的科学性、开放性及兼容性特征日益突出,这启发政治学者在实地调查时选用合适的研究方法,甚至多种方法并用,以便从不同角度深入分析乡村社会的各种政治现象,提升田野政治学研究的实践价值。贺东航同样认识到了研究方法对中国乡村政治学研究的重要作用,强调我国乡村政治研究的特色模式与国外政治学研究的有益经验之间的有效衔接,他通过梳理乡村政治学的研究方法和研究范式的演进过程,认

---

① 吴毅、李德瑞:《二十年农村政治研究的演进与转向——兼论一段公共学术运动的兴起与终结》,《开放时代》2007年第2期,第99页。
② 高小平:《政治学行政学前沿:研究路径与方法论》,《理论与改革》2021年第1期,第105页。
③ 徐勇:《田野政治学的核心概念建构:路径、特性与贡献》,《中国社会科学评价》2021年第1期,第5页。

为应该"在方法论自觉的同时,继续推进本土经验与国际通用型社会科学理论的接驳和融合,为农村政治学在新时代的研究方法转向和提升奠定基础"[①]。有些学者在进行政治学研究时自觉地综合运用思辨的、计量的、比较的方法,使"作为知识性的政治学方法打破了规范研究与经验研究、静态研究和动态研究、定性研究和定量研究、显性研究和隐性研究等之间的决然割裂,从更加综合的高度促进了本研究领域的整体性进步"[②],展现了政治学研究方法多样性、综合性特征,提升了中国政治学者在世界政治学研究中的地位与话语权,对乡村政治学研究提出了更高要求。

第四节 乡村政治学的功能

乡村政治学作为一门"建制性"学科,从政治学视域来研究乡村社会,必须面向农民,深入农村,以农村基层治理、政权组织及其运行和社会变革等为主要内容,以满足农民实际需要、推动农村社会发展为价值旨归。乡村政治学作为一门现代社会科学,承载着描述乡村政治现象与政治生活、阐释乡村政治运行机制及内在机理、揭示乡村政治发展规律、指导乡村政治实践以及评价乡村政治发展等诸多功能,体现着科学性、专业性与特色性等特征,有益于进一步丰富和发展政治学学科。

一、描述功能

描述是乡村政治学研究的前提,乡村政治研究者大都使用定性研究法、定量研究法等调查方法,对乡村政治现象进行细致描述,从而为揭示乡村政治发展规律奠定基础。例如,许晓基于对冀西北地区 X 村的个案研究,指出:"当下,除了历次国家改造所产生的历史影响,农村社会也日渐被吸纳进城镇化和市场化的进程之中,从而产生了稳定性欠缺、社会断裂隐生、内生动力不足等

---

① 贺东航:《困境与挑战:农村政治学的研究方法演化与范式转换》,《政治学研究》2019 年第 4 期,第 65 页。

② 杨海蛟、亓光:《政治学恢复以来的政治学方法论研究:阐释与创新》,《求索》2011 年第 2 期,第 51 页。

诸多治理问题"①。张大维认为,"政府和农民的关系调适和衔接问题,是权力利益关系的调整和分配问题,内含着治理框架的新发展,即优势治理的新理念,体现为国家治理体系和治理能力现代化问题及乡村振兴的具体落实问题"②。他在明确乡村治理中政府和农民两大核心要素的各自优势后,提出实施乡村振兴战略必须找到政府主导和农民主体有机统一的新路径。近年来,随着国家治理现代化的不断推进,越来越多学者强调乡村治理对实现基层治理现代化以及国家治理现代化的独特作用。祝天智指出,"在'三权分置'背景下实现乡村治理现代化,可以从重塑利益均衡的治理主体结构体系,重置以改善民生和提升农村公共服务为核心的治理议题,重构自治、法治、德治相结合的治理体系三个方面入手"③。新时代,诸多学者运用多种方法对我国乡村社会进行深入研究,为乡村振兴战略的有效实施、基层治理现代化的深入推进提供了重要理论支撑。

二、解释功能

解释是乡村政治学的重要功能,乡村政治学在对政治生活和政治现象进行详细描述的基础上,深入研究乡村政治发展的本质和规律,不仅解决是什么的问题,而且还分析为什么的问题。21世纪以来,大批乡村政治研究者愈发重视从乡村历史、政治、生态出发审视乡村社会,不仅弄清了农村政治发展的现实状态,而且还提出了一系列乡村政治研究的相关理论。吴毅在对农村政治问题进行研究时,指出出现了"以描述和解释农村基层政治实态及其支配机制为研究旨趣的新取向"④。贺雪峰通过对中国乡村治理现状的深入考察,从宏观、中观和微观三个层面概括出乡村治理研究的三大主题,即中国农村将在相当长时间里处于"温饱有余、小康不足"的状况,国家统一的制度安排在不同乡

---

① 许晓:《从断裂到整合:对乡村振兴的政治社会学考察——基于冀西北地区X村的个案研究》,《求实》2020年第1期,第63页。
② 张大维:《优势治理:政府主导、农民主体与乡村振兴路径》,《山东社会科学》2018年第11期,第67页。
③ 祝天智:《农地"三权分置"背景下乡村治理现代化研究》,《学术界》2021年第8期,第80页。
④ 吴毅:《农村政治研究:缘自何方,前路何在》,《开放时代》2005年第2期,第19页。

村可能会产生差异性效果,以及村庄短期内仍是农民的空间载体,这些是乡村治理研究的核心内容。在此基础上,贺雪峰对这三大主题进行了系统性解释,他认为:宏观层面的主题解释了乡村治理研究对于中国长远发展及中国现代化的意义;中观层面的主题揭示了中国现代化进程中存在城乡和东西中地区乡村发展的非均衡问题,并进一步深入发掘其产生的原因及导致的严重后果;微观层面的主题说明了当今乡村存在的政治问题,力求站在村庄层面来理解农村政治的发展现状,理解农村生活的各种变化,从而真正理解农民的生活感受,获得对村庄的微观把握。他指出:"村庄治理研究既是对当前中国农村非均衡状况作出判断的基础,从而成为进一步的农村政策研究的基础研究,又是乡村建设的前提内容;没有对不同村庄的整体把握及其中公共物品供给状况的研究,乡村建设就会成为盲目的行动。"①乡村政治学的解释功能对阐释乡村政治运行机制及内在机理、揭示乡村政治发展规律、提高乡村政治发展现代化水平具有重要的意义。

三、指导实践功能

乡村政治学在对乡村政治生活和政治现象进行科学分析的基础上,寻求乡村政治发展的途径和走向,揭示内在机理,提炼相关理论,从而为乡村政治发展实践提供强有力的理论指导。乡村政治学的指导实践功能体现在从国情及乡村实际出发,深入考察乡村政治发展的社会现状,客观分析乡村政治发展中存在的问题,探索维持农村政治秩序和持久发展的适合模式。李德瑞就明确指出,乡村政治研究应该以农村问题为导向,以解决农村现实问题为目的,具有鲜明的现实性,他认为"这种进路的研究不是纯粹的学术研究,但也不是政策研究。其典型表现就是寻求农村理论研究和政策研究之间的'第三条道路'——即政策基础研究或政策的社会(村庄)基础研究"②。他提出的这种区别于纯粹学术(理论)研究和政策研究的政策基础研究,意味着更多地关注政策在农村社会中的施行,这实际上就是强调乡村政治学的指导实践功能。伴

---

① 贺雪峰:《乡村治理研究的三大主题》,《社会科学战线》2005 年第 1 期,第 224 页。
② 李德瑞:《模糊的边界与多元的视角——20 世纪 90 年代以来农村政治研究的总体分析》,《华中科技大学学报(社会科学版)》2006 年第 4 期,第 113 页。

随着国家治理体系和治理能力现代化的深入推进,黄君录、何云庵在讨论新时代乡村治理体系重构时,指出现代社会的转型升级、市场经济的快速推进、城乡融合的不断发展及基层分化的日益细化,使乡村治理过程中出现了价值失范、经济失衡、社会失序及文化失语等多重困境,因此,"问题就是改革的靶向,在实践中所产生的问题需要实践予以回答"①。指导实践功能是乡村政治研究极其重要的功能,它不仅能够详细展示中国乡村政治学的研究对象、研究目的及研究方法等,而且还能够为形成符合我国国情、独具中国特色的乡村政治发展道路提供坚实的基础。

四、评价功能

在具体的实践过程中,乡村政治学不仅对乡村政治现象、政策落实等具有描述和解释功能,而且对研究对象还具有评价功能。学者们不仅总结提炼乡村政治发展特色与治理成效,还对乡村政治现象、政治制度等显现出来的问题进行深入分析评价。例如,在关于村民自治的研究中,汤玉权和徐勇深入考察广东、湖北、广西多地村民自治的具体模式,指出随着时代的不断发展,农村社会也发生了变迁,各地都在结合本地实际发展需要探索适应村民自治新态势的模式,不过,以行政村为单元实施的村民自治也暴露出自治困难、行政色彩浓厚、村民自治能力弱、村民认同感和参与感不强、自治效果不好等问题;"同时,村民自治重心下沉到自然村,也存在财政压力巨大、党员数量欠缺、活动场所匮乏、经费保障不足等问题"②。林星等人也指出,"村民自治制度是中国特色社会主义农村基层民主政治制度,在实践中偏向于强调民主的形式建构与价值追求,而弱化了乡村治理的效能目标"③。因此,在坚持农民在村民自治中的主体地位的同时,可以充分激发多元治理主体的参与活力,逐步增强各参与主体对于政治参与的自觉意识,提升乡村治理的实际效能,从根本上实现"三

---

① 黄君录、何云庵:《新时代乡村治理体系建构的逻辑、模式与路径——基于自治、法治、德治相结合的视角》,《江海学刊》2019年第4期,第226页。

② 汤玉权、徐勇:《回归自治:村民自治的新发展与新问题》,《社会科学研究》2015年第6期,第67页。

③ 林星等:《新时代"三治结合"乡村治理体系的目标、原则与路径》,《南京农业大学学报(社会科学版)》2021年第2期,第98页。

治结合",为乡村社会稳定发展、乡村振兴战略的有效实施与基层治理现代化提供坚实的组织保障。基于不同的价值追求和研究角度,学者们对乡村政治研究内容的评价也不尽相同。

总之,改革开放后,在现代社会发展过程中,伴随着国家政权建设与技术治理的兴起,农村社会政治关系、权力体系和治理结构发生重大转变,越来越多的政治学者将研究重心转到农民、农村及城乡关系等问题上,走出了一条具有中国特色的乡村政治研究之路,逐渐建立起以"概念"为基础的乡村政治学"知识体系",实现了乡村政治学科的理论化、规范化及科学化。作为一门新兴学科,乡村政治学与中国乡村发展实际紧密结合,研究学派更加多元,研究内容更加丰富,研究方法更加科学,研究功能更加完善,为新时代中国乡村政治发展提供着坚实的理论支撑与实践指导,为中国政治学学科注入新内容,不断充实中国政治学学科体系,助推新时代中国政治学新发展。

思 考 题

1. 应当如何理解乡村政治学的内涵?
2. 简述中、西乡村政治学的发展脉络。
3. 概括中、西乡村政治学的学派。
4. 乡村政治学研究的内容包括哪些方面?
5. 乡村政治学有哪几种研究方法?

参考文献

费孝通:《乡土中国》,北京大学出版社2025年版。

贺雪峰:《在野之学》,北京大学出版社2020年版。

徐勇:《田野政治学的构建》,中国社会科学出版社2021年版。

朱晓阳:《政治人类学:从日常语言视角》,社会科学文献出版社2024年版。

第二十章　空间政治学

空间政治学的创始人法国哲学家、社会学家亨利·列斐伏尔（Henri Lefebvre）明确指出，空间是政治性的。这表明存在着一门空间的政治学。① 简而言之，空间政治学是一门以空间生产为研究对象，以尺度重构为实践机制，以空间正义为价值导向的新兴学科。在经济社会的快速发展中，"空间"不仅是笛卡尔的几何空间、牛顿的物理空间，也不只是一个包含自然景观和社会事物的客观静止的容器或者背景存在。空间已经作为一种独立而重要的生产要素参与到社会生产过程中，社会生产从"空间中物的生产"转变为"空间本身的生产"，或者说是社会空间的生产。② 空间不应该只局限于地理学，社会性支撑的空间弥漫着密切的社会关系，无时无刻不处于战略和规划之中的空间也是国家用以调节社会关系的重要工具和手段。

第一节　空间政治学产生的背景

20世纪70年代西方国家资本主义生产方式变革的社会背景下，空间政治学诞生，其核心是对空间资本化的深刻批判与反思。空间政治学既是新马克思主义、都市社会学及后现代地理学对资本主义经济发展新方式、城市危机和技术控制论进行的实践反思，也是一个新兴学科。

首先，自20世纪70年代以来，新型空间形态和社会关系不断产生，发达资本主义国家已经进入空间生产的时代。为促进国家工业转型、应对管理危机，全球资本主义生产方式发生了重大变化，以新自由主义取代凯恩斯主义为

---

① 亨利·列斐伏尔：《空间与政治（第二版）》，李春译，上海人民出版社2015年版，第41页。
② 同上。

主要特征,国家贸易及生产资料、劳动要素和商品的流动远超资本主义早期阶段,局限于特定领土范围的国家经济制度模式日益不适,并逐步产生了自由贸易区、出口加工区等新型贸易区和产业空间。超国家联盟、次国家层面的地区及城市,尤其是世界级大城市和城市群,日渐成为跨国资本、国家权力以及地方政府等相互角力与竞争的新场所。因此,国家层面逐渐将权力和政策转移到区域-城市空间层面,并使之转变为国际政治体系竞争和发展的关键战略节点。资本主义经济已经不再是用军国主义、殖民扩张等赤裸的方式进行资本积累,而是代之以空间生产和空间尺度重构这一新的策略和手段。

其次,城市空间矛盾和负面效应日益突出。人们渐渐意识到,现代性发展在带来丰富的物质生活的同时,也产生了巨大的负面效应。随着城市化、全球化的快速推进,城市内部空间矛盾与冲突层出不穷,空间商品化、空间剥夺、空间隔离、贫民窟等城市危机不断蔓延,弱势群体的空间居住权利、普通公众的公共空间使用权利等受到严重挤压和剥夺,城市空间矛盾日益激化。

再次,人们的日常生活因技术官僚而异化。空间所具有的居住属性和生活属性逐渐被所谓的建筑艺术所消解,技术官僚所拥有的城市规划权具有一种可怕的效力,引发一场"知识恐怖主义",让整个社会落入控制论的枷锁之中。[1] 技术专家对城市规划、建筑设计、地标塑造等空间生产拥有绝对的话语权,而生活在城市空间、消费城市建筑的广大居民却很难有渠道发出自己的声音,他们对空间生产、利用、改造的话语权和空间消费权逐渐被边缘化,甚至被遗忘。

最后,西方经典社会科学理论并没有给予空间问题足够的重视和应有的学术地位,而"空间"在对现代性问题的批判与反思及相关理论研究中的重要性却日益凸显。[2] 空间政治学的诞生既是源于对现实空间实践的深刻反思,也是基于理论供给和知识生产的内在需要,空间政治学是实践呼唤和理论创新的必然产物。

---

[1] 亨利·列斐伏尔:《空间与政治(第二版)》,李春译,上海人民出版社 2015 年版,第 38 页。
[2] 庄友刚:《西方空间生产理论研究的逻辑、问题与趋势》,《马克思主义与现实》2011 年第 6 期。

第二节　空间政治学的发展

空间政治学是一门涉及诸多领域且充满想象力的新兴学科,许多新马克思主义学者、后现代主义学者在列斐伏尔空间哲学的基础上,将空间政治学发展为思想丰富、博大深邃的学术体系,不断促进和深化空间政治学的理论"本土化"和学科"内部化"。[①]

空间政治学旨在让空间的独特价值在社会科学领域凸显出来,强调空间及空间生产作为一种相对于时间及历史优先性的研究对象在政治学领域中的重要价值。列斐伏尔被公认为是空间政治学研究的奠基人,他主要从哲学层面对空间本体进行开创性探索,提出了以都市空间生产为核心的空间生产理论。空间生产将空间的政治性和社会属性的独特价值发掘出来,推动了政治学研究的空间转向。福柯(Michel Foucault)、哈维(David Harvey)、苏贾(Edward W. Soja)、卡斯特(Manuel Castells)等人在空间生产理论基础上,分别阐述了权力、资本、权利及技术等要素在空间生产实践中所起的独特作用,搭建了空间生产分析不可缺少的要素体系,推动了空间政治学的具象化和实体化研究。

以布伦纳(Neil Brenner)和史密斯(Neil Smith)为主要代表的后现代地理学者探索了认识纷繁复杂的空间现象的方法论工具——尺度(scale)。20世纪70年代以来,国家层面甚至全球层面的空间生产体系重心逐渐向区域-城市空间层面转移,导致了变幻莫测的空间重组现象。布伦纳基于日常空间术语(地方、区域、城市、国家、全球等)和独特的社会空间领域变迁进程(本地化、城市化)而建构了"尺度"这一概念,以破解关于空间的现有词汇很难把变幻莫测的空间重组现象描述清楚的方法论困境。[②] 尺度重构不仅影响地理边界的变化,同时也影响特定地理范围内的社会关系,由尺度重构塑造的社会关系层面的"地理"界限——空间尺度日益成为政治和权力斗争的直接目标。尺

---

① 韩勇等:《英美国家关于列斐伏尔空间生产理论的新近研究进展及启示》,《经济地理》2016年第7期。

② Neil Brenner, *New State Spaces: Urban Governance and the Rescaling of Statehood*, Oxford University Press, 2004, pp. 1-27.

度重构是透视空间政治学中主体关系、权力结构及资源配置的核心机制。

反思城市化和现代化带来的城市空间治理问题是列斐伏尔建构空间政治学的重要初衷之一,虽然他并没有系统地阐释空间政治学,但其理论关怀始终落在让城市空间服务于日常生活,而非服务于资本和交换价值抑或技术控制。他强调普通市民对城市权利的主导性和占有性,这为后续学者提供了丰富的学术土壤和理论灵感。以哈维和苏贾为主要代表的学者拓展了列斐伏尔的城市权理论并提出了空间正义理论,其核心诉求在于公平合理地分配空间资源,更重视对产生非正义空间过程的控制权。空间正义理论是对空间政治中非正义现象的强烈批判和空间政治的价值建构。

从空间政治学的出场背景及理论本身的发展历程可以发现,空间政治学经历了从抽象哲学思想到空间理论的实践应用与现实问题衔接的过程,同时也演绎和阐释了空间政治学的基本框架和理论发展版图。其中,空间生产是元理论,是空间政治学的核心研究对象,为尺度重构和空间正义的探讨提供了理论基础。由空间生产衍生的尺度重构和空间正义丰富并拓展了空间政治学的实践机制和价值意蕴。① 空间生产、尺度重构和空间正义分别从研究对象、实践机制以及价值导向层面构建了空间政治学的整体性理论分析框架(见图20-1),也构成了理解空间政治学的三大核心内容,三者之间具有紧密的内在逻辑关系,这是长期以来没有引起学界重视的隐秘线条。

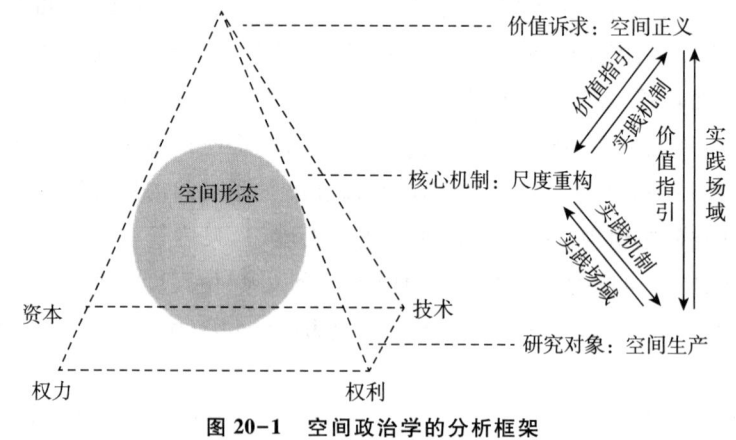

图20-1 空间政治学的分析框架

---

① 王锐:《理解空间政治学:一个初步的分析框架》,《甘肃行政学院学报》2020年第8期。

第三节 空间政治学的基本内容

一个新兴学科的诞生必须具有明确的研究对象以及基于回应现实或理论对话的价值关怀与诉求,这也是其形成和发展的生命力所在。空间政治学作为一门新生的学科理论,需要回答三个基本问题:空间是如何生产出来的,空间政治学何以可能?有什么方法和机制去认识并分析多重复杂的空间现象,空间政治学何以可为?空间政治学的价值关怀是什么,其理论诉求何在?

一、空间生产:空间政治学的研究对象

空间生产是空间政治学的元理论,也是空间政治学的核心研究对象,强调空间的本体性。空间政治学意义上的"空间"并非简单空洞的物质实体,而是被社会建构和生产出来的,是社会生产实践的产物。空间生产着重回答"空间为什么能以及如何进行生产"的根本问题。空间为什么能进行社会生产?因为相对于土地、劳动力等生产要素,空间也日益成为一种特殊而重要的生产要素和统治工具,能够生产新的价值和社会关系。空间的生产性主要体现在六个方面:

(1) 社会空间的生产,而不仅仅是自然空间的;

(2) 被消费的经济空间的生产,例如,旅游景区;

(3) 政治空间的生产,例如,城市不仅是工作的场所,也是控制社会的一种模式;

(4) 生产关系和财产关系的空间的生产,例如,土地或空间的所有权;

(5) 制度的、符号的、意识形态的空间的生产;

(6) 作品或艺术空间的生产,例如,反文化的空间或想象的空间。[①]

因此,空间可以通过多种形式进行社会生产。那么,空间是如何生产出来的?新马克思主义学者及后现代地理学者主要从资本、权力、权利及技术等维

---

① Henri Lefebvre, *The Production of Space*, trans. by Donald Nicholson-Smith, Blackwell, 1991, p. 349.

度,将列斐伏尔哲学意义上的空间生产理论具体化。由权力、资本、权利及技术要素推动的现代空间生产具有不同的目标导向、实现机制,生产出来的空间形态也不尽一致(见表20-1)。

表20-1 空间生产的核心要素及实现方式

要素逻辑	主体	机制	目标	空间形态
权力逻辑	政府	规划、政策、治理、话语建构	秩序与发展	政治制度空间、制度规则空间
资本逻辑	市场	市场机制、资本循环	利润与效率	流通空间、消费空间
权利逻辑	公众/居民	民主参与、社会抗争	宜居与幸福	社会公共空间、生活空间、差异空间
技术逻辑	技术官僚、知识精英	信息流通、筛选与控制	沟通与网络/扁平化	网络空间、虚拟空间、流动空间

注:根据对陈水生《中国城市公共空间生产的三重逻辑及其平衡》(《学术月刊》2018年第5期)一文的理解制作。

(1)权力逻辑主导下政府生产的空间形态是政治制度空间[1]或者制度规则空间[2]。空间是国家的重要战略资源之一,是国家面向社会行使权力的重要工具。例如,城市群、经济特区、国家级新区、自由贸易区等就是政府权力柔性调整产生的新的空间形态。

(2)资本逻辑主导下市场生产的主要是流通空间和消费空间。资本主义空间生产过程本质上就是从空间资本化到资本空间化的过程,主要运用市场机制实现效率和利润最大化,不断自我增值。

(3)权利逻辑主导下的空间生产形态主要体现为社会公共空间、生活空间和差异空间[3]。例如,我国城市空间生产的主要目标,就是借助公民的参与机制建设人本空间,追求宜居、幸福的生活。

---

[1] 郭文:《"空间的生产"内涵、逻辑体系及对中国新型城镇化实践的思考》,《经济地理》2014年第6期。

[2] 殷洁、罗小龙:《资本、权力与空间:"空间的生产"解析》,《人文地理》2012年第2期。

[3] 列斐伏尔从空间切入,将人类社会空间生产的历史划分为六个阶段,分别对应绝对空间、神圣空间、历史性空间、抽象空间、矛盾空间及差异空间。差异空间主要是指社会主义社会的空间形态或者说未来的空间形态,它是基于人们的日常生活而产生的,反对僵化和同质化,因而充满差异性、独特性。

（4）技术逻辑主导下生产的空间形态以网络空间、虚拟空间和流动空间为主。网络空间随着信息技术的快速发展而兴起，资本、信息、技术以及组织都处在高速流动和交换的状态，打破了固有的空间模式，流动成为网络社会空间的典型特征，也就是"流动空间"。① 相对于地方空间和实体空间而言，流动空间超越边界的限制，实现人口、信息、资金等的高速流动和交换。网络空间、流动空间推动了现代社会沟通的扁平化、便捷化。但是，技术官僚和知识精英控制网络和信息，他们可以通过提供定制式信息等手段，掌握和控制、影响和塑造人的思维模式，从而可能导致社会阶层分化和空间等级化，重塑政治秩序和政治形态。

需要说明的是，政治经济各要素发展的"不平衡性"②是空间生产研究的关键，也是空间政治学中空间"政治性"研究的核心起点。一方面，每一种要素并非在空间生产中单独发挥作用，而是互相作用并重塑空间景观，在特定的情境中某个要素占据主导地位；在空间生产的开发、建设和使用等不同阶段，各个要素发挥的作用具有明显的阶段性差异。对我国而言，权力逻辑是我国城市空间以及战略空间生产前期的主导力量，资本和权利要素在中后期的参与度和显示度有所增加。另一方面，每一种要素都有双重逻辑，应当警惕各种力量对空间生产的异化和另类牵引作用，避免产生空间非正义现象，这就需要正义的空间价值导向，空间正义的出场则是题中之义和时代所需。

二、尺度重构：空间政治学的实践机制

尺度是地理学的基本概念之一，具有大小、比例、范围、层级等含义，也是人们对现实意义上复杂事物"垂直结构"和"理性抽象"的描述工具，是对复杂空间现象的简化和跳跃。③ 现实层面的尺度划分不是空间政治学研究的重点，空间生产及空间正义实践过程中特定尺度及再尺度化过程背后交织的各种权

---

① Manuel Castells, *The Rise of Network Society*, 2nd edn, Wiley-Blackwell, 2009.
② Neil Smith and Phil O'Keefe, "Geography, Marx and the Concept of Nature", *Antipode*, Vol. 12, No. 2, 1980, pp. 30-39.
③ Andrew E. G. Jonas, "Pro Scale: Further Reflections on the 'Scale Debate' in Human Geography", *Transactions of the Institute of British Geographers*, Vol. 31, No. 3, 2006, pp. 399-406.

力关系才是探究关键。尺度是对相互博弈的政治社会力量大小的物化,尺度重构或生产一个全新的尺度意味着权力的再平衡。[①] 尺度重构是指尺度作为一种实践工具,在不同的政治结构、政治行为及不同尺度体系间移动、转换、跳跃,引起特定空间行为主体权力关系、权力结构、资源配置等要素发生深刻变化,从而形成新的尺度体系和政治策略以回应新条件下的机遇和挑战。正是基于此,尺度成为解读空间政治学的重要工具,尺度重构成为探究空间生产过程及实现空间正义目标的核心实践机制。空间政治学的尺度重构机制在不同的空间形态中具有不同的表现。

一方面,在地理意义上,空间政治学中的尺度重构机制体现为尺度重组。尺度重组是对一定地理范围内的行政边界、国家战略、管理体制、治理模式、政治经济组织以及相关主体之间权力关系的尺度化调整,尺度重组和地域重构是一体两面的过程。全球化背景下的尺度重组主要体现为如下三对关系[②]:

(1) 在行政边界上表现为去地域化与再地域化。随着经济、信息要素流动加快,流动空间取代地方空间,资本不断突破传统的区域边界和国家界限(去地域化)以求利润效益最大化;随着各类经济组织为实现长期发展而加强基础设施等固定资产的投资建设,流动的资本在新的地域尺度上再次附着(再地域化),资本通过不断循环获得新的利润和生命。

(2) 在管理体制机制上体现为去管制化与再管制化。为实现生产要素在全球范围内的快速流动,跨国巨头希望得到更宽松的资本运作环境,急切地想要破除各类行政壁垒,从而掀起"去管制化"的浪潮;随着区域-城市在政治经济竞争中的战略地位日益突出,国家开始通过各种尺度调整和政策优惠培育更具竞争优势的区域和城市,逐步形成"再管制化"趋势,国家级新区等战略空间就是再管制化的产物。

(3) 对地方组织的影响表现为内部外化与外部内化。国家内部的地方政治、经济、社会组织积极参与全球竞争,通过行政管理边界外移(内部外化),影

[①] Erik Swyngedouw, "Globalisation or 'Glocalisation'? Networks, Territories and Rescaling", *Cambridge Review of International Affairs*, Vol. 17, No. 1, 2004, pp. 25-48.

[②] 尼尔·布伦纳:《全球化与再地域化:欧盟城市管治的尺度重组》,徐江译,《国际城市规划》2008年第1期。

响国际政治经济生态;同时,国际组织等超国家机构越来越多地参与到地方治理中,影响国家内部空间治理生态(外部内化)。

我国自改革开放以来,逐步解构了以城市为核心的单一空间发展模式,开始实行差异化的空间发展策略,塑造了经济特区、自贸区、高新区、经济开发区等"高授权"的国家战略空间和以经济带、城市群组成的多类型空间尺度。[1] 我国政治地理空间的尺度重组主要呈现两种类型:一是行政区划的尺度调整,这是对行政管理边界的直接重组,引发了特定地理空间内的政治权力关系和资源的系列变动,这是一种"刚性"尺度调整;二是国家战略和区域规划的尺度调整,这是通过制度建构、治理重构、规划调整以及财税安排等尺度策略进行的"柔性"尺度调整。[2]

另一方面,在社会关系维度上,空间政治学中的尺度重构机制体现为尺度跳跃。社会关系空间里不同的行为主体为了自身的利益和需求,会采取相应的话语表达、行为艺术等手段和策略,进行有利于自身利益的尺度转换,这就是"尺度跳跃"。[3] 在这种情境下,一般会存在相互对立的势力双方。强势方一般凭借自身的权力、资金以及舆论控制等优势将弱势方的政治诉求控制在某个尺度之内,也就是实现尺度下推。而弱势方为保障自身权益,会通过增强斗争力量或者动员外界支持等策略扩大事件影响力,从而实现尺度上移,改变不平衡的权力格局,争取更多的利益空间。在尺度争夺中,除了强势、弱势双方的力量博弈之外,积极争取第三方的参与和支援是改变权力格局的关键。[4] 我国学术界目前关于社会关系空间的尺度重构机制的分析集中于社会冲突事件,以及城市空间治理议题,如流动摊贩、邻避冲突等。

尺度重构是调节空间生产的重要策略,为透视空间政治学中空间形态和权力关系的变化提供了重要的分析工具和实践机制。目前,学界对尺度正义

---

[1] 永姣、方创琳:《地域尺度重组下的我国城市与区域规划体系改革》,《人文地理》2015年第5期。
[2] 晁恒、马学广、李贵才:《尺度重构视角下国家战略区域的空间生产策略——基于国家级新区的探讨》,《经济地理》2015年第5期。
[3] Neil Smith, "Contours of a Spatialized Politics: Homeless Vehicles and the Production of Geographical Scale", *Social Text*, No. 33, 1992, pp. 55-81.
[4] 刘云刚、王丰龙:《尺度的人文地理内涵与尺度政治——基于1980年代以来英语圈人文地理学的尺度研究》,《人文地理》2011年第3期。

的问题鲜有涉及。在尺度政治的解释框架内,尺度争夺和权力关系的改变主要受制于双方势力大小,而非公平正义的标准和原则,尺度重构的运用则容易产生合法性悖论。① 事实上,任何空间尺度的建构并非完全价值中立,实践中也迫切需要正义标准的价值导向。因此,空间政治学的建构还需要引入空间正义理论,推动尺度重构和空间正义结合具有现实必要性。

三、空间正义:空间政治学的价值诉求

空间正义是指空间生产和空间资源配置中公民空间权益的社会公平和公正,它包括对空间资源和空间产品的生产、占有、利用、交换、消费的正义。② 空间正义并非一种乌托邦的应然设定和道德化说教,而是对空间生产过程中存在的诸多空间非正义现象进行的理论批判与价值校正。

空间正义理论的价值诉求之一在于对城市空间非正义现象的批判。列斐伏尔提出的城市权是空间正义的理论基础,主要是强调一种空间性质的权利,以有效回应现代社会发展带来的诸多空间问题,这也关涉每个个体尤其是边缘群体如何进入城市并在城市空间中获得生存和发展的权利,是回应现代社会发展对人们生存空间的重组、变革和冲击的一种权利号召,凸显城市空间之于人们日常生活的重要意义。如果社会空间发展的不均衡程度超出了政治上的可承受底线,那么社会冲突就会出现,政治合法性将会受到冲击。因此,空间非正义不仅涉及公民个体生存空间的尊严问题,更是关乎一个国家的空间政治伦理和政权合法性的问题。空间作为社会关系再生产的场所,已经成为集聚社会矛盾和冲突的地方。资本、权力和技术等逻辑主导的空间生产都具有双重效应,因此不可避免地会产生空间异化,即空间非正义。

空间非正义问题体现在:首先,以土地所有权为基础的空间所有权的资本化运作使得空间商品化、同质化,解构了空间的使用价值和人本逻辑③,城市生活质量日益成为有钱人的商品。同时,国家和地方政府在空间所有权和管理

---

① 王丰龙、刘云刚:《尺度政治理论框架》,《地理科学进展》2017年第12期。
② 任平:《空间的正义——当代中国可持续城市化的基本走向》,《城市发展研究》2006年第5期。
③ 胡潇:《空间正义的唯物史观叙事——基于马克思恩格斯的思想》,《中国社会科学》2018年第10期。

权方面的强势主导一定程度上挤压了市民对公共空间的使用权,导致城市公共空间紧张、公共资源共享冲突和矛盾频发。① 例如,我国城市房价一度走高不仅带来了经济风险和隐患,而且给普通民众造成了一定的生存压力。"坚持房子是用来住的、不是用来炒的定位"②,就是对居住空间过度商品化的价值校正。其次,权力及资本主导的空间生产也容易产生空间隔离、空间排斥、空间歧视、空间霸权、空间剥夺等非正义现象,造成城市空间结构失衡。再次,高度模式化和技术化的城市规划和城市改造压抑和消解了一般大众对地方性文化和特色景观的个性化诉求,地方特色和历史底蕴被浓厚的商业气息所裹挟。而信息技术主导形成的流动空间和网络空间某种程度上加剧了信息分配和使用不平等,弱势群体常常被隔绝在网络空间之外,信息壁垒和技术霸权一定程度上导致新的不公正格局。对全球来说,资本主义的全球化是资本自身对全球空间的某种异化,世界地缘政治冲突则是资本逻辑内在矛盾的外化,它们构成了国际秩序潜在危机的非正义威胁。

空间正义的核心旨趣在于建构社会正义的空间维度,为寻求更加美好的空间生活提供理论灵感和实践蓝图。空间政治学的价值建构包含两个层次的空间正义导向。

一方面,空间正义的价值诉求的起源及核心是实现城市权。列斐伏尔以"城市权"为核心概念表达了追求差异化空间的乌托邦理想,他认为资本主义城市危机中的阶级革命是一场争取城市权利的都市空间革命,其目的在于公平合理地分配城市资源,但更重视获得对产生非正义的城市空间过程的控制权。城市权本质上是一种拒绝国家和资本对城市的单方面控制及反抗社会生活异化的政治口号,其底线是保障城市居民的居住权利,还包括那些在交通、信息和交易网络与流通中结成(在社会关系基础上)团体的权利。③ 在各种城市权利中,人的居住权居于各种城市空间权利的首要地位,以空间居住形式实现的城市权利更具真实性,只有确认城市权利的空间内容,才能为争取其他权

---

① 超群:《"占领伦敦":土地产权与公共性之争》,《国际城市规划》2018年第4期。
② 习近平:《决胜全面建成小康社会 夺取新时代中国特色社会主义伟大胜利——在中国共产党第十九次全国代表大会上的报告》,人民出版社2017年版,第47页。
③ 亨利·列斐伏尔:《空间与政治(第二版)》,李春译,上海人民出版社2015年版,第13页。

利奠定基础。因此,城市权的保障要始终明确空间的居住及使用价值是第一位的,空间的交换价值是第二位的。随着社会经济的发展,人们对交通、医疗、住房、教育等空间场所和公共服务的需求已经不仅仅是个体的需求,而是转换成一种集体需求和集体权利。[①] 这就要求国家和地方主政者把完善城市公共服务、优化城市空间治理作为重大的政治责任来对待,不断增进人们的生活福祉。

另一方面,空间正义理论蕴含了不同规模、不同领域、不同群体的空间关系,不仅仅是地理维度上的正义关系,更是人与人之间社会关系上的空间正义,始终充满对社会主体(尤其是弱势群体)的人文关怀,也就是始终确保空间的属人性和差异性。[②] 苏贾强调,正义与空间是一种整体性的要素,正义与非正义是衡量空间质量的关键性指标。[③] 随着区域城市化、多中心城市以及全球化城市日益兴起,空间正义不再局限于城市中心的权利,而是扩展到城市群网络所形成的城市区域经济,并涵盖全球经济规模下的各种资源的权利,这就是苏贾强调的空间正义。城市空间扩展至全球空间的正义的实现,应该是将第三世界国家广泛联络起来建立城市权联盟,抵制霸权政治,保护政治独立性和文化多样性,增强空间的开放性和团结性,但核心还在于通过发展经济提升在国际分工中的地位和分量。哈维指出,社会正义不仅关注分配的结果,更强调公正的空间分配过程。[④] 苏贾和哈维提出的空间正义拓展和深化了城市权的研究视阈以及权利内涵,是一种更广泛意义上的空间价值诉求。

第四节　结语

我国自改革开放以来,国家权力主导进行的一系列空间生产实践与西方

---

① 戴维·哈维:《叛逆的城市:从城市权利到城市革命》,叶齐茂、倪晓辉译,商务印书馆2014年版,中文版序言,第4页。
② 董慧、陈兵:《空间政治经济学批判与城市权利的建构》,《苏州大学学报(哲学社会科学版)》2018年第2期。
③ 爱德华·W.苏贾:《寻求空间正义》,高春花、强乃社等译,社会科学文献出版社2016年版,第7页。
④ 戴维·哈维:《正义、自然和差异地理》,胡大平译,上海人民出版社2010年版,第13页。

国家资本主义发展方式的空间转向同频共振,而城市空间治理困境也是各国面临的普遍难题。在经济全球化背景下诞生的空间政治学对剖析我国空间经济发展与空间治理议题也有重要借鉴意义。从理论来看,相比于国家-社会、结构-功能、制度-行为、权力关系等传统政治学的经典分析要素而言,空间政治学将空间的独特性从传统地理学中挖掘出来,空间不仅仅是物理的、地理的,更是社会性和政治性的,是被社会建构并生产出来的。"空间"无论是抽象呈现还是实体存在,相比于传统的研究要素,都为政治学提供了一种新的分析视角和研究对象。空间政治学是一种认识论,为我们研究认识社会生活和政治学科提供了新视角;空间政治学也可以是一种方法论,因为空间可以作为一种工具形塑社会[①]。空间政治不仅作为一种新的研究视角被越来越多的中国学者所认同,而且为讨论中国复杂的社会空间议题提供了一种新思路。从实践来看,与资本主义国家的空间生产由市场和资本主导明显不同,政府是我国市场化、城市化、信息化快速发展背景下空间政治实践中更为突出的主导力量。警惕空间权力异化,实现资本、权力、权利及信息技术各要素的动态均衡,是我国空间政治实践所面临的更大挑战。因此,空间政治学在我国具有理论借鉴和学科建构的必要性和迫切性。

空间政治学未来发展趋势主要集中在三个方面:

第一,对空间政治学的学科内涵和学科边界进一步明晰,避免模棱两可。虽然空间理论最开始被列斐伏尔定位在政治学领域,但空间理论一经提出就被广泛应用于哲学、社会学、规划学、人文地理学以及法学等领域。长期以来,政治学对空间政治的研究和拓展相对薄弱,这与空间政治学极具理论贡献和实践价值的地位不相匹配,亟需加强相应的理论和实践研究。空间政治学所指涉的空间及其政治性是相互依存的,不强调政治性的空间将被泛化,不以空间为载体的政治是空洞的。理解空间的政治性以及政治的空间性是把握空间政治学的精髓,也是进一步提升理论有效性和解释力的重要基础。为此,需要注意如下两点:

---

① Mark Hamilton Purcell, "Neighborhood Activism among Homeowners as a Politics of Space", *The Professional Geographer*, Vol. 53, No. 2, 2001, pp. 178-194.

（1）深刻理解政治的空间性，避免空间成为空洞的代名词。"空间"是理解空间政治学的前提和基础。因为空间是权力作用的重要载体，政治不能脱离空间而单独存在，否则就是虚无缥缈的。政治具有空间性，是空间性的存在。空间在激发政治经济活力、重构社会关系和创造公共领域等方面具有不可替代的重要性。所以，真正给予政治以生命的是空间而非时间。① 政治常常被时间以理性化、制度化、官僚化等现代化技术手段所规划和占有，进而干涉和固化。因此，必须强调恢复政治本身的空间性，强化空间在政治学出场的必要性和重要性。空间政治学所指的"空间"既有基于各要素主导形成的政治制度空间、经济流通空间、社会关系空间、网络流动空间，也有基于尺度重构形成的实体的政治地理空间和抽象的话语表达空间，还有基于价值评判形成的正义空间和非正义空间，但无论哪种空间形态都并非单一存在，而是各种要素复合而成的，以社会建构空间为存在前提。

（2）深刻把握空间的政治性特征，是厘清空间政治学的学科边界、避免研究泛化的关键。空间的政治性是理解空间政治学的灵魂。空间具有政治性，因为空间作为一种重要的国家资源极具战略意义。同时，社会生产建构的空间，实质是社会关系的再生产，社会关系无时无刻不在影响空间运作的全过程。因此，空间并非中立存在。② 空间的政治性主要体现在：其一，空间生产过程中各要素发展引发的政治经济社会空间的不平衡性、不平等性；其二，空间尺度重构引发的行政边界、管理体制、地方组织及多方行为主体格局和权力变迁，以及尺度跳跃背后的权力关系与斗争博弈；其三，空间政治学致力于批判和解构各类空间非正义现象，无论是空间生产还是尺度重构都应该以空间正义为核心价值导向。

第二，加强对空间政治学既有的三维框架契合度的研究。从前期梳理来看，空间生产、尺度重构及空间正义理论已经在学术界形成三个明显独立且具有一定张力的研究领域。空间正义是针对相关研究的一种理论批判和价值导

---

① 杨永强、谢亚洲：《从时间到空间：全球化、现代化叙事逻辑的转化——基于新马克思主义空间政治批判的视角》，《国外理论动态》2018年第10期。

② 高季乔、李建华：《论空间的政治性和政治的空间性》，《中南大学学报（社会科学版）》2016年第1期。

向,对空间生产衍生的尺度重构及空间正义的理论介绍和经验研究较为丰富,但尺度重构的正义问题是目前研究的薄弱点,需要在今后的研究中更加重视并挖掘三者之间的耦合性。

第三,拓展空间政治学的研究议题。目前,我国空间政治议题研究集中在城市治理、战略规划、空间抗争等领域,城市日益成为空间政治学研究的核心议题。但城市问题研究不应该局限于从城市本身和区域层面来考察城市发展困境,而应该将其放置于全球化及国家尺度上来看待。同时,继续沿着以城市空间研究为重心的道路前行,空间政治学的发展也难免陷入"中心-边缘"的窠臼。亟需加大对农村等边缘空间及弱势群体的空间政治诉求等的研究力度,人类文明冲突引发的社会发展问题、地缘政治问题等宏观议题,日常生活中的公共空间冲突等微观议题,以及"两新组织"(新经济组织和新社会组织)、新就业群体、互联网、商务楼宇等新兴空间治理议题的研究力度和深度也有待拓展。对这些薄弱领域和新空间议题的深入研究,是进一步发展空间政治学以及检验空间政治学整体性分析框架有效性与合理性的重要方向。

思 考 题

1. 为什么会产生空间政治学?
2. 空间政治学主要有哪些理论和研究议题?
3. 谈谈你对空间和权力二者关系的理解。
4. 如何看待和评价当前空间政治学的研究和发展?
5. 分享你观察到的空间政治实践案例,尝试用空间政治学理论对其分析解读。

参考文献

爱德华·W. 苏贾:《寻求空间正义》,高春花、强乃社等译,社会科学文献出版社2016年版。

戴维·哈维:《叛逆的城市:从城市权利到城市革命》,叶齐茂、倪晓辉译,商务印书馆2016年版。

亨利·列斐伏尔:《空间与政治(第二版)》,李春译,上海人民出版社2015年版。

尼尔·博任纳:《新国家空间:城市治理与国家形态的尺度重构》,王晓阳译,江苏凤凰教育出版社2020年版。

Henri Lefebvre, *The Production of Space*, trans. by Donald Nicholson-Smith, Blackwell, 1991.

第二十一章　分配政治学

随着经济不平等自20世纪70年代中期以来在全球范围内显著扩大①,政治学界日益关注经济不平等与政治的互动关系,由此产生了分配政治学这一新兴学科领域。何为分配政治学?从字面上看,这一领域由"分配"和"政治"两部分组成。首先,分配指的是财富、机会或公共物品等稀缺资源在某一人群里的分布情况②;其次,政治指的是财富分配与政治因素的互动,具体可以分为影响分配的政治成因和受分配影响的政治后果两个维度。因此,分配政治学主要研究的是经济不平等的政治成因和政治后果。

第一节　分配政治学的议题

分配政治学作为新兴研究议题,自21世纪初期以来快速发展,取得了一系列理论推进和实证成果。实际上,分配政治学关注的分配与政治的互动关系历史悠久,可以追溯到古希腊时期。考察分配政治的历史,我们需要适当脱离这一现代用词,通过关注其核心内涵来寻找其历史渊源。早在古希腊时期,亚里士多德就明确了经济利益对于政体形式的重要意义,他指出,正宗政体——君主政体、贵族政体和民主政体——维护全城邦的利益;而变态政体中的僭主政体、寡头政体和平民政体则分别以个人、富户和穷人的利益为目标,抛弃了城邦整体利益。③ 马克思将政治视为以经济关系为基础的上层建筑,政治是经济的集中体现。哈罗德·拉斯韦尔、戴维·伊斯顿、罗伯特·达尔、王

---

① Thomas Piketty, *Capital in the Twenty-first Century*, Harvard University Press, 2014.
② 这里的人群可以是以国家为单位,也可以是以次国家为单位,如省、市、县等,同样可以是跨国性的区域、全球等。本章所关注的是以国家为单位的经济资源分配。
③ 亚里士多德:《政治学》,吴寿彭译,商务印书馆2023年版。

浦劬等中外当代政治学者都从资源分配的角度定义了什么是政治。由此可见,经济资源的分配自古以来就处于政治学研究的核心,贯穿整个学科发展史。

从20世纪70年代中期开始,贫富差距在世界范围内快速扩大;但此后三十年里,政治学界一直未重视经济不平等的政治影响。这种情况一直延续到21世纪初,当时,罗伯特·帕特南、西达·斯考切波、拉里·巴特尔斯等学者相继呼吁学界关注经济不平等对美国政治的影响;美国政治学会更是在2005年撰文就不平等与美国民主的关系进行了专题讨论。① 自此,分配政治学作为新兴学科,进入快速发展期,涌现了一批优秀的著作。

上面提到分配政治学主要研究的是经济不平等的政治成因和政治后果,其中经济不平等产生于两个阶段,分别是初次分配和再分配。本章所讨论的初次分配指的是一国在一定时期内所产生的经济效益在不同经济主体(主要是资本与劳动的拥有者)之间的分配情况,而再分配则指的是在初次分配的基础上,国家通过税收、福利制度等措施进行调节后的经济收益分配情况。需要特别注意的是,初次分配并不意味着政府影响的缺席。初次分配强调市场力量的作用,但并不排除政治等其他因素的影响,譬如政府的营商、就业、教育、人口等政策都会直接或间接影响初次分配。

分配政治学的研究议题可以根据两个维度进行归类。维度一是经济不平等的两个阶段——初次分配和再分配;维度二是因果指向,依据是强调分配的政治原因还是政治后果来划分。表21-1展示了分配政治学研究议题的类型学划分。

表21-1 分配政治学研究议题的类型学划分

不平等阶段	因果指向	
	政治成因	政治后果
初次分配	• 政体类型 • 权力资源理论 • 分配政策	• 政治信任 • 政治参与 • 政府回应性 • 民主转型

---

① American Political Science Association(APSA) 2005 Task Force on Inequality and American Democracy.

（续表）

不平等阶段	因果指向	
	政治成因	政治后果
再分配	• 民意压力 • 政党力量 • 政体类型	• 政治信任 • 国家认同 • 政治秩序

第二节 初次分配的政治

长期以来,经济资源的初次分配一直被视为经济现象,由市场力量所主导,与政治无关。实践证明这一观点是错误的,初次分配是经济和政治力量交织作用的现象,市场力量或许起到主导作用,但政治因素从未缺席。结合中外学界的研究成果,从比较政治的视角来看,初次分配的政治成因主要分为三类:政体类型、权力资源理论、分配政策。

一、初次分配的政治成因

1. 政体类型

政体类型主要考察民主、威权等不同政体对初次分配的影响。民主政体通常被认为能够减少经济不平等、带来较为平等的经济资源分配。[1] 其背后的机制可能是多元的,包括选举制度、政党意识形态、公共民意等。在这个意义上,这些研究虽然或多或少能确认民主政体和初次分配不平等之间存在关系,但真正影响不平等的是民主政体内部的政治要素,在此民主政体更多被视为宏大的政治背景。[2] 但也正是因为政体内部存在多种政治要素,民主政体作为

---

[1] Mark Gradstein and Branko Milanovic, "Does Liberté = Egalité? A Survey of the Empirical Links between Democracy and Inequality with Some Evidence on the Transition Economies", *Journal of Economic Surveys*, Vol. 18, No. 4, 2004, pp. 515-537; Dietrich Rueschemeyer, Evelyne Huber Stephens and John D. Stephens, *Capitalist Development and Democracy*, Polity Press, 1992.

[2] Christopher Hewitt, "The Effect of Political Democracy and Social Democracy on Equality in Industrial Societies: A Cross-national Comparison", *American Sociological Review*, Vol. 42, No. 3, 1977, pp. 450-464.

一个整体是否对初次分配有显著影响仍然存在争议。①

威权政体通常被视为服务少数当权者和精英群体利益的政体,并不关心社会大众的福祉,因此威权政体和经济不平等自然容易被许多人理所当然地联系到一起。不过情况并非完全如此,某些威权政体十分关注不平等问题。② 譬如,迈克尔·艾尔伯图斯对拉丁美洲国家土地改革的研究就发现,威权国家要比民主国家更有效地分配土地,因为前者权力集中,更有能力推行土地分配政策,后者则容易受到社会诸多因素的影响,难以推行土地资源的分配。③ 综合来看,政体类型和初次分配不平等的关系并非此前所设想的那样单一、线性,民主政体未必能带来经济平等,威权政体也未必一定会导致高度不平等。

2. 权力资源理论

权力资源理论(Power Resource Theory)是经济不平等的政治成因文献中的重要理论之一。该理论起源于西欧,从工会和政党两个方面解释了初次分配和再分配的不平等情况。④ 与初次分配直接相关的是工会。根据权力资源理论,工会汇聚了工人的偏好,增强了工人的谈判能力,从而能够提高工人薪资待遇、缩小收入差距;该论点在早期有关欧美国家的研究中得到了验证。⑤

然而,工会对经济不平等的抑制作用并非放之四海而皆准。这主要是因为早期的理论没有意识到工会之间存在巨大差异,而且工会组织是会持续演变的。⑥ 约翰·阿尔奎斯特系统地梳理了工会与经济不平等关系的文献,发现

---

① Daron Acemoglu, Suresh Naidu, Pascual Restrepo and James A. Robinson, "Democracy, Redistribution, and Inequality", in Anthony B. Atkinson and François Bourguignon, eds., *Handbook of Income Distribution*, Vol. 2, Elsevier, 2015, pp. 1885-1966.
② Evelyne Huber, François Nielsen, Jenny Pribble and John D. Stephens, "Politics and inequality in Latin America and the Caribbean", *American Sociological Review*, Vol. 71, No. 6, 2006, pp. 943-963.
③ Michael Albertus, *Autocracy and Redistribution*, Cambridge University Press, 2015.
④ Walter Korpi, *The Working Class in Welfare Capitalism: Work, Unions, and Politics in Sweden*, Taylor & Francis, 1978; John D. Stephens, *The Transition from Capitalism to Socialism*, Springer, 1979.
⑤ David Bradley, Evelyne Huber, Stephanie Moller, François Nielsen and John D. Stephens, "Distribution and Redistribution in Postindustrial Democracies", *World Politics*, Vol. 55, No. 2, 2003, pp. 193-228.
⑥ Gary Marks, "Variations in Union Political Activity in the United States, Britain, and Germany from the Nineteenth Century", *Comparative Politics*, Vol. 22, No. 1, 1989, pp. 83-104.

过去十余年里所发表的研究表明工会力量与经济不平等的负相关关系削弱了,这意味着工会缩小贫富差距的能力已经下降。[1] 工会密度(union density)[2]下降被认为是主要原因之一,但阿尔奎斯特指出工会的属性和特征同样值得关注[3],比如人们通常会把工会等同于工人阶级的组织,但专业技术人员和管理者同样可以组建工会,两类工会对不平等的偏好并不相同。

3. 分配政策

虽然政策对初次分配的影响在政治学早期文献中并不占主要地位,但作为政府行为的直接体现,政策在近十年中也引起了政治学者的关注。目前所涉及的政策领域包括经济管制解除、新自由主义经济改革、政府人力资源开支、基础设施建设等。其中前两类政策被发现会加剧贫富差距,而后两类则会缩小差距。譬如,涉及金融市场、高管工资等的各类经济管制政策的解除被发现是美国财富高度聚集在少数人手中的主要原因。[4] 更令人担忧的是,内森·凯利指出,美国经济管制政策的解除并不是因为偏好市场的共和党占据上风,而是民主党逐渐改变了其立场,对管制政策的态度越来越像共和党。在两党政策立场越发相似的背景下,最初的金融管制政策日益受到两党质疑,最终被废除。[5]

二、初次分配的政治后果

经济不平等对社会发展和政治系统的影响是全方位的。本小节聚焦初次分配的政治后果,从政治信任、政治参与、政府回应性和民主转型四个方面梳理已有成果。

---

[1] John S. Ahlquist, "Labor Unions, Political Representation, and Economic Inequality", *Annual Review of Political Science*, No. 20, 2017, pp. 409-432.

[2] 工会密度指的是工会成员占总劳动力的比重。

[3] John S. Ahlquist, "Labor Unions, Political Representation, and Economic Inequality", *Annual Review of Political Science*, No. 20, 2017, pp. 409-432.

[4] Jacob S. Hacker and Paul Pierson, *Winner-take-all Politics: How Washington Made the Rich Richer and Turned Its Back on the Middle Class*, Simon and Schuster, 2010.

[5] Nathan J. Kelly, *America's Inequality Trap*, University of Chicago Press, 2020.

1. 政治信任

政治信任是政府合法性的社会基础,直接关系到社会稳定与政治制度的合法性。政治信任过低意味着政府在制定和执行政策时面临更高的"交易成本"和难以预计的社会成本,使得任何政府行为都难以得到民众支持。① 现有研究普遍认为经济不平等会降低政治信任。这一关系的解释大致可以分为三类:功利主义、社会分层和社会资本。一是功利主义解释,认为贫富差距是制度运行的障碍,因为富人没有再分配的需求,而穷人认为政府成为富人的代言人,从而失去对政府的信任,最终导致政治合法性下降、政治稳定程度降低。② 二是社会分层解释,强调社会阶层意识和身份对政治信任的影响,这一解释最早可以追溯到马克思。这类解释指出经济不平等产生了阶层化的社会,其中的阶层差异、等级秩序、流动性低等因素使得中下层民众感到不安、消极和疏远,导致政治信任的下降。③ 三是社会资本解释,强调经济不平等通过损害社会信任、固化社会网络降低了政治信任。④

2. 政治参与

目前有关经济不平等对政治参与的影响主要有三个理论:相对权力理论(Relative Power Theory)、资源理论(Resource Theory)和积怨理论(Grievance Theory)。第一,相对权力理论认为富人比穷人拥有更多的经济资源,因此前者要比后者更有影响力。⑤ 根据该理论,经济不平等会激励富人的政治参与而抑制穷人的政治参与,扩大政治参与的"鸿沟"。第二,资源理论更加强调个体

---

① Marc Hetherington, *Why Trust Matters: Declining Political Trust and the Demise of American Liberalism*, Princeton University Press, 2006.

② Lawrence R. Jacobs and Theda Skocpol, eds., *Inequality and American Democracy: What We Know and What We Need to Learn*, Russell Sage Foundation, 2005; Katherine J. Cramer, *The Politics of Resentment: Rural Consciousness in Wisconsin and the Rise of Scott Walker*, University of Chicago Press, 2016; Arlie Russell Hochschild, *Strangers in Their Own Land: Anger and Mourning on the American Right*, The New Press, 2018.

③ Adam B. Seligman, *The Problem of Trust*, Princeton University Press, 2021.

④ Robert Putnam, *Bowling Alone: The Collapse and Revival of American Community*, Simon and Schuster, 2000.

⑤ Robert Goodin and John Dryzek, "Rational Participation: The Politics of Relative Power", *British Journal of Political Science*, Vol. 10, No. 3, 1980, pp. 273-292.

在政治参与过程中需要付出的成本,如金钱、时间、技能等。① 即便是成本最低的选举投票,也需要成本,更不用说示威游行。因此,该理论也认为经济不平等会促使富人更频繁地参与政治,无论是制度化的还是非制度化的。第三,积怨理论提出相反的假设,认为经济不平等会促使穷人选择非制度化的政治参与方式。这一行为源于由贫富差距而生的相对剥削感②,随着不平等的恶化,穷人的相对剥削感日益加强,促使他们采取非制度化的方式去表达他们的不满情绪与利益诉求。

在现有关于制度化政治参与的实证研究中,相对权力理论和资源理论获得了更多的经验支持。研究发现,日益扩大的贫富差距会抑制民众对政治的兴趣程度和选举的参与程度,但是这一抑制作用在收入最高的20%的富人中并不显著。换言之,经济不平等抑制了中产阶层和穷人的政治参与,但对富人并没有影响。在其他制度化政治参与方式方面,学者得到了相似的发现。③

3. 政府回应性

政府回应性的早期研究大多发现西方民主政府整体上回应了民众诉求。然而,近年来有关政府回应性和经济不平等关系的研究指出,西方民主政府的回应程度出现基于财富分配的群体差异化趋势,其对富人的回应程度要强于对中下层民众的回应程度。基于1978年、1980年、1982年美国国家选举调查(American National Election Studies, ANES)中的参议院唱名表决数据,拉里·巴特尔斯发现参议院对富人意见的回应程度要远胜于对中产阶层和穷人意见的回应程度。其中,穷人几乎对参议员唱票表决行为没有任何影响。④ 有

---

① Henry E. Brady, Sidney Verba and Kay Lehman Schlozman, "Beyond SES: A Resource Model of Political Participation", *American Political Science Review*, Vol. 89, No. 2, 1995, pp. 271-294.

② Walter Garrison Runciman, *Relative Deprivation and Social Justice: A Study of Attitudes to Social Inequality in Twentieth-century England*, Vol. 13, Routledge & Kegan Paul, 1966; Iain Walker and Thomas F. Pettigrew, "Relative Deprivation Theory: An Overview and Conceptual Critique", *British Journal of Social Psychology*, Vol. 23, No. 4, 1984, pp. 301-310.

③ Frederick Solt and Michael Ritter, "Economic Inequality and Campaign Participation", *Social Science Quarterly*, Vol. 100, No. 3, 2017, pp. 678-688; Bram Lancee and Herman G. Van de Werfhorst, "Income Inequality and Participation: A Comparison of 24 European Countries", *Social Science Research*, Vol. 41, No. 5, 2012, pp. 1166-1178.

④ Larry M. Bartels, *Unequal Democracy: The Political Economy of the New Gilded Age*, Princeton University Press, 2008.

关政策的研究同样发现富人的影响力更强。马丁·吉伦斯在《财富与影响力》一书中,考察了美国联邦政府从 1980 年到 2002 年制定的超过 2000 份政策提案。① 吉伦斯发现富人意见对政策变化的预测能力要强于穷人和中产阶层,尤其是当富人与穷人意见差异较大(差异超过 10%)时,富人的意见对政策的影响明显要强很多。随着学者将欧洲民主国家纳入考察范围,政府回应"因人而异"的特征被发现同样存在于欧洲,且同样是对富人有利。② 在贫富差异日益扩大的背景下,民主政府对民众的回应不再是"一视同仁",而是"区别对待"。经济不平等导致了政治影响力的不平等、政府回应的不平等。

4. 民主转型

有关经济不平等与民主转型关系的实证研究自 21 世纪以来取得了显著进展。现有研究主要分为两大学派,二者都主张经济不平等和民主之间存在因果关系,但关系的具体形式不同。第一个学派以卡莱斯·鲍什为代表,认为经济不平等和民主之间存在线性因果关系。鲍什认为不平等程度高的国家不容易实现民主化,因为不平等程度高时,富人和精英阶层十分恐惧民主化后的再分配政策,他们会极力反对民主化。③ 第二个学派以达龙·阿西莫格鲁和詹姆斯·罗宾森为代表,认为经济不平等和民主化之间存在倒 U 形关系。两位学者指出民主化不太可能发生在财富分配非常平等的国家,因为公众通过民主化得到的再分配收益比较小;民主化也不会发生在极端不平等的社会,因为精英面对的再分配损失远大于镇压民众革命所需的成本。可能出现民主化的情况是在经济不平等处于中等水平的地区,在那里精英镇压低层的成本比较高,再分配给精英造成的潜在损失比较少,但再分配给低层带来的收益比较大,因此双方都会妥协,从而建立民主制度。④

---

① Martin Gilens, *Affluence and Influence: Economic Inequality and Political Power in America*, Princeton University Press, 2012.

② Yvette Peters and Sander J. Ensink, "Differential Responsiveness in Europe: The Effects of Preference Difference and Electoral Participation", *West European Politics*, Vol. 38, No. 3, 2015, pp. 577-600.

③ Carles Boix, *Democracy and Redistribution*, Cambridge University Press, 2003.

④ Daron Acemoglu and James A. Robinson, *Economic Origins of Dictatorship and Democracy*, Cambridge University Press, 2005.

第三节　再分配的政治

再分配通常指的是国家通过税收、社会福利等政策对经济资源进行再次分配,其最直接的影响就是或多或少降低了初次分配的不平等水平,为中低阶层提供不同程度的社会保护。① 在分配政治的四类文献中,再分配政治成因的文献最早出现,研究内容主要分为民意压力、政党力量和政体类型三类。

一、再分配的政治成因

1. 民意压力

公共民意及其产生的选举压力一直被视为政府再分配政策的主要根源之一。这一视角可以追溯到经典的梅尔策-理查德模型(Meltzer-Richard Model,以下简称 MR 模型)。该模型指出,在收入不平等加剧的背景下,中间选民会和穷人一起支持左派政党和再分配政策。后续的实证研究对经典的 MR 模型和中位选民理论作出了修正,修正的角度主要包括:社会距离、后工业化社会和全球化。第一,经典理论将各收入阶层视为简单的利益聚合体,而不是价值共同体,忽视了种族、语言、宗教等因素对个体认知和行为的影响。譬如,诺姆·卢普等人指出不是不平等程度本身,而是不平等的结构对再分配政策产生影响,在同种族、同民族的社会群体成员中,中位选民会更偏向支持再分配政策来帮助穷人。② 第二,后工业化社会理论更强调社会结构功能特征的改变会推动社会福利项目的扩张。典型代表如托本·艾弗森和托马斯·库萨克,他们认为在后工业社会中,技术进步给劳工市场带来了冲击,高失业率、非正规的兼职就业、家庭不稳定等社会风险增强了社会的不安全感,这使中间选民群体对社会保护的需求增加,从而促使政府加大对再分配政策的投入。③ 第

---

① Gosta Esping-Andersen, *The Three Worlds of Welfare Capitalism*, Princeton University Press, 1990.
② Noam Lupu and Jonas Pontusson, "The Structure of Inequality and the Politics of Redistribution", *American Political Science Review*, Vol. 105, No. 2, 2011, pp. 316-336.
③ Torben Iversen and Thomas R. Cusack, "The Causes of Welfare State Expansion: Deindustrialization or Globalization?", *World Politics*, Vol. 52, No. 3, 2000, pp. 313-349.

三,全球化视角强调的是全球化浪潮对各国民众态度和行为的影响。对于发达国家,全球化带来的资本转移、低技能移民、廉价商品贸易都会威胁到中低阶层的收入,带来巨大的不安全感,使得他们通过选举寻求更多社会政策的保护。① 对于发展中国家,全球化带来的贸易、资本虽然可能带来经济发展,但同样会带来竞争、不安全感和贫富差距,民众也因此可能通过选举、社会运动等方式施压于政府,要求后者提供社会福利政策的保护。②

2. 政党力量

政党是现代国家运转不可或缺的政治组织,会直接影响到政府的再分配政策,从而左右贫富差距。通常来说,由于意识形态和政策立场的差异,左派政党比右派政党更关注经济不平等问题,更关注穷人和中产阶层,因而更偏向用再分配政策来缩小贫富差距。这一论点在较早有关欧美、拉美的研究中得到了支持。③

然而,近期的实证研究对左派政党回应中下层民众、缩小贫富差距的观点提出疑问,因为学者们发现,社会中下层的政治参与、竞选资金的重要性、新自由主义的政策导向等因素都会影响到左派政党的政策立场和行为。首先,左派政党虽然与右派政党存在明显的意识形态差异,但并不意味着前者一定会为穷人和中产阶层的利益发声。乔纳斯·蓬图森和戴维·鲁埃达发现日益扩大的贫富差距会推动左派政党采取更左的再分配政策,但这种政策变化只有当低收入人群的投票参与率提高时才会出现。④ 其次,关于政党政策的研究显示,意识形态对政党立场的影响似乎已经让位于财富。譬如,伊丽莎白·里格

---

① David Bradley, Evelyne Huber, Stephanie Moller, François Nielsen and John D. Stephens, "Distribution and Redistribution in Postindustrial Democracies", *World Politics*, Vol. 55, No. 2, 2003, pp. 193-228.

② Marcus J. Kurtz, "The Dilemmas of Democracy in the Open Economy: Lessons from Latin America", *World Politics*, Vol. 56, No. 2, 2004, pp. 262-302; Daron Acemoglu and James A. Robinson, *Economic Origins of Dictatorship and Democracy*, Cambridge University Press, 2006.

③ Evelyne Huber and John D. Stephens, *Development and Crisis of the Welfare State: Parties and Policies in Global Markets*, University of Chicago Press, 2001; Evelyne Huber and John D. Stephens, *Democracy and the Left: Social Policy and Inequality in Latin America*, University of Chicago Press, 2012.

④ Jonas Pontusson and David Rueda, "The Politics of Inequality: Voter Mobilization and Left Parties in Advanced Industrial States", *Comparative Political Studies*, Vol. 43, No. 6, 2010, pp. 675-705.

比和杰拉尔德·赖特发现,无论是在经济议题还是社会议题上,美国各州的富人更能影响民主党候选人的政策立场,穷人几乎没有影响力,竞选所需的巨额资源是影响政策立场的重要因素。① 最后,20世纪70年代以来,以新自由主义为核心的华盛顿共识(Washington Consensus)已经改变了左派政党的政策立场。虽然美国的共和党对此更为支持,但民主党人也越发偏爱用市场方式来应对经济与社会问题。② 这意味着,两党在某些政策上逐渐趋同,形成相似的立场。③

3. 政体类型

在有关福利国家的浩瀚文献中,政体类型如何影响福利政策一直是学者们重点关注的议题。民主(指自由民主)政体通常被认为比非民主政体更有可能对经济资源进行再分配,原因在于民主政体下的选举投票和政党竞争使社会更有可能影响政府。④ 对于非民主国家而言,早期研究多认为此类政体由于缺乏选举和普选权,公众对政府影响力小,政府无需回应民意,因此再分配并不是非民主国家考虑的优先事项。这一论断至少遭到了两方面的质疑。首先,非民主国家存在多种类型,威权政体同样会重视再分配,其社会政策的慷慨程度并不一定低。⑤ 譬如,研究发现,在东欧地区,非民主国家的社会福利政策要比民主国家的政策更加慷慨,这既是苏联时期较优厚的社会福利政策的

---

① Elizabeth Rigby and Gerald C. Wright, "Political Parties and Representation of the Poor in the American States", *American Journal of Political Science*, Vol. 57, No. 3, 2013, pp. 552-565.

② Paul Krugman, "Competitiveness: A Dangerous Obsession", *Foreign Affairs*, Vol. 73, 1994, p. 28; Martha Derthick and Paul J. Quirk, *The Politics of Deregulation*, Brookings Institution Press, 2001.

③ Erling Barth, Henning Finseraas and Karl O. Moene, "Political Reinforcement: How Rising Inequality Curbs Manifested Welfare Generosity", *American Journal of Political Science*, Vol. 59, No. 3, 2015, pp. 565-577.

④ Edward N. Muller, "Democracy, Economic Development, and Income Inequality", *American Sociological Review*, Vol. 53, No. 1, 1988, pp. 50-68; D. Lake and M. Baum, "The Invisible Hand of Democracy: Political Control and the Provision of Public Services", *Comparative Political Studies*, Vol. 34, No. 6, 2001, pp. 587-621.

⑤ Hector E. Schamis, "Reconceptualizing Latin American Authoritarianism in the 1970s: From Bureaucratic-authoritarianism to Neoconservatism", *Comparative Politics*, Vol. 23, No. 2, 1991, pp. 201-220.

历史遗产,又是它们为了获得社会支持、提高政治合法性而采取的举措。① 其次,非民主国家虽然总体上比民主国家更加不易受到社会影响、更加自主,但这并不意味着非民主国家不受任何社会群体的影响或不需要任何人支持就可以维持统治。他们会通过再分配政策来获得特定群体(譬如军队、官僚、精英阶层)的支持,巩固其统治。当然,这类再分配政策会选择性地瞄准某些群体,甚至有扩大贫富差距的可能性。

二、再分配的政治后果

相比于大量文献研究了再分配的政治成因,对其政治后果的研究近年来逐渐兴起。比起考察再分配的政治成因,识别再分配的政治后果更为艰难,这源于其作用机制更为隐秘。一般来说,再分配对政治生活发挥影响主要通过两个机制:一是从理性选择的视角,强调利益的调整,指出再分配通过调节贫富差距来产生政治影响,譬如以缩小收入差距、提供社会保障来获得公众支持、实现社会稳定;二是从制度的视角,强调再分配政策本身在价值、理念等非物质方面的影响,譬如再分配对国家认同、国家能力的影响。两种机制并不对立,而是相互交织、互相支持的关系。概括起来,再分配的政治后果研究关切三个核心政治变量:政治信任、国家认同和政治秩序。

1. 政治信任

再分配与政治信任的关系在政治学界引起较多关注。现有研究表明,再分配政策的实施对于促进人们对政治系统的信任至关重要。② 再分配与信任存在彼此强化的关系:被高度信任的国家对弱势群体也承担高度责任,这些国家更易于再分配财富,因而也就越能提高信任,而信任又反过来促进财富的再分配。研究发现,当人们从政治机构获得公共服务时会变得更信任政治机构。斯塔凡·库姆林检验了再分配经历对政治态度的影响,发现再分配的受益者

---

① Vera Beloshitzkaya, "Democracy and Redistribution: The Role of Regime Revisited", *East European Politics and Societies*, Vol. 34, No. 3, 2020, pp. 571-590.

② Bo Rothstein, *The Quality of Government: Corruption, Social Trust, and Inequality in International Perspective*, University of Chicago Press, 2011.

显然比未受益者信任执政党和政府。① 通过建设强有力的福利国家,瑞典、芬兰等欧洲国家赢得了公众对政府的广泛信任。② 发展中国家的研究也表明,再分配项目在强化执政地位和维护政府合法性上具有重要作用。有关拉美的研究发现,在那些政府未能有效提供教育、公共卫生服务和打击犯罪的地区,政府的合法性因为公众不满而大打折扣。③ 而对非洲国家的研究表明,可信的再分配承诺及再分配政策的实施是执政党获得公民支持的关键。④

2. 国家认同

再分配的建构效应还体现在更宏观的国家认同层面上。国家认同指的是个人主观的、内化的、对于属于某个国家的感受,是国家得以团结的根源。目前,有关再分配如何影响国家认同的直接研究仍相对较少,不过已有文献基本肯定了再分配能提升个体对国家的认同感。

再分配强化国家认同的路径可以分为制度绩效和社会文化两个视角。首先,制度绩效视角聚焦再分配制度通过缩小贫富差距、提供经济保障的方式,建立起国家与社会的联系纽带,强化了后者对前者的信任和认可。社会福利制度能够为社会成员提供相近的生活水平、教育资源和医疗条件,从而加强社会作为共同体的团结感,强化社会对国家制度的认同。⑤ 其次,社会文化视角强调再分配对社会文化的渗透和改变作用。再分配制度并非仅仅带来经济保障,还在长期的执行过程中逐渐成为社会文化的一部分,国家再分配的制度实践渐渐被公众认同,并内化为集体的共同记忆,进而强化国家认同。有研究发现,英国的苏格兰和加拿大的魁北克地区的社会福利政策都对塑造当地公民

---

① Staffan Kumlin, *The Personal and the Political: How Personal Welfare State Experiences Affect Political Trust and Ideology*, Palgrave Macmillan, 2004.

② Lina Svedin, *Accountability in Crises and Public Trust in Governing Institutions*, Routledge, 2012.

③ John A. Booth and Mitchell A. Seligson, *The Legitimacy Puzzle in Latin America: Political Support and Democracy in Eight Nations*, Cambridge University Press, 2009.

④ Philip Keefer, "Inequality, Collective Action, and Democratization", *PS: Political Science & Politics*, Vol. 42, No. 4, 2009, pp. 661-666.

⑤ Karl Wolfgang Deutsch, *Nationalism and Social Communication: An Inquiry into the Foundations of Nationality*, MIT Press, 1966.

身份、强化国家认同具有明显的积极作用。①

3. 政治秩序

政治秩序关注宏观政治系统的稳定性,被认为是成熟政治系统最基本的特征。政治秩序指的是符合人们一般接受的规范的可理喻的、可预测的行为(政治系统的可预测性)。② 我国政治哲学的根本关怀和政治实践的重要目标是,跳出治乱循环的困境,实现长治久安;亨廷顿也指出,政治的首要问题是国家能够在多大程度上维持有效的政治秩序③。

现有研究主要从社会视角探讨再分配对政治秩序的影响。该视角聚焦再分配对个体政治态度、社会价值观的影响,强调再分配巩固了良好政治秩序的社会基础。具体而言,正如上文提到的政治信任和国家认同,再分配制度通过缩小贫富差距、提供经济保障、消除社会风险来增强社会对政府的信任和认可,为政治稳定和政治合法性奠定基础,进而巩固政治秩序。④ 再分配对政治秩序的积极作用也被视为国家韧性(resilience)的一种来源。譬如,有研究发现,1991 年至 2015 年,东欧地区国家考虑到民众受苏联社会福利制度的影响,普遍对本国社会福利制度报以较高的期待,为了获得公众支持和维持社会稳定,它们甚至会比老牌民主国家投入更多的资源在社会福利政策上,因为后者还可以通过选举来获得民心。⑤

---

① Claire L. Niedzwiedz and Mor Kandlik-Eltanani, "Attitudes towards Income and Wealth Inequality and Support for Scottish Independence over Time and the Interaction with National Identity", *Scottish Affairs*, Vol. 23, No. 1, 2014, pp. 27−54; Moses Shayo, "A Model of Social Identity with an Application to Political Economy: Nation, Class, and Redistribution", *American Political Science Review*, Vol. 103, No. 2, 2009, pp. 147−174.

② Richard Ned Lebow, *The Rise and Fall of Political Orders*, Cambridge University Press, 2018.

③ 塞缪尔·P. 亨廷顿:《变化社会中的政治秩序》,王冠华等译,上海人民出版社 2008 年版。

④ Douglass C. North, John Joseph Wallis and Barry R. Weingast, *Violence and Social Orders: A Conceptual Framework for Interpreting Recorded Human History*, Cambridge University Press, 2009; Bo Rothstein, *The Quality of Government: Corruption, Social Trust, and Inequality in International Perspective*, University of Chicago Press, 2011.

⑤ Vera Beloshitzkaya, "Democracy and Redistribution: The Role of Regime Revisited", *East European Politics and Societies*, Vol. 34, No. 3, 2020, pp. 571−590.

第四节 总结与讨论

自20世纪70年中期以来,经济不平等在世界范围内出现了明显的扩大趋势。进入21世纪,政治学界对分配政治学,尤其是经济不平等的政治后果,投入了大量精力加以研究,目前已取得了显著成果,形成了较为完整的研究体系。本章以经济不平等的阶段和因果指向为维度,对分配政治学的研究议题进行类型学划分,提出四种类型:初次分配的政治成因和政治后果、再分配的政治成因和政治后果。这四类研究议题包含了诸多议题,从社会视角下的政治态度、政治文化和政治参与,到国家视角下的政党政治、政府回应性、政体转型和政治秩序。这四类研究议题之间有着密切联系,譬如,初次分配的政治后果会影响再分配的政治成因,贫富差距对政体的冲击可能带来政治制度上的巨大变革,从而左右再分配制度的制定和执行。

今后,为促进分配政治学的学科发展,以下议题值得学者们持续关注。

一是构建系统化的分配政治学理论体系。当前,分配政治学的四类议题已经积累了大量研究成果,理论和实证两方面均取得显著进展,但却存在研究问题零碎化、文献之间对话少的问题,尚未形成系统化的学科理论体系。譬如,虽然初次分配的政治后果的研究已经涵盖了政治信任、政治参与、政府回应性和民主转型等主题,但这些文献分属不同领域,导致文献之间的对话少,无法形成对经济不平等的政治后果的整体性认知。对此,学者们应从更大的学科视角出发,关联不同议题下的研究成果,加强文献之间的对话,构建出系统化的理论体系,为作为新兴学科的分配政治学奠定概念和理论基础。

二是推进经济不平等与政治不平等互动关系的研究。经济资源对政治生活的影响自亚里士多德以来就在政治学研究中占据主要位置,该议题更是引发了马克思、韦伯、达尔等诸多政治学者的密切关注。自21世纪以来,源于对日益扩大的贫富差距的担忧,政治学界逐渐重视经济不平等的政治后果,加强相关研究,已取得了显著成果。现有文献的一大不足之处在于尚未阐明政治不平等如何进一步强化经济不平等。譬如,前述有关政治参与和政府回应性的文献针对经济不平等如何影响政治生活和政府行为提供了解释,但经济不平等对政治的影响并非一次性的,二者可能存在复杂的互动关系。政治不平等可能持续强化不同阶层的政治影响力,进而通过制度和政策固化或扩大已有的贫富差距。这意味着经济不平等与政治不平等可能存在动态的强化关系。对此,现有文献尚未形成系统的研究,在理论构建和实证分析上仍存在较大发展空间。

三是探索数字技术的政治后果,尤其是数字技术在准入和使用方面的差异如何影响社会经济发展。近年来,互联网、移动客户端、人工智能等新兴数字技术的普及为普通大众提供了信息获取和意见表达的重要渠道,深刻影响着现有话语权和影响力的分布格局。一方面,学者指出数字技术赋权于民,促使物理空间中政治参与较少的群体,如穷人、年轻人、少数族裔和受教育水平较低人群,在数字化的虚拟空间中获取更多的政治信息,并推动其参与公共事务。[1] 另一方面,有研究发现数字技术不仅没有消除政治参与的不平等,反而强化了已有的不平等。[2] 那些已经在线下积极参与政治的人会通过数字技术施加更大的政治影响力,因此线上政治参与很大程度上是复刻了线下政治参与的模式。在这个意义上,贫富差距和数字鸿沟相互交织,强化了政治不平等。因此,现阶段数字技术的政治后果,尤其是数字空间不平等如何与物理空间不平等相互作用而影响政治生活,仍有待进一步研究。

思 考 题

1. 分配政治学的核心关切是什么?其所关注的研究议题与政治学核心概念,如权力、国家、民主等,有什么关系?
2. 经济不平等与政治不平等之间的关系如何?二者相互影响的机制是什么?
3. 经济不平等如何影响政体转型?
4. 再分配政策的政治成因是什么?再分配政策的发布和实施需要哪些条件?
5. 如何兼顾经济增长和分配正义?如何实现在高质量发展中促进共同富裕?

---

[1] 王薪喜、孟天广:《中国城市居民的互联网使用与政治参与:基于介入方式与信息消费的类型学分析》,《社会》2021年第1期。

[2] Taewoo Nam, "Dual Effects of the Internet on Political Activism: Reinforcing and Mobilizing", Government Information Quarterly, Vol. 29, 2012, pp. 90-97.

参考文献

马丁·吉伦斯:《财富与影响力:美国的经济不平等与政治权力》,孟天广、郭凤林译,上海人民出版社 2021 年版。

托马斯·皮凯蒂:《21 世纪资本论》,巴曙松等译,中信出版社 2014 年版。

Carles Boix, *Democracy and Redistribution*, Cambridge University Press, 2003.

Daron Acemoglu and James A. Robinson, *Economic Origins of Dictatorship and Democracy*, Cambridge University Press, 2005.

第二十二章 计算政治学

作为一门融合了传统政治学和计算科学的新兴交叉学科,计算政治学通常运用计算方法研究政治现象,是信息技术发展和政治学学科积累到一定阶段的产物。它的出现极大地推动了政治学研究方法的开拓创新,拓宽了政治学的学科边界,提升了学科的社会价值,为政治学的发展提供了新的路径,处于当前政治学发展的最前沿。本章将介绍计算政治学的产生基础、研究范畴和研究方法,并对其进行评析。

第一节 计算政治学的缘起

计算政治学的出现既与技术发展和时代转型等现实因素的驱动有关,也与政治学学科进步和知识积累的学科历程相关。

一、大数据时代计算社会科学的出现与发展

21世纪以来,信息与网络技术的迅速发展引发了数据信息的空前爆炸,大数据时代随之到来。大数据的发展促发了当今世界的深刻变革,开启了重大的时代转型,它不仅引领了全球经济活动、商业模式、个体思维和社会生活方式的变革,而且深刻影响着科学研究的发展。①

在大数据时代,从宏观到微观、从自然到社会的观察、感知、计算、仿真、模拟、传播等设施和活动产出超大规模的研究数据。研究者们不仅通过对广泛数据实时、动态的监测与分析来解决以往难以解决或不可触及的科学问题,而

---

① 维克托·迈尔-舍恩伯格、肯尼思·库克耶:《大数据时代:生活、工作与思维的大变革》,盛杨燕、周涛译,浙江人民出版社2013年版,第1—26页。

且把数据作为科学研究的对象和工具,基于数据来思考、设计与实施科学研究。海量数据和技术进步驱动科学研究不断发展,推动了第四种研究范式——数据密集型范式的诞生。① 数据采集、数据存储、数据传输、云计算、数据可视化、科研信息搜索等大数据挖掘、处理与分析能力已经彻底改变了环境科学、医学、物理学等自然科学,也给社会科学研究带来了巨大变化。

鉴于大数据及相关技术的应用推动社会科学的突破与发展,2009 年 2 月 6 日,25 位来自社会科学、计算机科学和物理学的重要科学家联名在《科学》杂志上发表了《计算社会科学》一文,宣告计算社会科学(computational social science)的诞生。2012 年,来自欧美国家的 14 位学者又在《欧洲物理学报专题》上发表了《计算社会科学宣言》,从时代机遇、技术发展、方法创新、当下挑战和预期影响等五个方面全景式地说明了计算社会科学的发展现状及前景。文章指出,计算社会科学可以在理论、经验事实和研究之间建立良好连接,在未来产生更加广泛的影响。例如,通过大数据分析模拟研究改善管理,增强政策决策与评估的科学性,从而推动经济的增长;对全球范围内的社会进程进行建模和模拟,使决策者有效识别社会发展的最佳路径;提高公民在这一决策过程中的参与程度,开启一个更安全、更可持续和更公平的全球社会;等等。② 2018 年 1 月,专门聚焦于计算社会科学前沿研究的期刊《计算社会科学杂志》(*Journal of Computational Social Science*)创刊,标志着计算社会科学的进一步发展与成熟。

与此同时,计算社会科学的分支学科也在不断建立与完善,进行了大量知识积累,形成了丰富的知识储备。例如,早在 20 世纪末,经济学界已经有不少研究者开始利用计算机技术进行经济学研究,1996 年,对相关研究进行总结和评述的《计算经济学手册》第一卷出版③,标志着计算经济学(computational economics)正式诞生;之后,计算经济学的研究不断涌现,《计算经济学手册》

---

① Tony Hey 等:《第四范式:数据密集型科学发现》,潘教峰、张晓林等译,科学出版社 2012 年版,译者的话,第 i 页。
② R. Conte et al., "Manifesto of Computational Social Science", *The European Physical Journal Special Topics*, Vol. 214, 2012, pp. 325–346.
③ Hans M. Amman et al., eds., *Handbook of Computational Economics*, Elsevier, 1996.

一直追踪着这一领域的前沿发展动态,至 2024 年已出版到第四卷。① 2002 年,《从要素到行动者:计算社会学与行为者模型化》一文提出了计算社会学(computational sociology)的概念,并将之界定为广泛应用计算机技术研究、认知和理解社会现象的社会学分支。② 2010 年,《计算新闻学创新的功能性路线图》一文对计算新闻学(computational journalism)的发展作出全面概述。③ 计算新闻学是处于发展前沿、建设较为完善的一个分支学科④,斯坦福大学、哥伦比亚大学、麻省理工学院等多所高校都开设了计算新闻学实验室或相关的学位项目。此外,计算法学(computational law)⑤、计算心理学(computational psychology)⑥等计算社会科学分支学科也在蓬勃发展。

政治学研究者们一致认为,政治学作为一门社会科学,其理论与方法也深受大数据及其技术发展的影响。学者们使用计算方法对新旧政治现象进行分析,取得了丰富的研究成果,相关研究如雨后春笋般不断涌现,为计算政治学(computational political science)这一新兴交叉学科的建立奠定了扎实的知识基础。

---

① Cars Hommes and Blake LeBaron, eds., *Handbook of Computational Economics*, Vol. 4, Elsevier, 2018.

② Michael W. Macy and Robert Willer, "From Factors to Actors: Computational Sociology and Agent-Based Modeling", *Annual Review of Sociology*, Vol. 28, 2002, pp. 143-166.

③ Nicolas Diakopoulos, "A Functional Roadmap for Innovation in Computational Journalism", 2011, https://www.nickdiakopoulos.com/wp-content/uploads/2007/05/CJ_Whitepaper_Diakopoulos.pdf, 2024 年 8 月 25 日访问。

④ 参见 S. Cohen et al., "Computational Journalism", *Communications of the ACM*, Vol. 54, No. 10, 2011, pp. 66-71; Walter Teixeira Lima Junior, "Big Data, Computational Journalism and Data Journalism: Structure, Thought and Professional Practice in the Data Web", *Estudos em Comunicação*, Vol. 12, 2012; T. Flew et al., "The Promise of Computational Journalism", *Journalism Practice*, Vol. 6, No. 2, 2012; J. Karlsen and E. Stavelin, "Computational Journalism in Norwegian Newsrooms", *Journalism Practice*, Vol. 8, No. 1, 2014, pp. 34-48;白红义:《大数据时代的新闻学:计算新闻的概念、内涵、意义和实践》,《南京社会科学》2017 年第 6 期;王成军:《计算社会科学视野下的新闻学研究:挑战与机遇》,《新闻大学》2017 年第 4 期;等等。

⑤ 参见钱宁峰:《走向"计算法学":大数据时代法学研究的选择》,《东南大学学报(哲学社会科学版)》2017 年第 2 期;于晓虹、王翔:《大数据时代计算法学兴起及其深层问题阐释》,《理论探索》2019 年第 3 期;邓矜婷、张建悦:《计算法学:作为一种新的法学研究方法》,《法学》2019 年第 4 期。

⑥ 参见肖前国、余嘉元:《论"大数据""云计算"时代背景下的心理学研究变革》,《广西师范大学学报(哲学社会科学版)》2017 年第 1 期等。

二、政治学的发展与学科积累

在计算政治学出现之前,政治学经历过两次重大转型与蜕变。从学科发展历程而言,计算政治学的出现与定量政治科学存在着深厚的渊源,实证研究与科学理论等科学研究方法是计算政治学演化与产生的基础。

19世纪末,政治学成为一门独立学科,这是其第一次重大蜕变。在19世纪以前,政治学没有独立的研究范围和专业学者,主要依附于历史学、哲学、神学或其他学科,并不是一门独立的学科。19世纪下半叶以来,随着社会科学专业化、分离化进程加快,1880年,美国哥伦比亚大学成立了第一个政治学系,其他大学也陆续设立"政治与政府"或"政治学"等相关学科和院系,政治学逐渐成为一门独立的学科。但这一时期的政治学者主要有着历史学、法学等其他学科的背景,研究方法以历史研究法、法理研究法和制度研究法为主,这些方法后来被称为传统研究方法。历史研究法侧重分析政治史料,如分析政党史、外交史以及政治思想史等;法理研究法侧重对宪法、各机构组织法与一般法典的描述与分析;制度研究法则是对各种制度进行具体阐述。

20世纪中叶,在行为主义革命的推动下,计量政治学产生并得以发展,这是政治学的第二次蜕变。基于对传统研究方法和规范研究的不满,美国政治学界于20世纪50年代兴起了行为主义革命,要求仿照自然科学,运用科学方法来研究政治现象。行为主义者主张将政治科学研究的对象锁定到个体实际存在的、可观察到的政治行为,通过对政治个体行为的观察、统计、分析来获得对政治现象的解释;在价值中立的前提下,运用经验、量化的科学主义方法来研究政治现象。在行为主义革命的推动下,学界对政治学研究的认识论、方法论、程序、技术等方面进行了大量讨论,政治学研究范式逐渐转型。到20世纪六七十年代,采用定量分析(quantitative analysis)的政治学研究大量增加,实证分析逐渐普遍化,政治学研究方法也形成了一套系统性论说。这一时期定量研究使用的数据资料主要包括政府出版的各种统计资料,以及社会抽样调查、民意调查等收集的关于个体政治态度和政治行为的数据与材料。可以说,政治科学和计量政治学的发展为计算政治学的出现奠定了坚实的方法论与技术基础。

21世纪以来出现的计算政治学是政治学第三次重大转型,它重构了政治学的研究范式与逻辑,空前刺激了政治学研究方法的开拓创新,极大地拓宽了政治学的学科边界,提升了学科的社会价值。

第二节　计算政治学的研究范畴

一、计算政治学的概念

"computational political science"这一英文概念最早出现于2010年宾夕法尼亚州立大学一篇题为《政治观点识别、挖掘与检索》的硕士论文中。[①] 该论文将计算政治学界定为不仅包含对来自网络、传感器、通信、电子媒体或电子数据库的计算机生成数据的分析,而且使用计算形式及语言来描述和分析政治现象的一个领域;这一领域的研究方法主要有社会网络分析、文本分析、基于主题的建模、动态关系或集群模型、数据挖掘等。"计算政治学"最早在中文文献中出现是在2017年,国内学者杨阳等在《大数据时代的计算政治学研究》一文中沿用了上述英文定义,指出计算政治学不同于基于统计的政治科学,而是一门采用计算机科学和信息科学的技术手段分析研究政治的学科。[②] 2021年,另一名学者褚尔康也对计算政治学进行了界定,认为其是一门"运用数学形式和模型方法对政治现象进行定量、模型化分析研究的社会科学学科",计算政治学研究以行为的规范刻画、建模和可计算为主要特征。[③] 2023年,李锋、王浦劬阐述了计算政治学的形成与发展,表示"计算政治学是计算社会科学的一个分支,属于计算科学与政治学的交叉学科,它基于计算社会科学的方法论,利用不断扩展的多源异构的海量大数据、日益增强的算力和逐步优化的算法,来研究政治行为与话语实践,形成了大数据政治学、智能体仿真模拟和

---

① Lei Zhu, *Political Opinion Identification, Mining and Retrieval*, Master Thesis, Pennsylvania State University, August 2010.
② 杨阳等:《大数据时代的计算政治学研究》,《中文信息学报》2017年第3期。
③ 褚尔康:《计算政治学理论范式演进的基本逻辑》,《晋阳学刊》2021年第4期。

计算实验等多种计算政治学的研究形态"①;严洁、李钦帅、牛冠捷也持类似观点,他们提出在大数据基础上诞生的计算政治学是一门运用计算社会科学研究方法对政治现象进行量化、模型化分析的学科,它通过对政治学研究的分析范式进行重新建构,推动了政治学学科发展方向的转变。②

虽然中英文中均早已出现"计算政治学"这一概念及相关术语,政治学研究者们也一致认同使用计算方法研究政治现象已成为政治学研究的一股新潮流,但直到近年,政治学界才开始将其作为一个统一的学科用语予以使用,对其形成与发展进行初步评析。此前,在"计算政治学"之外,有许多学者使用其他概念来描述和分析这一新兴学科。例如,有研究将计算政治学放入计算社会科学的框架,以计算社会科学指代计算政治学,如《计算社会科学:发现与预测》③、《论计算社会科学的缘起、发展与创新范式》④等,也有研究以"大数据政治学"等指代计算政治学,如《大数据政治学:新信息时代的政治现象及其探析路径》⑤、《大数据:政治学研究的科学新工具》⑥、《大数据时代的政治现象、研究方法与反思》⑦等。目前,学界已初步形成使用"计算政治学"这一术语的共识,并对已有成果、学科发展及研究方法进行了简要的总结与评述,但学者们对这一学科的评析远不及学科发展速度,对这一前沿学科进行密切跟踪、细致考察和深入分析,具有极大的理论价值与现实意义。

二、计算政治学的研究领域

计算政治学的研究领域既包括经典议题,也包括技术进步催生的新兴议题。

---

① 李锋、王浦劬:《计算政治学的形成与发展》,《新文科理论与实践》2023年第2期,第56—67页。
② 严洁、李钦帅、牛冠捷:《从量化到计算:计算政治学的研究方法与边界》,燕继荣主编:《北大政治学评论》第15辑,商务印书馆2023年版,第205—231页。
③ R. Michael Alvarez, *Computational Social Science: Discovery and Prediction*, Cambridge University Press, 2016.
④ 张小劲、孟天广:《论计算社会科学的缘起、发展与创新范式》,《理论探索》2017年第6期。
⑤ 孟天广、郭凤林:《大数据政治学:新信息时代的政治现象及其探析路径》,《国外理论动态》2015年第1期。
⑥ 黄欣荣:《大数据:政治学研究的科学新工具》,《马克思主义与现实》2016第5期。
⑦ 李传军:《大数据时代的政治现象、研究方法与反思》,《徐州工程学院学报(社会科学版)》2016年第3期。

一方面，在学科发展与范式革新双重推动下，政治学研究方法、政治传播、政治参与、政治沟通、政治预测、政治行为分析、政策评估等政治学研究的经典议题获得了新的生命力。随着政治现象与政治学的发展，传统政治科学理论体系中基于相对独立个体的行为假设暴露出局限性，需要新的研究与理论进行解释，政治科学的研究范围逐步从个体扩展到群体及社会。[①] 而 Web 2.0 时代的开启带来了网络数据与社交数据的激增，政治学研究者收集并分析大规模数据的能力飞跃，促进了政治学研究方法的创新，在计算研究方法的推动下，政治科学的知识发现的思维与过程逐渐从由理论驱动转变为由数据驱动。由此，学者们得以使用新兴的研究方法更精确、更深入地探析传统政治现象与经典政治学议题。例如，以往关于人类互动的研究主要依赖实验或某一特定时段个人填答的调查问卷，随着技术的发展，电子设备会自动生成与记录个体的行为痕迹与信息，这些数据为思考个体行为和社会关系提供了新的途径。通过先进的技术，研究者能够捕捉、获取和处理有关人类行为与社会运转的大规模行为数据，甚至全部数据。基于这些数据，研究者得以模拟社会现象或社会活动的过程演变，或者预测未来社会活动的发生概率或者发展趋势。

另一方面，科技进步深刻影响着政治表达、政治互动、政策决策与制度运行，将政治学研究从物理空间拓展到虚拟空间，为政治学研究开拓了新的研究议题。互联网拓宽了人们社会活动的空间，改变了政府、组织与个体等主体的行为模式及它们之间的关系，所生产并传播的信息突破了时空限制，推动了新的社会现象与议题的出现。以计算机为媒介的现代通信技术构建了与现实空间相对的虚拟空间，创造了有别于现实空间的行为体。虚拟空间的开放性、共享性、匿名性等特性也使得行为体呈现出与现实空间不同的关系和互动模式，这些新的政治活动与政治现象引发了信息政治、网络政治等新研究议题的出现。

[①] 王国成：《计算社会科学引论——从微观行为到宏观涌现》，中国社会科学出版社 2015 年版。

第三节 计算政治学的研究方法

与比较政治学类似,计算政治学是以方法来界定的政治学分支学科,使用大数据分析法等计算方法的政治学研究都可纳入计算政治学研究的范畴。目前,计算政治学的研究方法主要包括以数据驱动为内核探索相关关系的大数据研究方法和以理论+数据驱动为内核追求因果推断的混合研究方法。

一、大数据研究方法:数据驱动的相关分析

大数据是以容量大、类型多、存取速度快、应用价值高为主要特征的数据集合。以往社会科学研究的分析主要基于文本与结构化数据;而大数据除了文本与结构化数据,还包括半结构化数据及图片、视频、文档等非结构化数据,大数据技术不仅可以分析文本、结构化数据,还可以处理半结构化数据和非结构化数据,拓宽了研究的数据范围与来源。[①]

大数据分析方法是指用一系列算法从海量多元数据中发现反映社会现象的特定模式、特定关系或特定趋势的分析方法,目标是运用机器学习把非结构化、高维、海量的数据,转化为结构化的、可被理解的社会知识。总的来说,相比抽样调查法和实验法,大数据分析法聚焦于相关关系,引导人们更加关注事物或现象究竟"是什么",从基本事实出发,而不是从一个研究者给出的理论假设出发来探求人类社会发展规律。这颠覆了近百年来人们的思维习惯,并且将量化研究广泛引入各种政治问题研究,使研究对象更加精确化,从而揭示规律,理清关系,预测事物发展趋势。目前应用于政治学研究的大数据分析法主要包括数据挖掘(data mining)、自动文本分析(automatic text analysis)、社会网络分析(social network analysis)、可视化(visualization methods)、机器学习(machine learning)等。

政治学研究的重要任务是发现政治现象的规律,数据挖掘可以从大量的、

---

① Gary King, "Preface: Big Data Is Not about the Data!", in R. M. Alvarez, ed., *Computational Social Science: Discovery and Prediction*, Cambridge University Press, 2016.

不完全的、有噪声的、模糊的、随机的实际应用数据中,通过算法提取隐含在其中的、人们事先不知道但又潜在有用的信息和知识。大数据挖掘的常用算法有分类、聚类、回归分析、关联规则、特征分析、网页挖掘、神经网络等。研究者可以通过数据采集获取海量数据,进而通过挖掘与清理,完成对数据的预处理。①

文本分析是探析政治现象的重要途径,是获取政治态度、政治立场以及观测其随时间变化的重要方法。分析政治文本在政治学领域具有长期传统,大数据技术出现以前,人工编码浩瀚的政治文本非常困难。在大数据时代,受机器学习的推动,对非结构化和半结构化信息进行挖掘的自动文本分析得以飞速发展,使这种大规模的文本分析成为可能。与自动文本分析紧密联系的是文本情感分析。文本情感分析指的是对带有情感色彩的主观性文本进行分析、处理、归纳和推理的过程,一般包括情感信息的抽取、情感信息的分类、情感信息的检索与归纳三项任务。政治文本的情感分析可以有效测量政治行为者的政治情感倾向,进而影响政治互动的具体模式。例如,《网络空间的政治互动:公民诉求与政府回应性——基于全国性网络问政平台的大数据分析》使用了自动文本分析和文本情感分析,探讨了网民政治话语表达的情感倾向和强度。②

网络社交平台的兴起和随之出现的海量关系数据,为社会网络分析带来了空前的机遇。海量社交数据为解答网络分析中的经典问题提供了更高精度、更完备的数据来源;网络平台使大规模的随机控制实验成为可能,有利于作出更有说服力的因果推断;推动学术界提出和研究互联网的社会后果等诸多新的问题。③ 不少学者利用社会网络分析对政治选举、集体行动、政治传播、权力结构等问题进行研究。

可视化是大数据时代社会科学研究的新趋势。使用更优化的数据处理技

---

① 黄欣荣:《大数据:政治学研究的科学新工具》,《马克思主义与现实》2016 年第 5 期。
② 孟天广、李锋:《网络空间的政治互动:公民诉求与政府回应性——基于全国性网络问政平台的大数据分析》,《清华大学学报(哲学社会科学版)》2015 年第 3 期。
③ 郑路:《大数据为社会网络分析带来"黄金时代"》,钟杨主编:《实证社会科学》第四卷,上海交通大学出版社 2017 年版,第 72—80 页。

术使过去的描述性信息变得更加直观,增强了对数据信息的发现、跟踪、分析和理解,还能够显著提高表达主题的吸引力和说服力。此外,大数据可视化分析与传统统计分析的区别在于它的动态性,其数据容量、内容及更先进的处理方法使动态可视化分析成为可能。

机器学习主要使用归纳、综合而不是演绎的方法,通过计算机程序,利用样本数据或者以往的经验来解决给定的问题。将一些已知的并已被成功解决的问题作为范例输入计算机,机器通过学习范例,总结并归纳出有通用性的规则,然后使用这些规则解决某一类问题。目前机器学习已在政治预测研究中得到广泛应用。

二、混合研究方法:理论+数据驱动的因果推断

与传统研究的理论驱动不同,大数据方法是数据驱动的知识发现过程,建立在相关分析基础上的预测是大数据的核心。随着大数据分析方法的日益成熟及研究者对研究方法理解的深入,结合大数据方法与其他研究方法推进因果推断的混合研究方法逐步完善,使政治科学更接近于建立理论、经验事实和研究之间的良好连接,具体来说主要包括以下四种。

一是大数据分析法与统计分析法相结合的研究方法,这种方法可以视为测量模型和结构模型的结合。大数据方法可以帮助研究者基于海量数据测量抽象概念,帮助研究者回答"是什么"的描述性推论问题,加深对研究对象状态、分布、变化趋势的全面理解,而统计分析解决的则是概念(变量)间因果关系的检验或解释的问题,回答"为什么""怎么样"等问题。

二是大数据方法与小数据分析法相结合,这种混合研究法在社会科学界较为流行。使用大数据方法可以在总体层面描述社会现象的特征、变化趋势和相关关系;在大数据中随机抽取小数据开展深度(结构化)调查,可以凭借小数据(抽样数据)分析探究因果关系。由此,研究者得以同时从理论驱动和数据驱动两个角度来进行研究,实现大数据描述性分析与小数据解释性分析的功能互补性,推进描述性和因果性知识的积累。大数据和小数据分析相结合开展因果推断时,存在四种可能组合:(1)大数据方法仅承担描述性统计或相

关分析的功能,主要由小数据分析法进行因果推断;(2)将大数据方法纳入因果模型,应用多水平模型来考察特定宏观因素对个体行为或偏好的影响;(3)将大数据测量所得变量视为制度、政策或社会干预变量,以研究干预对个体行为或偏好的影响;(4)将大数据测量所得与个体变量进行交互分析,以探讨特定情景或干预水平在不同社会群体中的异质性影响,加深对复杂因果关系的理解。

三是大数据方法与实验法相结合。实验研究法被认为是探索因果关系、挖掘因果机制的金标,大数据方法的蓬勃发展为实验研究的拓展创造了新条件。大数据方法与实验法相结合主要有两种组合:(1)通过大数据方法获得对研究对象状态、特征或模式的描述性或相关性的理解,进而设计实验检验变量间因果联系,从而拓展研究的广度和深度;(2)将大数据方法直接应用于实验设计,拓展实验设计及操作化干预(原因)、随机化分配干预、控制威胁内部和外部效度之因素、测量和识别实验效应(结果)的工具箱。

四是大数据模拟研究。模拟方法是在虚拟空间模拟真实世界过程、行为或系统运行以生产社会知识,需要研究者建立关于真实世界的数学或理论模型,然后编制计算机程序,在给定参数和环境的条件下开展模拟分析,检验理论模型或寻求特定公共问题的最优解决方案。就政治学研究而言,模拟方法通常应用于社会选择、集体行动、国际政治等领域。大数据技术为开展大规模模拟提供了超级计算能力,为海量数据处理和参数优化提供了新技术,研究者们可以利用机器学习法高效、实时地挖掘真实世界数据和模拟数据,开展动态模拟。[1] 目前,计算政治学中的模拟模型主要有三种类型:用于模拟个体之间的互动如选举、社会分化、冲突和协调的代理人模型,用于分析政策制定与干预的系统动力学模型,以及关注行为体决策和行为过程如选举、政策协商、国际关系的智能体模型等。[2]

---

[1] 孟天广:《政治科学视角下的大数据方法与因果推论》,《政治学研究》2018 年第 3 期。
[2] 严洁、李钦帅、牛冠捷:《从量化到计算:计算政治学的研究方法与边界》,燕继荣主编:《北大政治学评论》第 15 辑,商务印书馆 2023 年版,第 217—221 页。

第四节 评论与思考

作为一门融合了传统政治学和计算科学的新兴交叉学科,计算政治学是信息与网络技术发展和政治学学科积累到一定阶段的产物。计算政治学的出现极大地推动了政治学研究方法的开拓创新,拓宽了政治学的学科边界,提升了学科的社会价值,为政治学的发展提供了新的路径,处于当前政治学发展的最前沿。

计算政治学对于政治学学科发展的贡献主要在于大数据分析方法。首先,以往社会科学研究的分析主要基于文本与结构化数据;而大数据技术既可以分析文本、结构化数据,还可以处理半结构化数据和非结构化数据,拓宽了研究的数据范围与来源。其次,实验研究与抽样调查分析的精确性依赖样本抽取的随机性,样本的选择性偏差是导致因果推断出现问题的主要原因;而提供了样本量接近或等于全体信息的大数据则颠覆性地解决了小数据的代表性问题,缓解了选择性偏差问题。与田野调查、实验研究、社会抽样调查等采集到的小数据相比,能够获取全样本信息和多结构类型数据的大数据方法可以使学者们对诸多政治现象进行更全面、精准和可预测性的观察和分析。[1] 再次,与依托人工的传统数据处理方式相比,数据挖掘、机器学习、自动文本分析、社会网络分析等依托计算机的大数据分析方法处理速度更快、效率更高,处理数据规模更大,处理能力更强,极大地降低了研究成本。此外,大数据时代最大的转变就是相比抽样调查法和实验法来说,更加关注各种相关关系,引导人们探索事物或现象究竟"是什么",从基本事实出发,而不是从一个研究者给出的理论假设出发来探求人类社会发展规律。这将颠覆近百年来人们的思维习惯,并且将量化研究广泛引入各种政治问题研究,使研究对象更加精确,从而揭示规律,理清关系,预测事物发展趋势。最后,在学科意义与价值方面,大数据方法大规模地拓宽了政治学的学科界限,将互联网、社交网络、信息流

---

[1] Clifford Lynch, "Big Data: How Do Your Data Grow?", *Nature*, Vol. 455, No. 7209, 2008, pp. 28-29.

和语义等纳入政治学研究范畴,促使政治学与计算机科学、信息科学、传播学、语言学等相关学科的跨学科研究落到实处。

不过,计算政治学的未来发展也面临一些壁垒。例如,大数据本身存在诸多问题。首先,大数据并不等于"全数据"。社会科学研究所采集的数据主要来自网络,数据存在代表性偏差。例如,从互联网采集到的数据只覆盖了网民群体,在网民群体中,越活跃的网民会产生越多的信息,他们的态度与观点在研究中容易被放大。其次,大数据的质量堪忧,大数据分析方法的信度与效度问题也值得反思。[1] 在互联网这一虚拟空间内,虚假信息广泛存在。社交数据和网络数据大多反映个体的外显行为,行为背后的价值观或心理因素难以测量。再次,数据来源受限。出于保护个人隐私、商业机密或国家安全的考量,并非所有数据都可以被研究者获取,这将大大制约政治科学研究的发展。[2] 大数据强调相关性而非因果性的研究取向也限制了其探究因果关系的能力。[3] 此外,技术壁垒也限制大数据在政治科学中的广泛应用。应用大数据方法不仅需要强大的数据采集和存储技术,而且需要开发数据分析学、预测分析学等数据分析和计算技术。熟练掌握和应用以上技术对于研究者而言是不小的挑战。

在政治学研究之外,计算方法的普遍应用与大数据时代的到来还给全球政治组织、政治生活、个体思维和政治行为等带来了重要且深刻的影响,算法政治学应运而生。有别于计算政治学关注算法对于政治学研究和学科的影响,算法政治学聚焦于算法对于人类政治生活的影响,是一门研究算法和数据如何影响自由、平等、民主等政治价值,个体政治行为与政治权利,社会生活方式与结构,政治制度,政府决策,治理,国家主权,或如何通过算法来影响上述内容,以及如何更好地用更公正、透明和可靠的算法来促进政治向善、推动人

---

[1] David Lazer et al.,"Computational Social Science", *Science*, Vol. 323, No. 5915, 2009; Stephen Ansolabehere and Eitan Hersh, "Validation: What Big Data Reveal About Survey Misreporting and the Real Electorate", *Political Analysis*, Vol. 20, No. 4, 2012, pp. 437-459.

[2] Hakikur Rahman and Isabel Ramos, eds., *Ethical Data Mining Applications for Socio-Economic Development*, IGI Global, 2013.

[3] Gary Marcus and Ernest Davis, "Eight (No, Nine!) Problems with Big Data", *The New York Times*, April 6, 2014.

类社会发展的学科。① 这门新兴学科同样综合了计算机科学、政治学、社会学等学科的见解,有助于提高社会对算法影响的认知,帮助我们未来更好地使用算法。

思 考 题

1. 什么是计算政治学？计算政治学的研究范畴有哪些？
2. 计算政治学是如何出现与发展的？它给政治学带来了怎样的变化？
3. 计算政治学主要采用哪些研究方法？这些研究方法有什么利弊？
4. 计算政治学的出现有何意义？其发展面临哪些壁垒？
5. 什么是算法政治学？计算政治学与算法政治学有什么区别？

参考文献

杰米·萨斯坎德:《算法的力量》,李大白译,北京日报出版社2022年版。

克劳迪奥·乔菲-雷维利亚:《计算社会科学:原则与应用》,梁君英等译,浙江大学出版社2019年版。

孟天广、郭凤林:《大数据政治学:新信息时代的政治现象及其探析路径》,《国外理论动态》2015年第1期。

严洁、李钦帅、牛冠捷:《从量化到计算:计算政治学的研究方法与边界》,燕继荣主编:《北大政治学评论》第15辑,商务印书馆2023年版。

R. Michael Alvarez, ed., *Computational Social Science*, Cambridge University Press, 2016.

---

① 杰米·萨斯坎德:《算法的力量》,李大白译,北京日报出版社2022年版,导论,第 xi—xxiii 页。

第二十三章　政治伦理学

政治伦理学是研究政治生活的伦理规范和道德评价的政治学分支学科，是政治学与伦理学的交叉研究领域。政治伦理学着重关注政治与道德的内在联系，以及政治伦理与社会伦理的相互关系。作为专门研究政治伦理现象，分析政治主体在处理政治关系、破解政治困境、开展政治活动时的道德准则和评价体系的学科，政治伦理学对于确立合理的现代政治评价标准，平衡国家权力与公民权利的关系，减少政治生活中的道德原则与日常生活中的道德原则间的张力，发挥着不可替代的作用。

第一节　政治伦理学的历史演变

作为政治学和伦理学的交叉学科，两门学科的基本原理和最新研究成果都是政治伦理学的理论基础和知识源泉。政治伦理学既可以被看作随现代政治学研究议题不断深化、扩展而分化、独立出来的前沿交叉学科，又可以被视为新旧伦理学原则在现代政治环境中的运用、检视与延伸。随着人类对理想政治状态认知的不断深入，随着旧有伦理价值原则持续受到社会、经济、科技发展的冲击与挑战，政治伦理学的研究视域和问题视角也变得愈发宽泛甚至模糊。但无论政治伦理学的学科视野如何开放，其关注的焦点始终是人在政治生活领域的道德活动，政治伦理学的学术志趣始终在于通过对人类政治生活的系统研究来把握其道德规律。[1] 从抽象程度和研究层次来看，政治伦理学的分析主要是中观层面的，兼顾实然与应然、应用与超越，介于以规范方法从

---

[1] 参见阎钢：《政治伦理学》，四川大学出版社2018年版；高汝伟、殷有敢编：《政治伦理学》，南京大学出版社2016年版。

宏观上对政治道德现象进行思辨的政治哲学和依托实证方法从微观、个体层面对政治道德现象进行观察研究的政治科学之间。

政治伦理学作为一门独立学科兴起于20世纪后半期。政治伦理学的学科边界、基本概念和研究议题在几代学者和诸多著作的不断推动下,向着专门化、体系化的方向发展。随着人们对政治伦理的认识不断深入,以及政治伦理相关议题日益显著和影响力不断扩大,诸如《哲学与公共事务》《商业伦理期刊》《生物伦理学》《医学伦理期刊》等专业期刊开始刊载专门针对政治伦理的研究。现实生活中原本分散在不同领域的关涉政治伦理的问题和现象,被越来越多地纳入政治伦理学的范畴进行专门讨论,这凸显了政治伦理学作为一门独立学科的地位和边界日趋稳固。新中国成立特别是改革开放以来,我国的政治伦理学研究取得了丰硕成果,尤其是在马克思主义政治伦理研究、中国传统政治伦理思想发掘,以及中国特色政治伦理学术体系与话语体系建设方面,发表了大量研究成果。

众所周知,亚里士多德是伦理学和政治学两门学科的创始人。然而,学界却很少把亚里士多德视为政治伦理学的创始人。这主要是因为亚氏没有明确城邦/政治意义上的善与个人/伦理意义上的善之间的实质性差别。虽然亚里士多德承认个人的善要服从于更高的城邦的善,但在处理寓于个人与城邦、伦理和政治领域中善的差别时,亚里士多德更多是从整体和部分之间的关系出发,把城邦/政治的善视为整体,把个人/伦理的善视为部分,并没有对两种善的性质和关系进行实质性区分。在亚里士多德的语境中,政治与伦理是高度同构、一体两面的,个体探寻幸福生活和城邦(国家)建立优良政体两种善在这一过程中实现了有机统一。[①] 值得注意的是,虽然中西政治伦理观的社会秩序基础截然不同,前者建立在血缘宗法和等级秩序之上,而后者则以个人权利和契约精神为本,但从源头上看,强调家国同构和德性教化的传统中国政治观与古希腊秉持的政治-伦理一体两面的观点十分相似。儒家语境中的政治天然具有追求"仁"的伦理向度,并把高尚的内在道德视为从政者必须具备的重要

---

① 亚里士多德:《政治学》,吴寿彭译,商务印书馆1996年版,第140页。

品质。也正因如此,为政以德和君子治国成为我国传统政治的核心话语和治国理政的重要实践。然而,这种把道德领域的规范直接上升为国家的政治原则,通过国家的政治手段来对私人的伦理道德观念施加干预的古典政治-伦理一体化观念,往往容易造成公德与私德不分、公民生活与家庭生活混为一谈、政治秩序和社会秩序分界不明的状况。政治伦理学在这种混沌的政治-伦理认知中很难发展演化出自身独立的学科边界、专门的研究领域和独特的问题意识。

因此,人们开始有意识地对政治与道德的相互关系进行系统思考和学理化阐释,这是政治伦理学诞生的基础。从这个意义上看,政治伦理学学科自觉和研究范畴的初步确立最早应该追溯到马基雅维利。正是从马基雅维利开始,人们认识到,政治虽然应该始终遵循道德标准,但政治并非只能由道德标准来决定。马基雅维利最先指出,作为重要政治主体的君主(后来这一主体的范围扩展到了掌握重要公权力的个体),可以甚至必须使用那些在私人领域被视为非道德的手段来达成特殊而重要的政治目的,从而揭示了个体在道德层面的善与国家在政治层面的善之间可能存在的张力,凸显了政治目的及其实现手段之间的矛盾,[1]引导人们切实思考政治-道德同构的合理性,为研究者提供了一种重新审视政治生活道德准则及规律的新视角。政治与道德从完全同构到实现一定程度的分离是政治伦理学诞生的重要标志,这使得人们有了系统探讨政治作为一类具有自主性、实践性和特殊性的活动而拥有其自身独立行动准则和道德规律的空间。正如韦伯指出的,只有依靠专业化,才能使政治遵循自己的条律,使人们在处理政治事务时不受伤害,使这门高贵的技艺得到强化。

第二节 政治伦理学的重要概念

政治与道德之间既不是完全同构的"伦理化的政治",也不是完全隔离的"无道德政治",而是一种相互嵌入的"有道德的政治",[2]这是现代政治生活和

---

[1] 参见尼科洛·马基雅维里:《君主论》,阎克文译,译林出版社2018年版。
[2] 万俊人:《政治伦理及其两个基本向度》,《伦理学研究》2005年第1期,第5页。

政治支配结构再生产的基本出发点。从"有道德的政治"这个前提出发,才能更好地理解和确立政治伦理学中的一系列重要概念。有了自身概念体系的支撑,政治伦理才真正成为一种专门的政治现象而非一般的道德理念或者纯粹的权术博弈,政治伦理学才具有了自身明确的学科边界。

一、善的意涵

在规范伦理学的视域下,确定善的标准主要有美德论(virtue)、结果论(teleology)/功利主义(utilitarianism)、道义论(deontology)和情境论(situationism)四种视角。而从元伦理学和应用伦理学对规范伦理学的批判中便可以看出,在确定善的意涵时,最核心的争议实际上就是价值与事实之间的张力。应用伦理学者批评人为建构的"善"忽视了客观现实中个体的主观感受和情境的复杂性,对人的能动性和社会的事实性信息把握不够;与之相反,摩尔以来的元伦理学则指出事实对于基本正当原则的确定没有必要,否认通过科学、实证的途径对道德判断进行论证的可能性,并认为道德原则的基本内容不应该依赖任何事实性的信息,主张善的研究过程应该保持价值中立(value free),只以逻辑和语言学的方法来分析以善为代表的伦理道德概念及价值判断的性质和意义。

具体到政治领域,"何为善",以及应该采用何种原则和方式来确定善,一直是很多政治理论家讨论的焦点。从认识论的角度审视,政治善既可以被视为一种实证性(positivist)的理论,即是对为什么采取特定政治行为和评价标准的一系列理性化解释;也可以是抽象的关涉善-恶、对-错的规范性理论;抑或是一种影响人们对于政治生活的理解和所关切问题类型的世界观(worldview)。但从本体上看,社会公共利益的增加和人民群众整体境况的改善是政治善的基本评价标准。而对于如何尽可能多地纳入民众的声音和立场,为人类社会的观念、价值、利益冲突提供政治善的解决方案[1],不同学者对这一关乎"政治的"(the political)本质和过程也存在争议。以罗尔斯为代表的协商民主理论

---

[1] Gilbert Harman, "Three Trends in Moral and Political Philosophy", *Journal of Value Inquiry*, Vol. 37, No. 3, 2003, pp. 415–416.

认为,政治领域所应遵循的价值原则和道德规律,其实现和产生需要经协商审议后以"理性重叠共识"的形式呈现出来。哈贝马斯在协商民主理论的基础上进一步提出了他的交往行动理论和协商伦理学,主张通过平等开放的沟通实现主体间的理解和一致,并由此保持政治的有序化和合作化。而尚塔尔·墨菲等左翼民粹主义学者则借助卡尔·施密特的决断论和区分敌友的"政治的"概念,批判协商民主不够民主,认为所谓的理性重叠共识违背了政治的本质,转而推崇一种对抗性政治观,从论争(agonism)的维度来阐释政治在对话与对抗中的平衡,强调政治行动与生俱来的非理性特质和集体认同特性,试图把原本被排除在"共同善"话语和政治价值原则确立机制以外的其他主体重新纳入对"共同善"的定义。以纳斯鲍姆为代表的对于政治善的能力导向型阐释,旨在让所有人都过上最低限度的有尊严和有意义的生活。这种能力-状态导向的政治善的确立方式与应用伦理学中对具体情境以及善之应用性的强调有相似之处,认为那些在形式和道理上建构起来的看似完全公正、平等、自由的政治善概念并没有惠及所有人,难以在现实政治生活中得到推广应用。阿玛蒂亚·森的"能力方法"[①]框架也提醒国家和政治家在设立政治制度和制定公共政策时,应关注个人在生活中发挥各种有价值功能的实际能力。

以上这些确定政治善的视野以及不同流派之间的争论,丰富了人们对于政治善的意涵及其复杂性的理解,有助于人们更好地运用政治伦理学的资源建构开放、专业、平等的场域来解决现实生活中的政治伦理困境。

二、伦理与道德

在本章中,我们是把伦理与道德作为同义词混用的。然而,从学理上看,为何选择政治伦理的概念而没有使用政治道德的表述,需要给出具有说服力的理由。大英百科全书将伦理学定义为一种研究道德中什么是好与坏、什么

---

① Amartya Sen, "Positional Objectivity", *Philosophy & Public Affairs*, Vol. 22, No. 2, 1993, pp. 126–145.

是对与错的学术领域。① 《剑桥哲学辞典》定义伦理学为对于道德的哲学研究。② 在这些定义中,伦理都是借助道德而被解释的。日常生活中,很多学者也常把伦理和道德两个概念作为同义词替换使用,彼得·辛格和迈克尔·桑德尔并不认为这种做法会引起较大的歧义或误会。从马克思主义的角度看,无论在中国还是外国,伦理和道德这两个概念可以被视为同义异词,都囊括了现实生活中"由经济关系所决定,用善恶标准去评价,依靠社会舆论、内心信念和传统习惯来维持的一类社会现象"③。从政治伦理的角度看,辨析伦理与道德之间差别的一个重要意义便在于,使人们能够更好地从本体上理解政治领域的道德规律作为一种普遍性与特殊性的对立统一。

黑格尔用自由的不同阶段来解释伦理、道德之间的差别,并在伦理道德互释的基础上,把具有特殊性的道德视为具有实体性、作为"普遍物"的伦理的前提条件,建构起了一条"由道德入伦理"的阐释路径。在黑格尔看来,道德阶段的自由是人主观意志的、自为的自由。在道德阶段,自我对于善的认知受到个体经历、目的、利益的影响,呈现出任意性和主观性。而自由的性质在伦理阶段则是具体的、实体性的,具有客观性、普遍性和必然性。因此,普遍意志、理性、目的、利益等属于伦理范畴;家庭、市民社会、国家、社会风俗等也是作为伦理实体的"普遍物"。正是基于这种认识,黑格尔给出了经典的关于伦理的定义:"主观的善和客观的、自在自为存在的善的统一就是伦理。"④

高斯更强调伦理的多元性和涌现性,认为类似公共理性的伦理秩序是在个体的博弈过程中产生的结果,而不是一种一般存在的共同话语,他把个体在视角和理性上的差异和价值多样性本身视为政治伦理产生和形成的基础。⑤ 德勒兹则从约束力/强制力强弱的角度来区分伦理与道德。他把道德视为一种超越性指导下的规则,认为强制性是其主要特征;而伦理则是与个体生存方

---

① https://www.britannica.com/topic/ethics-philosophy,2024 年 8 月 25 日访问。
② Robert Audi, ed., *The Cambridge Dictionary of Philosophy*, 3rd edn, Cambridge University Press, 2015, p. 328.
③ 罗国杰:《伦理学》,人民出版社 2014 年版,第 46 页。
④ 黑格尔:《法哲学原理》,范扬、张企泰译,商务印书馆 1961 年版,第 162 页。
⑤ Gerald Gaus, *The Order of Public Reason: A Theory of Freedom and Morality in a Diverse and Bounded World*, Cambridge University Press, 2011.

式密切相关的、具有任意性的非强制规则。① 在德勒兹看来,道德与伦理虽然在现实中可以被替换使用,但道德的善恶与伦理的好坏标准并不一致,甚至有时候善-恶相对于伦理学意义上的好坏是截然相反的。这种区分有助于我们理解政治领域的价值原则与一般道德原则的差别。德勒兹还提醒人们,道德关涉与善-恶相关的超验性的价值判断,而伦理学则与描述现时的生存方式及状态的好坏相关。他还致力于用实践中存在的诸样式之质的差别(好-坏)取代诸价值之对立(善-恶)。这种看法与李泽厚提出的"两德论"中用宗教性道德和社会性道德来阐释道德和伦理的内涵颇为相似。李泽厚也认为,伦理(即社会性道德)关乎的是好坏而非善恶的问题。②

从以上论述中我们可以认识到,个人在日常表述中把伦理、道德作为同义词替换使用并无问题。但在理解和把握政治伦理概念、解决现实政治伦理困境时,关注伦理和道德之间语义的细微差异和复杂辨析有助于深化个体对于政治善及其本质的理解。

三、政治之恶

沿着马基雅维利的路线,政治逐渐被视为拥有自身运行法则的特殊领域,从追求"止于至善"演变成了容忍"必要的恶",而论证政治生活中的非道德因素的必要性,也逐渐发展成为政治伦理学研究中的重要组成部分。这类研究或把政治领域中不符合日常道德规范的因素视为实现良善、伟大政治结果的必要手段,或从道义、动机和程序的角度来为这种非道德手段正名。因此,这一视域的研究常体现为对政治目的与其实现手段之间关系的分析,产生了所谓政治生活中"恶之必要性"(do wrong to do right)的概念,即为达成目的而不择手段(the end justifies the means)的结果论,以及基于动机正当和程序正义来替政治之恶辩护的道义论。沃尔泽在现代民主政体的语境中直接提出了"民

---

① Gilles Deleuze, *Negotiations*, trans. by Martin Joughin, Columbia University Press, 1997, p. 101.
② 李泽厚:《伦理学新说述要》,世界图书出版有限公司北京分公司 2019 年版。

主的肮脏之手"的问题,即认为政治家有时需要做错的事来实现好的结果。①汤普森也认为,诸如诚实、正直等官员和政治家的私德不应该成为人们评判官员和政治家行为的主要标准。格兰特在她的研究中也把伪善(hypocrisy)视为不可避免的实现优良政治生活的要素,认为伪善是政治中的依附关系与公共道德原则两者混合后的结果,正直与伪善是政治生活中呈现出的一体两面,很多政治目的的实现需要通过伪善的方式。②

上述各种观点阐释了非道德因素在政治生活中的作用,承认了道德原则与政治理由之间的冲突。但需要注意的是,这些阐述并没有让政治凌驾于其他领域之上而使其天然具有某种优先性,也并没有把政治善与普通道德原则完全对立起来,而是秉持一种用政治的理由、动机、后果化约与之相伴的道德之恶的逻辑。与此相比,卡尔·施密特把"政治的"本质重新理论化,并使之完全凌驾于道德原则之上的方式则要激进得多。他明确地把国家主权的决断和敌人朋友的划分这类"政治的"(the political)问题悬置于道德判断之上,特别是优先于自由主义的多元价值取向。③ 这种"夸大"政治的重要性从而为政治可能带来的恶正名的方式尤其需要警惕。

政治是特殊、自在、公共、权威的领域,但政治的范畴和能够延伸的范围是有限的。虽然政治的方式可以解决人间疾苦,调和价值冲突,实现社会公正,但历史也不断证明,试图按照某种乌托邦的政治理想来无限提升个体的道德水平,以及完全用政治优先的逻辑压制多元价值和个体权利的全能政治观,只会带来国家个体的道德沦丧和社会经济的贫穷落后。从政治伦理学的角度看待政治之恶,既需要有足够的理解和宽容,对"政治的"标准有充分的认识和自信,更需要时刻从"有道德的政治"这一政治伦理学的基本预设出发,才能防止过犹不及。这也是政治伦理学的智慧和魅力所在。

---

① Michael Walzer, "Political Action: The Problem of Dirty Hands", *Philosophy & Public Affairs*, Vol. 2, No. 2, 1973, pp. 160-180.

② 露丝·格兰特:《伪善与正直:马基雅维利、卢梭与政治的伦理》,刘梽彤译,华东师范大学出版社2017年版。

③ 卡尔·施米特:《政治的概念》,刘宗坤等译,上海人民出版社2004年版。

第三节　政治伦理学的研究方法

一、以政治学为体

作为一门交叉学科，政治伦理学在具体研究过程中存在着政治学与伦理学互为体用的情况。从政治学为体、伦理学为用的角度看，政治伦理学可以被视为沿着政治伦理化和伦理政治化两个方向，通过政治与伦理的相互调适来解决现实政治问题的理论和实践探索。万俊人把这一通过调节政治与伦理的"距离"来开展研究的方法总结为"连贯整合式"和"断裂分离式"。[1] 这种分析思路主要从现实生活的需要出发，依托经典文本和经典作家，通过逻辑思辨和道德论证为解决政治领域的价值冲突和权衡取舍提供关于"怎么做"的答案。而从具体研究问题的性质来看，这一研究途径主要关注的是外生性政治伦理问题。[2] 所谓外生性伦理问题，指的是经济、文化、法律、科技、医疗等领域在发展过程中涌现的道德困境，这些问题在各自领域内没能得到很好的解决从而转变为政治问题，需要借助政治伦理学的理论和实践知识加以解决。贫富差距、教育资源分配、司法公正、科技伦理、人工智能伦理、算法运用、基因编辑、安乐死、商业代孕等都是典型的外生性政治伦理问题。

不可否认的是，以政治学为体的政治伦理学研究途径拥有其独特的优势。从政治的标准出发来确定善的意涵，一方面，符合"政治的伦理"（political ethics）这一限定——作为中心语和研究对象的伦理并非形而上、普遍意义上的道德问题，而是被严格框定的、适用于政治领域的特殊道德问题，这在一定程度上可以避免陷入不同道德理论的无尽争论及事实判断与价值判断的鸿沟当中。罗尔斯为了回应左翼民粹主义学者的批判，在《政治自由主义》中指出了政治领域和道德领域的差别，强调《正义论》中"作为公平的正义"这一原则是政治的而不是形而上或者道德层面的，便有此考量；另一方面，政治框架内丰富的参与、沟通渠道又可以对寓于不同个体间的价值冲突和观念分歧进行

---

[1] 万俊人：《政治伦理及其两个基本向度》，《伦理学研究》2005 年第 1 期，第 7 页。
[2] 李建华：《新时代政治伦理学研究的问题域》，《光明日报》2017 年 12 月 11 日，第 6 版。

有效管理。现代政治倡导的广泛的政治参与、有意义的公共审议和高质量的政治代表,都为解决社会中的伦理道德冲突提供了有效的机制和方法。克里克提出,政治是自由人的道德活动,其作用是维护复杂的社会共同体的存续,因为传统或专断统治都无法在不采取不当胁迫的情况下来保护共同体。他同时认为,"政治并不能声称解决所有问题或使每一颗悲伤的心高兴,但它可以在几乎所有事物上以某种方式为人们提供帮助和解决之道,政治更为重要的意义在于,防止人类遭受巨大的灾难和意识形态的蒙蔽"[①]。相较于其他方式,政治为维护社会的复杂性和人类价值的多元性提供了崇尚和解而不是诉诸暴力胁迫的方法,使多元化和相互之间存在冲突的价值(观念)可以基于理性和共同利益,在政治的框架下相互妥协从而并存。

需要注意的是,基于政治-伦理相互调适展开的关系性研究,容易使研究者忽略作为核心研究对象的政治伦理所具有的本质特征,关注政治和道德的相互关系而忽略对这种嵌入关系实质的思考,使得本应作为专门研究实体的政治伦理概念难以被清晰地呈现,容易导致政治伦理学的研究对象不清。

二、以伦理学为体

从伦理学为体、政治学为用的角度切入的政治伦理学研究途径,其主要特征是对政治现象的合乎道德性进行审视,以解决日常政治生活中的道德困境。这种把现实生活中的政治伦理现象与普遍性的道德规范相匹配,将伦理学中的价值原则用于解决现实政治问题的研究范式,一定程度上使得政治伦理学成为应用伦理学的一个分支。而运用伦理学的价值原则解决政治生活中的道德问题,首先离不开对相关价值原则的反思和审视。因此,自因性政治伦理问题和依存性政治伦理问题是这一研究途径关注的传统焦点。自因性伦理问题指的是天然寓于伦理学内部的,关涉价值冲突及其化约的基本问题,例如,善与恶的冲突、善与善的冲突,以及恶与恶的冲突。具体到政治伦理学,自因性问题表现为政治手段与政治目的问题、政治品质与政治行为问题、政治忠诚与政治背叛问题、政治承诺与政治失信问题等。而依存性政治伦理问题则

---

① Bernard Crick, *In Defense of Politics*, 2nd edn, University of Chicago Press, 1972, p. 146.

是指基于政治与伦理天然的依存关系所产生的问题，也是在运用伦理原则解决政治生活中的道德困境时需要提前思考的根本问题，诸如自由民主的关系问题、政治正当性问题、政治发展问题、政治协商问题、公民参与问题、政治妥协问题等。这种依存性本身也是运用道德原则解决政治问题的重要基础。

在以伦理学为体的政治伦理学研究途径中，需要避免笼统地使用没有充分情境化（contextualized）的普遍性道德原则来统摄和评价政治生活，这会遮蔽从实践角度来研究政治生活道德规律的可能。将复杂的、兼具实然和应然特征的政治活动纳入前置性的价值理念来进行评价，实际上没有把受政治权力影响的各利益相关方以及个体主观权衡客观的实践性评估（practical evaluation）过程纳入政治善的生成和扩散中加以考量，忽略了主体自身能动的反思和主客体互动对于政治善意涵的产生所起的重要作用。政治领域的价值原则虽然往往由公平、正义、民主、平等、效率、责任、忠诚等共同价值来承载，但不同个体对于共同价值之意义的理解不尽相同，且一定时空范围内不同价值原则难以同时兼顾。除此之外，在践行特定价值的过程中，也存在目的与手段之间的冲突。只专注讨论伦理价值原则在不同政治情境中存在的争议和可能的运用，把实现某种伦理价值上升为不容置辩的政治目标，简单化约不同价值之间的冲突，这实际上与非道德或反道德的政治权术学殊途同归，容易把政治置于道德理想主义的境地并使政治本身工具化。

近年来，应用伦理学的发展使得以伦理学为体的政治伦理学研究途径逐渐从对固有的价值原理的讨论中抽离出来，成为案例导向的应用型研究。案例推论（决疑法）、设计情境实验和道德质询（moral inquiry），是现阶段应用伦理学中越来越被重视的调和价值冲突和寻求共识性解决方案的技巧。这些技巧旨在通过科学的、辩证的和代入式假想的方法帮助个体从自身的身份局限、价值倾向、认知范畴和情感归属中解放出来，从多维角度对具体个案进行道德、科学和政治（公共）层面的反思，一方面加深对自己作为政治人的认识，另一方面也提升个体理解现实情境和解决具体道德困境的能力。① 在当今愈发强调应用性的政治伦理学研究中,传统的伦理理论以及对理论的分析不再是最重要的出发点,取而代之的是通过对专业领域背景知识、具体境况的细致分析和个体面对共同道德困境的决断及其理由的综合呈现,来建构起一个公共讨论的场域。在开放、专业、平等的场域中,与个案相关的重要伦理因素更容易清晰地凸显,关于政治伦理争端的决策机制也不再是一种简单的是非判断,而是一种审慎的权衡取舍。个体所陈述的支持自身判断的更好的论点,为公民提供了一种学习如何作出合理的政治判断和政治评价的机会,也容易促成其他利益相关方的意见改变,有助于达成共识,解决共同面临的政治伦理困境。

三、作为实体的政治伦理

1. 动态过程与静态政策

与从关系性视角展开的政治伦理研究不同,另一条重要的政治伦理学研究途径直接把政治伦理本身以及那些能够被秩序、公平、正义、民主、责任等概念所规范引导的政治活动和相关政治议题作为研究对象。汤普森在《伦理学大百科全书》中把政治伦理学定义为,对政治行为作出道德判断的实践,以及针对这种实践展开的研究。② 汤普森强调实践并把政治伦理学分为两大分支:一是动态的过程/程序伦理,关注的重点是公职人员及其所在的组织机构,以及他们遵循的工作方法和准则;二是静态的政策伦理,对作为结果的政府制定的政策、法律和规章进行道德评价和判断。其中,过程伦理主要探究适用于政治领域的、通常涉及手段与目的之间冲突的伦理原则,在多大程度上有异于日常生活中人们所奉行的伦理原则。而政策伦理则事关不同政策目标本身所蕴含的价值之间的冲突。在汤普森看来,政治伦理的关切并不在于什么政

---

① James Lenman, "What Is Moral Inquiry?", *Aristotelian Society Supplementary Volume*, Vol. 81, No. 1, 2007, p. 63.
② Dennis Thompson, "Political Ethics", in Hugh LaFollette, ed., *International Encyclopedia of Ethics*, Wiley-Blackwell, 2019.

策在一般的道义层面和应然范畴是合理的,而在于当公民"合理地不同意"(reasonably disagree)相关制度、政策、法规背后的价值理念,或者这些有政治权力背书的政策法规在特定的社区、族群、国家中被有区分地实行时,国家是否应该捍卫或者怎样为这些政策的合理性进行辩护。从汤普森对政治伦理学的定义中可以看出,他一方面把政治伦理学成立和存在的核心前提,置于区分支配政治领域的伦理原则与主导日常生活的道德原则,契合政治伦理学的学科自觉;另一方面则突出了如何处置民众"合理地不同意"在政治伦理学中的重要性,凸显了政治伦理学研究中不可回避的核心问题,即如何协调国家权力(国家理由)和个体权利(公民意志)之间的互动。

2. 按照主体性质划分

除政治伦理本身与普通伦理存在差别以外,不同政治主体的道德准则和评价标准也不尽相同。因此,分门别类地研究不同政治主体的道德评价标准也是政治伦理学的重要方法。主体性的政治伦理问题,一方面涉及政治人的人性预设、美德标准等问题;另一方面则可以具体分为政党伦理、政制伦理、政员伦理(官德)和国际政治伦理,或者政治价值伦理、政治制度伦理、政治组织伦理。进入21世纪,政府伦理/行政伦理成为影响力较大且产生较多研究成果的领域。这一方面是因为政治与行政二分、价值中立等传统观念深入人心,加之新公共管理运动的影响;另一方面则是出于现实的需要,因为民众对于规范政府公权力和约束公务员行为天然有着高度的关切。行政伦理主张使用不同行为准则和评价标准来规范政务官与事务官。对于政务官而言,对上级和组织的政治忠诚和政治纪律是其应该遵守的首要政治伦理;而对于事务官而言,韦伯式理性官僚制的事务性和价值中立原则是其主要的职业道德。近年来,从政策执行和街头官僚(street-level bureaucracy)的视角,以基于关怀的公共伦理为指导来研究官员行使自由裁量权的过程,成了行政伦理的新兴研究方向。①

长期以来,职业公务员应远离政治,不涉党争,自觉抵制政治意识形态的

---

① Daniel Engster, "A Public Ethics of Care for Policy Implementation", *American Journal of Political Science*, Vol. 64, No. 3, 2020, pp. 621-633.

腐蚀，维护好其作为公务员的公共服务精神，这是学界的传统看法。然而，随着现代政治的发展，将政治与行政对立的合理性越来越受到人们的质疑。把"政治的"评价标准等同于对领导、组织和意识形态的忠诚，甚至认为政治倾向会腐蚀公务员行政服务专业性和中立性的假设也不断受到挑战。官僚体制并不是完全非（反）政治的，把公务员假定为一群特殊的、具有公共精神的公民，认为其行为的专业性和理性化程度只会受到现实政治和各种利益博弈的破坏和污染是片面的。[1] 近年来，越来越多的学者开始把传统上被归入行政范畴的职业公务员群体视为政治体系中的重要部分，用一种政治与行政相互联系而非彼此隔离的"大政治"视角来阐释公职人员的行为准则，并依此对其进行评价。现实政治生活中，越来越多的职业公务员也开始意识到适当的"讲政治"和涉足政治活动，对于保障民众的民主自由和个人权利是十分必要的[2]，并且在客观上也能为民众带来更好的生活和公共服务质量[3]。政治与行政的良性互动有助于职业公务员在自身利益、官僚组织利益和公共利益之间取得平衡，并自觉捍卫国家核心的政治价值。真正要被摒弃的，是没有建立在对政治价值全面理解之上的职业操守和违背职业道德的政治专断。

总而言之，在现代民主政治的环境下，评价政治活动的标准常因个体立场、生活境遇和知识结构的差别而极不相同。针对同一政治领域和政治主体的差异化、两极化评价，已经成为社会分歧和族群冲突的重要根源，对政治团结的建构和政治共同体的繁荣产生了消极影响。如何对政治制度、政治主体和政治关系进行合理的道德评价？政治领域的"好"与普通道德意义上的"好"有何区别？如何把政治目的与其实现手段同现实生活中通行的道德原则协调起来？由谁掌握制定政治评价标准的权力？一方面，政治伦理学的发展必须致力于解决这些关涉政治评价标准的根本性问题，把腐败、公平正义、制度与程序、权利与权力等作为研究对象，探讨如何将政治评价的权力切实赋予

---

[1] Vera Vogelsang-Coombs, *The Political Ethics of Public Service*, Palgrave Macmillan, 2016.

[2] Michael Spicer, "The Virtues of Politics in Fearful Times", *International Journal of Organization Theory and Behavior*, Vol. 17, No. 1, 2014, p. 86.

[3] Leslie Lipson, *The Great Issues of Politics: An Introduction to Political Science*, Prentice Hall, 1997, p. 5.

民众,切实推动民间政治评价标准与官方政治评价标准的融合。另一方面,政治伦理学研究必须紧扣现实政治问题,这是政治伦理学生命力的根源。政治伦理学研究日益呈现出应用性倾向,更多地把诸如人工智能伦理、算法伦理、价值排序、医学伦理、外交与公共政策伦理等问题上升为政治伦理问题进行专门研究,为从政治上解决现代社会的伦理危机提供智慧。

思考题

1. 怎样理解政治、伦理和政治伦理三者之间的关系?
2. 政治伦理问题能否通过民主投票的方式解决?
3. 现实社会中存在哪些政治伦理的困境?如何克服这些困境?
4. 美德在现代政治中扮演着什么样的角色?
5. "好人"与"好官"有何异同?

参考文献

李建华:《国家治理与政治伦理》,湖南大学出版社2018年版。

迈克尔·桑德尔:《公共哲学:政治中的道德问题》,朱东华、陈文娟、朱惠玲译,中国人民大学出版社2013年版。

阎钢:《政治伦理学》,四川大学出版社2018年版。

Dennis F. Thompson, *Political Ethics and Public Office*, Harvard University Press, 1990.

Terry Cooper, *Handbook of Administrative Ethics*, 2nd edn, Routledge, 2000.

第二十四章　政治社会学

一般认为,政治社会学(Political Sociology)是政治学与社会学的交叉学科,它以社会学的方法和视角分析人类的政治现象和政治生活。政治社会学重点关注并努力揭示人类政治生活和社会生活之间的内在联系,探究人类政治现象背后的社会原因,以及社会现象背后的政治原因。

第一节　政治社会学的产生与发展

一、政治社会学的内涵与特征

学界在何谓"政治社会学"这一问题上存在较大的分歧。奥罗姆认为,政治社会学是以一种特殊的方法研究政治,这种方法认为政治与社会之间相互影响、联系紧密。① 福克斯指出,"政治社会学是研究国家与公民社会之间相互作用的权力关系的学问"②。毛寿龙提出,政治社会学既是一门学科,也是一种研究方法。③ 或许是由于学术界对政治社会学内涵的认识分歧较大,许多学者在研究政治社会学时并不明确界定"政治社会学"的内涵。例如,纳什和斯科特在编写政治社会学指南时并未明确界定政治社会学的内涵。

学术界关于政治社会学学科性质至少有五种观点:其一,政治社会学是政治学的分支学科;其二,政治社会学是社会学的分支学科;其三,政治社会学既是社会学的分支又是政治学的分支,同时还是独立的学科;其四,政治社会学

---

① 安东尼·奥罗姆:《政治社会学——主体政治的社会剖析》,张华青、孙嘉明等译,上海人民出版社1989年版,第1页。
② 基思·福克斯:《政治社会学》,陈崎、耿喜梅、肖咏梅译,华夏出版社2008年版,第1—2页。
③ 毛寿龙:《政治社会学》,吉林出版集团有限责任公司2007年版,第1页。

是独立的交叉学科或边缘学科;其五,政治社会学和政治学几乎是同义词。①笔者认为,在学科属性上,政治社会学很大程度上是政治学与社会学这两大基础学科的交叉学科,涉及政治学和社会学的基础性问题。政治社会学的主干是政治学,其外延与政治学的外延很接近,其主要研究对象和研究主题与政治学高度重合。

政治社会学有这样一些特征:第一,其学科边界模糊,与政治学、社会学、政治文化学等学科的边界不明晰;第二,以政治学为主体,深受社会学的影响,吸纳了社会学、经济学、文化学等多学科的知识;②第三,政治社会学的研究范围非常广泛。

二、政治社会学的起源与演变

政治社会学何时诞生,是一个有争议的问题。学术界关于政治社会学起源时间的看法大致可以分为三派。第一派观点认为,政治社会学历史悠久,可以追溯到16世纪甚至更早。第二派观点认为,政治社会学起源于19世纪。③例如,景跃进指出,马克思、涂尔干和韦伯的研究为政治社会学奠定了基础。第三派观点认为,政治社会学作为一个学科诞生于二战以后。④ 奥罗姆大致持这种观点。在他看来,本迪克斯和李普塞特是创建政治社会学的代表人物。⑤我们认为,政治社会学作为一个学科萌芽于19世纪,成型于第二次世界大战之后,其思想渊源则可以追溯到西方政治学诞生之初的古希腊时期。

可以把第二次世界大战作为政治社会学发展的分水岭,将政治社会学的演变大致分为两个阶段:把二战以前的政治社会学称为早期政治社会学,把二战以后的政治社会学称为当代政治社会学。

早期政治社会学与政治哲学、社会学融合在一起,没有成为独立的学科。

---

① 景跃进:《政治社会学:主题、取向与学科》,《江苏社会科学》2003年第6期,第81页。
② 凯特·纳什、阿兰·斯科特主编:《布莱克维尔政治社会学指南》,李雪、吴玉鑫、赵蔚译,浙江人民出版社2007年版,第1—2页。
③ 基思·福克斯:《政治社会学》,陈崎、耿喜梅、肖咏梅译,华夏出版社2008年版,第2—3页。
④ 刘欣:《新政治社会学:范式转型还是理论补充?》,《社会学研究》2009年第1期,第218页。
⑤ 安东尼·奥罗姆:《政治社会学——主体政治的社会剖析》,张华青、孙嘉明等译,上海人民出版社1989年版,第1页。

托克维尔、马克思、韦伯、涂尔干等人是政治社会学的重要奠基人。政治社会学的出现和早期发展主要受到政治学与社会学两大基础学科的共同推动。托克维尔往往被认为是一个政治学家,而非社会学家。马克思、韦伯是公认的政治学家和社会学家。二战以后,政治社会学成为一个专门的分支学科。李普塞特、本迪克斯等人在二战后推动了政治社会学的独立与发展。当代政治社会学在继承早期政治社会学研究主题的基础上,日益扩展研究主题和领域。

20世纪70年代以来,政治社会学受到全球化浪潮和后现代主义的影响。早期的政治社会学把国家视为中心,聚焦于国家内部的政治与社会关系。全球化兴起之后,国家的边界受到侵蚀,学者们思考政治问题时也逐渐打破国家的疆域樊笼。随着后现代主义的兴起,文化日益受到政治社会学家的重视。正如凯特·纳什和阿兰·斯科特所说,最新的政治社会学主张不把研究的焦点局限于国家制度,政治社会学的范式从以国家为中心、以阶级为基础的政治参与模式转向隐藏在社会经验中的政治意涵,政治社会学出现了后现代转向和文化转向,文化政治成为新政治社会学的核心。

三、政治社会学的最新研究

政治社会学的研究动态也受到时代变迁的影响。传统的政治社会学关注政治与社会的内在联系,分析社会结构、社会过程和社会制度对人类政治行为、政治参与和政治决策的影响。随着信息化时代的到来,社交媒体的作用凸显,正日益取代传统的大众媒体的地位,对社会生活和人们的政治行为产生深刻影响。因此,社交媒体对舆论和政治的影响正成为政治社会学的一个新研究热点。政治社会学一个最新的研究趋势是,运用建立在大数据基础之上的定量分析方法,分析社交媒体如何塑造人类政治行为和影响公共政策。

抗争政治(contentious politics)与社会运动(social movement)的相关研究涉及政治制度、社会互动、社会团结、身份、认同、文化、社会冲突、社会网络、底层视角、媒体等诸多元素,是最近几十年政治社会学研究最受关注的领域之一。国内外学者围绕抗争政治和社会运动的类型、原因、动员方式、演化机理、影响、治理等方面展开了丰富的研究。近些年来,学界对抗争政治原因与影响因素的研究日益朝着量化的方向发展。目前,国内学术界对抗争政治的研究主要聚焦于抗争的预防和治理。其中,有关社会稳定风险评估的研究备受重视。群体性事件是集体性抗争政治的一种重要类型。国内外学术界围绕着群体性事件的起因、类型、影响因素、动员、过程、演变机制和治理展开了比较丰富的研究。

20世纪50年代以来,环境保护运动、反种族主义运动、反战运动等新社会运动不断涌现。相关的研究方兴未艾。本章第三节将专门概述新社会运动的相关研究成果。

21世纪初以来,政治极化(political polarization)现象在许多国家日益加剧,正对国内和国际政治产生深远的影响。政治极化涉及社会冲突、社会团结、政治文化、身份政治、意识形态、政治稳定等诸多因素,已成为当下政治社会学研究的焦点问题之一。本章第四节将专门概述政治极化的相关研究成果。

此外,最近几十年,政治社会学界对政治文化、政治心理、身份政治、民主危机、选举等议题也开展了非常多的研究,取得了诸多成果。

第二节　政治社会学的基本问题与代表性理论

政治社会学是一个外延非常广泛的学科。这里仅简单介绍其基本问题、研究方法和一些代表性理论。

一、政治社会学的基本问题与研究方法

政治社会学是一个边界模糊的学科,其研究议题非常广泛。[1] 不同的学者所关心的政治社会学议题可能差异较大。[2] 许多学者认为,政治社会学的研究主题是社会与政治的相互关系。[3] 诸如社会政治制度、社会政治结构、社会政治变迁、社会政治文化、社会政治心理、社会政治行为、社会政治参与、政治社

---

[1] 张静:《政治社会学及其主要研究方向》,《社会学研究》1998年第3期。
[2] 毛寿龙:《政治社会学》,吉林出版集团有限责任公司2007年版,第20—23页。
[3] 景跃进:《政治社会学:主题、取向与学科》,《江苏社会科学》2003年第6期。

会化等,都是政治社会学的基本议题。①

第二次世界大战以前,政治社会学主要研究权力、国家与社会的关系、国家的起源、社会秩序、社会冲突、权威等基础问题。二战后,民主、政党、社会运动、革命、政治参与、选举、政治运动、利益集团、精英、意识形态、政治文化、政治认同、阶级关系、种族、大众媒体、政治经济关系、全球化、国际关系也逐渐成为政治社会学的重要议题。② 政治学与社会学的基本问题几乎都是政治社会学的基本问题。

政治社会学继承了政治学和社会学的研究方法和研究范式。早期的政治社会学受社会学的影响较大,流行质性研究。此后,受行为主义的影响,定量研究的方法在当代政治社会学研究中兴起。目前,问卷调查、访谈、田野观察、内容分析、个案研究等实证研究和规范研究的方法广泛运用于政治社会学研究。

二、政治社会学的一些代表性理论

政治社会学的代表性理论较多。其中,托克维尔关于公民社会与政治之间关系的理论、马克思的国家理论与阶级冲突理论、韦伯关于权威与政治正当性的理论、涂尔干的社会学理论是早期政治社会学的代表性理论。莫斯卡、帕累托、米歇尔斯等人的精英理论也影响较大。例如,米歇尔斯提出了著名的"寡头统治铁律"。③

第二次世界大战后,政治社会学围绕着一些基础问题继续开展研究,深化了相关的研究,并拓展了研究领域,提出了一些新的理论。例如,米尔斯推进了对精英的研究。李普塞特关于民主之基础、维系条件的理论是二战以后政治社会学的重要理论之一。④ 达尔和杜鲁门等人质疑精英主义理论和马克思

---

① 安东尼·M.奥勒姆、约翰·G.戴尔:《政治社会学(第五版)》,王军译,中国人民大学出版社2018年版,第1—5页。
② 参考雅诺斯基(Thomas Janoski)、迪韦尔热、奥罗姆、福克斯、景跃进等人的相关著述。
③ 罗伯特·米歇尔斯:《寡头统治铁律:现代民主体制中的政党社会学》,杨军、陈秋丰译,浙江人民出版社2022年版,第307页。
④ 安东尼·M.奥勒姆、约翰·G.戴尔:《政治社会学(第五版)》,王军译,中国人民大学出版社2018年版,第82—84页。

的国家理论,提出了多元主义理论,试图捍卫自由主义民主。这些理论指向的是国家、权力、权威、民主、社会冲突、社会团结、社会规范等政治学与社会学的核心问题和传统议题。

最近几十年,国外学术界在抗争政治和社会运动等领域取得了很多重要的研究成果。资源动员理论、政治过程理论、政治机会结构理论、框架理论等已经成为抗争政治和社会运动领域的经典理论。

第三节　新社会运动研究

在传统的社会运动仍然存在的情况下,新社会运动不断涌现,吸引了包括学术界在内的社会各界的广泛关注。下面将概述新社会运动的特征、原因和影响。

一、新社会运动的特征

新社会运动是20世纪60年代起源于欧洲并逐渐流行于西方发达国家的一系列社会运动。与传统的社会运动相比,新社会运动往往具有以下一些特征。

1. 非物质性的动机

传统的社会运动通常与物质利益、阶级冲突有密切的关联。参与者参加新社会运动的动机不是为了物质利益,而是为了非物质性的价值。[①] 新社会运动中非物质性的动机包括维护女性权利、保护生态环境、反对战争、维护同性恋者的权利、保护动物的权利等。

2. 不以执掌政治权力为目标

传统的社会运动,尤其是工人运动,往往以意识形态作为指导,指向政治权力,还可能争取建立新的政权。新社会运动通常不寻求改变现有的政治框架、执掌政权,寻求的是某种生活方式、身份或价值观得到社会和法律的承认。

---

① 赵鼎新:《社会与政治运动讲义》,社会科学文献出版社2012年版,第289页。

许多新社会运动对文化规范、社会角色重新进行阐释,试图改变社会的文化和价值观。①

3. 组织动员的去中心化

传统的社会运动往往由一个正式的领导组织动员、协调乃至指挥集体行动。传统社会运动的组织方式具有科层制的一些特征。而新社会运动的组织、动员方式呈现出分散化、非中心化的特征。②

4. 社会基础的跨阶层性

新社会运动的参与者往往不是来自单一的阶级或阶层,而是来自多个阶级或社会阶层,呈现出跨阶层的特征。新社会运动的参与者也有集体身份意识。③ 新社会运动的参与者由他们共同关心的议题和价值诉求凝聚在一起,而非以共同或相似的经济地位为纽带。例如,生态环境保护运动的参与者往往来自多个社会阶层,其联结纽带并非阶级或经济利益。

二、新社会运动出现的原因

一些学者分析了新社会运动出现的原因。大致而言,新社会运动的出现与社会结构、公民价值观念、媒体和意识形态的变化有关。

1. 现代化进程中社会冲突结构的转型

20世纪60年代以前,西方社会的主要冲突是阶级冲突与阶层冲突。二战以后,尤其是20世纪60年代以后,西方国家的物质财富极大充裕,社会福利制度也比以往更健全,一些国家甚至形成了"从摇篮到坟墓"的全民高福利制度。西方国家经济上的发达、福利制度的日益健全,导致由物质利益引起的冲突和社会运动渐渐变得不那么显著。生态环境、和平、女性的地位、少数族裔的社会地位、性少数群体的权利等议题逐渐成为社会矛盾的焦点。

---

① 安东尼·M. 奥勒姆、约翰·G. 戴尔:《政治社会学(第五版)》,王军译,中国人民大学出版社2018年版,第255页。
② 冯仕政:《西方社会运动理论研究》,中国人民大学出版社2013年版,第273—274页。
③ 安东尼·M. 奥勒姆、约翰·G. 戴尔:《政治社会学(第五版)》,王军译,中国人民大学出版社2018年版,第255页。

2. 公民价值观念的变迁

二战后,随着西方国家经济的快速发展和社会福利制度的改进,后物质主义和后现代主义价值观兴起。其时,西方国家公众的价值观发生了重大转变,即从物质主义价值观转向后物质主义价值观,更加强调环境保护和保证生活质量,对经济增长和物质财富的强调则减少。① 后现代主义在西方国家兴起,它强调个人的自由、自我表现和政治参与,既挑战传统权威,又背离国家权威。②

3. 大众媒体的兴起

随着高等教育和大众媒体的普及,大众在文化生活中的地位也得到提升。通信和交通的发达也让社会运动去中心化具备了技术条件。大众媒体尤其是互联网的兴起为新社会运动提供了很多资源和便利。③

4. 意识形态的变迁

二战后很长一段时间里,新自由主义运动呈现兴起态势,保守主义式微。20世纪80年代以后,多元文化主义开始流行。多元文化主义寻求不同的种族、语言、宗教信仰和文化被承认与平等对待。④ 多元文化主义对传统的性别、家庭、环境观念发起了挑战,这种挑战以"自由""平等""解放"等极具诱惑力的价值观作为思想武器。在多元文化主义的影响下,少数族裔和边缘文化群体的地位快速提升,其观念甚至成为一些国家新的道德标准。⑤ 这种现象引发了保守主义者的强烈不满,特朗普当选美国总统很大程度上是美式保守主义反弹的结果。

---

① 罗纳德·英格尔哈特:《发达工业社会的文化转型》,张秀琴译,社会科学文献出版社2013年版,第55—56页。
② 罗纳德·英格尔哈特:《现代化与后现代化:43个国家的文化、经济与政治变迁》,严挺译,社会科学文献出版社2013年版,第86—87页。
③ Thomas Janoski et al., eds., *The New Handbook of Political Sociology*, Cambridge University Press, 2020, pp. 117–118.
④ 马德普主编:《当代西方政治思潮》,中国人民大学出版社2013年版,第294页。
⑤ 丛日云:《为新兴右翼保守派量身定做的民粹主义概念——对米勒民粹主义理论的批评》,《教学与研究》2021年第2期。

三、新社会运动的影响

新社会运动产生了双刃剑式的影响。一方面,社会运动让生态环境保护、女性权利、少数族裔、性少数群体、动物权利等议题进入了政治议程和主流媒体议程,促进了对相关方权益的保护。例如,温和的环境保护运动有益于人与自然和谐相处、可持续发展。美国黑人民权运动推动了对黑人权益的保护。反战运动促进了世界和平。

另一方面,一些新社会运动也给经济、文化、生态环境、家庭、伦理道德、政治等领域带来了巨大的挑战。在一些运动中,部分人的诉求与现有的经济状况、主流伦理道德、社会习俗存在明显的张力。有些运动出现矫枉过正的倾向,激化了社会矛盾,削弱了社会共识,进而诱发了极化现象和激进主义。例如,美国自由派精英对文化边缘群体权利的过度强调可能使其主张成为评判是非的标准,构建了一些有争议的政治正确话语。[1]激进的动物权利保护运动可能阻碍经济发展。酷儿(Queer)诉求的广泛传播可能对青少年的性别认知和成长造成不利影响。

第四节 政治极化研究

政治极化现象是近几年来备受各界关注的焦点问题之一。政治极化是政治领域内的极化,是指政治观点和政治行为朝着不同方向发展的过程及其呈现出的明显对立状态。迪马乔等人认为,极化既可以指一种状态,也可以指一种过程:作为一种状态,极化是指对某个问题的看法的对立程度达到理论上的最大值;作为一种过程,极化是指对立随着时间的推移而加剧。[2] 桑斯坦认为,极化是指人们经过讨论之后极有可能朝着群体成员最初倾向的方向衍生出更

---

[1] 丛日云:《由现代向后现代文明转型时期的特朗普保守主义》,《探索与争鸣》2021年第2期,第37页。

[2] Paul DiMaggio, John Evans and Bethany Bryson, "Have American's Social Attitudes Become More Polarized?", *American Journal of Sociology*, Vol. 15, No. 3, 1996, p. 693.

极端的观点。① 政治极化有狭义和广义之分。狭义的政治极化专指政党极化,即政党之间的分化和对立;广义的政治极化则包括精英极化、民众极化、阶层极化和意识形态极化。②

一、政治极化的现状与发展趋势

当代学者对政治极化的研究最初主要限于美国政治中的两党极化,至今美国的政治极化问题仍然是国内外学界关注的研究热点。有学者认为,没有充分的证据证明美国社会的观点从 20 世纪 70 年代到 90 年代中期存在两极分化。③ 但是,许多美国学者承认,20 世纪 70 年代晚期以来,美国政治呈现出日益极化的现象。④ 例如,戴蒙德认为,20 世纪 90 年代中期以来,政治极化已成为美国最严峻的问题。⑤ 德拉波斯塔分析综合社会调查(General Social Survey,GSS)1972 年到 2016 年的调查数据后发现,美国民众的政治极化趋势在不断加剧。⑥

除了美国以外,德国、以色列、韩国等许多国家也存在相当程度的政治极化问题。可以说,政治极化是当代国家的常见现象,而且日益成为国内政治和国际政治的焦点问题。

二、政治极化的原因

多种因素共同导致了当代社会日益普遍的政治极化。

---

① 凯斯·桑斯坦:《标签:社交媒体时代的众声喧哗》,陈颀、孙竞超译,中国民主法制出版社 2021 年版,第 94 页。
② 庞金友:《不平等:当代美国政治极化的经济与社会根源》,《探索与争鸣》2020 年第 9 期,第 73 页。
③ Paul DiMaggio, John Evans and Bethany Bryson, "Have American's Social Attitudes Become More Polarized?", *American Journal of Sociology*, Vol. 15, No. 3, 1996, p. 690.
④ 牛霞飞:《多元文化主义与美国政治极化》,《世界经济与政治论坛》2021 年第 1 期,第 29—30 页。
⑤ 贾雷德·戴蒙德:《剧变》,曾楚媛译,中信出版社 2020 年版,第 293—310 页。
⑥ Daniel DellaPosta, "Pluralistic Collapse: The 'Oil Spill' Model of Mass Opinion Polarization", *American Sociological Review*, Vol. 85, No. 3, 2020, pp. 507-536.

1. 价值观的分歧

在一定情况下,价值观的分歧加剧了政治领域的极化。在当代西方社会,物质主义价值观与后物质主义价值观的分歧凸显。例如,美国的政治正确话语集中体现了后现代主义价值观,而特朗普担任总统时经常打破政治正确的话语禁忌,激起民主党支持者的不满。[①] 美国的民主党和共和党都有一些成员受到身份认同或意识形态的影响,但民主党的支持者更受群体身份认同的影响,共和党的支持者更受意识形态的影响。[②] 共同价值或社群归属感的消失可能是美国政治极化的深层原因。[③]

2. 身份政治和多元文化主义的兴起

20 世纪 80 年代以来,在自由主义和多元文化主义的基础上,身份政治变成政治正确,成为西方左翼运动和自由派阵营的政治主张和工具,这又反向刺激了右翼保守主义的身份政治,从而诱发了西方国家的文化撕裂和政治极化。其中,美国的政治极化问题最引人关注,族群、性别、性取向成为美国身份政治的三大议题,少数群体的身份政治逐渐成为政治正确。[④] 多元文化主义的兴起加剧或导致了政治极化。[⑤]

3. 选举竞争的影响

美国的初选制度有利于极端候选人的崛起。[⑥] 竞选总统或国会议员的候选人为了获得本党的提名,往往主动或被动迎合本党大多数支持者。美国政治竞选资金的增长趋势使得捐款人变得日益重要,而捐款人和许多选民不愿

[①] 丛日云:《由现代向后现代文明转型时期的特朗普保守主义》,《探索与争鸣》2021 年第 2 期,第 37 页。
[②] 迈特·格罗斯曼、戴维·霍普金斯:《美国政党政治》,苏淑民译,当代世界出版社 2021 年版,第 49—51 页。
[③] 段德敏:《重思美国政治中的冲突与"极化"》,《学术月刊》2021 年第 1 期,第 101 页。
[④] 林红:《困于身份的政治:西方政治极化问题的文化探源》,《天津社会科学》2021 年第 6 期,第 54 页。
[⑤] 牛霞飞:《多元文化主义与美国政治极化》,《世界经济与政治论坛》2021 年第 1 期,第 39 页。
[⑥] 倪春纳:《选举制度如何放大美国的政治极化——对选民整体极化论的质疑》,《探索与争鸣》2021 年第 2 期,第 82 页。

意捐款给立场比较居中的候选人。①

4. 新媒体和新传播技术的普及

互联网、电视等现代大众媒体的流行是导致极化的重要因素之一。② 观念相同的人通过互联网能超越地理限制建立联系，排斥不喜欢的人和观点，甚至通过互联网传播不真实的信息抹黑对手。③ 社交媒体的使用加剧了美国的政治极化。④ 随着人工智能的兴起，互联网公司可以根据算法了解人们的喜好，有针对性地推送符合网民价值观的信息。⑤ 人工智能等新技术的运用加剧了"信息茧房"和政治观念的极化。

另外，社会不平等、贫富差距扩大、人口结构的变化等因素也可能诱发政治极化。⑥ 生理与后天环境共同塑造的世界观是导致政治价值观差异的重要因素。

三、政治极化的后果与对策

政治极化可能会对政治、社会乃至经济产生诸多不良影响。政治极化容易演变成为国家极化，可能导致意识形态分歧加剧、社会群体裂痕扩大、文化冲突升级、国际关系紧张。⑦ 政治极化会威胁民主制度的根基，影响国家稳定。⑧ 在一些国家，严重的政治极化甚至可能引发内战。一个国家内部的政治极化还可能对国际关系和国际格局产生深远影响。⑨

---

① 贾雷德·戴蒙德：《剧变》，曾楚媛译，中信出版社2020年版，第296—297页。
② 凯斯·桑斯坦：《标签：社交媒体时代的众声喧哗》，陈颀、孙竞超译，中国民主法制出版社2021年版，第82—94页。
③ 弗朗西斯·福山：《身份政治：对尊严与认同的渴求》，刘芳译，中译出版社2021年版，第169—170页。
④ 余振、王净宇：《社交媒体与美国公众政治极化——基于ANES社交媒体特别调查的实证研究》，《当代亚太》2023年第2期，第92页。
⑤ 凯斯·桑斯坦：《标签：社交媒体时代的众声喧哗》，陈颀、孙竞超译，中国民主法制出版社2021年版，第8页。
⑥ 孙存良：《选举民主与美国政治极化研究》，世界知识出版社2020年版，第33—41页。
⑦ 庞金友：《国家极化与当代欧美民主政治危机》，《政治学研究》2019年第3期，第45页。
⑧ 贾雷德·戴蒙德：《剧变》，曾楚媛译，中信出版社2020年版，第293—310页。
⑨ 任剑涛：《周期性与终结性：美国政治极化的两种论断》，《人民论坛·学术前沿》2022年第6期。

许多学者针对政治极化及其不良影响提出了一些建议。例如,有人建议完善选举制度,在选举过程中限制性别歧视、地域歧视、种族歧视等信息的传播。① 有人主张复兴妥协思维。② 福山认为,美国不可能摆脱身份政治的影响,但要提供多样性推动共同目标、支持民主的愿景。③ 桑斯坦指出,容纳不同的人交流各自的经验与观点及彼此协商的公共领域,有助于减少极化的发生。④ 贝尔基于实验发现,人们接触其他派别的观点并不一定会增进共识。基于此,他主张社交平台应打造弥合党派分歧的远景并以此为原则激励人们传播具有跨党派吸引力的内容,降低极端言论的受关注度,从而增进共识、遏制极化。⑤

总体来看,应对政治极化是一个难题,学术界对此尚无良方。防治政治极化是当下和未来很长一段时间里重要的研究课题之一。

总而言之,传统的政治社会学着重关注政治与社会的内在联系,分析社会结构、社会过程和社会制度对人类政治行为、政治参与和政治决策的影响。随着信息化和网络化时代的来临,社交媒体异军突起,正在日益取代传统的大众传媒的地位,对社会政治生活和人们的政治行为产生深刻影响。因此,社交媒体正在成为政治社会学一个新的研究重点。与此相一致,政治社会学一个最新的研究趋势是,运用建立在大数据之上的定量分析方法,关注社交媒体在塑造人类政治行为和影响政府公共政策中的重要作用。

思 考 题

1. 什么是政治社会学?它有哪些学科特点?

---

① 孙存良:《选举民主与美国政治极化研究》,世界知识出版社2020年版,第223—225页。
② 莫里斯·菲奥瑞纳:《美国的极化政治:原因与解决之道》,刘乐明译,《国外理论动态》2015年第10期,第139页。
③ 弗朗西斯·福山:《身份政治:对尊严与认同的渴求》,刘芳译,中译出版社2021年版,第171页。
④ 凯斯·桑斯坦:《标签:社交媒体时代的众声喧哗》,陈颀、孙竞超译,中国民主法制出版社2021年版,第332页。
⑤ 克里斯·贝尔:《打破社交媒体棱镜:探寻网络政治极化的根源》,李坤译,浙江人民大学出版社2024年版,第165—169页。

2. 新社会运动兴起的原因有哪些?
3. 新社会运动对政治产生了哪些影响?
4. 导致政治极化的原因有哪些?
5. 如何应对政治极化的负面影响?

参考文献

安东尼·M. 奥勒姆、约翰·G. 戴尔:《政治社会学(第五版)》,王军译,中国人民大学出版社 2018 年版。

冯仕政:《西方社会运动理论研究》,中国人民大学出版社 2013 年版。

贾雷德·戴蒙德:《剧变》,曾楚媛译,中信出版社 2020 年版。

凯斯·桑斯坦:《标签:社交媒体时代的众声喧哗》,陈颀、孙竞超译,中国民主法制出版社 2021 年版。

克里斯·贝尔:《打破社交媒体棱镜:探寻网络政治极化的根源》,李坤译,浙江人民大学出版社 2024 年版。

Thomas Janoski et al., eds., *The New Handbook of Political Sociology*, Cambridge University Press, 2020.

第二十五章　政治心理学

政治心理学属于政治学和心理学的交叉学科，主要用心理学的方法分析人类的政治行为和政治过程，同时也以政治学的视角分析人们的心理问题。虽然从人的心理因素出发去考察政治生活和解析政治现象的做法早已有之，但作为一个专门的研究领域，政治心理学是在20世纪才形成的，毕竟它的发展得以心理学自身理论和方法的相对成熟为基础。20世纪70年代末，伴随着众多学者的努力，政治心理学开始被视为一个独立学科。

第一节　政治心理学的概念与演变

一、政治心理学的概念

对于什么是政治心理学，存在着不同看法。一些学者倾向于直接从研究内容来进行界定，认为它考察的是政治行为的心理和主观层面，是"探索个性、人际关系如何影响政治活动的一个研究分支"[①]。另一些学者则强调政治心理学是把心理学嫁接到政治学上的结果，表现为"政治心理学家采纳一些心理学概念，然后把它们用于对某个政治问题或者争议的分析中，从而使它们参与了对人们的所作所为的解释"[②]。从这些看法中我们不难发现，政治心理学就是这样一门科学，它综合运用心理学的各种原理，致力于探讨政治行动背后的心理动因。

[①]　戴维·米勒、韦农·波格丹诺编：《布莱克维尔政治学百科全书》，邓正来等译，中国政法大学出版社1992年版，第566页。

[②]　马莎·L.科塔姆等：《政治心理学（第2版）》，胡勇、陈刚译，中国人民大学出版社2013年版，第6页。

由于心理过程与政治过程是双向互动的,因此政治心理学不仅要研究人的认知、习性、情绪等心理因素对政治活动的影响,也要研究诸如政治事件、政治制度等对人的心理的影响。尽管如此,它的重心仍然应放在前者上,即主要以心理学的知识和原理为分析工具,而把各类政治现象当成分析对象。毕竟,与早期政治学研究者对人的心理因素的相对忽视不同,心理学研究者一直较为注重包括政治活动在内的社会环境对人的心理的影响,所以"心理政治学"的必要性不如"政治心理学"。在当前,政治心理学被普遍看作政治学的分支学科而不是心理学的分支学科,这并非毫无理由。

二、政治心理学的研究对象和范围

从研究对象上看,政治心理学既要研究个体政治心理,也要研究群体政治心理。个体的心理活动心理学家探讨相当多,他们为此设计了大量实验,总结出了很多心理学知识,而政治心理学家在运用这些知识以分析个体"政治人"时,也获得了不少有价值的发现。例如,他们发现选民的党派倾向对投票行为的显著影响,以及政治领袖的个性特征对领导风格的形塑作用。群体由个体组成,但组织化的群体并非只是个体简单相加的结果。群体所具有的心理特征会在特定情境下被激发,促使群体采取某些看似"不理性"甚至疯狂的行为。正是根据这些发现,政治心理学家对民族、种族和宗教集团等群体的政治行动有了更深的理解。

从研究范围上看,政治心理学既探讨民族国家内部存在的政治心理议题,也探讨国家交往过程中存在的政治心理议题。在国内政治方面,研究的主题包括选民的政治态度、公民的政治认同、政治宣传和政治社会化的路径、群体抗争和社会运动的心理机制、民粹主义的心理基础等。在国际政治方面,研究的主题包括建立国家间互信的条件、错误知觉对外交决策的影响、威慑战略中的信息传递、国际恐怖主义活动的心理动因等。由于本国政治的研究者通常多于国际政治的研究者,因此前者可能比后者更受重视。不过,就像个人、群体有其心理上的兴奋、惧怕一样,国家也会有羞辱、愤怒等感受。最近的一项研究就证明了,国家在遭遇羞辱性事件后,有可能会去入侵更弱的第三国,以获得尊重、地位,同时宣泄心理上的愤怒。① 随着全球化进程的加快,国家间的联系与交往不断增多,政治心理学在国际政治中也会有越来越多的"用武之地"。

三、政治心理学的历史沿革

虽然政治心理学诞生时间并不长,但无论是在东方还是在西方,都有丰富的政治心理思想。西方先哲柏拉图早在2400多年前就提出,政体是与公民心灵相适应的,且政治制度产生于城邦公民的习惯。意大利近代思想家马基雅维利也曾基于对臣民心理的剖析,向君主们提出诸如应当怎样守信、避免受到蔑视与憎恨等统治策略。在中国,儒家和法家都强调要"取信于民"和"得民心",这非常明显地体现于如下话语:孔子所说的"自古皆有死,民无信不立"(《论语·颜渊》);孟子所说的"得其民有道,得其心,斯得民矣"(《孟子·离娄章句上》);管仲所说的"政之所兴在顺民心,政之所废在逆民心"(《管子·牧民》);韩非子所说的"凡治天下,必因人情,人情者,有好恶,故赏罚可用"(《韩非子·八经》);程颐所说的"为政之道,以顺民心为本"(《代吕晦叔应诏疏》)。此外,商鞅立木赏金以取信于民、刘邦入咸阳约法三章以获百姓信任、刘备摔阿斗以收买人心等故事,都说明传统中国的政治家深知民众心理,并已据此发展出了有效的"统治术"。

尽管如此,科学地、系统地从心理学视角去考察政治现象的努力,是到20世纪才出现的。1908年,英国学者沃拉斯出版了《政治中的人性》,第一次有意识地对政治中的冲动、本性、习惯、无意识等进行了分析,并明确指出"在政治中,人们往往在感情和本能的直接刺激下行事"②。之后,美国耶鲁大学教授拉斯韦尔对政治心理学的形成作出了更具实质性的贡献。他的《精神病理学与政治》发表于1930年,书中运用精神分析的概念和方法,分析了政治人物、商业大腕甚至高级神职人员的心理,并提出了"政治煽动者""政治管理者"的概念。受过心理学和政治学双重训练的拉斯韦尔被看作现代政治心理学的先

---

① Joslyn Barnhart, "Humiliation and Third-Party Aggression", *World Politics*, Vol. 69, No. 3, 2017, pp. 532-568.
② 格雷厄姆·沃拉斯:《政治中的人性》,朱曾汶译,商务印书馆1995年版,第63页。

驱,他的一系列著作至今仍有深远影响。

第二次世界大战期间及其刚结束的一段时间里,鉴于纳粹德国给世界造成的惨痛后果,一些心理学家深入探讨了极权主义、法西斯主义的心理基础,出版了多部有影响的著作,如弗洛姆的《逃避自由》、赖希的《法西斯主义大众心理学》等。这当中,影响最大的是阿多诺等人的《权威主义人格》。该书不仅提炼出了对上级绝对服从、对下级打压控制的"权威主义人格"类型,还开发了专门测量权威主义人格的四个量表,使政治心理的研究朝着更加科学化的方向迈进了一大步。与此同时,以坎贝尔、阿尔蒙德等为代表的美国学者在行为主义思潮影响下,也开始致力于探讨政党认同对选民投票的影响、政治态度与民主制度的关系等问题。他们的研究进一步揭示出心理学与政治学紧密相连、不可分割。

20世纪70年代后,政治心理学发展的脚步加快,表现为珍妮·N.克努森主编的《政治心理学手册》和威廉·斯通、H. J. 艾森克等人撰写的多部《政治心理学》的先后出版,以及专业期刊《政治心理学》的创办。1978年,国际政治心理学会成立,这通常被认为标志着政治心理学作为一门独立的学科的形成。21世纪以来,政治心理学在中国也有了长足发展,学者们推出了译介国外政治心理学的"政治心理学前沿译丛"和"政治心理学经典译丛",出版了多本政治心理学教材和论述大学生、城市居民、公务员等不同群体政治心理的专著,举办了"政治心理、文化与行为研究工作坊"(南京大学)及"政治心理与行为"研讨会(武汉大学)等学术会议。现今,它已成为政治学中非常重要的一个分支学科,为我们理解不同政治主体的行动,乃至我们所身处的政治世界提供了不少真知灼见。

第二节 政治心理学的主要议题

经过多年发展,政治心理学的研究队伍日益壮大,研究范围也不断扩展。这里,我们将着重就该领域探讨得较多的议题进行概要梳理。

一、政治信任

政治信任是一国民众对政府、政府官员和政策的信赖和信心。最初学者们多围绕政治信任的界定、提升政治信任的路径等撰写文章,但近年来对政治信任的实证研究日益多元化。首先,一些学者论证了政治信任对政府治理的重要性,如马里安和霍赫运用欧洲价值观调查的数据,揭示政治信任度较低的受访者更容易接受税务欺诈等非法行为,而在缺乏自愿遵守的情况下,政府不得不诉诸强制措施来执行法规,结果是治理变得更加困难,成本更高。[1] 其次,一些学者致力于探讨政治信任的来源,如孟天广和杨明发现,"良好的治理绩效是转型期中国公民政治信任赖以形成的主要根源,而且经济增长的合法性效应已逐渐被公共产品赶上并超越,后者逐渐成为生产政治信任的新源泉"[2]。最后,一些学者从动态的角度探讨了政治信任的变迁,如上官酒瑞考察了新中国成立以来政治信任的形态,认为党的十一届三中全会前与中国整体社会相契合的是传统色彩浓厚的政治人格信任,而改革开放以来与转型社会相适应的是过渡形态的政治信任,其表现为人格信任日益消解,制度信任逐步成长。[3]

二、国家认同

国家认同是一国民众因本国发展的成就或优秀的文化传统而产生的对本国的归属感。国家认同在维护国家统一和社会稳定上具有重要作用,因此近年来学者们对它的探讨逐渐增多。例如,马得勇就国外有关国家认同的实证研究成果进行了梳理,并对中国国家认同问题研究的不足之处(如缺乏跨国比

---

[1] Sofie Marien and Marc Hooghe, "Does Political Trust Matter? An Empirical Investigation into the Relation between Political Trust and Support for Law Compliance", *European Journal of Political Research*, Vol. 50, No. 2, 2011, pp. 267-291.

[2] 孟天广、杨明:《转型期中国县级政府的客观治理绩效与政治信任——从"经济增长合法性"到"公共产品合法性"》,《经济社会体制比较》2012年第4期,第133页。

[3] 上官酒瑞:《从人格信任走向制度信任——当代中国政治信任变迁的基本图式》,《学习与探索》2011年第5期。

较的实证研究)作了简要分析。① 薛洁和王灏淼系统阐述了国家认同对多民族国家发展的重要意义,强调"国家的统一与强大是协调不同层次认同和保障各民族共同利益的基本情境,国家认同也是减少民族冲突不可忽视的重要心理力量"②。王海洲、潘雯菲则从细微处入手,通过精心设计的实验,发现国歌具有激发爱国主义情绪和认知、强化国家认同的作用,而提高国歌推理认知水平有助于增强国家认同建构。③ 还有些学者聚焦于全球化对国家认同的影响,如阿里埃勒发现更高水平的全球化与爱国主义、为国家而战的意愿呈负相关,但它并没有减少人们对民族共同体的依恋感,也没有弱化他们对本国优于他国的看法,因此他指出应该考虑国家认同的多维性。④

三、政治效能感

政治效能感指一个人对自己的行为能影响政府及其决策过程的信念。国外研究政治参与的学者很早就提出了这个概念,而在国内学者中,李蓉蓉的一系列论文对政治效能感的内涵与价值、学理基础与现实意义等作了较全面的阐释。⑤ 总体来看,当前对政治效能感的研究不仅数量大,视角也多样。首先,有学者深入探讨了政治效能感与选举等政治行为的关系。如郑建君发现,"政治效能感对选举参与具有显著正向影响",而"政治效能感对选举参与的正向作用受到政治信任的调节影响,即在高政治信任条件下,政治效能感与选举参

---

① 马得勇:《国家认同、爱国主义与民族主义——国外近期实证研究综述》,《世界民族》2012 年第 3 期。

② 薛洁、王灏淼:《国家认同:现代多民族国家共同体意识的构建目标》,《上海行政学院学报》2020 年第 5 期,第 4 页。

③ 王海洲、潘雯菲:《国歌认知与国家认同构建的实验政治心理学研究》,《政治学研究》2020 年第 3 期。

④ Gal Ariely, "Globalisation and the Decline of National Identity? An Exploration across Sixty-three Countries", *Nations and Nationalism*, Vol. 18, No. 3, 2012, pp. 461-482.

⑤ 例如,李蓉蓉:《政治效能感研究的学理基础与现实意义》,《山西大学学报(哲学社会科学版)》2012 年第 4 期;《影响农民政治效能感的多因素分析》,《当代世界与社会主义》2014 年第 2 期;《脱域的政治态度:中国新市民政治效能感的特征分析——基于比较的视角》,《上海大学学报(社会科学版)》2017 年第 1 期。

与之间的关系得到加强"。① 其次,有学者以内在效能感和外在效能感的区分为基础推进了对政治效能感的理解——内在效能感指认为自己具有参与政治的能力,而外在效能感指个人认为政府会回应自己的需求。如范柏乃和徐巍利用中国社会调查的数据,发现公民的受教育程度、政治面貌、政治关注程度、政治讨论行为和政治认知水平对其内在政治效能感有显著的正向影响,政治面貌、政治参与行为、政治讨论行为和政治信任水平对其外在政治效能感的正面影响显著,而年龄对两者均有负向作用。②

四、政治态度

政治态度是个体或群体对特定政治对象、政治事物所持有的稳定的心理倾向,通常伴有对该对象、事物的评价。作为政治心理学的重要概念,政治态度似乎既让人感到熟悉又多少带点说不清道不明的味道。为正本清源,段萌琦和李蓉蓉强调要重新认识政治态度,以清晰界定政治态度概念、结构与独特属性为基础,探究政治态度形成与转变的制度缘由与体系根源,进而展现政治态度的独有面貌与深层机理。③ 由于政治态度是稳定的心理倾向,因此它通常不会在短时间内发生改变,但互联网的发展会使民众政治态度更加容易受到影响。马得勇和陆屹洲对中国网民政治态度的形成机制进行了分析,他们发现从个体的信息接触到其民族主义态度的形成之间,存在着两个中介变量,即威权人格和意识形态,而它们会使个体的民族主义态度在同样的信息环境和接触频率下呈现出很大的差异。④ 另外,有学者还对政治态度和政治行为的关系进行了再审视,如奎因特里尔和范戴思发现,政治参与更有可能强化政治态

---

① 郑建君:《政治效能感、参与意愿对中国公民选举参与的影响机制——政治信任的调节作用》,《华中师范大学学报(人文社会科学版)》2019年第4期,第15页。
② 范柏乃、徐巍:《我国公民政治效能感的影响因素研究——基于CGSS 2010数据的多元回归分析》,《浙江社会科学》2014年第11期。
③ 段萌琦、李蓉蓉:《重新认识政治态度——基于西方研究的梳理与反思》,《上海大学学报(社会科学版)》2020年第6期。
④ 马得勇、陆屹洲:《信息接触、威权人格、意识形态与网络民族主义——中国网民政治态度形成机制分析》,《清华大学学报(哲学社会科学版)》2019年第3期。

度,而不是态度引发参与,更具体地说,参与政治对政治兴趣、政治信心和公民规范的影响要明显强于这些态度对参与的影响。①

五、政治忠诚

政治忠诚是特定政治行动者为某一政治组织或政治事业而甘心付出一切的强烈意愿。与迷信和盲目崇拜不同,政治忠诚往往是建立在认同、信仰之基础上的一种全身心的奉献。不过,一些理性主义者认为政治忠诚的维系仍然源于利益的交换,例如,梅斯奎塔和史密斯使用了一个关于领导人健康的新数据集,发现尤其是在小的、独裁的联盟政治系统中,由于现任领导人将很快死亡,无法向支持者联盟提供未来私人奖励的预期,这极大地增加了其被推翻的可能性,②所以说政治忠诚是有条件的。虽然学者们在政治忠诚的核心问题即"忠于谁"和"忠于什么"上存在分歧,但正如左高山和涂亦嘉所指出的,"无论持何种观点,人们都不能否认政治忠诚在政治稳定和政治发展中所起的作用,尤其在一些重大政治事件中,政治忠诚具有不可替代的价值"③。近些年来,伴随着国内政治生活中对党规党纪的强调,政治忠诚的议题也受到了学者们更多的重视。在当前,政治忠诚与政治义务的关系怎样?政治忠诚应当如何进行测量?政治忠诚具体表现在哪些方面?对于这些问题,进一步的探讨依然是必要和有益的。

六、政治恐惧

政治恐惧是一个社会的民众因面对现实的或想象的政治和社会危险而产生的害怕、焦虑、不安等情绪反应。一方面,政治恐惧具有公共性,因为恐惧的主体不是个人,而是一定数量的人群;另一方面,政治恐惧具有政治性,因为引发恐惧的不是自然灾难,而是政府行为或社会冲突。作为特定人群的一种自

---

① Ellen Quintelier and Jan W. van Deth, "Supporting Democracy: Political Participation and Political Attitudes. Exploring Causality using Panel Data", *Political Studies*, Vol. 62, Issue S1, 2014, pp. 153-171.
② Bruce Bueno de Mesquita and Alastair Smith, "Political Loyalty and Leader Health", *Quarterly Journal of Political Science*, Vol. 13, No. 4, 2018, pp. 333-361.
③ 左高山、涂亦嘉:《政治忠诚的核心问题》,《伦理学研究》2018 年第 5 期,第 117 页。

然的本能反应和情感,政治恐惧的产生有生理上的原因,但这些人对危险的辨识和判断又离不开社会的熏陶。在现实生活中,政治恐惧这种消极的心理情绪具有一定的破坏性,如造成隔阂、排斥和社会冲突等。索德斯特罗姆还发现,在撒哈拉以南非洲,对选举暴力的恐惧总体上看会减少民众的政治知识,阻碍他们作出有前瞻性的选择,并损害选民的问责制。① 不过,政治恐惧同样具有积极的功能,正如李艳丽和杨华军指出的,它可以是实现政治统治、政治转型等其他特定政治目的的工具,能够激发出一种普遍的精神觉醒,以及提高民众对政治价值观念的热切信仰。② 近年来,一些民族主义领袖、恐怖主义组织、民粹主义政客为赢得支持者或选票,刻意通过各种手法制造政治恐惧,这是需要予以警惕和关注的。

第三节 政治心理学的主要理论

一、乌合之众理论

乌合之众理论称得上是政治心理学中最为人熟知的理论了,它的提出者是法国心理学家古斯塔夫·勒庞。在《乌合之众》一书中,他对群体心理进行了细致的剖析。勒庞指出,近代以来群体势力日益壮大,破坏性也在加强,而要理解诸如法国大革命等的群体行为,就必须对群体心理有更多的认识。群体具有不同于个体的心理特征,比如群体在智力上总是低于个人,具有冲动、易变、急躁、易受暗示、轻信、偏执、保守等特点,且容易受到类似宗教信仰般的感情的激发而采取极端和狂热的行动。勒庞认为,群体只会被绝对的、简单明了的观念和鲜明的形象所打动,而诉诸智力、说理和论证则很难有效地影响群体。正因如此,领袖们往往利用自己的声望,并通过对形象化词语和套话的断言、重复和传染来施加影响,以支配民众的头脑。勒庞还着重考察了几种不同

---

① Johanna Söderström, "Fear of Electoral Violence and its Impact on Political Knowledge in Sub-Saharan Africa", *Political Studies*, Vol. 66, No. 4, 2018, pp. 869-886.
② 李艳丽、杨华军:《我们心底的怕:恐惧的政治功能及其启示》,《武汉理工大学学报(社会科学版)》2017年第2期。

类型的群体,并指出:陪审团容易受暗示和感情因素的强烈影响,却很少会被证据打动;选民团体轻信、头脑简单、没有批判精神,很容易被政客所哄骗;议会可能会因为少数领袖人物的主导作用而走极端,以致投票通过了议员个人本不会同意的措施。总之,在勒庞看来,虽然群体也会表现出英雄主义和献身精神,但加入群体后所带来的责任感消失会使群体陷入狂热和盲目服从,最终成为乌合之众,这些观点对后世产生了深远的影响。

二、格式塔理论

"格式塔"源于德语词"Gestalt",本意为外形、形状,又有完整、完满之意,故也被译为"完形"。格式塔理论强调心理现象的整体性,认为整体不等于各部分之和,因此主张从相互联系的整体结构上去把握心理现象,反对原子论式的元素分析。这一理论是由德国心理学家韦特海默、苛勒和考夫卡于20世纪初创立的,后来三人相继移居美国,所以它又在美国获得了很大发展。概略而言,格式塔理论认为,人脑对外部世界的经验感知是整体性的,它会对各种复杂表象进行简化,把相似、相近的感觉元素组合在一起,并填补上缺失的信息,以最终创建一种清晰的、本质的、整体的意识。格式塔的原理在政治生活中有着广泛的应用,尤其是被政客们用于操纵舆论、开展政治宣传和营销,制造或缓解特定人群的焦虑,例如,"关于特朗普的格式塔在过去和现在都为数百万对(他们认为的)奥巴马所体现的东西感到不安的人提供了本体论的安全"[①]。此外,格式塔疗法强调个体之所以经历痛苦,是因为他所处的亲密关系的系统出了问题,故此主张培养自我责任和改变系统的功能,而这就使它可以产生政治影响,且过往的格式塔治疗师也广泛参与反法西斯运动、反越战运动,并为和平与人权挺身而出。[②] 总的来看,格式塔理论在心理学中似乎拥有更多的信奉者,但从它的实际应用来看又具有很强的政治性。

[①] Felix Berenskötter, "Anxiety and the Biographical Gestalt of Political Leaders", *Journal of International Relations and Development*, Vol. 24, No. 4, 2021, p. 1062.

[②] Peter Schulthess, "Political Implications of Gestalt Therapy", *International Journal of Psychotherapy*, Vol. 24, No. 3, 2020, pp. 33-42.

三、认知协调理论

认知协调理论是由美国社会心理学家利昂·费斯廷格于1957年提出的。这一理论认为,个体会尽力使自身所持有的各种认知(如思想、态度、信念、意见等)保持内在的和谐和一致。如果这些认知因素之间出现不一致,个体就会产生心理上的紧张和不适,亦即出现认知失调。最常见的认知失调是个体的新旧认知之间的失调,即个体所持有的对自身的旧认知与其对当前行为的新认知之间发生冲突。例如,一个深知自己欠缺演说才能的人被迫上台作了讲演,结果却大受欢迎,他就会产生"为什么会这样"的困惑。为减少认知失调带来的心理上的不愉快,个体可能改变当前行为,使对行为的认知符合原本持有的认知,或者改变原有的认知,使其符合当前的行为,又或者增加新的认知因素,以改变不协调的状况。认知协调理论在政治学中有广阔的应用前景,因为它在一定程度上说明了政治行动者的行为和态度改变的内部驱动力。罗伯特·杰维斯就运用过认知协调理论,去分析决策者产生错误知觉的根源,并指出"在政治领域,无视与自己认识不一致的信息和将这样的信息纳入自己原有的认知框架之中也会使不正确的意象得以延续,使不明智的政策得以继续"[①]。虽然杰维斯主要论述的是国际政治领域,但他所谈到的内容同样适用于国内政治中的决策者。

四、理性选择理论

理性选择理论以人有推理、计算和作出最优选择的能力为基础,旨在探讨政治行为背后的心理动因,并据此进行预测。与经济学家关于市场主体是理性经济人的假定相一致,持理性主义立场的政治学家也认为政治生活中的人有自己所偏好的、既定的、可识别的利益,并且会基于成本—收益的计算而采取有效策略,去争取实现利益的最大化。因此,政治人的行动是带有明确目的和指向,而不是受情绪左右和全凭感觉的。他们有能力对不同的行动方案进行

---

① 罗伯特·杰维斯:《国际政治中的知觉与错误知觉》,秦亚青译,世界知识出版社2003年版,第173页。

权衡、比较和作出必要判断,而各种政治事件也都可以通过行动者有意义的选择得到解释。不过,与早期的理性主义者不同,现今的大多数理性主义者会适度放宽利益的含义,并强调人的可选策略要受既有制度和规范的约束。在政治学中,理性选择理论的发展离不开唐斯、布坎南、塔洛克、奥尔森、梅斯奎塔和史密斯等人的贡献,他们对政党、利益集团、议员、官僚、选民等政治主体的行为进行了细致的剖析,并提出了诸如"追求选票最大化的政党""追求预算最大化的官僚"等令人印象深刻的理论观点。理性选择理论无疑有其局限性,但仍有越来越多的政治学者习惯于先确定政治人的目标,再对最有可能实现目标的可选策略进行理论推演,并因此成为理性选择主义者。

第四节 政治心理学的研究方法

一、文献研究法

文献研究法中的"文献"不是指既有研究文献,而是指与拟研究主题相关且包容富有启发性信息的文献资料,像书籍、报刊、档案等。文献研究要求有精巧的构思,如果研究者能够注意到别人未曾注意到的文献,或者能够从与众不同的角度去解读现有文献,就可能有新颖的发现。在某些时候,记录了有价值信息的图画、影像资料等也是可加以利用的文献。例如,拉斯韦尔的博士论文《世界大战中的宣传技巧》探讨了一战中各国政府如何通过宣传来唤起国民对敌人的仇恨、坚定自身必胜的信念、瓦解敌人的斗志,而他用以分析国际态度的资料包括报纸的新闻报道、宣传手册、宣传传单、外交信函、秘密电报、大使日记、海报、电影和图片等。随着技术的进步,记录有价值信息的媒介和载体形式会不断增加,用以搜寻、分析这些信息的手段也将越来越便捷。

二、观察法

观察法指通过人的眼睛和其他感觉器官去对拟研究对象进行有目的、有计划的观察,以获得带有规律性的发现。虽然人的心理活动极为复杂,但它仍会通过微妙的表情和肢体语言显露出来。因此,政治心理学家可以通过观察政治活动中的人的神情、姿态、语言、动作等,来捕捉他心理的变化,以更好地理解他参与此活动的含义。研究者可以选择非参与式观察,即不参与被观察者的活动而纯粹以外部人身份进行观察,也可以选择参与式观察,即直接参与被观察者的活动并亲身感受他们的情感波动。这两者各有其优点:非参与式观察不会导致被观察者因"不自在"而改变自己的行为,参与式观察则可使研究者获得接近于"局内人"的内心体验。与其他方法相比,观察法所需的成本相对较少,而且越来越先进的视频录制技术还给研究者提供了不在场观察和反复观察的便利。

三、访谈法

访谈法指研究者或其委托的访谈员与受访者进行面对面交谈,从而了解受访者的心理、行为等信息。访谈法有时会受到质疑,即怎么能从受访者的直接回答中去推导出关于他自己态度、情感的结论。虽然这种质疑不一定合理,但它的确说明研究者在访谈中不应过于简单地设问,否则受访者可能隐藏其与社会主流价值观相冲突的思想倾向,作出有误导性的回答。访谈法对访谈人员的要求比较高,如果访谈者善于发问、引导且具亲和力,就能使被访者在自然、放松、不设访的状态下尽可能真实地说出他的想法。刘伟在他对转型中国农民政治心理的研究中,就使用了不少访谈材料,而这些材料是50余名访谈员与200余名被访农民对谈的结果。[1] 考虑到耗费的精力与成本,大多数学者在运用访谈法时,访谈的人数都较为有限。

四、问卷调查法

问卷调查法指通过发放精心拟定的问卷,要求被调查者据此进行回答,以收集资料。由于它能实现向较大数量的人发问,因此更为高效。不过,问卷的被调查者应当经过科学抽样,而且有经验的调查者还会非常注意问题的结构,如其分组和顺序,并会对问卷的信度和效度进行检验。在政治心理学研究中,问卷调查法被运用得非常多。2011年,中国社科院政治学研究所曾委托专业调查人员,用一份有40个问题的问卷,对全国范围内随机抽样的1750名城镇

---

[1] 刘伟:《普通人话语中的政治:转型中国的农民政治心理透视》,北京大学出版社2015年版。

居民进行调查,通过对这些问卷的分析,张明澍研究员总结了中国人想要什么样的民主。① 当然,由于问卷调查花费的成本大,难以深入了解被调查者的真实想法,且所采集到的信息也不如访谈法丰富,因此很多研究者会同时运用访谈法和问卷调查法。

五、实验法

实验法是借助实验,对某些变量之间的因果关系及其发展变化过程加以分析的一种研究方法。其操作程序通常为:先把背景相似的研究对象随机分配到实验组和对照组,再对实验组施加某种"刺激",然后比较实验组和对照组是否有行为等方面的差异,如有差异,则此差异会被判定为是所加"刺激"的结果。《美国政治学评论》上有一篇文章,其作者招募了7298名美国人参与一项实验,让他们去接触党派倾向不同的媒体,再结合对其偏好的前后调查,发现了强迫人们从"另一方"阅读新闻通常会缓和党派媒体消费者的意见,从而减少两极分化。② 不过,实验法并非对所有主题都适用。一来,如果实验把研究对象置于危险之中,就会存在伦理上的争议。二来,实验可能无法模拟人在某些情境下的约束条件,如某些极为特殊的"利诱"或"威胁",所以也就不能去"还原"复杂的现实世界。

回顾过往,我们可以看到,政治心理学的确取得了长足的发展,业已成为政治学的一个稳定的分支学科。当然,我们也应该承认,在中国,这个新兴领域的研究仍然存在一些不足。发挥已经相对成熟的政治学和心理学这两门主学科的优势,更好地培养从事这一交叉领域研究的专门人才,推动政治学者和心理学家的合作,依旧任重而道远。总的来看,中国的政治心理学仍然处在刚刚起步和借鉴模仿的阶段。尽管如此,我们当前所处的时代也给政治心理学这个新兴学科的发展带来了机遇。首先,全球化的加快和国家间实力的不均

---

① 张明澍:《中国人想要什么样民主》,社会科学文献出版社2013年版。
② Justin de Benedictis-Kessner et al., "Persuading the Enemy: Estimating the Persuasive Effects of Partisan Media with the Preference-Incorporating Choice and Assignment Design", *American Political Science Review*, Vol. 113, No. 4, 2019, pp. 902-916.

衡,使得大国领导人的影响力不断增大,而一些"政治素人"的崛起又宣告了全新领导风格的出现,于是对领导人政治心理的探讨逐渐成为热门话题。其次,大数据的发展及其所带来的算法政治,意味着人的情绪、意见可能在不知不觉中被别有用心且掌握了技术的人所操控,而这会造成特定的政治后果。因此,政治心理学的研究不只具有理论价值,它也可以帮助一国政府、执政党应对外国政府、反对派所发起的特殊"心理战",或者帮助后者发起这种心理战。最后,近年来所发生的一系列让人深感意外的政治事件,使常规的、依赖经济人理性的解释遇到困境,"人的情绪、非理性在政治中扮演着重要角色"成为一种被大多数人认可的说法。越来越多的人认识到,要想更好地理解现实中那些复杂的政治现象,就得先去了解参与这些现象的各种政治行动者,而他们往往有着各不相同的心理特征。基于上述几点,政治心理学必定会是未来政治学中最具发展潜力的学科之一。

思考题

1. 政治心理学的研究对象和范围是怎样的?
2. 中国古代有哪些丰富的政治心理思想?
3. 近些年来政治心理学的主要议题有哪些?
4. 政治心理学中有哪些主要的理论?
5. 政治心理学的研究方法包括哪些?

参考文献

季乃礼:《西方政治心理学史》,天津人民出版社2016年版。

马莎·L. 科塔姆等:《政治心理学(第2版)》,胡勇、陈刚译,中国人民大学出版社2013年版。

王丽萍:《政治心理学:一门学科,一种资源》,北京大学出版社2022年版。

尹继武、刘训练主编:《政治心理学》,高等教育出版社2011年版。

郑建君编著:《政治心理学》,北京师范大学出版社2020年版。

Leonie Huddy, David O. Sears, Jack S. Levy and Jennifer Jerit, eds., *The Oxford Handbook of Political Psychology*, 3rd edn, Oxford University Press, 2023.

第二十六章　政治传播学

政治传播学(Political Communication)是政治学和传播学的交叉学科,也是政治学的前沿研究领域之一。政治传播学研究主要关注媒体对个人的政治态度与行为及政治制度的影响。由于21世纪以来各种新媒体蓬勃发展,整个学科也迎来了快速发展。拉斯韦尔于1948年在论文《社会传播的结构与功能》中,首次提出了构成传播过程的五种基本要素——"Who"(谁)、"Says What"(说了什么)、"In Which Channel"(通过什么渠道)、"To Whom"(向谁说)、"With What Effect"(有什么效果),清晰地呈现了政治传播的过程,是政治传播学的奠基理论,对政治传播学的形成具有深刻影响。

第一节　政治传播的概念与方法

政治传播是指政治共同体中政治信息的扩散、接受、认同、内化等有机系统的运行过程,是政治共同体内与政治共同体间政治信息的流动过程。[①] 当然,政治传播学存在不同的定义,一般认为政治传播的研究对象包括政府、各类机构、团体和个人,既包括对内的传播,也包括对外的传播。政治传播的核心是政治信息,从这一意义上说,政治传播的研究关注信息的产生、形成、扩散、处理和效果。

从学科发展史来看,政治传播学兴起于20世纪五六十年代的西方国家,并在其后不断发展。21世纪以来,随着网络新媒体的兴盛,政治传播学也得到了长足发展。但政治传播并不是全新的研究领域,政治学与传播学的结合在

---

① 荆学民、苏颖:《中国政治传播研究的学术路径与现实维度》,《中国社会科学》2014年第2期。

各自学科发展史中一直存在。例如,美国学者沃尔特·李普曼写于1922年的《舆论》一书,是传播学研究的奠基之作,里面就讨论了传播与民主政治的关系。政治学的研究中,也一直认为媒体在政治系统中扮演了重要的角色。然而,早期的研究并没有专门将政治传播视为一个独特的研究领域进行分析,在研究的议题和方法上也没有形成共识。政治学和传播学两种不同的研究传统,对政治传播的研究产生了深刻的影响。即使是现在,政治学和传播学仍然对政治传播有着不同的理解,政治学更倾向将政治传播视为政治现象或者政治行为,而传播学则将其解释为一种信息传播的过程。当然,正如其他交叉学科一样,不同的学科背景促进了政治传播的理论和方法的发展。

在研究方法层面,由于政治传播是社会科学研究的领域之一,因此其研究方法与其他社会科学研究方法具有共性。同时,在政治传播的研究对象中,文本,特别是媒体的文本占了很大的比例,因此文本分析在研究方法中有独特的重要性。

文本分析的对象和技术一直在不断演进。早期的文本分析往往以新闻报纸、政党纲领和领导人讲话作为分析依据。随着新媒体和互联网的发展,网络的内容,甚至社交媒体的评论、留言,都成为文本分析的对象。然而,如何对这些文本展开分析,技术上却存在不同的路径。早期的研究可以通过人工阅读实现,但是由于文本的数量过于庞大,对所有文本进行人工阅读几乎是一项不可能的任务,也难以进行量化的分析。到了20世纪90年代,随着计算机技术的进步、文本的电子化、电子数据的增加以及互联网的出现,文本分析的技术得到了迅速发展。进入21世纪,各种人工智能的技术使得对海量文本进行分析成为现实。至于具体的分析技术,主要是监督式(supervised)分析和无监督式(unsupervised)分析,以及将两者结合的半监督式(semi-supervised)分析。监督式分析是将有关文本的现有知识(比如关键字、词汇的感情色彩等)加以拓展,以已知来分析未知,通过对较小数据样本的学习来实现对更大数据的分类和定性。无监督式分析则用于探索未知文本的特性。因此,文本分析往往关注词频、关键词、分类以及情感分析。

当然,既有的技术仍然在不断演进和升级。不同的研究往往会使用不同的文本分析模型,迄今还不存在一种可用于分析各类文本数据的最好模型。文本自身是语言,而语言在不断的发展中,在一种文本数据分析中表现良好的具体的分析技术模型,并不一定会在分析其他数据时表现良好。因此,学者们一般会根据自己所研究的问题和研究设计来选择最合适的模型。例如,通过大数据技术收集2012年韩国总统选举期间250名特殊用户最常分享的1076条推文,探究推特用户身份是否曝光与其影响力之间的关系。对德国州议会选举时期的64431条推文信息进行文本分析,探究与政治相关的推文所透露的情绪是否对其转发率具有影响。[1]

除了文本分析,其他的定量研究技术,如实验法、社会调查法,也在政治传播的研究中广泛应用。应用社会调查的方法主要是通过问卷调查,分析媒体对个人态度和行为的影响。例如,采用社会调查的方法,根据农村居民的样本研究传统媒体和新媒体与对政府信任之间的关系。[2] 实验研究被认为是分析因果关系最有效的工具,因此研究者通过实验的方法,具体分析媒体对政治态度和行为的影响。

在定性研究方面,学者主要依据第一手资料进行研究,主要方法为实地研究,例如观察法、现场访谈法、深度采访,也采用案例研究等方法。在定量和定性研究的基础上,混合研究方法也在政治传播研究中得到应用。

整体而言,政治传播的研究方法,在20世纪70年代之前研究者主要采用混合研究方法和定性研究方法,自70年代至今占主导地位的是定量研究方法,其他研究方法也得到发展。在国内,政治传播研究的时间只有短短不到三十年,研究方法整体上仍有巨大的提升空间。当然,方法论的发展服从于理论的研究,也需要结合中国的国情与场景,更加谨慎地采用各种研究方法。

---

[1] Stefan Stieglitz and Linh Dang-Xuan, "Political Communication and Influence through Microblogging—An Empirical Analysis of Sentiment in Twitter Messages and Retweet Behavior", paper delivered to 45th Hawaii International Conference on System Sciences, *IEEE Computer Society*, 2012, pp. 3500-3509.

[2] 卢春龙、严挺:《政治传播与政治信任的关系——以中国农民的政治信任为考察对象》,《学习与探索》2015年第12期。

第二节 政治传播的过程

在政治传播学的研究中,一直认为媒体、决策者和公众是三角互动的关系(见图 26-1):媒体影响公众态度,公众态度影响媒体;公众态度影响决策者,决策者影响公众态度;媒体影响决策者,决策者也会影响媒体。对政治传播的研究也围绕三者的关系展开。在一般模式中,公众和媒体独立性强,都会对决策者产生影响:新闻中强调的议题会逐渐演化为公众认为重要的议题,公众向政府施加影响并且改变政府的决策;或者是公众向政府施加影响,通过媒体报道得到广泛的响应,从而形成更为强大的舆论压力,促使政府改变政策。

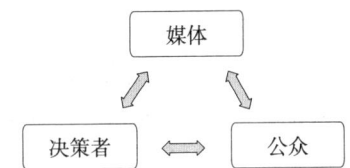

图 26-1 媒体、决策者和公众的关系图

一、决策者

在政治传播的研究中,宏观的研究议题关注政治传播中的不同主体以及它们之间的互动关系。对政府决策者而言,一方面,需要通过媒体将政治信息扩散出去,让普通公众得知。这些信息体现其意识形态。如果将政治传播内容视作一个同心圆,从内而外依次是政治文明、政治价值和意识形态。① 另一方面,政府决策者并不仅仅是生产信息,同时也要搜集民众的信息,从而更好地提供公共服务。因此,媒体中体现的舆论反映了社会公众的态度和立场,政府需要予以回应。从这一角度而言,政府同时也是信息的消费者,而媒体是公众和政府之间沟通的渠道。

---

① 荆学民:《关于政治传播内容的理论思考》,《南京社会科学》2016 年第 3 期。

二、媒体

从媒体的角度看,有关媒体和公众关系的既有理论包括议题设置(agenda setting)、启动(priming)和框架效果(framing)。这些经典的理论在20世纪就被提出,近十年来得到进一步的研究和发展。

1972年,马克斯韦尔·麦库姆斯(Maxwell E. McCombs)和唐纳德·肖(Donald Shaw)发表的《大众传媒的议程设置功能》一文,标志着议程设置理论的正式出现。议程设置早期的研究发现大众媒介议题的显著程度对公众议程具有重要影响。[1]之后的研究一直讨论议程设置的议题或者属性以及具体的影响。随着互联网技术的发展,社交媒体开始取代传统媒体掌握议程设置的权力,甚至有更大的影响。因此,议程设置理论也有了新的发展,出现了"网络议程设置"(Network Agenda Setting)理论,认为是由一系列议题所组成的认知网络在发挥作用。新闻媒体不仅告诉我们"想什么"或者"怎么想",同时还决定了我们如何将不同的信息碎片联系起来,从而构建出对社会现实的认知和判断。政治制度对议程设置也有重大影响。例如,以2003年爆发的伊拉克战争为议题,不同国家或地区的政治制度与伊拉克战争报道的议程模式具有相关性。[2]

启动效果源自艾英戈等学者的研究,关注议题设置中受众的心理过程,媒介对特定议题的强调不仅可以提高这些议题的显著度,而且可以调动人们记忆中与此相关的信息,然后,这些信息就被个人、团体或机构用于形成与议题有关的意见。[3]框架指受众通过报纸、电视新闻或者个人等信息源,对一个特定

---

[1] M. E. McCombs and D. L. Shaw, "The Agenda-setting Function of Mass Media", *Public Opinion Quarterly*, Vol. 36, No. 2, 1972, pp. 176–187.

[2] L. Guo and M. E. McCombs, eds., *The Power of Information Networks: New Directions for Agenda Setting*, Routledge, 2015.

[3] S. Iyengar and D. R. Kinder, *News that Matters: Television and American Opinion*, University of Chicago Press, 1987.

的社会政治议题进行界定的过程,这个界定过程框定了哪些事项与该议题相关。① 框架效果关注媒体中政治议题的内容、形成过程以及它们如何影响人们对该类话题的思考、认知、理解和评价。启动效果凸显某些政治议题的显著性,并活化受众的原有知识框架,而框架效果则是进行归因,促使受众对既有的议题形成观点和评价。② 进一步的研究认为,作为主体的媒体框架自身的特性、受众的特性以及框架发生的具体情境是影响框架效应的三大因素。③ 总之,根据这些理论,媒体能够有效地改变公众的态度。

三、公众

在公众层面,他们也并非被动地接受政府和媒体提供的信息,个人可以对媒体的内容和渠道进行选择,既包括对媒体内容的选择,又包括对媒体渠道的选择。因此,需要分析个人对不同媒体的选择的影响因素,以及选择对个人和社会的进一步影响。例如,每个人选择性地消费自己喜欢看到的政治信息,这进一步强化了个体既有的政治态度和立场;同时,个人还会传播与自己观点一致的信息。也就是说,公众在面对框架时并非只是被动地对信息作出反应,而是结合自身情况并经过认真思考后再作出相对理性的选择。然而,这样的选择性导致不同立场和观点的人越来越缺乏共识,由此带来了政治态度的"极化"问题。④ 而政治态度的极化,被认为是西方社会撕裂的众多原因之一。

公众的态度也能影响政府。民主的理论认为公众态度体现了民意,能够有效地影响政府的决策,并且带来政府行为的改变。同样,媒体也反映了公众

---

① Thomas Nelson, Zoe Oxley and Rosalee Clawson, "Toward a Psychology of Framing Effects", *Political Behavior*, Vol. 19, No. 3, 1997, pp. 221-246; Dennis Chong and James Druckman, "Framing Theory", *Annual Review of Political Science*, Vol. 10, No. 1, 2007, pp. 103-126.
② 聂静虹:《论政治传播中的议题设置、启动效果和框架效果》,《政治学研究》2012 年第 5 期。
③ 马得勇:《政治传播中的框架效应——国外研究现状及其对中国的启示》,《政治学研究》2016 年第 4 期。
④ M. Prior, "Media and Political Polarization", *Annual Review of Political Science*, Vol. 16, No. 1, 2013, pp. 101-127.

的态度,是整个舆论的一部分。以互联网为代表的传播技术的出现,改变了以往传播与政治的关系,消融了过去传播权力格局中传统媒体的话语权和权力体系,推动了传播空间的去中心化,进而促使政府作出改变,通过媒介融合重塑传统媒体的话语权,增强政府政治沟通体系与沟通能力,推进国家治理能力现代化。[①]

第三节 传播渠道和内容

一、传播渠道

我国政治传播的渠道在过去二十年间发生了剧烈的变化。传播渠道涵盖传统媒体与新媒体。传统媒体包括报纸、广播、电视等各种大众媒介。毫无疑问,传统媒体在政治传播中发挥了重要的作用,将政府的信息有效地传播给公众。报纸作为党和人民的喉舌,具有高度的权威性;广播则通过向民众宣传党和国家的方针、政策和路线,传播新知识、新思想、新观念,对民众的政治社会化作出巨大的贡献;电视通过图像语言,突破时空的限制,进一步扩大了政治传播的范围,增强了受众对政治信息的接受能力。整体而言,政府运用这些传统媒体来实现政治目的、塑造政府形象、宣传施政主张。

随着网络技术和移动终端的快速进步,传统的信息传播方式被打破,新媒体得以快速发展。作为一种新的媒体传播形态,新媒体在现实中以网络媒体、手机媒体、两者相互融合形成的移动互联网媒体以及其他具有互动性的数字媒体形式为主。新媒体通过技术的更新,为政治信息的传播提供了新的路径。面对新媒体的挑战,传统媒体与新媒体彼此融合、优势互补,产生了全媒体的概念。在全媒体时代,政治传播的内容进一步丰富,其议题从单纯的政治议题转向公众议题,政治传播主体从中心向外围扩大,传播内容由技术导向转为

[①] 朱春阳:《政治沟通视野下的媒体融合——核心议题、价值取向与传播特征》,《新闻记者》2014年第11期。

"内容为王"。①

因此,既有的研究关注政治传播渠道的改变,以及这些改变对政府和公众的影响。随着网络的发展,政府建立了门户网站、微博公众号、微信公众号和手机客户端等一系列新的政治信息传播渠道,同时也通过网络问政、政府留言板等新的方式与公众进行互动。更进一步,随着短视频的兴起,出现了政务短视频这种政治传播新方式。新的渠道的出现,一方面,使民众获得更多的政务信息;另一方面,也改变了政治信息传统的单向传播模式,转为双向互动式传播模式,公众从政治传播中被动的接受者转变为积极的参与者与发起者。对政府而言,高交互性的传播过程促使政府转变思维,提升决策的科学性。因此,政治传播研究关注这些渠道的现状以及政府如何作出回应并与公众进行互动。

同时,新的渠道不仅使民众更快地获取信息,也提供了更为丰富的内容。公众不仅能够通过社交媒体与政府互动,也能够与政党和候选人进行互动。对政党而言,社交媒体成为获取选票的重要途径。在2016年和2020年美国总统竞选过程中,社交媒体扮演了重要的角色。在2014年欧洲议会竞选中,社交媒体也发挥了巨大作用,在选举期间民众通过社交媒体获得了丰富的政治信息。② 各类政务短视频内容丰富、制作精良、贴近现实,获得了巨大的流量。例如,2019年以后,出现了中国地方政府官员"直播带货"的现象。

二、传播的内容

政治传播是政治信息在不同主体之间流动传播的过程,因此,作为政治信息的载体,政治传播媒介的更新不仅导致渠道的变化,也促使政治传播的内容发生转变。对政治传播内容及不同传播渠道的差异的分析,也是政治传播研究的组成部分。这些研究主要分析"谁"传播"什么内容"的问题。

传统媒体和新媒体在传播主体和内容上具有重大的区别。政府通过传统

---

① 陈荟词、刘东建:《全媒体时代政治传播的新变化、新机遇与新路向》,《新闻爱好者》2020年第1期。

② Paul Nulty et al., "Social Media and Political Communication in the 2014 Elections to the European Parliament", *Electoral Studies*, Vol. 44, 2016, pp. 429-444.

媒体塑造和构建现实,以强化公众对新闻背后潜在价值的理解。另外,传统媒体往往由政治精英掌控,从内容上来看,具有较强的人为限制和倾向性,往往偏向有利于政府的一面。与之对应的,新媒体的传播主体不仅仅是政府,也包括个人和各种社会组织,生产内容更加多元开放。

然而,多元开放的另一面,则是大量的虚假信息充斥于各类社交媒体,并且产生了一系列的后果。一方面,这些虚假信息是有人蓄意制造和传播以达到自己的目的;另一方面,多元化观点的缺乏、政治知识的不足以及政治认知和推理能力的薄弱,也被认为是个体接受和扩散这些虚假信息的重要原因。

实证研究发现社交媒体的内容传播也具有选择性,并且存在个体差异。2015年,巴博罗·巴贝拉等人通过大数据技术评估了380万推特用户在社交网络上的政治传播行为。首先,他们发现,在确切的政治问题上,个体显然会倾向于传播来源的意识形态与自己相同的信息,而对于非政治性问题与事件则没有传播上的差异。其次,他们还指出,网络政治交流中的行为会受到意识形态的影响,自由主义者比保守主义者更有可能参与政治和非政治信息的跨意识形态传播。[1]同时,社交媒体的普及也导致公众关注点发生了变化,从政党和政治活动转移到政治个人身上,例如作为政治舞台上核心角色的各个政治人物,包括他们的思想、能力和政策,也可能是私人性的政治个体。[2]

在传播的具体内容的研究上,在国内政治层面,现有研究关注对各种重大政治事件的报道并对各种报道内容展开分析。例如,对抗战胜利日阅兵的报道、对国庆的报道、对新闻联播的内容展开分析。除了描述性地呈现这些报道的内容,也采用政治传播的各种视角展开分析。在国际层面,随着中国的发展以及"一带一路"倡议的实施,越来越多的研究关注国际的政治传播,特别是国际重大政治事件的报道。这些研究既关注国外媒体对中国重大政治事件的报道,也关注中国媒体对外传播的内容及其反响。例如,在中国的国内政治中,

---

[1] Pablo Barberá et al.,"Tweeting From Left to Right: Is Online Political Communication More Than an Echo Chamber?", *Psychological Science*, Vol. 26, No. 10, 2015, pp. 15-31.

[2] Peter Van Aelst, Tamir Sheafer and James Stanyer,"The Personalization of Mediated Political Communication: A Review of Concepts, Operationalizations and Key Findings", *Journalism*, Vol. 13, No. 2, 2012, pp. 203-220.

中共党代会是政治生活中的大事,因此研究关注国外媒体对党代会的报道。①在中国对外交往中,研究关注中国对外贸易和"一带一路"等议题,以及中国的国家形象和双边关系等政治议题。

三、各类文本

除了这些比较常见的大众媒介的文本内容,政治传播研究还分析各类政治信息的流动和传播。例如,各个政党的政治纲领、标语口号,都成为研究的对象。其中,近几年兴起的 Manifesto Corpus 项目,起源于对西方国家各个党派竞选纲领的数字化处理和量化阐释。到2025年,这一项目已经数字化了超过190万条注释后的表述。目前,对这些数据集最广泛的运用方式,是根据这些文本频次计算出政党的立场倾向,例如左翼或者右翼位置,或者是不是民粹主义政党。除此以外,电影、音乐等都是政治信息传播的载体,因此研究关注这类媒介的内容,以及这些媒介对公众的影响。

第四节　政治传播的效果

一、媒体对政治态度与行为的影响

媒体对个人政治态度与行为的影响,一直是政治传播的研究议题,也是政治说服的一部分。国家极为重视各种媒体的宣传教育功能:广播促进了农民群众的团结和教育②;电视媒介也强化了国家动员的能力,还是国家塑造公民和政治社会化的重要工具③;各类新媒体的出现,使得政治传播比之前发挥更大的影响。整体而言,新媒体一方面利于政治家向追随者进行宣传、鼓动和号

---

① 郗蒙:《浅析美国媒体在中共"十八大"后的涉华报道特点——以〈纽约时报〉为例》,《现代国际关系》2013年第4期;罗韵娟、王锐、炎琳:《基于推特社会网络分析的议题设置与扩散研究——以党的十九大报道为例》,《当代传播》2019年第2期。
② 潘祥辉:《"广播下乡":新中国农村广播70年》,《浙江学刊》2019年第6期。
③ 殷冬水:《电视:国家动员变革的重要媒介——现代国家动员中电视媒介变革意义的政治传播史分析》,《吉林大学社会科学学报》2016年第5期。

召;另一方面则促使观点迅速扩散,引发个人政治态度的变化,以及各种政治运动和政治变革。①

关于媒体对政治态度和行为影响的研究,存在不同的议题。在国内政治层面,比较多的研究关注媒体对政治信任、国家认同等的影响。例如,以农村居民为样本,发现传统媒体能够促进农村居民对政府的信任,而新媒体则会降低农村居民的政府信任,并且政治信任呈现差序格局,即越靠近基层,新旧媒体的影响力就越小。② 也有研究讨论媒体与政治认同,特别是国家认同的关系。这些研究将媒体的内容和渠道作为自变量,政治态度作为因变量,分析两者的关系。在国际层面,研究关注媒体对个人国际观的影响,也就是对国际问题的态度。例如,媒体对国家形象以及个人对国际移民、对外援助、国际环境合作等国际事务的态度的影响。

媒体对政治参与有不同的作用。首先,有的研究分析媒体对个人政治参与的影响因素,即媒体如何影响公众个体层面的政治参与;有的研究发现政治知识与政治效能是媒体与政治参与之间的中介变量。③其次,随着社交媒体的出现,也有研究分析社交媒体与公民的政治参与之间的关系,并且认为社交媒体有力地促进了公民的政治参与。具体原因包括:象征性赋权提升了公民的政治效能感,社会化沟通推动了公民在线参与,互动性代表为政治人物与公民密切政治互动提供了平台,而个体化政治体现为与个体参与集体行动相关的在线动员能力。④ 在实证研究中,研究者发现互联网促进了公民的政治参与。⑤ 对大学生群体的研究则发现政治新闻接触对大学生的政治参与有明显

---

① 陈文胜:《社交媒体的政治性应用——国外相关研究述评》,《新闻记者》2016 年第 4 期。
② 卢春龙、严挺:《政治传播与政治信任的关系——以中国农民的政治信任为考察对象》,《学习与探索》2015 年第 12 期。
③ Nakwon Jung, Yonghwan Kim and Homero Gil de Zúñiga, "The Mediating Role of Knowledge and Efficacy in the Effects of Communication on Political Participation", Mass Communication & Society, Vol. 14, No. 4, 2011, pp. 407-430.
④ 陈家喜、陈硕:《数字时代的西方政治参与变革:社交媒体的影响及限度》,《经济社会体制比较》2020 年第 4 期。
⑤ 孟天广、季程远:《重访数字民主:互联网介入与网络政治参与——基于列举实验的发现》,《清华大学学报(哲学社会科学版)》2016 年第 4 期。

的正面促进作用。①

更进一步,网络自身也是公众政治参与的渠道,因此出现了"网络群体性事件"这一概念,研究者对其进行分类,讨论其形成的原因,并且提出具体的治理措施。除了网络政治参与,研究也发现了社交媒体对各种线下抗争运动的影响,并且展开了分析。例如,"阿拉伯之春"、英国2011年骚乱等社会运动事件证实了社交网络对政治传播具有极其重要的影响力,政府和公众会借助它采取行动。从这一意义上说,社交媒体不只是唯一可信赖的民主表达渠道,也可能是政治操作的舆论工具。在现实政治中,2020年美国的"黑命贵(BLM)"运动、2021年初特朗普支持者在华盛顿的游行,以及2024年英国骚乱,都体现了网络对政治参与的巨大动员力,从而需要更多的研究展开分析。

二、媒体对政策与政治制度的影响

媒体对政府的政策产生了影响。政府需要及时回应网络的热点问题,提升政府回应性和透明度。因此,有研究关注政府的透明度,并且进行排名比较。另一方面,也有研究关注政府的回应性,例如如何应对网络舆情,如何答复政府网站上的留言。这些都成为政治传播研究的前沿问题。进一步的案例研究认为,政府管控与网民诉求之间、政府回应滞后与首因效应之间、正当履职与信任缺失之间的偏差,都会导致舆情向消极方向发展。②

更进一步,媒体对整个政治制度的发展也具有深远的影响。政治传播本质上讨论政府与公众之间的关系。政府需要合理和科学地搜集公众的意见,并且满足公众的需求。从这一角度而言,媒体一方面传播了政府的信息,另一方面也将民众的信息表达出来。因此,需要拓宽公众表达的渠道,尊重政治沟通的规律,进而推动国家治理现代化。③ 网络大量的虚假信息则要求政府公开透明、及时回应。

---

① 王童辰、钟智锦:《政治新闻如何塑造参与行动:政治心理的视角》,《国际新闻界》2018年第10期。
② 文宏:《网络群体性事件中舆情导向与政府回应的逻辑互动——基于"雪乡"事件大数据的情感分析》,《政治学研究》2019年第1期。
③ 俞可平:《政治传播、政治沟通与民主治理》,《现代传播:中国传媒大学学报》2015年第9期。

在西方,社交媒体在政治竞选和选举中往往起重要作用。在英国脱欧公投中,英国的主流报纸通过媒体偏见和议程设置对公投结果产生了实际的影响。社交媒体能够在政治竞选活动中发挥重大作用,反欧盟者对推特的使用率很高,积极利用社交媒体宣传其政治理念和观点,同时政治家们擅长用主题标签来宣扬自己的主张,例如反欧盟的主题更具有吸引力,民众的转发率更高。[①]

有关媒体对民主的未来的影响,研究呈现不一样的结论。一方面,由于政治党派及其代表越来越多地在网上使用互动功能,并使他们的沟通更加个人化(例如,通过使用推特和脸书等社交媒体),因此公民的政治参与可能会增加,最终将促进民主。[②]此外,各类新媒体的受众比之传统媒体明显增多,导致信息传播的速度、广度和深度都得到了提升。另一方面,缺乏足够判断能力的民众容易被各类框架左右,使得框架效应成为政治精英操控民众意见的工具,进而对民主体制发出挑战。[③] 社交媒体的发展,实际上并没有改变以精英为中心的传播权力格局,同时民众也可能成为被操纵被利用的对象。甚至民主政治发展的另一面——民粹主义,近年来也借助社交媒体的力量而发展壮大。从这一意义上说,社交媒体是对民主政治的挑战。

总之,政治传播学作为一个新兴的研究领域,其研究的议题和方法在过去十年发生了许多重大的变化。展望未来,随着5G、物联网和大模型等一系列技术的普及,以及各种信息基础设施的建设,政治传播的渠道和内容也会不断发展。同样,这些变化也会促发政府治理的深刻变化,带来政治体系、公民和媒体之间关系的调整。此外,在方法层面,随着大数据和人工智能,特别是语言分析技术的发展,更为复杂和可靠的文本分析成为可能;同时,随着图像识别技术的迭代,对视频和图片也能够进行进一步的内容分析。因此,可以预期的是,未来政治传播研究的议题和方法还会不断丰富和完善。

---

① Paul Nulty et al., "Social Media and Political Communication in the 2014 Elections to the European Parliament", *Electoral Studies*, Vol. 44, 2016, pp. 429-444.
② Sanne Kruikemeier et al., "Getting Closer: The Effects of Personalized and Interactive Online Political Communication", *European Journal of Communication*, Vol. 28, No. 1, 2013, pp. 53-66.
③ 马得勇:《政治传播中的框架效应——国外研究现状及其对中国的启示》,《政治学研究》2016年第4期。

思 考 题

1. 政府如何利用社交媒体与公众进行互动?
2. 新媒体的进一步发展如何影响民主政治的未来?
3. 如何有效治理网上的虚假信息?
4. 政治传播中的哪些因素会引发西方社会中的政治极化现象?
5. 政治传播如何在中国国家治理体系和治理能力现代化中发挥作用?

参考文献

韩冬临、吴亚博:《中国互联网舆情热点与地方政府回应——基于〈中国社会舆情年度报告〉(2009—2013)的分析》,《公共行政评论》2018年第2期。

荆学民、苏颖:《中国政治传播研究的学术路径与现实维度》,《中国社会科学》2014年第2期。

马得勇:《政治传播中的框架效应——国外研究现状及其对中国的启示》,《政治学研究》2016年第4期。

马克斯韦尔·麦库姆斯、塞巴斯蒂安·瓦伦苏埃拉:《议程设置:新闻媒体与舆论(第三版)》,郭镇之、徐培喜译,北京大学出版社2023年版。

Kate Kenski and Kathleen Hall Jamieson, *The Oxford Handbook of Political Communication*, Oxford University Press, 2017.

教师反馈及教辅申请表

北京大学出版社本着"教材优先、学术为本"的出版宗旨,竭诚为广大高等院校师生服务。

本书配有教学课件,获取方法:

第一步,扫描右侧二维码,或直接微信搜索公众号"北大出版社社科图书",进行关注;

第二步,点击菜单栏"教辅资源"—"在线申请",填写相关信息后点击提交。

如果您不使用微信,请填写完整以下表格后拍照发到 ss@pup.cn。我们会在 1—2 个工作日内将相关资料发送到您的邮箱。

书名		书号	978-7-301-	作者	
您的姓名				职称、职务	
学校及院系					
您所讲授的课程名称					
授课学生类型(可多选)	☐ 本科一、二年级 ☐ 高职、高专 ☐ 其他_____			☐ 本科三、四年级 ☐ 研究生	
每学期学生人数	_____人			学时	
手机号码(必填)				QQ	
电子邮箱(必填)					
您对本书的建议:					

我们的联系方式:

北京大学出版社社会科学编辑室

通信地址:北京市海淀区成府路 205 号,100871

电子邮箱:ss@pup.cn

电话:010-62753121 / 62765016

微信公众号:北大出版社社科图书(ss_book)

新浪微博:@未名社科-北大图书

网址:http://www.pup.cn